超额收益

世界顶级投资大师的成功之道

弗雷德里克·范海沃贝克（Frederik Vanhaverbeke）◎著

刘寅龙◎译

SPM
南方出版传媒
广东经济出版社

图书在版编目（CIP）数据

超额收益：世界顶级投资大师的成功之道／弗雷德里克·范海沃贝克著；刘寅龙译. .—广州：广东经济出版社，2017.4
ISBN 978－7－5454－5343－0

Ⅰ.①超… Ⅱ.①弗… ②刘… Ⅲ.①股票投资－研究Ⅳ.①F830.91

中国版本图书馆 CIP 数据核字（2017）第 056126 号

Excess Returns: A comparative study of the methods of the world's greatest investors
Frederik Vanhaverbeke
ISBN 978－0857194329
Originally published in the UK by Harriman House Ltd in 2014 www. harrimanhouse. com
The simplified Chinese translation rights arranged through Rightol Media（本书中文简体版权经由锐拓传媒取得，Email：copyright@ rightol. com）

版权合同登记号：19－2017－015

出 版 人：姚丹林
总 策 划：黄少刚
责任编辑：周 晶 陈念庄

出版发行	广东经济出版社（广州市环市东路水荫路 11 号 11～12 楼）
经销	全国新华书店
印刷	广东新华印刷有限公司 （广东省佛山市南海区盐步河东中心路）
开本	730 毫米×1020 毫米 1/16
印张	22.5
字数	365 000 字
版次	2017 年 4 月第 1 版
印次	2017 年 4 月第 1 次
印数	1～5 000
书号	ISBN 978－7－5454－5343－0
定价	55.00 元

如发现印装质量问题，影响阅读，请与承印厂联系调换。
发行部地址：广州市环市东路水荫路 11 号 11 楼
电话：（020）38306055 37601950 邮政编码：510075
邮购地址：广州市环市东路水荫路 11 号 11 楼
电话：（020）37601980 营销网址：http://www.gebook.com
广东经济出版社新浪官方微博：http://e.weibo.com/gebook
广东经济出版社常年法律顾问：何剑桥律师

目录 CONTENTS

序言 /001

第一部分 投资过程 /001

第一章 投资理念及投资风格 /002

第二章 寻找“便宜货” /025

第三章 基本业务分析 /084

第四章 股票的估值 /156

第五章 投资过程中的常见错误与规避手段 /184

第二部分 交易策略——买入、持有和卖出 /201

第六章 不同类型的股票 /202

第七章 买卖之道 /232

第八章 兴衰变换的市场周期 /245

第九章 常见的交易误区 /270

第三部分 风险和收益 /287

第十章 风险管理 /288

第四部分 聪明的投资者 /309

第十一章 聪明的投资者 /310

术语解释 /337

术语解释 /338

序言

“在股票投机中，之所以会出现亏损，最重要的原因不是华尔街不诚实，而是因为太多的人固执己见地以为，即使什么都不做，他们也能赚钱，因为股票交易所就是奇迹经常光顾的地方。”

——伯纳德·巴鲁克（Bernard Baruch，1957），美国金融家，知名股市投机者、政治家

股票市场是一个点燃幻想与激情的地方。在很多人的心目中，它是通往致富之路的捷径，在这里，即便是最平庸无能的人，也可以通过幸运的选股成为百万富翁。但是，现实中真正借此成为富翁的人却寥寥无几。多次研究告诉我们，在股票市场上，绝大多数寄希望于运气的人都跑不过大盘，更不用说战胜大盘了。显然，通过选股致富的道路并不像很多人想象的那么笔直顺畅。

很少有人能跑赢大盘这一事实，也促使某些学者提出一个假设，即，股票市场是高度有效的，以致只有少数幸运儿能成为胜利者（相关示例见：Malkiel，2007）。这些所谓“有效市场假说”（Efficient Market Hypothesis，EMH）的主张者认为，投资者不可能利用价格异常来获利。因为市场上有无数聪明的投资者都在搜寻便宜股票，所以任何偏离正常水平的价格都是短暂的。

此外，“有效市场假说”显然排除了投资者利用特殊方法获利的可能性。然而，正如我们在之后的章节里所讨论的那样，大量证据显示，“有效市场假说”对股市行为的描述不尽合理，而且市场往往是无效的。

跑赢大盘

很多流派的股市参与者都曾自以为是地宣称，他们可以借助某种投资风格来战胜大盘。比如说，有些交易者试图根据价格变动战胜大盘。而趋势追随者或是动量投资者则寄希望于和价格走势保持同步。

另外，也有投资者声称，通过关注公司估值、管理模式、财务状况以及宏观经济等基本面要素，可以帮助他们打败大盘。投资者找到了这些基本面要素，并试图通过低买高卖来获利。有些投资者只强调量化数据，还有些投资者在选股时会考虑定性因素。但也有一些所谓的“宏观投资者”（macro investors）认为，他们可以通过分析和预测宏观经济，通过在全球范围内投资各类资产来超越大盘。

为验证依赖某种投资模式可以打败大盘的说法，我们在下面的表1中，列出一些顶级投资者在过去10年内取得的年均复合收益率。

表1　部分顶级投资者在过去10年不同时期实现的年均复合收益率（估计值）

姓名	年均复合收益率	姓名	年均复合收益率	姓名	年均复合收益率
Richard Dennis	120% (19)	*George Soros*	*29% (34)*	Lou Simpson	20.3% (24)
Michael Marcus	120% (10)	Eddie Lampert	29% (16)	*W. Schloss*	*20% (49)*
Jaffray Woodriff	118% (10)	P. Tudor Jones	26% (19)	R. C. Perry	20.8% (20)
Bruce Kovner	87% (10)	Scott Ramsey	25.7% (11)	P. Watsa	20% (15)
Randy McKay	≈ 80% (20)	**Paul Rabar**	25.5% (23)	*Tom Knapp*	20% (16)
V. Sperandeo	72% (19)	Martin Zweig	25% (19)	**Edward Thorp**	19.8% (29)
Ed Seykota	≈ 60% (30)	*J. Robertson*	*25% (20)*	B. S. Sherman	19.6% (20)
W. Eckhardt	≈ 60% (13)	M. Steinhardt	24.7% (28)	D. Einhorn	19.4% (17)
Gil Blake	45% (12)	C. Munger	24% (12)	Steve Clark	19.4% (11)
J. Greenblatt	45% (19)	Joe Vidich	24% (10)	G. Michaelis	18.4% (15)

续表

姓名	年均复合收益率	姓名	年均复合收益率	姓名	年均复合收益率
William O'Neil	≈ 40% (25)	**Liz Cheval**	**23.1% (23)**	*Bill Ruane*	*18% (14)*
Jim Ruben	40% (10)	Warren Buffett	23% (54)	G. Greenberg	18% (25)
Jim Rogers	*38% (11)*	Bruce Karsh	23% (25)	Jack Dreyfus	17.7% (12)
S. Druckenmiller	*37% (12)*	S. Perlmeter	23% (18)	Daniel Loeb	17.6% (15)
Robert Wilson	34% (20)	**H. Seidler**	**22.8% (23)**	M. J. Whitman	17.2% (21)
James Simons	34% (24)	F. G. Paramés	22.52% (14)	A. Vandenberg	16.6% (33)
Rick Guerin	33% (19)	**Jerry Parker**	**22.2% (23)**	S. Klarman	16.5% (25)
Jeff Vinik	32% (12)	Shelby Davis	22% (45)	T. Rowe Price	16% (38)
Louis Bacon	31% (15)	Martin Taylor	22% (11)	Tom Russo	15.8% (24)
David Bonderman	> 30% (20)	**S. Abraham**	**21.7% (19)**	Peter Cundill	15.2% (33)
R. Driehaus	**30% (12)**	Tom Claugus	21% (26)	J. Templeton	15% (38)
Tom Shanks	**29.7% (22)**	*B. Graham*	*21% (20)*	John Neff	14.8% (31)
Peter Lynch	29.2% (13)	A. Bolton	20.3% (27)	Philip Carret	13% (55)

资料来源：表中数据来自多种渠道，其中包括 Covel，2007；Faith，2007；Greenblatt，1997；Train，2000；Schwager，1992；Schwager，2006；Schwager，2012。

对此，“有效市场假说”坚持者可能会说，这些收益率均可定义为小概率事件的异常现象；而且他们肯定会辩称，黑马股和加杠杆还有可能给他们带来超常收益，比如：对前者，投资增值率高达百倍的小额仙股即可实现超高回报率，而对后者，利用负债或衍生品，则可让回报率在牛市里得到成倍放大。然而，如果揭开表1所述投资业绩的面具，并深究其内层，我们即可发现，将他们的业绩归结为运气的观点完全是站不住脚的。

第一，决定这些收益率的根本原因绝非股票的潜力或是杠杆率。实际上，表中的收益率均来自于多样化的投资组合，其投资期限为10～60年。尽管表1

中的某些投资者也采用了加杠杆的方法，但不借助杠杆的投资者毕竟不在少数。除此之外，在加杠杆的投资者当中，没有一个人的超凡业绩是在个别运气极佳时段内取得的。实际上，对于像理查德·丹尼斯（Richard Dennis）和威廉·艾克哈德（William Eckhardt）之类的期货投资者，他们的投资业绩很可能是在长期内通过成百上千笔交易实现的。

第二，表1中的很多收益率数据低估了这些投资者或交易者实际所能达到的水平。在这里，所有收益率都是扣除巨额管理费及其他费用后的净额，因此，扣除费用前的收益率会更高。此外，某些收益率数据是针对投资者组合（基金）的，这些组合的规模太大，范围太广，以至于操作者的自由度和灵活度均受到严重制约。我们必须意识到，与小型的投资组合相比，大型投资组合不可能灵活自如地买卖股票。另外，大型组合还会限制基金管理人选择交易对象的范围，因为一个聪明的基金管理人不可能将宝贵时间用到对基金总收益影响甚微的股票上。所有这些因素汇聚到一起，我们可以认为，这些投资者不可能抓住每一个最好的投资机会，这就在一定程度上影响了他们的投资业绩。

对于那些将股票投资成功归结于运气的人来说，第三个问题在于，表1所示的某些收益率具有持续性，而且波动性非常小。最能说明这一点的例子是爱德华·索普（Edward Thorp，在表中以灰色粗体字表示），表中显示的收益率是他通过1969—1988年期间所经营的投资合伙公司实现的，在这230个月里，他在227个月内均实现了盈利。

假设在某个月实现正收益的概率约为60%（相当于该案例的历史水平），那么，收益率的稳定性达到或超过这一水平的概率仅为6.10^{-46}。这样的概率无异于走遍整个地球去寻找某个原子。因此，我们完全可以认为，索普的成功绝不仅仅来自于运气。

“有效市场假说”无法解释的最后一个，而且恰恰是最重要的问题是，在表1中，很多投资者都是借助相近的投资策略超越大盘的，表中所有字体一致的人均属于同一类投资流派（带下划线的斜体字=量化基本面投资；下划线=定性化及量化基本面投资；黑体字=趋势追随型交易；斜体字=宏观投资）。当然，这些打败市场的投资类型均不支持“有效市场假说”。

对“有效市场假说”的支持者来说，投资或交易原则的可传授性更是不可想象的。然而，表1中所示的某些知名“海龟交易者”（Turtle Trader，表中显示为黑体字），其动量交易策略均传自理查德·丹尼斯和威廉·艾克哈德之手，在单飞之后，他们都取得了令人瞠目结舌的成功业绩。此外，作为动量交易法则的先驱者，杰西·利弗摩尔（Jesse Livermore）也是表1中很多超级成功动量交易者的灵感源泉和心灵导师。

同样，表中还有几位格林厄姆的信徒（显示为带下划线的斜体字），他们潜心钻研本杰明·格林厄姆的价值投资理念，在将价值投资原则用于实践之后，也取得了非凡的成功业绩。

此外，显示为下划线的几位可划分为巴菲特型投资者，他们要么公开承认自己的投资风格源自于沃伦·巴菲特，如埃迪·兰姆珀特（Eddie Lampert）、乔尔·格林布拉特（Joel Greenblatt）和普雷姆·沃萨（Prem Watsa），要么是与巴菲特合作投资，如里克·古尔林（Rick Guerin）及查理·芒格（Charlie Munger）。还有一类令人费解的成功来自乔治·索罗斯，在吉姆·罗杰斯离开后，他为自己的对冲基金找到另一位同样优秀的替身——斯坦利·德鲁肯米勒（Stanley Druckenmiller，表中的斜体字）。

被称为“小老虎”的几位投资者（未在本表中显示），也对“有效市场假说”提出了质疑，也就是说，他们的经历表明，超越大盘者不可能比比皆是，他们只能是随机性的个体。这几位非常成功的宏观投资者均曾就职于朱丽叶·罗伯特森（Julian Robertson）的老虎基金（Tiger Fund），如斯蒂芬·曼德尔（Stephen Mandel）和李·安斯利（Lee Ainslie），在罗伯特森的基金关闭后，他们创办了自己的基金。

否定“有效市场假说”的最后一个证据，就是在股票市场上取得成功所需要的某种鲜有的态度、习惯和心理要求，实际上，它们也是表1所述投资者的共性。本书最后一章将对此展开讨论。

> “成千上万的商学院学生都在接受这种毫无意义的学说，对我来说，这倒是一件好事。”
>
> ——沃伦·巴菲特（1991，引用经本人同意）

知名投资者

前一节以极具说服力的证据表明，借助某些特定的交易和投资策略，确实可以超越市场。这就缩小了我们需要关注的范围，并将注意力集中于投资者战胜大盘的概率到底有多大这个核心问题上。这也是本书其余各章节将要探讨的主要话题。

图1是一组顶级投资者的历史业绩，数据表明，他们取得的收益率远高于标普500指数的水平（股利用于再投资）。这组样本主要由表1所示的投资者组成。

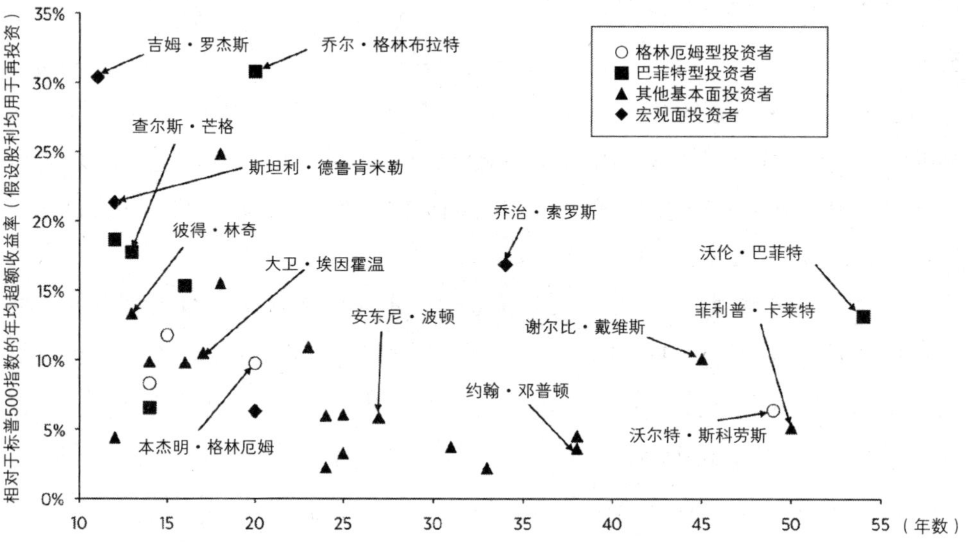

图1　顶级投资者的年均超额收益率与标普500指数（假设股利用于再投资）比较

上图带给我们的第一个想法是，超额收益往往会随着观察期窗口的延长而减少，这也是我们应该预见到的结果。然而，即便是在长达半个世纪的时间里，某些投资者依旧能维持着超过5%的超额收益率。而做出最令人瞠目结舌的成就，毫无争议地当属沃伦·巴菲特，在54年的时间里，他取得了13%的年均收益率，这无疑是不可思议的。

图1中，无一不是具有传奇色彩的美国投资大师，他们也是本书解析的对象：

1. 本杰明·格林厄姆（Benjamin Graham）被无数人奉为价值投资之父，他采用的投资策略以定量分析为主（以公司年报提供的财务数据为基础）。亲得其价值投资教诲的几位投资者，后来也成为投资行业的执牛耳者。

2. 彼得·林奇（Peter Lynch）是有史以来最杰出的共同基金经理。他曾在1977—1990年之间管理富达集团旗下的麦哲伦基金（Magellan Fund）。他在20世纪90年代创作了投资领域的传世巨作，《漫步华尔街》（*One Up on Wall Street*）和《战胜华尔街》（*Beating the Street*），这两本书成为宣传和普及成长型投资的开天辟地之作。

3. 安东尼·波顿（Anthony Bolton）曾在1979—2007年期间，管理富达特殊情况基金（Fidelity Special Situation Fund）。在能力上，他与彼得·林奇不分上下。

4. 查尔斯·芒格（Charles Munger）在20世纪70年代就开始与沃伦·巴菲特搭档，成为伯克希尔·哈撒韦集团的合伙人，此后，他一直是巴菲特的左膀右臂。在与沃伦·巴菲特联手之前，芒格就曾在1962—1975年期间创下令人称道的投资业绩。

5. 菲利普·卡莱特（Philip Carret）是沃伦·巴菲特最好的朋友之一，在半个世纪（甚至包括20世纪30年代的大萧条时期）的投资生涯中，他的年均收益率超越标普500指数约5个百分点。

6. 约翰·邓普顿（John Templeton）在1954—1992年之间管理着邓普顿成长基金（Templeton Growth Fund）。邓普顿与本书所述其他投资者的不同之处在于，外国股票（即非美国股票）始终是他的投资对象之一。

7. 沃尔特·斯科劳斯（Walter Schloss）是本杰明·格林厄姆的同事，他们共同创建的投资公司一直延续到20世纪50年代。之后，他创办了自己的投资公司，并借助于量化投资策略，在49年的投资生涯中取得了辉煌业绩。

8. 谢尔比·戴维斯（Shelby Davis）主要投资保险股，从20世纪40年代末到90年代初，他的资产从10万美元增加到了8亿美元。

9. 乔尔·格林布拉特（Joel Greenblatt）参与的两家投资公司在1985—1995年以及1985—2005年期间分别创下了年均复合收益率为50%和40%的惊人纪录。近几年，他的风格逐渐倾向于量化投资策略。

10. 沃伦·巴菲特（Warren Buffett）的投资记录可能是无人能及的。从20世纪50年代初到1957年，他的投资业绩就已经让大盘羞愧难当。尽管巴菲特早期的投资收益尚无精确数据，但根据他自己的说法，他当时曾有一支投资规模不足100万美元的组合，每年可轻松实现50%的收益率，而且他在早期投资生涯中取得的回报率确实不凡，年均收益率应在50%以上。在1957—1968年期间，巴菲特管理的一家投资基金在未扣除管理费前的年均收益率达到31.6%。在这家基金公司（于1968年关闭）工作的这些年，他的精力全部投入到该基金投资的一家公司中，该公司名为伯克希尔·哈撒韦。此后，他将伯克希尔·哈撒韦打造成一个投资载体，1968—2012年，巴菲特让哈撒韦的账面价值实现了20%的年均复合增长率。

巴菲特的丰功伟绩不仅体现为如此漫长的投资生涯（即便不包括早期投资，他的投资生涯也有54年之久），更体现为他始终如一的超群业绩，他旗下的资产规模已飞涨到1000亿美元以上。如图2所示，自1957年开始，巴菲特的投资收益率（含股利）每年均打败标普500指数，而且每5年及每10年期的年均收益率也让标普500只能望其项背。正如我们在图2中所看到的那样，尽管巴菲特在整个54年的投资生涯中有7年输给了标普500，但5年期和10年期的年均收益率始终高于标普500至少5个百分点——即便在其管理的资产规模无比巨大的情况下，依旧如此。

图1和图2所显示的超群投资业绩足以说明，投资者确实可以打败大盘。因此，更有意义的事情，是了解这些世界上最伟大的投资家们是如何打败大盘的。通过剖析他们的投资方法，我们希望掌握他们的投资秘诀，并运用于我们自己的投资实践中。

事实表明，这些顶级投资家的实践和方法确实与众不同。更重要的是，他们的投资策略居然表现出不可思议的神似之处。在这些最伟大的投资家中，很多人将搜索“便宜货”的目标锁定在相同的领域，他们进行尽职调查的方式如出一辙，他们选择买进或卖出时机的原则相差无几，而且他们都笃信，某种投资心态、技能和操作方法是在股票市场中取得成功的关键。

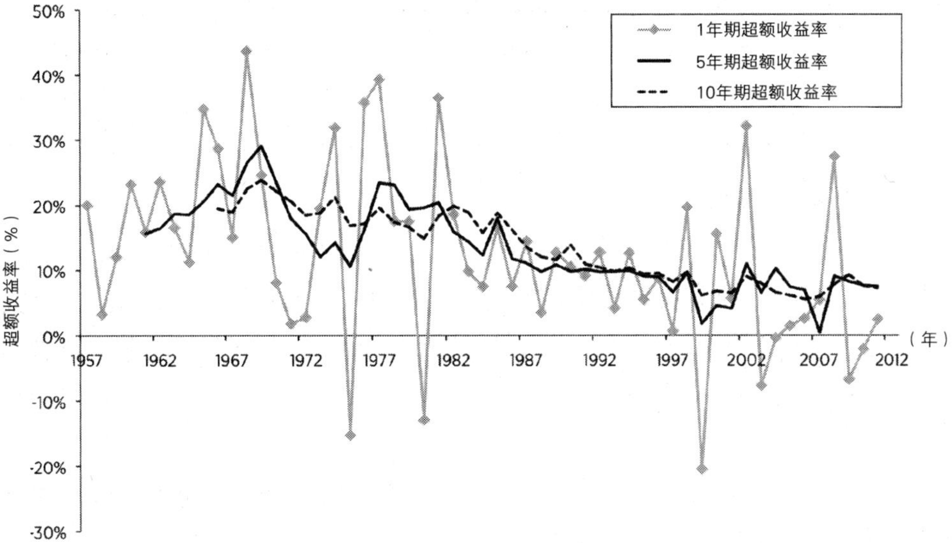

资料来源：沃伦·巴菲特致伯克希尔·哈撒韦公司股东的信及致投资合伙人的信。

图2　让标普500指数甘拜下风的沃伦·巴菲特

全书的基本内容

本书关注的重点在于定量及定量—定性化投资策略。其核心宗旨是全面介绍最成功的此类投资者所采用的投资方法和投资实践。本书不同于很多由知名投资者撰写的投资类书籍，而是汇集了大量书籍、评论、文章以及致股东和致投资者的信件，对这些有关顶级投资者的信息与资料进行兼收并蓄、融会贯通。在此基础上，本书以更全面、更详细的方式将这些信息融合到一起，并对每位投资者采取某种投资方法的原因和理由进行了解析。

读者将会发现，本书所讨论的投资实践与行为金融学和市场效率等当代理论不谋而合。此外，贯穿全书的一个主题是，打败大盘需要巨大的投入、超常的关注和严谨的原则。在股票市场上，只有那些甘愿投入足够时间和精力并始终持之以恒的人，才有可能成为胜利者。

有些人试图寻找捷径，没有或是不愿为市场研究投入更多时间，或者缺乏成功所需要的心态和行为，他们在股市上立足的概率则微乎其微。

本书有助于各类投资者学会健康、有效的投资方法，让他们在股票市场上先行一步。他们可以将这些成功投资者的技巧为己所用，不断提高他们的投资回报率。

本书的组织架构

第一章，我们首先从投资理念及其机理出发。在此基础上，我们将阐述投资的内涵，投资者对股票市场的认识和看法，以及他们何以认为某种方法具有竞争优势。随后，全书的第一部分将介绍全球顶级投资家的投资过程。他们的经验表明，有效的投资流程都是由如下三个不可或缺的模块构成的：

1. 寻找错误定价的概率超过平均水平的股票，并将注意力集中于这只股票（第二章）上；

2. 对公司的基本面分析（第三章）；

3. 公司估值（第四章）。

第五章聚焦于多数投资者经常出现的过程错误，并讲述如何规避和弥补这些错误。

第二部分探讨了股票的买卖及持有问题。其中，第六章和第七章讨论了顶级投资者对买进或卖出个股时机的看法。第八章阐述了顶级投资者对经济周期的判断和利用。在第九章里，笔者列举了投资者在买卖环节常遇到的一些陷阱。

第三部分（即第十章）剖析了顶级投资者对风险管理的认识。最后，在第十一章里，我们通过这些顶级投资者的成功经验，总结了在股票市场中取得成功所需要的各种软实力。

第一部分
投资过程

第一章
投资理念及投资风格

“以40美分的价格买进1美元的纸钞，人若不能够立即接受这项概念，就永远不会接受它。它就像注射药剂。如果它无法立即抓住这个人，则我认为即使你长期地说服他，并且展示各种记录，你也无法让他接受。这是很单纯的概念，但他们就是无法领悟。”

——沃伦·巴菲特，摘自1984年在哥伦比亚大学的著名演讲

打败大盘绝非易事。尽管如此，但表1告诉我们，还是有某些人在很长时间内让大盘甘拜下风。实际上，这些人都采用了一种特定的投资策略和投资理念（即，对股市在何种条件下出现无效性以及如何利用这种无效性的观点），从而让他们成为众多投资流派中的一支。对此，我们不应感到意外。毕竟聪明的市场玩家都知道，他们需要从理性的投资理念出发，建立一种明确、清晰的投资策略，只有这样，他们才有可能占得先机。

本书中我们将关注一个特殊的学院：投资者学院。如“序言”所述，这是一个意义宽泛的学院，就总体而言，这个学院由定量投资者和定量—定性投资者构成。本章介绍了这个投资学院的基础与根本，因而，这也是理解后续章节所述各类投资理论的基石和出发点。

本章的第一部分将讲述这所投资学院的基本宗旨，并阐述各种投资理念所

依赖的理论基础。第二部分探究了这些学员可以运用的形形色色的投资风格。第三部分则探讨投资成功所需要的某些心理要素和态度。

一、投资理念

就总体而言，一种投资理念描述了推动股票市场的基本动因，并解释了这些动因如何造成定价的无效性。投资理念是投资者对市场的基本理念，也是本书讨论的重点，它有一个最基本的前提——尽管价格波动在短期内无法预测，但就长期而言，股票价格还是围绕其公允价值（fair value）而波动的。

对投资者来说，这个股票的所谓公允价值就是它的内在价值（intrinsic value），他们声称，在长期内，一只股票的价格必然依赖于它的内在价值。在投资者看来，围绕内在价值形成的波动可能极为巨大，其根源在于投资者的情绪、羊群效应、普遍性误区、对各种股票所投入的关注力的失衡以及非经济压力等诸多因素。

（一）内在价值（FF）的定义

投资者认为，每一只股票都有其公允价值（fair value），或者说内在价值（intrinsic value）。这是一种仅针对投资者才有意义的价值，在价值的数量上，公允价值取决于投资者依据对特定股票风险及收益的预期而希望通过该股票获得的收益率α（%）。

如上所述，内在价值存在的基本前提就是，股票价格出于诸多原因（见下文）而围绕其内在价值上下波动。因此，投资者的机会就存在于这样一个事实中：随着投机活动的减少，或是市场对定价错误的认知，股票价格必将在长期内归于公允价值FF（α）。于是，投资者便有了超越大盘的企图——先买进交易价格低于内在价值的股票，然后在市场价格接近甚至超过内在价值时抛出（见图3）。

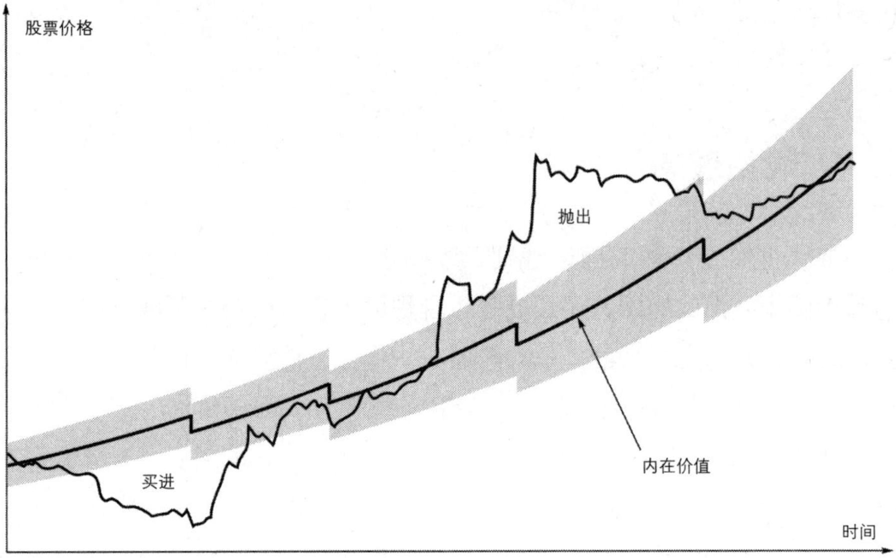

图3　投资者的基本策略

对投资者来说，最大的挑战莫过于如何确定一只股票的内在价值。严格地说，一家公司真正的内在价值应是这样得到的：当该股票因被收购、公司破产、私有化或其他原因而被证券交易所终止交易时，股东凭借这笔投资实现预期年均收益率（α）时所需要获得的对价，即为该股票的内在价值。具体可按如下公式计算：

$$FF_{true}(\alpha)=\frac{P_{fin}}{(1+\alpha)^L}+\sum_{q=1}^{L}\frac{D_q}{(1+\alpha)^q}$$

在上述公式中，P_{fin}为股东在该股票退出证券交易所时回购股票的价格，L为股票退出前在交易所交易的年数，Dq为股东在第q年度取得的每股股利。

遗憾的是，上述方法几乎没有任何实用价值，因为P_{fin}、L和Dq这3个参数在现实中都是不可量度的。相反，计算内在价值更具可操作性的方法，应该是折现现金流法（discounted cash flow，DCF，有关折现现金流法的具体内容可参见：Koller, 2005）。在DCF模型中，内在价值等于将企业未来创造的自由现金流按特定折现率折算而成的现值之和：

$$FF_{DCF}(\alpha)=C+\sum_{q=0}^{+\infty}\frac{FCFE_q}{(1+\alpha)^q}$$

在上述公式中，FCFEq和C分别表示在第q年度实现的每股自由现金流（股权创造的自由现金流）和每股现金（现金+现金等价物）。

DCF模型有着清晰的理论基础，因而也赋予了内在价值真正的内涵。然而，如下两个方面的原因，还是导致折现现金流模型在资产管理行业的受欢迎度非常有限：

1. 首先，确定该模型中的FCFEq很困难。它需要大量研究和专业技能。多数人不会为此付出必要的投入。即便是这样，还是有很多学者坚信，任何人都不可能比股票市场本身更善于评估股票的内在价值。也就是说，他们认为，投资者绝对没有机会找到被市场不当估值的股票。
2. 其次，正如沃伦·巴菲特在本章开头所说的那样，很多人根本就不理解投资的内涵。他们将股票市场看作赌场，而不是以“以40美分的价格买进1美元的纸钞”的地方（按内在价值60%的折扣率买到股票）。

另外，真正的投资者必须全面理解内在价值的内涵。他们绝对接受这样的理论：投资者不应听从于股票市场的效率，在他们看来，很多原因均可导致定价不当（因而形成投资机会）。

（二）影响股价的动因

在“有效市场假说”支持者的心目中，不管任何时点，所有股票的价格都应是其发行者全部已公开信息的反映。换句话说，在他们看来，任何股票的价格都是市场对该股票内在价值（FFDCF）最合理的估值。此外，他们还笃信另一个似乎是无可置疑的事实，即任何个人都不可能比市场本身做出更准确的估值。在“有效市场假说”追捧者看来，市场非理性或是无效定价是不可思议的。他们坚称，因非理性市场参与者造成的价格失常，必将在最短时间内被理性参与者纠正。

但投资者却以两个真正无可置疑的事实让“有效市场假说”追捧者哑口无

言。第一，很多市场参与者根本就不知公允价值为何物。实际上，根据公允价值进行投资的人可能只是极少数人。大部分市场参与者的交易还是依赖于市场动量，他们只是在投机，或是根据市场传言买进卖出，竭力揣摩其他投资者的意图，等等。此外，不同投资者的目标不尽相同。尽管赚钱是绝大多数投资者的共同目标，但注定会有一些人只是想一夜暴富，因而，他们根本就不关心股票的长期趋势。

第二，正如我们在下一节里看到的那样，对那些在决策中考虑公允价值的投资者来说，他们的行为在很大程度上受制于人的本能与心理。因此，大多数投资者不可能永远保持理性，即便他们确实想这样做，也是做不到的。在投资情绪、交易心理或是纯投机因素的营销学的影响下，投资者很难坐怀不乱，因此，只有极少数纯粹理性的投资者才能抵御市场大潮的诱惑，那些随风而定的做法对顶级投资者来说确实是难以置信的。但这毕竟是人的本性，因此，任何投资者都不应该妄自想象这些市场无效有朝一日将会消失。为进一步阐述这个问题，我们将在下文中逐一讨论认知偏差对股票市场的影响。

1. 认知偏差（cognitive bias）

现代行为金融学认为，人的思想是通过两类体系回答和解决问题的。第一个体系是反射系统（reflexive system），作为一种人的自然禀赋，它能让人在瞬间做出回答并解决问题。这个系统的动力源于人的本能，因而，它解决问题的方式是瞬间而成的。通过反射系统得到的解决方法，第一眼看来很可能是合理的，但如果细细看来，却往往是非理性的。此外，当反射系统面对较困难的问题时，它往往会将困难人为地简单化。第二个体系则是反思系统（reflective system）。这是一个理性化、有意识的系统，它通过推理和思考来解决问题。此外，当反射系统得出一个解决方案时，反思系统会对这个方案提出质疑，从而将反射系统置于控制之下。

如果一个人的反思系统失常，这个人就会遇到麻烦。比如，懒惰就会导致反思系统不能正常工作。毕竟，思维和推理都需要耗费精力，而且它倾向于不经进一步检验而接受反射系统给出的答案。但即便是勤奋工作的人也经常会放松警惕。实际上，每个人都有过反思系统被反射系统操纵的经历。当情绪激动或是反思系统遇到无法解决的问题时，就会出现这种情形。

因为情绪激动或难题是市场行为中不可缺少的一部分，它存在于市场的每个角落，每个瞬间，因此，大多数投资者都要纠缠于反射系统造成的非理性影响。这个系统会诱使人们出现各种各样的系统性心理偏差，这就是心理学意义上的“认知偏差”。容易导致非理性市场行为的典型认知偏差包括（参见：Kahneman，2011；Belsky，1999；Zweig，2007；Dreman，1998；及Montier，2010）：

（1）过度反应偏差（overreaction bias）

相对于好消息，人们倾向于对坏消息做出更为激烈的反应。此外，当人们的预期较高时，过度反应偏差会更加强烈。过度反应偏差的结果就是对偏离预期的负面现实做出过度反应。比如说，当公司发出盈利预警时，很多投资者会恐慌性抛出股票。

（2）模式与趋势搜寻偏差（pattern and trend seeking）

尽可能地搜寻模式和趋势，是人类大脑的固有机能，即便在噪声中也是如此。比如说，很多人在长时间盯着股价图的时候就会“发现”某种趋势，但他们最终往往会发现，这些所谓的“发现”并不能给他们带来财富。这种模式与趋势搜寻偏差服从小数定律（law of small numbers），即人们倾向于借助在统计上缺乏显著性的样本得到某种模式或趋势。比如说，如果一名共同基金经理连续2年跑赢大盘，那么，人们就认为他是投资天才，尽管他取得的投资业绩在统计上不显著。

模式与趋势搜寻偏差导致的常见投资误区包括：

- 依据非常少的信息采取行动；
- 依据基本面及价格变动对历史趋势做出过于简单的推断；
- 将注意力集中到想象中的相关模式上。

（3）过度自信和控制幻觉

人类，尤其是男性，往往会过度相信自己的能力。一个最有说服力的例子是，绝大多数人认为，他们的驾驶技术高于一般人（这当然不符合逻辑）。此外，大多数人还会认为，我们的世界远比现实更温和，更易于理解，也更易于预测。他们经常会产生一种幻觉：他们可以控制或影响实际上根本就无法控制的事物。比如说，在掷硬币比赛中，获胜者倾向于认为，他们是掷硬币的天才。

过度自信和控制幻觉的存在似乎与人的自尊心程度有关，而且在投资等熟悉的复杂性过程中尤为强烈和普遍。在股票市场上，过度自信和控制幻觉可能会产生如下误区：

· 认为某个人即便没有相应的技能、专长和投入也能取得成功；

· 因为自己能精准把握交易时间而进行过度交易（overtrading）；

· 对失误的反馈不足（因为过度自信的人根本就不会承认失误）；

· 风险管理不足。

（4）非对称性损失厌恶倾向（asymmetric loss aversion）

根据相关研究，财务亏损给投资者带来的痛苦感约为等量收益所带来的幸福感的2.5倍。换句话说，10%的亏损带来的痛苦感就相当于20%~25%的收益带来的快乐感。造成这种非对称性损失厌恶倾向的根源，或许是在进化过程中，人类逐渐把威胁和坏消息视为生存的首要条件。非对称性损失厌恶倾向造成的常见投资误区包括：

· 为避免形成账面损失而长期持有已跌价的股票；

· 为摆脱痛苦感而在跌价后恐慌性抛售；

· 为防止已到手的盈利从指尖溜走而过早兑现已升值股票赚了的利润。

（5）从众行为（或称羊群效应）

在采取从众行为，尤其是在面对自己不能确信的复杂模糊问题时，人们会感到更安稳、舒坦。而当人们情绪处于激动状态以及受到当权者鼓动时，从众行为会进一步加剧。

多年前，一家石油公司曾涉足化肥业务，随后发生的事情便成为从众行为的典型写照。面对这家公司的举措，尽管没有任何战略规划及合理的原因，但其他多家石油公司依旧不甘落后，纷纷开始收购化肥制造企业。最终的结果可想而知，必然是不甘寂寞的石油公司深陷财务危机。

从众行为产生的一个重要原因，就是人们总习惯于认为，别人肯定比自己知道得更多，如果只做旁观者，必然会被落在后面。因此，人们会发现，不管其他人的做法多么愚蠢，但效仿他人总会让自己感到心安理得。

股票投资与证券交易本身就是一件充斥着很多不确定性的复杂任务，而且很多人根本就不清楚在股票市场里到底应如何行动，因此，从众行为也就成为市场参与者最愿意接受的行为方式——尤其是在市场陷入恐慌或被极度乐观情绪笼罩的状态下。不过，需要提醒的是，盲目从众往往是招致灾祸的序幕。它会导致投资者陷入如下误区：

- （效仿他人）在接近熊市底部时大量抛出，并在牛市接近顶峰时大量买进；
- 盲目追逐热门股，而置价格于不顾；
- 对不受市场吹捧的股票置若罔闻，置股票本身的估值吸引力于不顾。

（6）选择性信息过滤（biased information filtering）

在面对大量信息时，人们往往会将注意力集中到其中的少数信息上。而最容易受到关注的信息，通常是最突出的信息（而非最有价值和最相关的信息）。

第一，近期偏差（recency bias），即人们对最近发生的事实最会给予最大的权重。一个典型例子是，在预期股票市场未来6个月的回报率时，人们对股市过去1周走势的依赖性要超过对过去几个月的2倍多（参见：Zweig，2007）。

第二，人们对心理影响更大的信息会给予更多的关注力。例如，只要第一笔奖金远高于一般水平，即便这笔奖金的预期价值低于后者，人们购买彩票的概率也会大为提高。

第三，框定效应（framing）指出，如果信息被赋予更有吸引力的外在表现形式，那么，它就更有可能受到人们的关注。例如，一项每天收费1美元的服务，似乎就比每年收取365美元的服务更有吸引力（尽管两者的成本完全一致）。

在投资领域，选择性信息过滤会造成如下形态的误区：

- 依赖于近期趋势的推断（尤其在这些趋势具有较强的情绪感染力时）；
- 对以往经历的反馈不足（只记住印象最深刻的体验）；
- 在投资决策时，只考虑吸引人的表面信息（而不开展尽职调查）。

（7）锚定效应（anchoring）

人们在就某个事件进行决策时，还有可能将出发点建立在与问题无关的信息上。通常，对人们知之甚少的问题，锚定效应往往更为强烈。难以理解的是，人们在意识到他们锚定的信息不相关、无意义的情况下，依旧会以这些信息为出发点。锚定效应的一个典型例子是，大多数人习惯于根据第一印象评价自己不认识的人。讨价还价则是另一个锚定效应的例子。在两方讨价还价的过程中，人们依赖的价格区间往往取决于其中一方最先提出的报价。

锚定效应会导致投资者陷入如下误区：

· 他们会使用以前购买某只股票的价格，进而在头寸亏损时依旧不放手（在市场价格低于买进价格时拒绝抛出），或是在价格超过买入价格时，过早抛出以至于丧失更大的获利机会；

· 以历史上的股票价格为基准（锚定于历史价格）去评价一只股票的贵贱。

（8）一致性偏差（consistency bias）

也被称为确认偏差，即人们倾向于坚持最初形成的意见，因而会过度强调可验证其观点的信息，即使与此相悖的信息更可信，他们也会置若罔闻。一致性偏差往往会因沉没成本效应而得以强化。按照这种心理倾向，人们会固执地坚持已投入大量时间和精力的决策，尽管不改变这个决策可能会付出更大成本。此外，一致性偏差还意味着人们更愿意寻找志同道合的人，不愿意与意见不合者为伍。

一致性偏差会造成两种投资误区：

· 在选股时，即便市场上存在正反两方面证据，投资者也会主动搜寻支持自己观点的证据（而忽视反对性证据）；

· 因拒绝听取不同的观点而固守已亏损的头寸。

那些曾对比利时勒诺-豪斯皮语音识别公司（Lernout&Hauspie）笃信不移的人，就是确认偏差的极端例证。尽管证明公司涉嫌欺诈行为的证据已比比皆是，但股东始终拒绝让公司破产，而且不遗余力地支持公司创始人（尽管创始人已辞世11年之久）。

（9）后见之明偏差（hindsight bias）

按照这种心理趋向，人们倾向于以最近获得的信息为基础，认为过去某个时点所发生的事件原本是可预测的，但是在依据当时时点所掌握的信息，该事件却不具有这样的可预测性。后见之明偏差会导致人们无法正确评价以往的决策过程，并形成有误导性的反馈。需要指出的是，当事件带来负面结果时，后见之明偏差会表现得更为突出。而那些未能预见灾难的人，往往会被视为无能之辈或是玩忽职守之流。

在2008—2009年信贷危机之后，人们对信用评级机构的叫骂声不绝于耳，这就是后见之明偏差的一个典型事例。人们纷纷指责评级机构的无能，因为它们对有毒金融产品做出了过高的信用等级。但这些批判者却没有意识到，在危机爆发之前，几乎没有任何人警告投资者，不要轻信评级机构。

（10）移情效应及光环效应或本土偏差

人们更愿意接受与喜好相关的事物或是自己熟悉的事物，前者即为所谓的移情效应（sympathy bias）及光环效应（halo effect），而后者则被称为本土偏差（home bias）。移情效应和本土偏差有着共同的进化学基础，因为生存要求生物必须对陌生的新事物保持警惕，而熟悉或者喜欢的事物则会给他们带来舒适感和安全感。

在投资领域，很多人会不自觉地喜欢自己熟悉的公司、在感情上有倾向性的公司或是坊间流传有精彩故事的股票，后者也就是所谓的叙述性谬误（narrative fallacy，人们喜欢以叙述来理解复杂的世界，但叙述必然会忽略某些重要的东西，从而导致这种理解变成谬误——译者注）。因此，对于投资者心仪的目标公司，要么是公司的总部位置与投资者较近（甚至是他们所工作的公司），要么拥有投资者熟悉或是朗朗上口的名字，或者拥有绝佳产品，或是经常被媒体提及，甚至有可能是与投资者有某些共同点（如，股票代码恰好与投资者姓名的首字母相同，或是公司标识与投资者的眼睛有着相同的颜色）。

这些偏差的问题在于，对一家公司感情如何、熟悉与否，与这家公司股票的投资价值毫无关系。实际上，先入为主的移情效应或是本土偏差必然会带来一系列问题，譬如：

- 用有色眼镜对股票进行分析，以至于分析流于表面（因为投资者将熟悉与知识混为一谈）；
- 投资的多样化程度不够（比如，投资组合过分集中在某个地域甚至是某一类公司上）。

（11）禀赋效应（endowment effect）

人们习惯于过高估计自有财富的价值。由于禀赋效应的存在，使得大多数房产所有者会高估其房产的价值。在股票市场上，禀赋效应意味着即便前景不佳，投资者（尤其是那些视自己为长期股东的投资者）不愿意卖出手里的股票。

（12）规避后悔感

所有人都会尽力规避后悔感，尤其是那种让他们追悔莫及的后悔感。而且事实证明，人们在如下情况中会对失误产生更强烈的后悔感：

- 在做出最终决策时面对极其宽泛的选择余地；
- 决策的结果是诉诸行动，而非按兵不动；
- 决策的结果是脱离决策者的惯例行为；
- 目标在出错前几乎已成现实。

在股票市场上，对后悔感的规避会导致投资者坚守已经在赔钱的股票（担心过早抛出会后悔），或是过早抛出刚开始赚钱的股票（避免因未来股价下跌而后悔）。

（13）心理账户（mental accounting）

人们习惯于将钱放在不同的心理账户中。（编者注：心理账户是行为经济学中的一个重要概念，是指个体在做决策时往往会违背简单的经济学原则，做出许多非理性的消费行为。）比如说，人们经常会发现，在假日旅游、礼物赠送或是赌场里花钱（或者说浪费钱财），远比为退休而积攒储蓄容易得多。相对于小额金钱，人们更关心金额相对较大的金钱，尤其是在大额金钱与小额金钱同时摆在眼前的时候，这就是一个心理账户的特殊案例。正因为这样，只有在客户确认购买汽车后，聪明的汽车销售员才会向客户介绍细小性能，因为它们的成本在整个汽车价格中占比很小。

心理账户造成的常见投资误区包括：

- 无限度的过度交易，因为每笔交易的成本（如买卖价差、交易成本、税收和管理费）在交易总额中占比很小；
- 固守已下跌股票不放手，因为投资者将这笔未实现的亏损放在一个被他们视为暂时独立的非现金账户中。

（14）追求兴奋感

人都喜欢追求刺激感和兴奋感。它在投资领域会带来如下问题：

·人们总是追逐当时最令人振奋的股票（如最新IPO的新发股票）；

·有些人为了寻求刺激而宁愿采取次优的投资策略。

2. 认知偏差无处不在的无效性

“无论是在华尔街还是股票投机上，都不存在任何新事物。以往所发生的一切，都将在未来一而再，再而三地重演。因为人类的本性不会改变，而真正能让人类智慧打折扣的唯一力量，就是人的情感。”

——杰西·利弗莫尔（Jesse Livermore，2001）

“资本市场以前无效，现在无效，今后还将无效，其原因并非是缺少及时的信息、分析工具或是适度的资本。即便是互联网，也不会让这个市场变得有效，尽管它确实能更快地将更多信息送到我们指尖。市场之所以无效，只是因为人的本性，这种本性是根深蒂固、不可更改而且是内在的。人绝不会有意识地让情感影响投资，而是处于不可理喻的情不自禁。”

——塞斯·卡拉曼（Seth Klarman，2013）

认知偏差是很多投资误区的根源，因而必然会在股票市场上招致形形色色的非理性行为。小数定律、抵消反馈（因过度自信及后见之明偏差）、近期偏差、一致性偏差以及本土偏差或移情效应等，导致很多投资者不能开展真正有意义的尽职调查。

规避后悔感、心理账户、禀赋效应、非对称性损失厌恶倾向以及一致性偏差，会诱使投资者做出非最优判断，固守已下跌的股票，或是过早卖出即将赚大钱的股票。锚定效应则导致投资者对股票内在价值产生非理性观点。

所有这些误区都具有个体性，以随机方式发生于投资者当中。我们有足够理由认为，这些错误会因理性投资者的套利行为而消失。因此，它们不太可能造成严重的价格异常。

然而，认知偏差也会造成系统化错误，让所有投资者陷入同样的误区。比如说，在股票市场的牛市中，投资者会因推理或从众行为而疯狂买进，这会形成一种强大的推升力。而在熊市中，因过度反应偏差、非对称性损失厌恶倾向、从众行为或推断而被人为放大的沽出压力，同样是理性投资者难以遏制的。更糟糕的是，这种趋势还会吸引那些对内在价值熟视无睹的交易者及投机者。因此，总是指望理性投资者拨乱反正，使市场重归本源的想法，显然是天真幼稚的。

同样，当市场对某只股票的情绪（因一时热潮、羊群效应以及追求兴奋感等心理偏差）已不再理性时，即便是这些理性的投资者，也难以让他们的估值接近内在价值。但投资者也会强词夺理地称，这些系统化误区带来的价格无效性恰恰是他们可利用的。下面，我们将讨论两个由上述系统化错误直接引发的现象。

（1）涨跌周期（boom-bust cycle）

历史无数次表明，人的心理是一种非常强大的力量，推动股票价格不断偏离其内在价值（见：Chancellor，2000；Kindleberger，2005；MacKay，2008；Katsenelson，2007；Mahar，2004；Schiller，2005；Smithers，2009；Napier，2009）。从根本上说，无论是个股，还是整个股市，都要受制于一种心理周期的影响：当乐观情绪、贪婪、好奇和自负情绪占据上风时，股价进入上涨阶段（牛市）；当悲观情绪、恐惧、漠视和风险厌恶情绪主宰投资者心情时，股价便进入下行阶段（熊市）。但这只是整个故事的一部分而已。实际上，我们可以发现，某些认知偏差是形成这种兴衰周期的重要动因（见图4）。

- 模式寻求及近期效应偏差：市场参与者根据近期市场趋势进行的推断，会进一步强化已形成的市场上涨或下跌。（近期效应偏差的一个结果是，在牛市期间，很多投资者甚至会彻底忘记股市里还有熊市的存在。）实际上，正是投资者预期的趋同性，才带来市场在牛市出现大泡沫，在熊市出现大低谷。
- 过度自信和控制幻觉：在充满泡沫的牛市里，市场参与者会变得信心满满，在经历一段时间后，他们往往开始认为自己就是投资天才。这就会导致他们自命清高，失去牛市中应有的耐心。沃伦·巴菲特曾在1987年写的致股东的信中告诫：“在牛市中，我们一定不要成为暴雨后那只在池子里自鸣得意地嘎嘎叫的鸭子，它们以为是自己高超的划水技术造成池水的上涨。一只有脑子的鸭子，应该在雨后再去比较相对于其他鸭子的位置。”

· 在熊市中，非对称性损失厌恶倾向会导致投资者在熊市中恐慌性抛售，并加剧股市进一步向谷底滑落。恐慌性抛售与过度反应以及低风险容忍度相结合，是造成熊市探底过程中出现崩盘（大量抛售和价格暴跌）的重要原因。

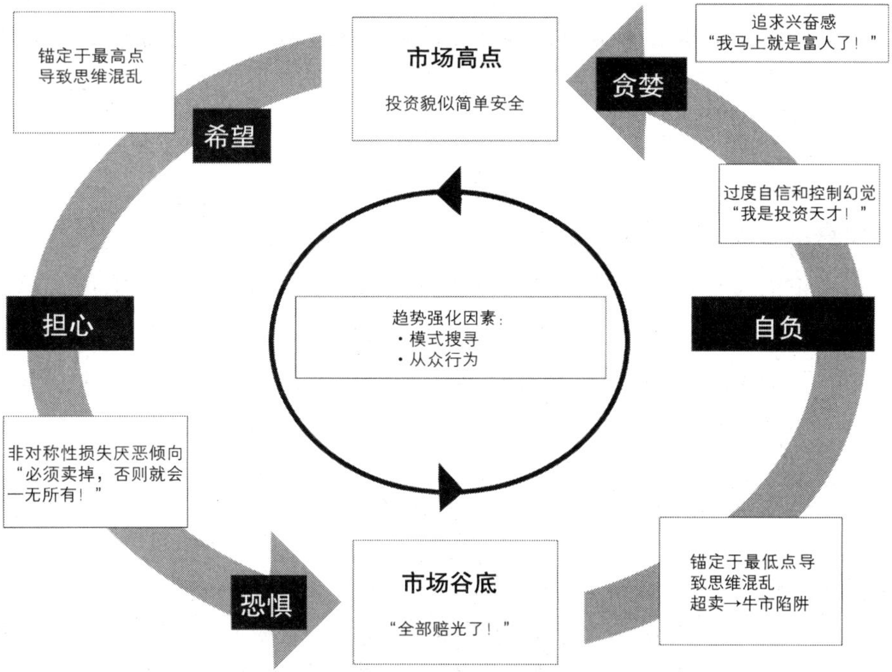

图4　股市涨跌周期中的认知偏差与人类本性

· 从众行为：所有人都喜欢随波逐流的做法，这会进一步加强市场的波动。从众行为不仅会导致投资者对市场走向形成更一致的看法，还会借助于羊群效应而将更多的新人拉进牛市。

· 锚定效应则以多种方式成为牛市和熊市的重要推手。

——市场参与者往往将历史上的股票价格水平当作评判当前股票价格高低的参照基准，这一事实表明，在牛市中，很多回调趋势因投资者的抄底买入而迅速扭转，在熊市中，很多反弹会因投资者的恐慌性抛售而被推迟。

——某些股票的价格变动会带动同类公司的股价发生变化（处于相同行业或相同地域的股票）。之所以这样，是因为市场参与者一直在进行股票间的价格变动及估值比较。因此，由于锚定效应的影响，个股变动可能会带动整个板块（甚至是整个市场）发化变化。

- 确认偏差也会强化趋势。在牛市期间，投资者不仅希望听到好消息，而且想从名人大腕的嘴里听到牛市和热潮将永久维系的声音。这必然会强化投资者对牛市的信心，将强势上涨延续下去。相反，当市场处于谷底时，人们则会到处搜集坏消息，似乎世界末日就在眼前，从而招致更严重的恐惧情绪和更高的风险厌恶倾向。
- 追求兴奋感。从市场游戏中追求兴奋和刺激，会诱使人们在股市上涨期间将更多储蓄投资于股票。这种心态必然会让牛市更牛。同样，在熊市期间，巨额收益带来的刺激让做空的卖家加大做空力度，从而让熊市更熊。

（2）与市场热潮相关的无效性

“人们往往会被充满刺激感的新概念所折服。痴迷于热门新思维的诱惑力，会让投资者的防范之心荡然无存。IPO的魔力和魅力是不可思议的。”

——大卫·德莱曼（David Dreman，1998）

本杰明·格林厄姆曾教导自己的学生，不被市场看好的股票（通常表现为低市盈率）往往可以带来超过平均水平的回报，而对魅力四射的热门股票则应尽量避开。数据显示，格林厄姆的说法可以解释任何时期的投资。比如说，Schwager（1992）曾提到，1901—1926年期间最受欢迎的股票，到1939年年底都表现得极为惨淡，其业绩惨不忍睹。他们甚至还发现了某些更令人感到不可思议的现象。第一，即便是在公司盈利能力不断萎缩的情况下，低市净率（P/B，股票价格与账面价值之比）的股票也会跑赢大盘。相比之下，盈利性持续走强的热门股，其收益率往往逊色于大盘。第二，与不被市场看好的股票相比，被市场追捧的股票受意外盈利反弹带来的利好影响较小，而对盈利下挫的反应更为强烈（其原因可归结为市场对热门股给予了过于乐观的预期，而对冷门股则给予了过于悲观的预期，以及对基本面财务指标的中值回归倾向）。所有这些都表明，市场宠儿远比那些不被看好的落魄者更弱不禁风。

总之，热门股往往会被市场高估，而冷门股则会被低估。这种现象可以由如下几种认知偏差来解释：

- 非对称性损失厌恶倾向及过度反应偏差。在股票收益令人失望的时候，很多不被市场看好的股票会因市场的一连串恐慌性抛售而遭受重击。大多数抛售源于非对称性损失厌恶倾向及过度反应偏差，因此，我们完全有理由认为，在市场恐慌期间，不管价格如何，人们都会抛售这些股票。由此，这些股票给市场过度打压的概率陡然增加。
- 模式与趋势搜寻偏差及近期偏差。推理会导致投资者认为，以往的好股票以后还会是好股票，以前表现不佳的股票以后还会继续表现不佳。换句话说，投资者会对历史业绩赋予过高的权重。这就会以如下两种方式造成价格与价值的偏离：

——很多股票并不依赖于公司的财务业绩。人们（也包括专业人士）往往以过于简单的方式对财务结果进行推断，因此，业绩不佳公司的股价前景黯淡的概率反倒不大。也就是说，当公司业绩低迷时，市场会做出意料中的反应，使得股价难以逆转；但只要公司业绩略好于预期，就会给股票带来强势反弹的巨大空间。反之，如果公司财务业绩高企，市场就会预期这种乐观形势会延续下去。因此，其股价前景并不被看好。即使这些公司达到市场设定的高标准，它们也不太可能带来超高收益，因为投资者认为这是情理之中的事情。反之，如果公司未能兑现投资者的高预期（基于中值回归的原因，这应属于大概率事件），市场反倒有可能对它们加以重罚。

——很多股票反映出投资者对近期股价表现还将延续的预期。股票在近期历史的拙劣表现，足以让人们用历史去设想未来。因此，市场对冷门股的兴趣和好奇自然会大打折扣。这就提高了股票被低估的概率。表现强劲的股票则会吸引那些有相同预期投资者的眼球。而这就会提高股票被高估的概率。

- 从众行为：认为集体更聪明和从众行为会带来安全感和舒适感的观点，会导致冷门股被低估，热门股被高估：

——由于群体往往会忽视冷门股的存在，因此，大多数人会认为，把时间（更不用说金钱）花在这些股票上难以得到应有的回报。实际上，炙手可热的市场宠儿确实是投资者追捧的首选。其结果可想而知：冷门股几乎不被市场关注和审视，这就增加了它们被错误定价的概率。市场对热门股的广泛认同和密切关注，则导致这些股票被低估的概率微乎其微。

——当群体认为某些股票物非所值时，这些股票往往会应声落地。因此，当公司股价下跌时，那些认为群体更深谙股票价值的投资者，会迫不得已地抛出股票，而不考虑股价到底如何。反之，在股价上涨时，人们就会以为股票被市场低估，尽管当时的估值倍数已岌岌可危。显然，这种因完全不考虑股价的从众行为造成的买进或抛出，是造成非理性定价的一个重要因素。

· 风险意识扭曲：在大多数人的眼里，落后大盘的冷门股自然对应于高风险（有时也确实如此）。这意味着，鲜有人愿意以身试雷。买进基本面强劲且历史业绩优异的热门股，则会给投资者带来安全感。因此，冷门股往往对应于低估值，以反映其超高的风险水平，而热门股的高估值则体现其抄底的风险水平。

· 渴望兴奋感：渴望兴奋感会促使追求刺激的投资者对令人振奋的热门股趋之若鹜，而对无人问津的冷门股则退避三舍。投机型投资和交易者对热门股的追逐，会导致这些股票被过度估值。

二、投资风格与投资策略

上一节讨论的投资理念基本原则（内在价值与股价驱动因素）为投资者行为提供了一个基本框架。在这个框架范围内，投资者以自认为合适的方式兑现这些基本概念。实际上，我们可以把成功的投资者归纳为两种风格，即自下而上式投资风格和自上而下式投资风格。

（一）自下而上式投资风格

自下而上式投资风格可能是最受欢迎、最可靠的投资方式。自下而上型的投资者从分析个别公司起步。他们会认真剖析公司的财务报表，审慎评价公司的竞争地位，并对其管理做出评估。他们通常很少关注经济形势，在他们看来，要对宏观经济做出清晰的认定几乎是不可能的。因此，他们认为，以经济预测为核心的分析是徒劳的。实际上，很多自下而上型投资者试图找到不受经济形势影响的公司。

成功的自下而上型投资者大有人在。他们中的先驱者当属本杰明·格林厄姆和菲利普·费雪。前者坚持的自下而上投资策略完全植根于（财务）量化数据（Graham，2003）。而菲利普·费雪则强调评价股票定性要素的重要性，如公司管理和竞争地位（Fisher，1996）。当代很多伟大的自下而上型投资者（如沃伦·巴菲特和乔尔·格林布拉特），都可以看成是格林厄姆和费雪的门徒。

而在自下而上型投资领域内，还存在形形色色细分性的投资风格。不过，处于最顶层的投资者未必一定会落实到某个具体的分支类型。他们可能会从具体的市场环境出发，采用某种行之有效的投资风格。当然，他们也可能会把若干细分性投资风格结合到一起。

1. 价值投资

对于本杰明·格林厄姆和大卫·德莱曼之类的价值投资者来说，他们会将注意力集中到市盈率（PE）或市净率（PB）等估值倍数较低的股票上，以应对股票内在价值的不确定性（Dreman，1998）。这些价值投资者对低估值倍数股票的关注表明，他们看重的是不被市场看好的冷门股，而非投资者趋之若鹜的热门股。

有些价值投资者买进基本面稳健的低估值倍数股票，完全是为了长期持有。还有一些投资者并不关注基本面质量，他们会在市场价格趋近于内在价值时沽出股票。

2. 成长型投资

与纯粹的价值投资相反，成长型投资者追求的目标是拥有高估值倍数的股票，因为这些投资者认为，他们能对高于大盘平均水平（即年收益增长率超过15%）的超高增长率做出合理预测。他们声称，成长必须付出代价，因为超过平均水平的增长预期最终会体现在股价上。此外，出于对增长的关注，他们往往会长期持有股票，而且在估值倍数提高时，不会像价值投资者那样迅速抛出。

成长型投资策略因共同基金传奇大师彼得·林奇的两本著作《彼得·林奇的成功投资》（*One Up on Wall Street*）和《战胜华尔街》（*Beating the Street*）而成为时尚，而最成功的成长型投资策略莫过于“合理价格下的增长”模式（growth at a reasonable price，GARP）。在坚持GARP模式的投资者眼中，超高增长率并不足取。他们追求的投资目标则是价格合理且年收入和收益增长率在20%～30%之间的股票。

3. 风险套利（risk arbitrage）

作为一种套利方法，投资者的利润源自于股票市场价格与特定交易在成交时预期价值的背离。最常见的风险套利方式就是合并套利（merger arbitrage）。当一家公司对另一家公开上市公司发起收购要约时，就会出现所谓的合并套利。此时，由于交易能否达成具有极大的不确定性，因此，被收购目标公司的股票价格可能低于收购方的出价。于是，合并套利者会选择性地买进被收购目标公司的股票，以期通过价格差异在交易达成时缩小来获利。

合并套利貌似非常简单，实则却是一种高风险、高竞争性的交易方式。实际上，合并套利者首先要找到股票市场价格与预期交易价格背离的交易，而且只有保证这种背离达到一定程度，才能降低收购方退出收购、反垄断机构否决交易、收购方因资金不足而无法完成收购以及交易耗时超过预期而带来的风险。在实践中，只有老谋深算的套利者才能在这个投资领域中立足。

4. 配对交易投资（pair trade）

这是很多对冲基金惯用的一种套利手段，按照这种方式，投资者买进一只廉价股票，并同时卖出同一行业的高价股票。配对交易投资者认为同一行业中的两只股票的估值不应存在巨大差异，并借助其估值的趋同来获利。在这种模式中，由于长短期交易结合而消除了市场及行业风险，由此降低了投资者面对的市场和行业风险。

5. 秃鹫投资（vulture investing）

这是一种以不良公司为目标的高度专业性的投资方式。通常，秃鹫投资者买进破产公司或濒临破产边缘企业发行的不良债券（很少直接购买股权）。他们的盈利模式在于，根据对企业价值的评估以及清算过程的预期（企业全部债权人在破产清算过程中的谈判情况），这些不良债务能带来相当可观的价值。

可以说，秃鹫投资者深刻演绎了价值投资的基本原则。他们只投资业绩不佳的公司，而且是名副其实的“便宜货”猎手，他们的目标就是交易价格极低的债券。

价格低廉的不良债券随处可见，巨大的抛出压力（这也是投资者的基本投资原则），或是缺少参与破产清算的资金以及担心参与破产清算会有损其名声等原因，都会迫使投资者选择卖出，从而进一步打压债券价格。

为最大程度增加投资的成功概率，秃鹫投资者会尽可能地直接参与破产清算过程，他们大多深谙破产法，而且会不遗余力地解剖每个破产案例的全部信息。鉴于这种投资模式的特殊性，秃鹫投资的盈亏与宏观经济形势（尤其是利率）及股票市场的表现休戚相关。（有关秃鹫投资的介绍可参考：Rosenberg, 2000；Moyer, 2005；Whitman，2009。）

6. 直接干预型投资（direct interference）

有的时候，投资者持有不良企业股权的目的，是为了让企业走出困境、起死回生。他们的目标是那些管理或战略不佳但却拥有优质核心的企业。换句话说，作为他们的投资对象，只需更换管理层或调整公司战略，这家公司就可以实现强势反弹。具体来说，他们可以通过如下两种方式实现这个目标。

（1）积极参与型投资。按照这种模式，在管理不当的公司中，积极参与型投资者通过持有大量股份来进入董事会，或是联合其他对管理层心存不满的股东来获得支持。由此，这些积极参与型投资者成为决定公司运行的一股重要力量，因为他们可以借助代理权斗争和公开质疑来影响管理层，或是迫使他们改变公司战略。美国投资界最著名的三位积极参与型投资者当属杰弗里·厄本（Jeffrey Ubben）、比尔·阿克曼（Bill Ackman）和卡尔·伊坎（Carl Icahn）。

（2）控制。一种更激进的方法，就是通过善意或敌意收购控制企业，进而对企业进行必要的调整。

7. 私募股权（private equity）

私募股权投资者买入股份通常以持续若干年的长期持有为目的（多为5～8年）。在持有期内，他们往往会通过直接参与公司管理及战略制定，最大程度地提升这些公司的价值。私募股权投资基本可划分为以下两种类型（Fraser-Sampson, 2007）。

（1）创业资本（venture）。按照这种投资风格，私募股权投资者通常投资那些处在初创阶段但增长潜力巨大的公司（多为非上市公司），并以非控制方式持有股权。创业投资者的目标公司，通常在已经试验并得到验证的领域（而非未经验证的全新领域）研发新产品。

（2）收购（buyout）。按收购模式，被收购的目标通常是经营稳定且拥有现金创造能力的公司，私募基金公司直接收购公司现有股东持有的股份，并借助债务为收购目标融资，从而对目标公司形成控制地位。

（二）自上而下式投资风格

采用自上而下式投资风格的投资者，首先会从整体经济出发，而后再研究行业和细分板块，最后才分析与经济形势相符的个别公司。尽管这种方法看似可行，但是与自下而上型投资者相比，采用自上而下式投资风格的投资者还是要面对严峻的挑战。

第一，极少有人能始终精准地预测经济形势。因此，每个自上而下型投资者都要接受选错股票的高风险。第二，即使经济形势在意料之中，投资者也未必能找到在这种形势下受益最大的股票，因为市场有可能做出相同的预期。

三、必要的心态和思维

投资并非适合于每个人。如上所述，很多人甚至还不清楚内在价值的概念。有一些人则会发现，他们的性格根本就不适合投资。即便是在本章第一部分提到的那些认同投资基本原则的人当中，真正能在实践中坚守这些原则的人也寥寥无几。投资本身就是一种挑战，参与者不仅需要勤奋、专业、富有经验，还要具备相当的思维和高度的心理自制力。缺少其中的任何一个要素，投资者取得成功的概率都会变得微乎其微。

首先，成功的投资者必须比市场更善于评估公司的公允价值。而要做到这一点，他们就必须掌握独一无二的信息，从而占得先机。但这种排他性信息不可能来源于他人，只能来自于勤奋工作。此外，尽管成功的投资者来自各行各业，专业背景不尽相同，但要准确评价企业的公允价值，投资者必须拥有相应的企业分析能力。当然，长期的从业经历也是至关重要的。

其次，成功的投资者必须具备准确的思维方式。他们必须思维独立，富有耐心。独立性意味着投资者要善于怀疑传统观念以及被群体广泛接受的观点，独立性的重要性在于，跟在别人后面通常只能捡到残渣剩饭。此外，成功的投资者还要有耐心，因为他们深知，要先于市场认识到一只股票的内在价值是需要时间的。成功的投资者不仅不会急于求成，而且会在市场疯狂时保持冷静，严守投资的基本原则。

最后，成功的投资者需要拥有强大的心理控制能力，以旁观者的心态冷眼看待市场。他们不仅敢于采取与市场相悖的举动，而且敢于尝试其他人不敢尝试的东西。这种心理控制力让他们得以克服各种认知偏差的影响，不至于深陷各种投资误区。总之，成功的投资者应该是名副其实的理性市场参与者，成为“有效市场假说”拥护者推崇的样板。但他们绝非“有效市场假说”的代言人，因为真正的理性投资者少之又少，他们不可能永远将市场置于自己的掌控之中。

四、本章小结

本章论述的各种投资理念源于投资者的实践。深刻领会这些理念是阅读本章的起点，也是投资者理解随后各章内容的前提。

第一，最重要的是，在投资中，一切都以内在价值概念为核心。主张投资理念的人试图根据基本面信息评价股票的内在价值，并在股价偏离内在价值时买卖股票，以期跑赢大盘。估值和基本面关系是本书第三章和第四章的主题。

第二，按照投资理念，价格失常源于采取非理性行为的其他市场参与者、采用其他市场模式的投资者（如动量交易者）或是持有其他目标的投资者。如此理解有助于投资者发现被市场错误定价的股票（见第二章）。此外，对非理性和内在价值概念的理解，也是我们认识聪明投资者交易股票的方式（见第六、第七、第八章），以及为什么会有那么多投资者在过程上犯错（见第五章），或是在交易中犯错（见第九章）的关键。

“一家公司的股票在今天、明天、下周或是下一年卖多少钱，这并不重要。重要的是这家公司在未来5~10年会有怎样的表现。”

——沃伦·巴菲特（Krass, 1999）

第二章 寻找“便宜货”

“人们总是问我应该买什么样的股票，但这个问题并不正确。正确的问题应该是：不应该碰什么样的股票？”

——约翰·邓普顿，2008

根据第一章的介绍，我们知道，以基本面为出发点的投资者希望买到价格远低于内在价值的股票，即“便宜货”。考虑到股票市场的效率，如果缺乏认识潜在“便宜货”的“指南针”，要找到低估值股票注定是一项极其艰难的任务，即使有可能，也需要付出许多的时间和精力。

顶级投资者知道，错误定价在市场的某些领域可能比其他领域更常见。因此，为避免将有限的时间和精力浪费在不值得进一步斟酌的股票上，他们往往会关注那些出错概率更高的领域，并尽量回避那些概率不高的领域。

在本章中，我们将全面剖析顶级投资者对投资对象的认识，即哪些领域的股票更有可能赚钱，哪些领域的股票盈利机会不大。此外，我们还将对发展中国家及发达国家的股票加以区分，毕竟，它们有着完全不同的本质。我们会讨论值得借鉴的选股经验，还有需要规避的选股教训，当然也有如何卖空的建议。

本章第一节将讨论顶级投资者看好的发达国家股票类型。第二节则是讨论让大多数顶级投资者避之唯恐不及的股票。第三节讲述发达国家市场里对做空投资者最有吸引力的目标。第四节探讨了实践中挑选所谓的“便宜货”的各个方面要点。最后一节则是对本章主要观点的总结。

一、在发达国家市场中进行股票投资的正负面观点

（一）在成熟市场做多的成功建议

在发达国家的股票市场中，顶级投资者尤其会关注如下几种类型的股票：

- 被大多数投资者忽略的股票；
- 市场持负面观点的股票；
- 特定类型的新股票；
- 新趋势及新事件带来的投资机会；
- 某些人推荐的股票；
- 有催化因素的股票；
- 被大盘指数剔除的股票；
- 其他类型的投资机会。

在下文中，我们将对上述八种类型的股票逐一地做深入讨论，并对这些股票为什么容易被错误定价或低估值的原因做出清晰解释。

1. 被市场忽略的股票

顶级投资者最喜欢钓鱼的地方就是被忽略的鱼塘。这里的股票几乎无人问津，投资者不愿谈及，自然也得不到媒体的关注，更难入分析师的法眼。由于被整个市场忽略，这些股票更有可能被错误定价。这代表这里会有机会，错误定价本身就意味着这些股票的价值有可能被低估。因此，投资者应审慎对待这个领域。

要找到被市场忽略的股票，我们可以看看某些明显的标志，比如：不被分析师提及的股票（每当被调研公司没有被分析师调研过或是根本不为分析师所知时，都会让彼得·林奇兴奋异常），或是机构持有量较低的股票。如果投资者以这个类型的股票为搜索目标，那么，他首先可以看看一只股票是否具有如

下四个特征，并以分析师对该股票的低关注度以及机构投资者的低持有量作为确认的标准。

（1）被市场抛弃和冷落的股票。

很多人以为，魅力四射的股票可以带来诱人的或是令人瞠目结舌的回报。相比之下，被市场抛弃和冷落的股票只会让人昏昏欲睡。因此，多数投资者希望在这些魅力股上大展身手，于是便忽略了貌似乏味的股票。这种偏差就给聪明的投资者创造了机会。具体地说，有五种被市场视作僵化、乏味或过气的股票，往往会给投资者带来不一样的机会。

A.公司的市场形象黯淡无光甚至不受欢迎。很多投资者都不会关注那些市场形象有问题的公司（而且分析师也鲜有提及）。此类业务包括以下两种。

· 公司所从事的业务领域一蹶不振、令人反感或是存在争议。彼得·林奇和约翰·奈夫（John Neff）就提到了这类业务：

（i）殡葬业务类公司。尽管殡葬行业在过去几个世纪里基本未发生变化，尽管这个行业的新进入者寥寥无几（作为一项职业，它同样不受欢迎），尽管客户几乎不会为获得这项服务而讨价还价（出于对逝去亲人的尊敬），但这个行业却始终不被看好。彼得·林奇在《彼得·林奇的成功投资》一书中指出，在选股时，他始终如一看好的一个目标就是一家殡葬业公司——国际服务公司（Service Corporation International），从1980—1990年，其股票实现了1000%的收益率。

（ii）从事有毒废品及垃圾处理业务的公司听起来就让人有点恶心。比如：在管理麦哲伦基金（Magellan Fund）时，彼得·林奇曾买进废品管理公司（Waste Management）的股票，结果，这只股票上涨了100倍。

（iii）公司采用的原材料令人作呕。彼得·林奇提到的一个例子就是Envirodyne公司，他们在1985年收购了一家生产肠衣副产品的公司。在交易完成后的第三年，这家公司的股价便翻了10倍，成为所谓的“暴涨股”（ten bagger）。

· 缺乏社会责任感的业务：有些机构的投资者不允许投资生产武器或香烟等“不道德”产品的公司，而且其他很多投资者也不想涉足此类公司。

B.低成长性行业的公司。很少有人知道，即便是萎缩行业或是低成长行业，也会有利润丰厚的投资机会。杰米里·西格尔（Jeremy Siegel）的一项研究显示，在不被看好的低成长行业中，往往能找到极具投资潜力的股票。实际上，从1957—2007年，在能源和铁路等很多萎缩行业中，很多股票的业绩让标普500指数自叹不如（Siegel，2005）。

C.名称呆板甚至滑稽的公司。彼得·林奇承认，只要碰到名称呆板甚至让人忍俊不禁的公司——比如活力男孩（Pep Boys），他就会定睛细看，认真分析。导致这些股票经常被市场低估的原因，通常是这些公司的名称滑稽——不入耳的名字显然是营销策略的大忌，而且大多数投资者（尤其是专业投资者）也确实不想和这些听起来就很滑稽的公司有什么瓜葛。

D.缺乏活力和业已成型的业务。比如说，菲利普·卡莱特（Philip Carret）就对自来水工程及桥梁建设企业情有独钟。

E.成长预期相对较低的廉价股票。约翰·奈夫认为，就总体而言，对于成长预期较低的公司，即便其股价确实很低，也容易被市场忽视。在这些类型的股票中，风险—收益最适宜的组合往往存在于具有如下特征的公司中。

- 适度增长，未来5年的收益率预计在7%左右；
- 低估值，公司的市盈率与每股收益增长率之比（PEG）低于市场整体PEG的一半；
- 股利发放情况可观；
- 历史上拥有强劲的季度收益率。

（2）公开信息较少或较为复杂的公司。

如果公司难以分析，或是可供分析的信息数量较少、可靠性较低，那么，多数散户投资者及专业投资者都不会煞费苦心地去研究这些公司。但对此类股票的忽略，往往会导致错误定价，而对那些没有为发掘超级回报而深耕的人来说，要发现这些被忽视的财报则需要他们付出额外的投入。但塞斯·克拉曼和约翰·邓普顿这样的顶级投资者，恰恰喜欢这种具有挑战性的工作。

例如，在20世纪60年代，投资者通常会因会计处理缺乏透明度而刻意规避日本公司。但约翰·邓普顿却认为这是一个百年不遇的机会，因为认清这些隐藏极深的宝藏确实需要深挖细耕。另一个典型示例是约翰·邓普顿在20世纪80

年代中期对墨西哥国家电信公司的投资，这笔投资被称为“邓普顿式投资”。邓普顿坚信，该公司的财务数字缺乏可靠性，于是，他采取了一种近乎大无畏的行动：人工调查墨西哥的通话数量。然后，用通话数量乘以适当的收费率即可得到该公司的大体收入。他发现，市场明显低估了墨西哥电信公司的价值。

（3）小型公司

> “显而易见，小盘股是寻找‘便宜货’（即被过低定价的股票）的最佳去处，因为这里不仅有更多可选择的股票，而且小盘股本身也更有可能不被分析师关注，因而被错误定价。”
>
> ——乔尔·格林布拉特，2006

有些人认为，小盘股比大盘股更有吸引力，因为小盘股拥有更大的成长空间。比如说，小盘股公司的产品大多不属于产品周期的成熟或衰退阶段。此外，人们认为，这些公司通过学习而提高效率的空间也更大。

尽管这种观点听起来似乎很有理，但“成长空间更大”的说法显然值得怀疑。实际上，大公司通常可视为由若干小公司组合而成，而且这些小公司各自都可能拥有巨大的增产空间。因此，我们没有任何理由可以认为，小盘股公司一定会比大盘股公司增长得更快（因为大盘股也可以看作是小盘股公司的总体）。

不过，与未来看好的大盘股相比，个别拥有极佳成长预期的小盘股确实增长得更快。但这样的小盘股很难不为市场所发现。实际上，小盘股的吸引力更多地体现在它们因如下原因而被市场所忽视。

A.基金管理者对小盘股的兴趣不大。很多基金经理根本就不会投资小盘股，不仅因为小盘股交易难度较大，而且因为基金的投资章程禁止他们持有小盘股。管理股票市值数十亿美元的专业投资者（比如沃伦·巴菲特）甚至完全不接触小盘股，因为他们认为将时间和激励投入到小盘股的分析上划不来。毕竟，小盘股在他们的组合中微不足道，很难对组合的整体回报率带来什么影响，更不用说让他们借此成为大赢家了。

B.小盘股的受关注度低。小公司通常只为在地域上接近的投资者所知，分析师也不太可能去刻意推销或是分析这些公司，小盘股的交易额也相对较小，因而其带来的佣金自然很有限（随着近期经纪商逐渐减少对卖方的研究，分析师对小盘股的低关注度现象也日益加剧）。哈罗德（Haloid）就是一个专业投资机构漠视小盘股的典型写照。约翰·邓普顿是第一位投资这家小型摄影器材公司的专业投资者。尽管该公司已开发出新的工艺流程，但并未引起任何专业投资者的关注。邓普顿的这笔投资足足翻了10倍，而这家扬眉吐气的公司后来也改名成了大名鼎鼎的施乐公司（Xerox）。

C.与大盘股相比，小盘股的公开信息往往相对较少。此外，未知信息多半为负面消息，因为公司当然愿意第一时间公开利好消息，并尽一切所能隐藏利空消息。因此，完全依赖公开信息的审慎投资者，在投资小盘股之前一会定三思而后行。

D.小盘股本身更危险（而且让人感觉更不踏实）。小盘股公司往往比已成型的大盘股公司风险更高。此外，小公司在感觉上也不会比熟悉的老牌公司更不安全（基于其波动性更高、公开信息量更低等因素），尤其是在市场动荡时期。

由于小盘股不为大多数市场参与者所关注，因此它们更有可能被错误定价。甚至有证据表明，小盘股，尤其是微型小盘股（市值低于2.5亿美元），不仅会被错误定价，而且被低估值的概率要远远高于被高估值的概率。因此，小盘股跑赢大盘的概率也更高（Damodaran，2004）。正因为如此，很多顶级投资者喜欢到小盘股中寻宝。而让小盘股更具吸引力的，还是来自专业投资者的漠视，但这也就意味着，小盘股往往更容易被市场所误解。

价值型投资者保罗·索金（Paul D. Sonkin）还提到了小盘股的另一大优势：与大盘股公司相比，小盘股公司更容易分析，因为它们的经营模式相对较为简单，这些公司通常只参与一项或少数几项业务，而且管理层也更容易接近。尽管存在上述种种优势，但还是应尽可能地规避那些超小盘股（如市场价值低于1000万美元的公司），因为这些股票的流动性通常较低。此外，搜集有关此类公司的可靠信息也较为困难。

（4）出于正式原因而被忽视的股票

有些股票不被市场看好，是因为投资者认为这些股票风险太高，或是有可能危及投资者的声誉。专业投资者会尽量规避这些股票，甚至根本就不允许投资这些股票。而私人投资者或许没有意识到它们的存在，或是觉得它们没什么吸引力。马蒂·惠特曼（Marty Whitman）认为，这种出于正式原因而被忽视的股票包括两大类：

A.单位数廉价股（single-digit stock）。大多数从高位下跌降至5~10美元的股票均属此类。很多人认为投资一位数价格的股票就是一种高风险的投机活动。因此，分析师很少愿意涉足这些公司，而机构投资者根本就不想持有这些股票（甚至被禁止持有此类股票），经纪公司不愿意承销此类股票，银行和经纪人也不再接受这种股票作为保证金贷款的抵押物。马蒂·惠特曼认为，尽管一位数价格的股票确实有可能是一种高风险投资，但他也指出，这种不被投资大众关注的股票，也有可能成为机会型投资者眼中的“便宜货”。

B.事后套利股（post-arbitrage stock）。它们收购要约完成后继续流通的股票（不向收购方出售的股票）。马蒂·惠特曼指出，事后套利股票可能会成为非常有吸引力的“廉价”股票，其交易价格可能会是要约收购价格的50%。之所以会出现这种被极度低估的价格，其原因包括套利者在收购要约完成后处置手中持有的股票；股票本身的流动性较低；上市公司有被退市的风险、后期存在以更低价格被强制收购的可能性；有可能不会出现新的收购要约（导致投资者的股票被套牢）。马蒂·惠特曼认为，投资者对事后套利股票的担忧在某种程度上是合情合理的。但他也相信，只要遵循如下原则，投资者还是有机会的。

- 坚持低价买进：在买进事后套利股票时，价格至少要低于此前收购要约价格的33%。另外，如果收购者支付的价格过高，或是被收购企业本质上存在问题，那最好的策略就是退避三舍。
- 寻找有忠诚管理层的收购方：为避免因按甩卖价格强制收购而遭受损失，马蒂·惠特曼建议，当收购方的管理层具有“掠夺性嗜好”时，这样的事后套利股票应敬而远之。

2. 负面情绪股票

负面情绪股票（negative-sentiment stock）是已经在投资者当中失宠的股票。与被忽视股票不同的是，这种股票往往因利空消息和负面宣传集中出现而众所周知。由于市场总体上对这些股票持负面情绪，再加上从众行为和推断等认知偏差以及有偏见的风险容忍度（biased risk tolerance）等因素，投资者往往对这些股票做出过度反应。（在这里，从众行为是指人们在做其他人都在做的事情时，往往会感到更安全，更舒适。推断指人们普遍习惯于从近期事件中去推理未来可能发生的事件。有偏见的风险容忍度指一个人对风险的容忍程度受近期事件影响，尤其是在个人的情绪受到控制时，这种影响会更大。上述概念的论述可参考第一章。）在这种情况下，持有这些股票的人会大量抛出，而买进的人却寥寥无几。专业投资者对这种股票避之而唯恐不及，因为他们担心，与这些股票有瓜葛会影响到他们的职业和声誉；即使他们自己认同这些股票，也不愿向客户解释这件让人不好接受的事情。所有这一切，导致关注这些股票的分析师人数迅速衰减，在基金经理组合中的比例持续下降。不过，安东尼·博尔顿（Anthony Bolton）认为，一只不受欢迎股票完全被分析师抛弃，这本身反倒是个好信号。可以想象，当一只负面情绪的股票频频遭到打击时，一只便宜股也就出现了。

对负面情绪股票的投资有时也被称为“重整投资”（turnaround investing），因为这种投资的基本思路在于，公司最终将以大逆转而让市场刮目相看。不过，重整投资的关键在于，首先，投资者需要有可能实现逆转的股票。换句话说，投资者必须找到因被市场误解而失宠的股票。要最大限度地减少重整投资的风险，本杰明·格林厄姆建议投资者应关注拥有优良历史业绩的大公司。

其次，要最大限度地降低机会成本（即等待的成本），建议投资者应关注重组已近在眼前，且在重组完成后马上能被市场认同的股票。如存在明显的重组推动因素或是有迹象表明重组已近在眼前（像内部人收购），那实现快速重整的概率会比较高。为避免市场对名副其实的重组熟视无睹，本杰明·格林厄姆和大卫·德莱曼建议，投资者应只将关注力放在大公司上。

最后，重组投资的挑战在于投资的时机是否适当。也就是说，既不能太早，以规避过高的重组失败风险，但也不能太迟，以防止错过在公司实现重组时可以带来的生意最大化。

以下是重组成功率较高的领域。

（1）以前被市场钟爱但最终被专业投资者放弃的股票。这些股票以前曾是炙手可热的高增长热门股，但最终却未能兑现市场不切实际的超高预期。对这些股票的态度，投资者往往会从一个极端（过度乐观）走向另一个极端（过度悲观）。有些描述性研究表明，被市场放弃的股票经常会给投资者带来超常盈利，而被机构投资者抛出最多的股票往往会跑赢大盘（Montier，2010）。本杰明·格林厄姆和保罗·索金等一些价值投资者就是重组板块的投资大师，当一只股票在IPO几年后因未能达到过分期望而被投资者抛售时，反而会让他们特别感兴趣。

（2）《财富》杂志“最鄙视”的公司。事实证明，《财富》杂志“最鄙视”的公司往往会让大盘甘拜下风（Montier，2010；Kahneman，2011）。

（3）遭遇暂时性、重大，但可解决的问题的知名企业或稳健型公司。菲利普·费舍及谢尔比·戴维斯（Shelby Davis）指出，如果一家拥有值得钦佩的历史业绩的公司遭受暂时性打击，却不能掩饰其良好的长期发展前景，那这家公司就可以成为投资者找到投资机会的乐园。能创造便宜股票的两类暂时性问题是：

· 来自内部的经营问题。比如说，费雪曾提到，在制造性公司，创办新工厂过程中遭受的困难往往会让市场望而却步。
· 来自外部的负面消息。股票市场往往会对利空消息产生过度反应，如旷日持久的罢工、产品召回、燃油泄漏或法律诉讼等。例如，2010年4~6月，“深水地平线”海上石油钻井平台漏油事件，导致英国石油公司（BP）的股票贬值超过50%。但是到了次年1月份，BP的股票便从谷底强力反弹，再次上涨超过60%。

（4）公司所处行业即将走出萧条，迎来复苏。几位顶级投资家认为，最有吸引力的廉价股票就存在于持续看空的行业，但这需要一个前提——有足够的理由可以相信，该行业将实现复苏。乔·维迪奇（Joe Vidich）甚至认为，投资此类行业的最佳时机，就是所有投资者（客户）都想知道某个投资者为何想有这类股票的时候（Schwager，2012）。顶级投资者以两种方式应对这种股票：

· 机会中的机会：彼得·林奇和理查德·雷恩沃特（Richard Rainwater）等投资者，就是在即将复苏的行业中进行有针对性的筛选。为实现风险最小化和收益最大化，林奇建议，投资者应采取如下措施。

（i）等待行业出现复苏迹象。等到行业显示出复苏迹象时再出手更为安全。这样，投资者可以避免投资终将没落的行业（如已彻底退出市场的电子管行业）。

（ii）投资行业内最伟大的公司。在一个行业里，最优秀的公司往往能以比相对弱势对手（通常会被踢出市场）更低的成本夺取更大的市场份额。这些业内的顶级公司往往具有高成长性、低负债、低成本，通过精打细算来避免在高管层铺张浪费，善待（而且擅于激励）员工，关注被忽略的细分市场。这类公司的典型代表之一，就是在20世纪80年代颇受彼得·林奇青睐的西南航空公司，其股价在1978—1991年间足足翻了20倍。在被奢侈之风席卷的航空业中，西南航空公司绝对是运营成本最低的公司。它从不过度负债，拥有独一无二的商业模式和卓越的运营；还有一支精明强干、能力超群（且薪酬公正）的管理团队，他们善待公司的每一名员工，并打造出一种无与伦比的企业文化。

· 不要把鸡蛋放在一只篮子里。和吉姆·罗杰斯一样，当投资一个正在走出深度危机的行业时，投资者也可以在该行业中选择一揽子不同的股票。通过这种风险分散方式，投资者可以充分享受行业复苏的收益，而不会纠结于个别公司的具体问题。吉姆·罗杰斯最喜欢的买进时机，则是行业内少数大公司已进入破产程序（或接近于破产），且资本开支趋于停滞阶段。

（5）具有特定风险的公司。对冲基金行业的明星级管理人杰米·麦（Jamie Mai）指出，“尽管投资者大多善于估计或有负债的数量，但却不擅于从概率角度对结果做出评估”（Schwager，2012）。他认为，市场通常会高估计或有负债成为现实的概率。因此，就平均水平而言，投资存在诉讼或监管活动等问题的公司还是值得的。

（6）濒临或已经陷入财务危机的公司。由于这些公司处于深度危机，因而被很多人视为行将破产。出于对破产的担心（股东的全部投资均将灰飞烟灭），大多数投资者会对这些不良业务退避三舍。投资不良资产确实非常危险，而且只有在投资者坚信转危为安的概率非常高的情况下，这种投资才值得考虑。实际上，那些兼具高不确定性（因财务问题）和低风险（破产分析很低）的不良业务最具投资价值，比如：

- 现金流稳定的不良业务。莫尼斯·帕波莱（Mohnish Pabrai）对现金流稳定、破产率低的行业内的不良企业进行了深入研究。他提到的一个例子就是殡葬业中的不良企业。由于竞争压力相对较低以及对整体经济形势的低敏感度，使得该行业具有非常稳定与可靠的现金流和非常低的破产率。
- 有可能受到政府救助的不良业务。如政府（或当地主管机构）不能承受企业破产带来的冲击（比如破产会给经济或居民带来极大影响），那么，投资这种陷入深度危机的公司反而能让投资者受益匪浅。在这种情况下，政府极有可能会主动介入，实施金融援助，或者至少会采取支持性救助措施。具体可以包括如下两种示例。

  （i）彼得·林奇喜欢陷入危机的电力公司（Lynch，1993）。造成危机的常见原因包括：外部危机，如1973年石油禁运导致石油价格暴涨，使得爱迪生联合电气公司（Consolidated Edison）陷入流动性危机；负债过高，如美国能源公司（Entergy Corporation）；意外事故，如三里岛核泄漏事故后通用公众（General Public）旗下的电力公司；或管理不当，如长岛照明公司（Long Island Lighting）未能为其建成的核电厂取得经营许可。陷入危机的电力公司之所以会成为值得关注的投资目标，是因为它们要为千家万户和无数企业提供电力供应。因此，任何政府机构都不会忽略它们的生存状态，而会以多种方式对陷入危机的电力公司予以支持和援助。

  要利用危机中的电力公司实现风险调整后的收益最大化，彼得·林奇建议，应在这个公司停发或大幅削减股利时买进它们的股票，并在股利恢复或大幅增加时抛出这些股票。但需要当心的是，并非所有陷入危机的电力公司都能给投资者带来利润。某些情况下，电力公司面对的挑战可能非常巨大，以至于为解决问题而不得不对它们实行全部或部分的国有化。近几年发生的一个典型示例就是东京电力公司（TEPCO）。2011年，日本宫城县大地震及随后引发的海啸酿成福岛核电站泄漏事故，这场世界上最严重的核泄漏事件导致东京电力公司遭受重创，为度过危机，日本政府对该公司实行了部分国有化。

（ii）约翰·邓普顿对因灾难性事件而行将崩溃的必需品行业尤为感兴趣。比如说，在9·11恐怖袭击事件（该事件直接危及整个美国航空运输业的生存）后，他买入一揽子遭受重创的美国航空公司股票，因为他深知，美国政府不会坐视不管，必将采取措施拯救这些航空公司。为确保买进的股票均属于受挫最严重的公司，邓普顿对其经纪人发出指令，只买入袭击事件后首个开盘日（2001年9月17日）交易价格贬值50%以上的低市盈率股票。

3. 特定类型的新股

（1）特殊情况交易形成的新股

在有投资价值的新股中，第一个类别就是针对特殊企业交易发行的新股票（以及相应的非股权证券）。对这种特殊情境股票（special situation stock）情有独钟的，就包括传奇投资大师乔尔·格林布拉特和塞斯·克拉曼（Klarman，1991）。此外，乔尔·格林布拉特还曾提到过，投资这些特殊情境股票的衍生品甚至有可能带来更高的收益率。这种策略可能很有效，因为大多数期权投资者在对这种衍生品进行估值时都不会考虑特殊情况。最安全,同时也是最具吸引力的衍生品，就是那些特殊情况可被市场接受并认可的股票。因此，这些衍生品必须紧随价格动因后到期，而且最好应具有相对较长的期限，比如说跨越几个年度。相关示例包括长期普通股预期证券（属于期限约为2.5年的长期期权）和认股权证（Greenblatt，1997）。对此，格林布拉特和克拉曼将这类股票给低估的原因归结为如下两个方面。

第一，由于形式复杂或表面上缺乏吸引力（可能存在高杠杆现象）导致特殊情境股票往往不被市场所理解，因此投资者对这些股票的兴趣不高。

第二，这些股票通常是被分配给投资者的，而非投资者主动买入。在这种情况下，投资者当然没有动力继续持有这些股票，事实上，他们卖掉股票的动机更强烈。比如，由于投资章程禁止某些（机构）投资者持有此类股票，因此，这些投资者就有可能必须抛售这些股票。另一些投资者仅持有极少量新股头寸，因为在他们看来，为分析这些股票花费时间和精力根本就不值得。还有一些人，因为不熟悉这些新股或是持有新股让他们觉得不踏实而卖掉这些股票，如下是几种常见的特殊情境股票。

A. 并购证券。这种有价证券不仅可以是（优先）股票，也可以是债券或者认股权证，它是收购方为支付被收购方股权而提供的对价。这些有价证券经常被低估的主要原因在于，作为接受方的投资者（包括经验老到的投资家）对持有这种证券缺乏信心。他们想摆脱这种顾虑，于是便不分青红皂白地卖掉这些股票。乔尔·格林布拉特建议投资者应认真研判这些有价证券的相关条款，而且他本人也一直有选择性地投资增值潜力巨大的并购证券。

B. 退市有价证券的优先股。在管理层试图让上市公司退市时（杠杆收购），他们需要为回购股东持有的股票而支付对价，而作为对价一部分的优先股可能拥有巨大的增值空间。一方面，优先股本身就是有价值的，因为它使投资者有机会与踌躇满志的管理层一同投资；另一方面，优先股的价格通常较低，因为很多潜在投资者不看好它们，而现有投资者则会尽早卖出，毕竟，它们只是整个回购对价中的一小部分。

C. 公司在破产重组成功后发行的新股。按照乔尔·格林布拉特和安东尼·波尔顿的说法，作为破产重组计划的一部分，这种股票是对破产公司债权人发行的新股。出于如下三个方面的原因，这些股票的交易价格通常很低。首先，大多数债权人只希望能尽早收回债权，因而对长期持有这些股票毫无兴趣，这就对股价形成了卖出压力。其次，不良债务投资者（或称“秃鹫投资者”）也倾向于尽早抛出，因为更让他们感兴趣的是寻找下一个不良债务投资机会，而不是长期持有。最后，这些股票通常不在专业投资者的视线范围内。即使有专业投资者涉足，它们也不太可能得到分析师和经纪商的青睐，因为这种股票根本就不会给他们带来充裕的佣金。不过，乔尔·格林布拉特还是警告投资者，在这个领域一定要有所选择。投资于如下几个领域时，成功的概率相对较高。

- 规模相对较小的公司。对小规模不良企业，来自其他不良债务投资者的竞争通常很有限。其原因在于，对不良债务的投资需要严格审慎的尽职调查。因此，为了降低成本，专业投资者往往会选择较大的交易标的。
- 好业务。最好要规避质量低下的业务。最理想的投资目标应该是有内在优势的企业（如拥有强大的品牌、细分市场的领导者以及竞争优势等），其经营失败只是因为负债过高、某些业务出现亏损（并在公司陷入破产危机之前被剥离）或是通过破产程序而得以解决的产品可靠性问题（遭遇投诉或追索）。

D. 资本重组后的残股（stub stock）。资本重组后在市场上继续流通的剩余股票就是所谓的残股，在重组完成之际，这种股票可能是很有吸引力的便宜股票。为完成资本重组的回购，发行公司需要提供现金、债券和优先股等对价，以换取股东持有的股票。最终形成的高负债会让很多投资者望而却步。需要注意的是，为回购而发行的新股（债券及优先股）可能是很有诱惑力的投资对象（尽管大多不及残股），因为多数股东都想尽快处置掉这些股票（持有它们会让股东感到忧心忡忡）。如果这些高负债公司试图出售资产或减少负债，又拥有健康的现金流，而且盈利能力持续改善，那么，残股的盈利前景将是非常可观的。

E. 剥离复杂业务部门后的母公司。乔尔·格林布拉特指出，剥离了复杂业务部门（如受到监管的业务）后的公司尤其值得关注。一旦母公司剥离这些部分后，它就有可能成为极具吸引力的收购标的。

（2）分拆上市公司

分拆公司就是从母公司中整体或部分剥离出来的公司。因此，它也属于特殊情境股票。由于它具有特殊的性质，因此我们有必要对分拆股票做单独讨论。众多顶级投资者都曾说过，整体或部分剥离的公司可能是非常有价值的投资对象。

相关研究表明，在剥离后的3年内，分拆上市公司（甚至也包括它们的母公司）的股票业绩往往会明显超越大盘。很多分拆上市公司都曾给投资者带来非常可观的回报，最有代表性的无疑是从AT&T中剥离出来的7家“小贝尔”公司，它们是美国技术公司（Ameritech）、大西洋贝尔公司（Bell Atlantic）、南方贝尔实验室（Bell South）、纽英伦电话公司（Nynex）、太平洋电讯公司（Pacific Telesis）、西南贝尔公司（Southwestern Bell）以及美国西部公司（US West）。在《彼得·林奇的成功投资》一书中，彼得·林奇提到，从1983—1988年期间，这7家从AT&T中分拆出来的公司合计实现了170%左右的收益率

（含股利），相当于大盘收益率的2倍多。

分拆股票表现优异的原因，可能是市场对它们的估值经常偏低，或是未能意识到很多业务分拆的目的就是提高业绩。但分拆企业在独立运营后实现业绩改善的原因是多方面的。

第一，分拆公司的管理者通常有足够的动力去改善业绩。在分拆之前的情形不同，他们自主经营，无须受到母公司的干预。第二，分拆公司管理层的经营重点也比以前更集中。第三，母公司在分拆的准备和结构设计中，通常会尽量考虑到分拆公司取得成功所需要的各种条件。实际上，母公司往往是分拆公司成功的既得利益者，毕竟，失败肯定会给母公司带来负面影响，而母公司的股东注定会得益于分拆公司的成功（母公司本身通常也是分拆公司的股东）。

分拆公司被错误定价的另一个原因，是与分拆相关的文件往往都非常复杂。此外，要理解分拆公司的模拟财务报表也并非易事。通读数百页财务报告、花费大量时间去研究对分拆公司的投资，如此繁重而复杂的工作必然会让很多投资者望而却步。分拆公司的复杂性导致投资者对它们兴趣索然，使得这种股票更有可能出现无效定价。但即便如此，并非所有分拆公司都是平等的。因此，分拆股票的投资者必须有所选择，寻找具有如下特殊的目标（在美国，投资者可以阅读证交会公开发布的“Form 10”文件，尤其是该文件的前几页，获得针对某只分拆股票的更多信息）：

A.经内部人确认的交易。乔尔·格林布拉特认为，重大的内幕人行动可能是分拆股票具有投资价值最有力的信号。因此，判断是否存在如此迹象极为重要。

- 内部人希望获得股票（或认股权证）。其方式可以是参与分拆公司的经验、在交易后的某个时点（如几个月后）买进分拆公司的股票或者以接受分拆股票（或期权）作为薪酬激励的一部分。
- 管理层试图低调进行交易。如果管理层确实不愿意大张旗鼓地宣传新股发行，那么，这很可能意味着他们想尽可能地让股价维持在低价上（如，在低价位上买进额外的股票）。
- 交易方式让很多投资者，尤其是机构投资者不感兴趣。当交易表面上缺乏吸引力（如，减少分拆股票发行量的规模和流动性）时，股票价格可能在一段时间内维持低位，使得管理层可以在低位上增持股票（如下文所述的向现有股东发行购股权）。

B.交易结构有利于母公司股东的分拆。如果有足够的理由认为，母公司的管理层试图通过分拆为股东创造有利可图的交易，那么这种分拆就有可能会带来相当诱人的回报。下两种分拆通常可满足这个标准。

- 向母公司股东分配新股的分拆交易。由于分拆会导致企业规模减小，因此，这种交易与追求打造企业帝国的传统理念相悖。在这种情况下，当母公司通过分拆交易向其股东分配股票时，分拆的唯一目标就是为股东创造价值。此外，在这种交易中，公司也没有理由以高价位将分拆公司推向股市，因为管理层会发现，以相对较低的价格发行股票，反倒可以为股票留下充分的增值空间（这当然有利于母公司的长期性股东）。
- 认股权证（rights offering）。在采取认股权形式的分拆交易中，投资者可通过购买权买进被分拆公司股票，这种免费对母公司股东发行的购买权可在市场上交易流通。发行认股权证的目的就是向母公司股东出售分拆公司的股票。（公司分拆不同于股票分拆，后者分拆后形成的股票是直接出售给无购买权的公众投资者。从本质上说，股票分拆就是普通的IPO，而且并无特殊吸引力——尤其是分拆是被迫的情形，如，处于逆境中的公司为缓解财务问题而剥离出一个业务单元或是在不利市场环境下进行的。）在这种情况下，公司管理层没有动机去追求高股价，而高股价又未必能让股东开心。此外，需要提醒的是，拥有超额认购特权的认股权最具增值潜力。因为这种特权意味着，管理者愿意持有的股份数量可超过认股权证允许其认购的数量。

在《你能成为股市天才》（*You Can be a Stock Market Genius*）一书中，乔尔·格林布拉特介绍了一种极具吸引力的认股权示例。1990年，自由传媒公司（liberty media）从远程通信公司（tele-communications）中分拆出来。专业投资者对这笔分拆业务避而远之，因为自由媒体规模很小（相对于其母公司而言），而且它的股价也被人为设定在较高水平上（这就限制了股票的流动性，因为散户投资者针对高价位股票的交易并不活跃）。但只要认真了解一下CEO约翰·马龙（John Malone）的地位，投资者就会发现，他注定会成为自由传媒公司的一名重要股东。事实证明，自由传媒公司在分拆后的2年内，其股价就增加了10倍。

> “只要听到有通过认股权完成分拆的交易，你就得放下手里的其他事，认真地钻研一番。”
>
> ——乔尔·格林布拉特（1997）

C.可能会带来抛出压力的分拆。抛盘压力通常只存在于母公司对其股东分配股票的分拆交易。此时，母公司股东接盘的股票并非他们心甘情愿得到的，因此，有些人自然希望尽快抛出。机构投资者甚至有可能会因为投资章程的限制而不得不抛出这种股票（比如，公司可能禁止投资市值很小的分公司股票）。如果投资者因不熟悉新业务或者头寸太小不值得花费精力而没有兴趣分析分拆公司的优势，那么，后续的抛盘压力会更大。最后，某些分拆公司可能很像有毒资产（如，母公司将负债转移给分拆公司），从而让投资者避而远之。万豪集团（Marriott）在20世纪90年代开展的分拆，就是后一种情况的典型案例（Greenblatt，1997）。因遭遇房地产危机，万豪决定剥离优质资产成立万豪国际酒店集团（Marriott International），把市场形势不佳的酒店地产及低增长的租赁酒店留在高杠杆的万豪资产管理公司（Host Marriot）。而乔尔·格林布拉特恰恰认为，万豪资产管理值得期待，因为他意识到，如下三个原因会导致该公司承受巨大的卖出压力。

- （明显）缺乏吸引力的资产及高负债导致万豪资产管理公司成为初创公司的有毒废物。
- 与原公司相比，万豪资产规模很小，而且主营业务也不同于原公司（因此，持有此类股票会让机构投资者感觉不安）。
- 万豪资产的运营信息对外披露较少，这会让机构投资者觉得难以接受。此外，这笔交易的吸引力还在于：整个计划的设计者即将成为万豪资产的CEO（他对交易的成功享有既得利益）；万豪集团依旧持有万豪资产25%的股份（因此，他们不会一走了之）；万豪国际会在财务上（通过贷款）支持万豪资产；万豪资产负债很高（在形势转好时可放大回报的倍数）。

就交易的时机而言，买进分拆股票的最佳时机应该是在交易完成的1年后。此时，抛盘压力已减弱，分拆公司的卓越业绩也已被市场认可。

（3）发行人有动机维持低股价的IPO

尽管普通IPO往往不是有吸引力的投资（原因见下文），但如投资者有充分理由认为发行公司会以低价格向市场发行新股，还是值得认真考量一番。如下两种情况就有可能形成有吸引力的IPO。

A.政府控制公司在私有化后进行的IPO。彼得·林奇认为，基于政治因素，政府所有公司通过私有化公开发行的股票可能处于低位。之所以会这样，是因为很多政治家的一个重要考量就是能否取悦民众（或者说是选民）。因此，很多政治家更倾向于以低价格发行股票，而不是掠夺民众。此外，政府所有企业的习惯性管理不当，也是让这种股票成为有投资价值的一个原因。在这种情况下，一旦政府所有企业被私有化，企业家的固有力量和激情就有可能被释放出来。作为一个典范，英国电讯公司（BT）就是英国政府送给民众的一份可以终生享用的礼物。不过，我们必须承认的是，在这个领域，并非所有股票都便宜，因为并非所有政府在发行股票时都会考虑到政治因素。例如，在20世纪80年代市场泡沫加剧时期，日本政府以近乎疯狂的估值将一批政府所有公司推向市场。

B.股份制改造（demutualisation）。大卫·艾恩霍恩（David Einhorn）和塞斯·克拉曼认为，采用互助结构（mutual structure）的上市公司（如保险人持股的保险公司）有可能成为投资者的淘金宝藏。在股份制发行中，新股东通常会留在公司，他们的收入也会留在公司。也就是说，新股东免费取得公司的股票（根本不受IPO价格影响）。除此之外，如果公司未按IPO价格为管理层提供股票期权，投资者就足以相信，其IPO价格是有吸引力的。此外，大量理论研究证据显示，运营绩效会在股份制改造后有所改善（如上述的保险公司）。

4. 市场新趋势及特定事件带来的机会

有些人认为，大盘走势及某些重大事件多会在股价上有所体现。事实也的确如此。只要某个行业或某项技术出现发生令人兴奋的新趋势或新变化，投资者都会趋之若鹜，争当受益者。因此，在这些股票中不太可能找到

“便宜货”。

然而，在这些受新趋势或突发事件影响的公司中，顶级投资者还是能找到几种值得期待的投资目标。比如，在股市热潮中，公众往往对某些不太显眼的好公司置若罔闻。另一种极端情况是，对那些可能因新趋势或新事件而受损的公司，投资者绝不心慈手软。此外，对短期因素的关注，往往会导致投资者难以考虑某些趋势或事件。

（1）受到投资者惩罚的股票

某些预期将受到新趋势影响的公司会遭到市场的猛烈打击。比如说，当一种新技术浮出水面时，采用老技术的公司就会受到排挤。尽管新趋势不可避免地会严重殃及原行业，但市场有时还是会过高估计新行业对“守旧派”的影响。当市场错误估计新趋势给企业带来的影响时，投资者的机会就出现了。

例如，在20世纪90年代中期，市场普遍认为，新兴的卫星电视将彻底让有线电视成为历史。这就给有线电视公司的股票造成了巨大压力。尽管明星级投资家格兰・格林伯格（Glenn Greenberg）不否认卫星电视的优点，但卫星电视实施过程中的技术问题，还是让他不相信卫星电视会完全取代有线电视。此外，他还正确地预见到，新服务和新规制（提价自由度更大）会给有线电视产业带来光明的未来。到1998年，格林伯格已将40%的资产投资于有线电视公司，而且每次投资的价格都非常诱人。毋庸置疑，这些投资的回报也相当可观。

（2）新趋势的间接受益者

在一种新趋势中，某些受益者并不为市场所认知，之所以会这样，是因为它们并非不明显。换句话说，投资者往往会忽视某些不太直接、不太耀眼的次要受益者。一个令人费解的事实是，某些所谓的见解受益者往往是这些趋势的最大受益者。这种情况造成的结果是，部分趋势，至少在趋势初期的最大（见解）受益者被严重低估。通过间接受益者实现超群投资的典型范例包括以下几种。

A.强势增长行业的供应商。在19世纪的美国淘金热中，销售镐头和挑子的商家赚得盆满钵满，而很多淘金者最后只落了个两手空空。实际上，这个道理今天依旧成立。朱丽叶・罗伯特森（Julian Robertson）和拉尔夫・瓦格纳（Ralph Wagner）等传奇投资家曾对成长行业或转型行业的服务提供商情有独钟，因为这些公司通常是这些趋势的最大受益者。具体示例包括以下几种。

- 在20世纪90年代的互联网泡沫时期，与直接提供互联网服务的电信运营商相比，电信设备公司（如思科）这类供应商往往更具有投资价值；
- 在20世纪70年代末，投资者开始意识到，石油行业（如勘探公司）的供应商成为行业高涨趋势中最有诱惑力的受益者；
- 在20世纪60年代的航空业快速增长时期，为飞机卫生间提供化学除味剂的Monogram等公司着实赚了一大笔；
- 彼得·林奇指出，当股票被市场追捧时，最合理的做法就是投资提供资金的共同基金公司，而不是投资基金本身。

B.效仿成功创新的公司。莫尼斯·帕波莱偏爱那些从现有创新者身上汲取经营思路的公司。市场往往对创新公司青睐有加，但却很少关注模仿这些创新者的克隆公司。然而，后起直追的模仿者完全有可能让原本走在前面的创新者自叹弗如。卓越的克隆者不胜枚举，如微软（IMB的效仿者）和沃尔玛（凯马特经营模式的效仿者）。

C.在新兴市场国家开展业务的跨国公司。很多投资者折服于新兴市场国家的高增长率，但他们并没有认识到，投资这些国家的纯粹本地化公司就是一次风险之旅。相反，如果将投资目标锁定在到这些新兴市场国家开展业务的跨国公司上则安全得多。最有吸引力的跨国公司往往是那些在这些新兴市场国家高增长领域中从事业务的公司，如金融业（包括零售银行、保险和养老金基金管理）、饮料及消费品（乳制品、酿酒和奢侈品）、医药制造和基础设施（建筑、建筑材料及基础设施管理）。

（3）被市场低估的突发事件受益者

在某些灾难性事件过程中，投资者会争先恐后、不加思考地抛出股票。因此，他们往往也远离了那些有可能从事件中得益的公司。比如说，1999年土耳其大地震导致投资者大面积抛售。就在此时，吉姆·雷特纳（Jim Leitner）买入损失惨重的玻璃制造商股票，因为他意识到，灾后重建开始后，需求的强势反弹会让这些企业受益颇丰。

（4）受益于长期趋势的公司

有的时候，由于投资者过分痴迷于短期现象，而导致市场无法认识到

（或是忽略）长期性趋势。在发展初期容易被忽视的长期性趋势中，最典型的例子莫过于大宗商品周期。正如吉姆·罗杰斯在《热门商品投资》（*Hot Commodities*）所做的解释，受制于需求与供给之间的失衡，导致大宗商品的兴衰周期长达18年左右。（大宗商品和股价的长期市场动态通常会持续10～20年。在长期市场期间，价格的涨跌周期只有几年时间。在长期牛市中，价格呈上涨趋势，估值持续增长；在长期震荡市场中，价格横向波动，估值稳定下跌；在长期熊市中，价格呈下跌趋势，估值持续下降。）但更有趣的是，人们在选择股票时似乎不关心大宗商品对股价的影响，因此，大宗商品与股市行情往往相背，当股市处于长期震荡的熊市时，大宗商品反而会出现长期牛市，反之亦然。因此，当股市处于长期震荡行情时，股票投资者所投资的公司恰好得益于大宗商品的上涨行情，那么，这些投资者或许可以大赚一笔。

尽管吉姆·罗杰斯喜欢在商品大牛市时期直接利用期货赚取利润，但他也指出，如下两种类型的公司更有可能帮助投资者跑赢大盘。

- 生产大宗商品的公司。这背后的道理不难理解，只要大宗商品进入长期牛市，这些生产大宗商品的公司必然会成为最大受益者。但这依旧需要有选择，因为特定因素可能会导致这类公司的股价受到打压。
- 在盛产大宗商品国家从事经营的企业。在大宗商品资源丰富的国家，所有与国民经济休戚相关的企业都是潜在的市场赢家。此外，由于这些国家货币的币值通常比较稳定，因此，投资这些国家的股票的外国投资者通常会成为大赢家。

（5）未来拥有新收入来源的公司

对冲基金行业的明星级管理人托马斯·克劳格斯（Tom Claugus）认为，公司的股价往往很难体现若干年后的新收入来源。这种现象可由如下事实得到解释，分析师的短期估计不会考虑这种新的收入来源，而且当前的统计数据（这也是很多投资者使用的数据）也不会反映这种收入来源。因此，如果投资者甘愿投入一点经历，研究一下公司在未来若干年的收入和利润来源，他们或许就会发现一些没有考虑未来新收入来源的股票。

5. 投资大师的建议

通常，一般性的股票内幕信息（stock tip）并没有什么意义。更糟糕的是，采纳所谓的内幕消息完全是危险之举。但也并非没有例外。很多顶级投资者对内幕消息采取了非常谨慎的态度，也就是说，这些消息的来源必须可靠且有权威。不过，他们从不会不加判断地相信内幕消息——他们往往会开展独立的尽职调查。具体而言，他们认为如下几种来源的内幕消息是值得考虑的。

（1）来自竞争对手的消息。公司要持续监督市场走势，密切跟踪竞争对手的一举一动，这样，它们就可以从竞争优势、劣势、市场位置等方面积累起大量关于竞争对手的知识。出于这个原因，顶级投资者会听取公司高管关于竞争对手的看法，尽力挖掘最有价值的投资建议。具体可以采取如下两种方式。

- 直接来自公司高管的消息。通过采访公司高管，彼得·林奇、谢尔比·戴维斯、安东尼·波顿和菲利普·费雪通常可以找到能给他们留下最深刻印象的竞争对手。比如说，谢尔比·戴维斯会让公司高管明确阐述他们对竞争态势的看法，以及哪些竞争对手是他们最畏惧的："如果您只有一颗子弹，那么，你会把这颗子弹射向哪个对手呢？"（Rothchild，2001）。随后，他们便开始分析这个对手。
- 间接消息。约翰·邓普顿认为，如果某个行业频繁出现以高溢价完成的收购接管，这可能意味着，这个行业中很多公司的价值被低估了。

（2）来自知名投资者的消息。显而易见，在投资世界里，顶级投资者的建议，尤其是被他们共同分享的投资建议，往往是其他投资者进一步分析的起点。但投资者并非总能在第一时间了解他们的想法。

- 某些顶级投资者愿意主动分享他们的观点。能提供及时、可靠的股票建议的投资通讯，绝对是少之又少。其中的一个典范当属《谨慎的投机者》（*The Prudent Speculator*），见www.theprudentspeculator.com。
- 某些顶级投资者不太愿意分享自己的观点。为确保自己的交易不被干扰（因为模仿其操作的投资者），顶级投资者会竭力隐藏自己的想法。即便如此，投资者还是能获得很多优秀投资家的大量投资信息，只不过会稍有推迟。

（i）在某些国家，大型投资机构必须定期披露其持股情况（如美国要求机构投资者按季度披露）。GuruFocus（gurufocus.com）和Stockpickpr (stockpickr.

com）是两家跟踪美国顶级投资者持股情况的互联网服务，它们的信息均来自这些投资机构向监管机构提交和披露的文件。

（ii）这些投资家为其管理的共同基金、对冲基金及其他投资机构股东提供的信函，可以在公开渠道查询阅读（尤其是在互联网上）。

（3）来自内部人的信息。有价值的投资观点的第三个来源是公司内部人（管理层、股东及董事会成员），因为他们对公司的前景和公允价值最有发言权。聪明的投资者都知道，话说起来总是很容易的，即便是内部人的言辞也一定要三思而后行，不可全信。此外，他们还知道，绝对不得以重大非公开信息作为行动的依据，因此，对于从内部人那里获得的第一手信息，他们会倍加谨慎。正是出于这个原因，理性投资者会从内部人的行动中寻找股票被低估的信号。

- 内部人买进。很多顶级投资者尤其关注内部人买进股票的行为（包括当期未真正购买股票的买入期权），他们认为这是股票被市场低估的重要信号。很多家监管机构的强制性披露文件（如美国证交会规定的“Form 144”和“Form 4”）、商业出版物（如《华尔街日报》）以及商业服务机构（如彭博新闻）等均可提供有关内部人交易的信息。相关研究显示，内部人买进股票的行为与股票随后实现的长期超额利润具有强烈的关联性（需要注意的是，某些国家禁止内部人短期性轧平交易，如美国），在内部人交易披露后的6个月之后，这种关联性尤为明显。约瑟夫·拉克尼肖克（Josef Lakonishok）指出，确定内部人买进情况的一个最可靠指标就是净买入比（net purchase ratio，NPR），该指标的计算方法是：

  NPR=（内部人买入量6m −内部人卖出量6m）/（内部人买入量6m +内部人卖出量6m）

- 上述公式中，内部人买入量6m和内部人卖出量6m分别为内部人在过去6个月内买入和卖出的股票数量。不过，并非所有的内部人买进行为都是股票被低估的可靠预测。比如说，与大公司相比，内部人买进行为与小公司股票被低估的关联性更强。（拉克尼肖克的研究表明，业绩表现在拥有较高NPR和较低NPR的大盘股之间并无明显差异。）而且在股票交易的市盈率较低时，内部人交易的关联性更可靠。此外，最可靠的内部人买进具有如下特征：

（i）不断加强的内部人买进。内部人买进的数量越大，买进行动重复度越大，这种买进对股票被低估的预见性就越可靠。为确定某个内部人买进股票的行为都具有显著性，我们可以将买入量与其全部持有量、个人全部财产或其年度总收入进行对比。

（ii）CEO或CFO进行的内部人买进。由于CEO和CFO往往是最了解企业价值的人，因此，与外部人的买进行为相比，这些高层管理人的内部人买进自然是股票被低估的最可靠信号。此外，一方面，CFO的买进与未来超额收益的关联性要强于CEO的买进；另一方面，股东买进行为的预测可靠性似乎最低。

（iii）诸多内部人的买进。买进股票的内部人规模越大，多样性程度越高，其作为信号的预测力就越强烈。实际上，根据拉克尼肖克的研究，要保证小公司买进信号的可靠性，至少需要三个不同的内部人，且买入量达到一定程度。

（iv）预料之外的内部人买进。安东尼·波顿在《逆势出击》（*Investing Against the Tide*）一书中提到，预料之外的内部人买进（如在股价大幅上涨后的买进）最具预测性。

· 股票回购。在认为股票被市场低估时，上市公司会通过回购其股票来为股东创造价值。由于股票回购的资金属于公司而非私人资金，因此，回购与股票低估的关联性要低于内部人买进。更糟糕的是，公司高管可能会出于其他原因而回购股票，而不是要为股东创造价值。比如说，他们可能想推高股价，购买股票以覆盖对员工发行的期权等。因此，沃伦·巴菲特在1999年对此做出解释，尽管20世纪70年代的股票回购是股价低估的可靠信号，但到了1999年，事情已不再如当初。对于巴菲特的解释，我已不必多言，我唯一想说的就是，投资者务必对股票回购采取谨慎态度。投资者至少应该清楚，回购的原因是否有正当的理由。

6. 拥有股价催化剂的股票

即便找到一只价格远低于公允价值的股票，其价值与价格之差会在何时消失依旧存在巨大的不确定性。显然，两者差距消失得越快，这笔投资的内部收益率就越高。因此，正如乔尔·格林布拉特给我们的建议，相比于拥有股价催化剂的股票，对没有催化剂的股票，一定要采用更高的折现率（Heins，2013）。另外，投资者务必要当心，市场普遍接受的股价催化剂还有可能已经被股价所体现。这是因为，很多顶级投资者在买卖股票时，并不会对引发价值与价格趋同的催化剂给予过分关注。

另一类倾向于创造超额收益的股价催化剂，就是所谓的价值催化剂。尽管这些事件有可能增加公司价值（即公司的未来现金流），但也有可能被市场暂时性忽略。价值催化剂可以划分为以下两类。

（1）内部催化剂。主要表现为公司内部的利好变化，譬如：

· 新上任的管理层。尽管因解雇、退休或死亡等原因带来的管理层变化是投资者必须考虑的重要因素（领导层的变化会带来不确定性，而且有些顶级投资者也指出，这是抛出股票的重要时点。比如说，每当公司管理层发生变化时，弗雷德里克·库布里克（Frederick Kobrick）都会毫无例外地抛出公司的股票（Kobrick，2006），但它也有可能成为一个超常价值创造过程的新开端。对投资者来说，最大的问题就是确定新的管理者是否胜任该职位，以及是否可以预见到新管理层会带来有益于公司的变化。比如说，在巨人食品（Giant Foods）的创始人去世时，马里奥·加贝利（Mario Gabelli）买进这家公司的股票，因为他认为，无论是出售公司还是新管理层上台，都会将增加盈利作为重中之重。

· 新的企业战略或产品战略。与新管理层一样，新的经营战略也是创造财富的新源泉，因而值得投资者关注。但投资者必须对这种新战略能否兑现做出判断。

· 经营效率的提高。如果利润率和资本回报率的提高具有可持续性，能够经得起市场竞争的考验，这种改进就可以为股东创造更大的价值。在这个领域，最有吸引力的投资目标就是那些因负债高而导致营利性低，但却拥有良好发展前景的公司。

· 对非营利部门进行清算。乔尔·格林布拉特指出，公司对内部庞大臃肿的亏损业务进行重组，可能会造就一种强大的催化剂，因为它帮助公司摆脱了亏损业务的拖累（使得被它们吃掉的盈利业务的利润得以浮出水面），而且它让公司管理层将更多的精力投入盈利业务，此外，由于剥离一个业务单元并非易事（因为这样做与分拆一样，都会缩小公司的整体规模），因此，投资者有足够的理由相信，剥离亏损业务必将有益于股东。为保证投资风险的最小化和收益的最大化，格林布拉特建议只考虑如下情况的剥离。

（i）因估值较低而进行有限的削减或存在被亏损业务掩盖的有价值资产；

（ii）剥离后的核心业务依旧健康、稳定；

（iii）管理团队有创造价值的动机；

（iv）其他专业投资者对抬高公司股价的兴趣不大——对小盘股公司来说，其他投资者的竞争往往是有限的。

（2）外部催化剂。还有一些有助于价值创造的催化因素来自于公司外部：

· 股东中的激进派。激进的股东可以通过代理权斗争、出席董事会、股东决议、媒体以及书面征集运动等方式，掀起具有催化剂性质的事件。股东中的激进派锁定的往往是盈利能力远超大盘的股票。出于如下两方面的原因，他们选择这样的目标并不奇怪。首先，如果行动取得成功，这些激进分子就可以通过他们强加于公司的变革创造大量价值。其次，在着手行动之前，激进投资者的准备工作远比普通投资者更细致入微。他们别无选择，因为要提议公司采取他们的建议，他们就必须占有5%以上的股份。鉴于这些激进派股东业绩出色，因此，跟随最优秀的激进派投资者通常不会让投资者失望，他们中的典范包括卡尔·伊卡恩（Carl Icahn）、比尔·阿克曼（Bill Ackman）、丹·勒伯（Dan Loeb）以及巴里·罗森斯坦恩（Barry Rosenstein）等人。

· 行业整合与并购行动。并购活动为某些行业的公允价值提供了一个参照基准，因而，并购活动可以发现行业内价值被低估的公司。在这些行业中，最有可能被高溢价收购的公司，就是那些业务性质良好、无内部人控制的低估值公司（相对于业内的其他公司而言）。

· 重大政治或经济事件。一项重大的政治或经济事件是可提振股票行情的催化剂。比如说，在1939年，约翰·邓普顿曾预测美国将加入第二次世界大战。他推断，一旦美国被拖入战争，工业和运输行业的公司就必须开足马力，以便为战争提供足够的军事补给，因此，即便是效率最低的公司也会生意兴隆。按照这个想法，邓普顿买进当时业绩最惨淡、最不被市场看好的工业及运输公司的股票（这些股票的交易价格均低于1美元）。随着美国参战，这些企业扶摇直上，邓普顿也以这种方式，在维持风险最低的前提下（通过投资对象的充分多样化），大赚了一笔。

7. 被指数剔除的股票

在上一节里，我们曾讨论了几种股东积极抛出或是被迫抛出的股票，无论是出于他们的投资章程规定，还是出于对股票的忽略，最终的原因就是持有这些股票让他们感到不舒服。无论是主动还是被动地抛出，从根本上说，都是出于非经济原因，而这就有可能制造出便宜的股票。（主动或是被动地抛出并不限于股票市场。例如，当发行公司宣告破产或是信贷质量低于某个临界指标时，专业投资者就会卖掉手中持有的债券。此外，主动性抛出也存在于不动产市场，比如说，银行因债务人不能按时还贷而收回抵押房地产，此时，银行会积极寻求方法将这些不动产尽快出手，毕竟，管理不动产不是它们的特长。）

另一种容易受到强制性抛售（forced selling）的股票，就是被股票指数剔除的股票。实际上，当一只股票从指数中被剔除后，以该指数作为参照基准的基金通常会大量抛售这种股票。考虑到某些指数基准对应的是数十亿美元资金，因此，这种强制性抛出的规模可能非常之大。

塞斯·克拉曼认为，让这种强制性抛售更具投资价值之处在于，股票往往在从指数中剔除之前便开始下跌。换句话说，被指数剔除的股票在剔除之前就已业绩不佳。对于这个投资类别，一个最典型的案例就是沃尔沃斯连锁零售公司（Woolworths）。在被标普500指数剔除之后的几天时间里，这家公司的股票就贬值了50%。但仅仅不到3个月的时间，沃尔沃斯的股票就走出谷底，增长了3倍多。

8. 其他机会类型

其他具有投资潜力的股票还有以下几种。

（1）被并购之前的股票。大卫·斯文森指出，在公司合并消息披露后，其股票马上就有可能成为有价值的套利投资目标。其原因在于，随着合并不断推高价格，很多禁不住诱惑的股东会卖掉股票，这就给耐心的套利者创造了机会。

（2）报酬不对称的股票。安东尼·波顿和莫尼斯·帕波莱对报酬不对称（asymmetric payoffs）的股票情有独钟。这些股票拥有不错的上升空间（如果条件具备），但它们的下跌空间却是有限的（即便条件不具备，公司依旧可维持良好状态）。在这类股票中，公司有时会根据回报率极高（但具有不确定性）的项目，向投资者免费发行（非明示的）看涨期权。在《逆市投资》一书中，安东尼·波顿为我们讲述了一个石油勘探公司的例子，它凭借现有油井坐拥稳定的现金流，还拥有大量有可能带来巨大回报的初探油井（但它们并没有反映到股价中）。

（3）有名望的大公司。尽管市场在以量化数据（如利润、毛利以及权益回报率等）对公司进行估值方面通常是非常有效的，但是在企业文化、管理、董事会、人力资源政策以及品牌等定性特征对估值的影响方面，市场往往是无效的。比如说，根据某些研究，如果投资者投资《财富》杂志评选出的“百家最希望供职的公司”，他们极有可能获得超过平均水平的超常回报，毕竟，这些公司拥有强大的品牌优势和最高水平的收益质量（收益与经营现金流之间的差异最低）。

（4）分拆公司的母公司。除了分拆公司本身之外，它们的母公司也可能是非常有价值的投资目标。例如，将不想保留的公司剥离之外，母公司的投资价值可能会陡然增加，因为机构投资者可以等到剥离之后再买进母公司的股票。乔尔·格林布拉特对美国运通（American Express）的投资，就是一个以分拆后的母公司为目标的成功投资案例。1994年，在美国运通决定将投资银行雷曼兄弟剥离时，投资者纷纷弃之而去。因为雷曼兄弟的历史收益极不稳定，这导致市场很难判断美国运通在剥离雷曼兄弟后的未来收益。但乔尔·格林布拉特却发现，市场根本就没有意识到，在剥离完成后，美国运通的盈利前景将是非常美好的。事实证明了他的判断是对的，市场意识到了自己的错误，美国运通在剥离后1年股价就足足上涨了40%左右。

（二）在成熟市场做多的误区

如前文所述，顶级股票投资家追求的是在市场这个大口袋里寻找被低估的“便宜货”。他们绝不会在那些被正确定价的股票上浪费时间，更不用说被高估的股票了。表2列示了这些顶级投资者规避的股票类型，以及这些股票与上节所述正确投资理念的差异。本章下一节将逐一讨论投资中需要规避的各种股票类型。

表2　在成熟股市中选股的标准

值得关注的潜在“便宜货”	需要规避的股票
被大众投资者忽略的股票：呆板而缺乏时尚的公司；业务复杂的公司；小公司；因正式原因而被忽视的公司	被顶礼膜拜的股票：处于时尚行业，又有一个前卫名称的公司；曝光度很好的公司；蓝筹股
引发负面情绪的股票：被市场鄙视的公司；处于不良行业（已进入行业周期的下行通道）的公司；出现暂时性问题的公司；濒临财务危机的公司；曾经辉煌但如今已被撇弃的公司	引发正面情绪的股票：被市场普遍看好的公司；处于高成长行业的公司；所有方面似乎都完美无瑕的公司
特定类型的新发行证券：合并证券；私有化交易中发行的优先股；破产重组后发行的新股票；资本重组后的残股；将复杂业务部门剥离后的母公司；分拆公司；特殊的IPO；政府所有公司在股份制改造及私有化后发行的股票	大多数的IPO股票
新趋势及突发事件创造的机会：成长型行业的供应商；成功创新者的模仿者；突发（灾难性）事件中未被发行的受益者；在新兴市场国家开展业务的跨国公司	
新趋势下的典型不当投资：新趋势中最热门、最直接的受益者；引领潮流的公司；注定将在新趋势中遭殃的公司 来自适当渠道的建议：竞争对手赞赏的公司；知名投资者的买进及买进建议；来自内部人的消息；内部人的买进及股票回购	来自可靠消息来源的禁止信号：不被竞争对手尊重的公司；知名投资者的抛出；知名投资者的做空；内部人的抛出以及新股增发

续表

值得关注的潜在“便宜货”	需要规避的股票
被大盘指数剔除的股票	被纳入大盘指数的股票
拥有股价催化剂的股票：内部催化剂有新引入的管理层、新的公司或产品战略、运营效率的提高以及非压力部分的清算；外部催化剂有激进的股东，行业并购活动，重大政治或经济事件	投机性股票：破产后发行的股票；没有收益的公司；信息披露不充分的公司
其他好的投资机会：并购前的股票；非对称报酬的公司；值得尊重的大公司；剥离后的母公司	

1. 无法被市场忽略的股票

按照上一节的解释，很多被投资机构忽略的股票都会因缺乏关注度而被错误定价。反之，对于那些长期处于金融行业聚光灯之下的股票（被很多分析师关注、被大批专业投资机构密切跟踪以及被媒体密集报道的股票）而言，出现市场无效的概率就非常小了。因此，名气大的股票通常会被市场给予正确的定价。当然，这些股票也有可能被高估，因为投资者心甘情愿地为这些公司所带来的安全性和保障性支付高价钱。更糟糕的是，面对跟踪这些股票的（机构）投资者的突发奇想，热门股票往往没有任何抵御力，只能任之摆布。

在这种情况下，顶级投资者不被这些家喻户晓的股票吸引，自然也就不值得大惊小怪了。尽管他们会系统性地规避这些股票，但也非常关注它们的错误定价。这些股票的价格通常会远远超过其基本面所能支撑的水平，因此，理性的投资者都知道，在投资这些股票之前，他们必须做足功课。一只股票被市场高度追捧（进而不太可能成为“便宜货”）的表象，就是分析师的密集覆盖和机构投资者的高持有量，但这种持有的质量并不高。以下几种特定类型的股票，通常有资格不被市场忽略。

（1）听起来颇有诱惑力的公司及行业。如果公司所处的行业听起来颇有吸引力或是能引发人们的无限遐想，而且公司又有一个漂亮、时尚的名称，那么，这些公司必然会得到超乎寻常的关注。

（2）高曝光度的公司。想制约风险的投资者往往会寻找具有高市场曝光度的业务。这些公司所在行业比较稳定，拥有大量的公开信息，而且在分析师当中基本没有异议。遗憾的是，大卫·德莱曼在《反向投资策略》（*Contrarian Investment Strategies*）一书中指出，曝光度只是一种幻想。寻求曝光度的投资者往往会为这种虚幻的安全感付出惨重代价。

（3）蓝筹股（blue chips）：很多小盘股难以进入投资人的雷达屏幕，但蓝筹股绝对不会逃过市场的眼睛。实际上，蓝筹股（指市值处于最高水平的股票）往往成为过度研究和过度持有的对象。而这又会进一步推高股价，甚至导致股价人为增值若干倍。但真正让蓝筹股成为危险目标的是，很多投资者并没有意识到，这种让一只股票成为蓝筹股的增长迟早会停下来。过度预期和高市盈率带来的风险会让很多蓝筹股投资者难以为继。比如说，在投资日本股票时，约翰·邓普顿很少考虑东证股价指数（TOPIX）的成分股，因为他找到了更好的“便宜货”（Templeton，2008）。

2. 热门股

追逐热门股也是人之常情，因为这些股票让人们心潮澎湃，因为它们会带来安全感，或是因为它们背后有一个精彩纷呈的好故事。此外，某些认知偏差也会让投资者对热门股趋之若鹜，比如从众效应（买进其他很多人都在买进或持有的股票会让投资者获得安全感）、推断偏差（以过去几年的成功对未来做出预测）以及追求刺激感等。

但问题在于，当过度兴奋的投资者相互刺激，导致这些热门股求之不得时，他们的理性也就此丧失了。更糟糕的是，市场的非理性振奋以及对所在行业的过度关注，往往会引来新的竞争（来自行业内），进而对公司的盈利能力形成压力。最终会导致这些热门股估值畸高，以体现出市场对公司未来的过度乐观情绪（值得注意的是，热门股的估值往往过高，以至于即便是这种过度乐观的市场预期成为现实，这些股票也很难带来令人满意的回报），尽管真正的前景根本就没有那么美妙。

图5就是一个热门股的例子。著名制鞋厂商卡骆驰（Crocs）曾推出一种据称具有保健作用的新型鞋。在2006年和2007年，公司的销售额及利润直线上升。它们的股票也很快成为市场大热门，而且很多异常兴奋的投资者坚信，这只股票将征服整个世界。如图5所示，从2006年3月到2007年9月期间，卡骆驰

的股票几乎增长了6倍。2007年夏季，股票已近乎天价，市盈率达到45倍。

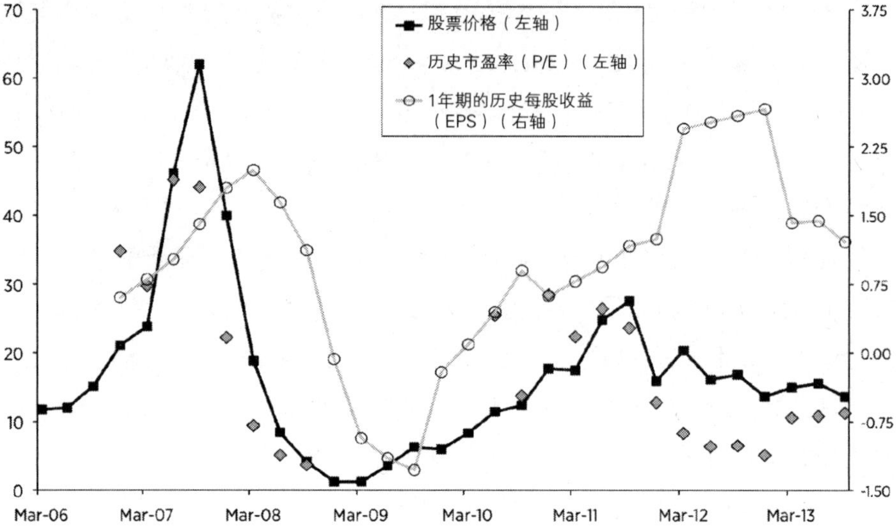

资料来源：彭博

图5　热门股卡骆驰股票的涨跌

当时，一批市场评论人士警告说卡骆驰的股票价格太高。他们指出，卡骆驰的经营模式风险太高，以至于根本就不支持如此之高的股价，因为它过于依赖时尚和品位（很多人不喜欢这款鞋的设计），而且它还缺乏抵御竞争的“护城河”（尽管新款式受专利权保护，但很容易被其他制鞋公司所效仿）。

图5实际上已表明，卡骆驰的经营模式存在严重问题。在2008年的上半年，公司的销售收入及利润增长大幅减缓。到2008年夏季（此时信贷危机尚未全面爆发），其股价已下跌了85%。到2008年12月，股价已跌至2007年9月的2%左右！持续走低的销售额和利润让投资者恍然大悟：公司的生存已难以为继。尽管卡骆驰在2010—2013年曾试图扭转收入和利润，但事实并不尽如人意，公司始终未能重现昔日辉煌，因为营业利润始终没有达到鼎盛时期的一半。

在这种情形下，顶级投资者规避热门股当然也就不足为奇了。他们还极力建议不要涉足热门行业最炙手可热的股票（按照彼得·林奇的说法，不管价格如何，都不要与之为伍）、衰落或平庸公司中的热门股（因为这些公司的价格与价值偏差会达到难以想象的地步）以及基本面存在风险的热门股（如没有利润或产品单一的热门公司）。

不管是哪一种情况，除了夸张的估值倍数之外，我们还可按如下方法识别热门股票。

（1）被媒体及专业投资机构广泛推崇的公司。被市场鄙视的公司往往会被低估（如上所述），而媒体和高管心仪的公司往往会被高估。可确定的负面信号包括以下几种。

- 媒体屡屡制造光环的公司。当一家公司被媒体铺天盖地地报道和吹捧时，投资者就应该当心了。
- 频繁现身于各种“最佳”评比榜单的公司。那些跻身《财富》杂志“最被美慕”榜单的公司，在得到殊荣后的几年里，其股票收益能力反而会大幅落后于“美国最不受欢迎”公司的股票（Montier，2010）。这种现象不仅适用于美国，而且有可能适用于任何国家。为解释这种现象，我们在下面的图6中，对1999—2000年期间13家获“年度最佳公司”（由专业商业咨询师评选）提名或其CEO获得“年度最佳管理人”（由财经杂志读者评选）提名的上市公司股票平均价格与比利时股票指数“Bel-20”进行了比较。我们从图6中可以看到，在获得提名后的第一年里，这些公司的股票收益率低于大盘20%左右。在获得提名的4年后，其收益率已落后于大盘30%多。如果仔细分析这些数据，我们会发现，这些股票获得低回报的原因在一定程度上可能归结于原来的高估。此外，令人费解的是，在我们采用的样本中，绝大部分公司均在获奖后的几年里经营不善，表现为每股账面价值出现停滞甚至下降。因此，这也对专业人士和公众评价公司的能力提出严重质疑。
- 分析师一致推荐买入的股票：当跟踪股票的所有分析师均做出强烈买入建议并预测未来将实现超常收益增长时（实际上，当分析师对股票做出远超过近期实际水平的长期收益增长预期时，该股票的回报率通常会明显落后于大盘），这种超乎寻常的预期可能已经反映在股价中了。

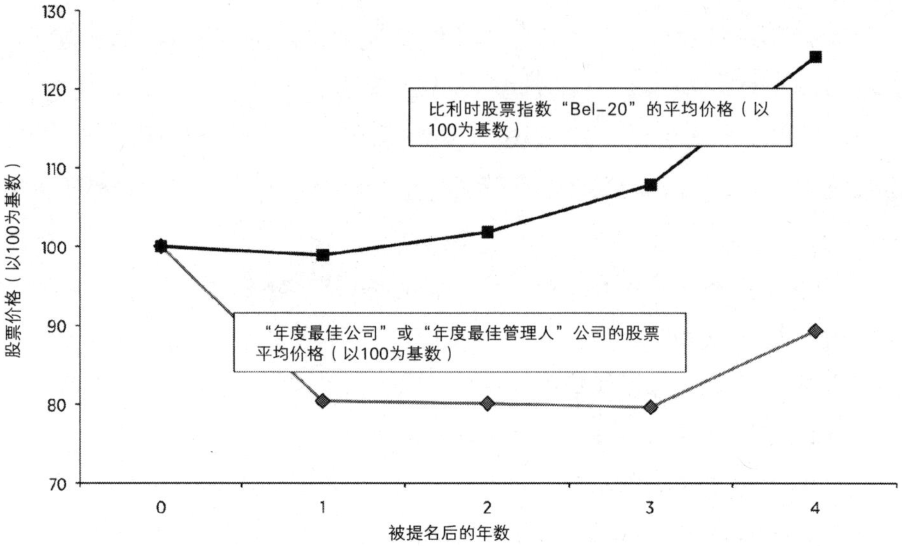

图6 获奖诅咒

（2）较高的机构持有量或分析师跟踪率。聪明的投资者认为专业机构针对某只股票的高频操作是一个危险信号。吉姆·罗杰斯认为，当机构投资者对一只股票的持有量达到80%时，就表明它已成为热门股。罗伯特·威尔森（Robert Wilson）指出，抛出股票的最佳时机，就是“刻意而为之的研究报告开始出现”时（Train, 2000）。

> “被机构重仓持有并持续跟踪的股票，往往是最估值不当的股票。”
>
> ——沃伦·巴菲特，1985年致伯克希尔·哈撒韦公司股东的信

（3）朋友或熟人（但没有投资专业背景）拥有的股票，当然，他们推荐的股票就更糟糕了。

（4）公司所处行业很热门。显然，热门行业的公司最有可能被严重高估。除媒体的高曝光率、朋友或机构对业内公司的高持股量之外，一个行业趋于热门的其他信号包括以下两种。

毕业生大量涌入该行业并获得高薪收入。吉姆·罗杰斯建议，应尽量规避

受追捧度高且业内人士薪水超高的公司，尤其是这些从业者只是刚刚步入社会的商学院毕业生。毕业生的大量涌入不仅说明这个行业的热门度，也意味着该行业的竞争加剧，且未来盈利能力即将承受巨大压力（如高薪水）。

整个行业显示出高增长态势。处于高成长行业的公司往往是市场的宠儿。很多顶级投资者并不热衷于高成长行业，并警告称，过分关注高成长行业是不理智的。实际上，大量研究显示，高成长行业不等于股票的高收益率。例如，杰米里·西格尔（Jeremy Siegel）发现，从1957—2007年，在金融和信息技术等增长最高的某些行业里，股票的回报率反倒不及标普500指数（Siegel, 2005）。如下几个原因可以解释这种现象。

- 高增长行业带来的第一个问题是，它们往往会吸引大批聪明的竞争对手前来分食这块原本就诱人的大蛋糕。随着竞争的不断加剧，行业内的很多公司将难以为继，生存者的盈利能力也会大不如前。
- 第二个问题是，高增长可能会暂时掩盖一个公司的固有缺陷，因此，一旦增长速度下降，这些致命问题就会浮出水面。
- 第三个问题是，高成长行业的竞争环境本身就缺乏稳定性。而这又会带来两个严重的后果：投资者很难对业内公司的长期财务状况做出评估；处于高成长行业的公司本身就具有高风险性，因为要避免走上没落之路，它们就要经常性地纠正旧战略，拟定新战略。
- 第四个问题是，任何一个行业的高成长都不可能是长久的，而只能是暂时的（如周期性出现）。比如说，吉姆·罗杰斯就认为，必须警惕那些低库存、低应收账款、高毛利率（如达到20%）、高权益回报率（如按税前利润计算超过25%）和资本性开支增长极快（如年增长率达到40%~50%）的公司。

3. 大多数IPO

如前文所述，某些新发行股票可能是非常诱人的投资目标。但这不适用于大多数IPO。尽管很多投资者似乎对IPO新发股票趋之若鹜，但顶级投资者很早就意识到一个最近才被学术研究所验证的结论：在首次公开发行之后，上市公司的股票表现往往会落后于大盘（相关例证见：Damodaran，2004）。小公司，尤其是微型公司（microcap，销售额低于5000万美元），在上市后，业绩往往更为低迷。同样需要注意的是，普通投资者要在最具诱惑力的IPO中获得股票并不现实，因为这些股票通常是为经纪商的朋友或家人预留的。因此，在毫无吸引力的IPO中，投资者可以得到他们想要得到的全部股票，但是在最有投资价值的IPO中，投资者几乎得不到任何股票，或只能拿到微不足道的一点点。

IPO新股的低回报并不难理解，其根本原因就是过高的估值和黯淡的前景。

（1）可能的高估值。我们可以预想，大多数公司的IPO股票都会被高估，或者只是说，是估值充分的，原因很简单——廉价发行本公司的股票显然不符合所有者的利益。唯一有可能的例外就是政府所有公司的IPO。公司的所有者可能包括企业家、管理层及风险投资者，他们有无数的理由和动机将股票高价卖给市场。价格越高，他们在市场上为获得等量收入所需放弃的股份数就越少。对IPO股票的投资者来说，一个关键性问题在于，公司所有者实际上也有能力推高股票价格。第一，所有者注定比外部人更了解自己企业的真实价值。第二，主导IPO的管理层与经纪商可以凭借多种手段抬高发行价格，比如说：

- 对IPO的过度渲染。在IPO之前的时间里，他们可以杜撰令人兴奋的故事、过度乐观的现金流预测甚至是盈利管理（如推迟可支配费用的确认和人员冻结）等手段，将公司推向社会公众。
- IPO时间窗口的选择。公司的所有者可以选择市场愿意为其支付高溢价时发行股票，反过来，投资IPO最糟糕的时间莫过于疯狂的牛市，因为在这种情况下，很多公司会选择公开发行股票（即IPO高峰期），而且公众对公司所在的行业及其所从事的业务过度乐观。

（2）公开发行公司缺乏稳定性。高股价只是IPO的一部分问题。它还会带来另一个问题：很多IPO公司很年轻、缺乏经验，在公开上市之前甚至还没有实现盈利。因此，这些公司，尤其是小公司的业务基本面会在IPO数月或几年后出现恶化。这个问题与IPO价格所隐含的超高预期结合到一起，注定会给为幻想所陶醉的IPO投资者带来灾难。

“初级发行市场受到发行公司与大股东的掌控，他们通常会选择对自己最有利的时点发行，当市场状况不理想时，他们甚至会放弃发行。不难理解，卖家绝不可能让你有任何便宜可占，不管是公开发行还是协议发行，你都不可能用0.5美元买到价值1美元的股票，尤其是在发行普通股时，唯有在认为市场价格明显过高时，初始股东才有动力大幅卖出手中持有的股票。”

——沃伦·巴菲特，1992年致伯克希尔·哈撒韦公司股东的信

4. 新趋势中的风险

与之前阐述的新趋势受益者相反，新趋势带来的某些投资风险源自趋势的直接受益者（因为它们往往成为市场热点并被高估）和先发公司（因为它们的地位容易被模仿者或现有公司所取代，或是因为它们缺乏经验）。另一类高风险投资是可能成为新趋势牺牲者的公司，最典型的例子就是在女性开始减少化妆时的高档化妆品公司。

5. 识别馊主意的信号

投资者应对市场消息持怀疑态度。来自邻居、朋友、擦鞋童、理发师甚至所谓内部人（如公司的员工）的消息很少是有价值的。即便是对来自分析师和经纪商等专业投资人士的消息，也应采取高度怀疑和谨慎的态度。但我们还知道，来自公司竞争对手、知名投资者和某些内部人的信号可能是有意义的。因此，投资者应审慎对待存在如下报警信号的股票。

（1）缺乏来自竞争对手的竞争和羡慕。比如，每次与公司竞争对手的高管谈话时，如果菲利普·费雪注意到他们对公司没什么印象，那他就不会再枉费心机地去探究这家公司了。

（2）知名投资者的看空观点和抛出举动。当顶级投资者卖出一家公司的股票，或是对这家公司发表（极度）负面意见时，投资者就要当心了。而且这些信号会因如下情况的存在而加强。

- 多位知名投资者同时表达看空观点。
- 一位或多位投资者做空该股票，或是股票的空头净额比（short interest ratio，即当前卖空的股数与已发行股数的比例）很高。做空所传递的讯息，远比发表看空观点或抛出现有头寸所表达的信息更强烈。原因是投

资者在做空时，进行事先研究所投入的精力肯定要多于做多。超级选股大师格兰·格林伯格（Glenn Greenberg）甚至承认，在研究一只股票时，与职业做空者的交流往往是最有意义的。按照他的经验，研究做空者远比研究做多者更重要。唯有这样做，他们才能生存，因为做空远比做多危险得多。因此，当某个杰出投资者开始做空一只股票，或是这只股票的空头净额比很高（这意味着已经有很多投资者在做空该股票）时，投资者就应该将此看作一个明确的警示信号。

（3）来自内部人的看空信号。建议投资者密切跟踪如下来自内部人的信号，因为这些信号表明股东可能出现问题。

- 内部人的抛售。如果内部人买进是毋庸置疑的牛市信号，那内部人卖出就不那么容易解释了。这背后的问题在于，内部人抛出股票的原因是多种多样的，它们可能与股票自身的特征没有关联。他们卖出股票的原因，可能是公司的股票在其资产中的比重太大（于是，他们需要以某种方式提高资产组合的多样化）；也可能是因为他们需要现金进行大手笔的收购（比如购买房产）；或是卖出股票支付股票收益的税收；当然，他们或许不想抛出，但碍于上司的指示不得已而为之。比如说，在莱曼兄弟，即便CEO不想建议高管卖出股票，因为这会向市场传递不利于公司的讯息。然而，在诸多内部人同时抛售且抛出规模很大，甚至公司的CEO和CFO也在抛售时，投资者就应该将这些内部人的抛出看作是一个强烈的利空信号了，对规模相对较小的公司来说，这种现象显得尤为严重。安东尼·波顿还补充了一个标准，他认为，预想不到的内部人（如内部人在股价大跌后抛出，或是股价很低时抛出）足以表明，公司正在遭遇严重危机。
- 衍生证券的交易。在《打破神话的投资十诫》（*Investment Fables*）一书中，阿斯沃斯·达摩达兰（Aswath Damodaran）指出，在股价暴涨后或是公司披露收益之前，如果内部人对冲其股票头寸，那么股价往往会出现下跌。
- 股票增发。发行新股的公司往往被高估值，因为以尽可能低的稀释效应获得资金符合股东利益。因此，发布增发股票的消息可能是发送给投资者的黄色警报。不过，当内部人参与股票增发，或是现有股东获得第一手新股时，这个信号还不够清晰，因为在这两种情况下，过度定价会伤害内部人和现有股东的利益。

6. 被加入大盘指数的股票

被股票指数吸纳的新股票很少会成为“便宜货”，原因基于两个方面。第一，这些股票的收益情况在进入指数之前往往是超过大盘的。实际上，股市指数的管理者选择的成分股通常要具有足够的流动性和市值。因此，如果一只股票被视为某个指数的候选对象，那其市值必然会较其他股票更快得到增长。在很多情况下，这些股票的强劲表现源自不断升温的市场追捧和市盈率的提高。也就是说，这些股票在进入指数之前很可能已经被过度定价。第二，在成为指数的成分股之后，由于跟踪该指数或是以该基金作为投资基准的基金必须买进这些股票，会导致它们进一步被高估。在《投资者的未来》（*The Future For Investors*）一书中，杰米里·西格尔指出，在成为标普500指数的成分股后，股票的业绩输于大盘。他的研究表明，投资于1957年标普500指数取得的回报，将远高于标普500指数在1957—2005年这49年间实现的收益。

7. 投机性股票

如第一章所述，投资的本质就是通过计算和基本面分析，判断一只股票在长期内跑赢大盘的概率。投机的内涵显然不同于投资，因为投机的赌注并不是压在基本面上。在投资者看来，购买投机性股票就是一场“博傻”游戏，也就是说，投机者的赌注是有机会将股票甩给比他更傻的投机者。这很危险，因为任何人都不能肯定，他能否找到比自己更傻的人。显然，顶级投资者会极力规避如下这些投机性股票。

（1）破产后的重组股票。乔尔·格林布拉特警告投资者，不要接触已申请破产保护的公司股票。根据他的经验，在某些时候（价格归零之前），破产公司股票的估值是否合理很难判断。投资者应随时牢记，在破产重组时，股票几乎已不会给股东留下什么价值了。

（2）没有收益记录的公司。彼得·林奇和马蒂·惠特曼之类的顶级投资者认为，普通股投资者应规避尚未实现过盈利的公司，尤其是这些公司规模很小而且令人期待时（因而根本就不可能是"便宜货"）。缺少盈利记录意味着这些公司非常危险，因为它们无法通过经营活动创造资金（即它们的生存仍然依赖于从外部获得资金），而且投资者根本就无法预测这些公司的前景，对没有盈利背景公司的投资，是只有专业私募基金才能胜任的工作。

（3）缺乏足够信息的股票。彼得·林奇和马蒂·惠特曼认为，投资信息不透明的公司，几乎没有任何意义。因为投资的全部内涵就是超越市场，但是在缺乏基本信息时，投资者很难建立起这种优势。更糟糕的是，非公开信息更有可能是负面信息，因为这些公司的管理者更愿意披露好消息，并尽快隐藏坏消息。信息披露不充分的公司可能包括：

· 大多数在场外交易和粉单交易的股票
· 财务报表不易理解的公司

8. 并购套利股票

本章第一部分曾提到，在并购消息刚刚披露时，并购前的股票可能估值较低，因为现有股东出于利益动机有可能会抛出这些股票。但是，大多数情况下，专业投资者在并购消息披露后迅速建立套利仓位，会导致估值差距迅速减少。专业机构在并购消息公开后的大量建仓行为，促使乔尔·格林布拉特和马蒂·惠特曼认为，普通投资者很少涉足并购套利交易。（但这不等于说，并购套利交易不会给专业投资者带来利润，比如，多年以来，沃伦·巴菲特一直在套利交易方面做得非常成功。）他们建议，在被收购公司规模很大时，投资者应尽量敬而远之，因为与专业机构的竞争注定会非常艰难。

（三）在成熟市场做空的成功建议

在股票市场上，顶级投资者刻意规避的股票显然不适合普通投资者，但它们未必不会成为做空的目标。卖空（或称做空）是指投资者从其他投资者手里借入股票，然后在市场上卖出股票。做空者的赌注就是股票价格会下降，这样，当股价下跌时，他们以更低的价格买回相同数量的股票，偿还原来借入的股票，并利用股票的差价实现盈利。与做多投资者相比，做空投资者的最大劣势在于，做空可能实现的盈利和亏损完全不对称，也就是说，其亏损在理论上是无限的（因为股价在上涨时不存在上限），而盈利率则不会超过100%（此时，被做空股票的价格降到零）。

鉴于这种单侧风险以及股票市场在某些事件上的极度非理性，与只做多的投资者相比，理智的做空者具有更强的选择性。下文将重点阐述几个有趣的做空操作特征，并根据朱利安·罗伯特森（Julian Robertson）和吉姆·查诺斯（Jim Chanos）等传奇做空大师的观点指出常见的做空误区，并对凯斯林·斯坦雷（Kathryn Staley）在《卖空艺术》（*The Art of Short Selling*）一书中介绍的做空技术进行详尽阐述。

1. 做空目标的特征

为尽可能提高成功的概率，成功的做空者在寻找投资目标时主要基于如下三个特征。首先，被投资公司必须具有较差的基本面。其次，做空者必须以平和的心态进行做空交易。最后，至少应该有一个以上的信号显示公司即将陷入危机。

（1）基本面较差

将做空交易的目标定位于基本面较差的股票，做空者可以防范股票市场的非理性。实际上，市场很少会忽略有关基本面的任何坏消息。但即便在基本面不够糟糕时，投资者依旧有可能长时间保持非理性，以至于给做空者留下卖空的机会。下面对做空者所寻找的基本面利空特征进行了汇总。

A.管理层问题。理想的做空对象应在管理者方面存在如下四个问题。

- 缺乏忠诚的管理者。在理性做空者寻找的目标中，管理者缺乏可靠性和忠诚度，或是习惯于宣扬好消息、隐藏坏消息。因为管理层不忠诚，公司财务被人为操纵的可能性就更大，而且投资者遭受意外的概率也越大。做空者尤其偏好金融服务业和保险公司的管理层欺诈倾向，因为在这些行业，管理者更容易通过不良贷款和虚假保单人为粉饰利润，欺骗市场。除了被公开披露的忠诚问题之外，管理者正直性存在问题的其他信号包括：财务会计存在过于激进或过度新颖的迹象；财务报表过于复杂、含混或令人费解；收购政策的目的在于隐藏核心业务的表现不佳。
- 贪婪的管理者。内部人的利益侵占表明管理层已将自身利益置于股东利益之上，而这对其股票来说显然是致命的。要评判公司管理层是否贪娄，投资者应着重从以下几个方面审视：管理层薪酬水平过高（他们的收入相对于公司的收益能力明显偏高，或是拥有没有具体目标或任务条件的巨额奖金）；存在黄金保护伞协定（过高的退休金或离职补偿）；值得怀疑的关联交易（与亲属、公司官员的内部交易明显有利于管理层，而有损公司利益）。

· 挥霍无度。做空者喜欢花钱不眨眼的管理层，尤其是在公司处于收益周期最高点时。在高度竞争的环境下，管理层的高额津贴（如可供管理层支配的私人飞机和豪华的员工公寓等等），浮华夸张的新总部大楼，所有这些过度开支都表明，管理层根本就没有意识到节俭对企业生存的重要性。

· 效率低下甚至是无效的董事会。对CEO一味俯首帖耳的董事会，完全是多余的，是对公司资源的彻底浪费。因此，做空者瞄准的对象就是那些以CEO的决定马首是瞻的董事会，此时，董事会已成为CEO的“橡皮章”，因而，董事会和CEO之间不会存在任何分歧和辩论。董事会无效的一个标志就是没有独立董事。

B.财务状况不佳。对做空者来说，最有吸引力的公司通常具有如下特征。

· 资产负债表不合理。理想的做空目标通常有着结构不合理的资产负债表，特别是被严重高估值且流动性较差的资产。此外，资产负债表不合理不仅是业务欠佳的信号，也会导致公司难以融资。

· 股权回报率低下。如果公司无法实现可接受的权益回报率或资本收益率，那么，这些公司通常通过自身业务为其经营获得资金。在这种情况下，它们就只能受制于外部资金供给者的支配了。

· 现金流有限。不能获得充足现金流的公司必然要承受较高的流动性风险。最有趣的做空对象，莫过于那些既难以获得充足现金但又对现金需求无度的公司。

C.业务模式存在问题。最理想的做空对象就是那些经营模式不可行（如风险极高）的公司。经营模式不合理的重要特征，包括现金支出水平高、存货过度积压（尤其是在不应出现积压的时期）或是公司无法兑现战略规划制定的目标。经营模式有缺陷的一个例证，就是著名的玩具制造商幸福快车公司

（Happiness Express）。1994年，该公司烧掉了数百万美元，但却导致存货大量积压。当年12月31日（圣诞节销售旺季已过），玩具的大量库存表明公司的经营模式存在问题（Staley，1997）。

D.增长停滞。在经历充分增长之后，公司会进入停滞期，但如果现实市场未能预见到增长的减速，这些公司就会成为理想的做空目标。如果发现这些公司的管理层又对增长求之不得，它们也就成了做空者求之不得的投资目标。因为他们很清楚，如果管理者试图通过海外扩张（尤其是在中国和俄罗斯等新兴市场国家）或是业务多元化来维系增长，那么这些公司的问题只会变得更复杂。成功进入一个新兴市场国家或是管理一项全新业务绝非易事，如果操之过急、缺乏充分的准备，极有可能酿成一场灾难。做空者心目中的增长停滞公司主要划分为如下两种类型。

- 因市场接受度达到顶峰而进入增长饱和期。比如说，一种时尚产品的市场欢迎程度达到顶峰，进入衰退已成为必然趋势（比如说，所有潜在顾客均已拥有这种产品）。
- 因渠道堵塞（pipeline fill）而进入增长饱和期。比如说，公司主打产品的分配渠道已达到饱和状态，所有潜在的分销商（如店面）均在出售这种产品。在这种情况下，未来的收入增长必然会下降，从最高点的两位数增长率降低到目前的较低水平。

E.所在行业形势不佳。朱利安·罗伯特森指出，在行业本身不被理解或是行业处于下跌时（假设造成这种下跌的原因不是市场），就会出现做空机会。对冲基金经理乔·维迪奇（Joe Vidich）还提出另一个做空目标的高发行业——推迟资本开支行业的供应商。比如，从2007—2008年，当矿业及自然资源公司开始推迟资本开支时，他认定，这些公司的供应商就是典型的做空目标。

（2）理想做空股票的特征

很多聪明的做空者只做空那些基本面较差且具有相应特征的股票。他们会将聚焦于具有如下特征的股票。

A.价格虚高。尽管并非所有做空者都将高市盈率作为做空目标的必然条件（如吉姆·查诺斯就喜欢做空基本面非常恶劣的股票），但过度膨胀的估值必然会让一家基本面不稳健的公司成为理想的做空目标。20世纪90年代的基因药物公司就是这样的例子。由于市场将这些公司看作是超常增长的载体，因此，它们的市盈率一度达到30～40倍，但是在现实中，由于缺乏强有力的销售力量，这些公司不得不面对竞争激烈的生存环境。

B.流通市值高。很多做空者只考虑流通市值达到一定水平的股票（如市场交易额超过5亿美元的股票），因为这便于他们在做空时进行融券，不必担心为返还股票而被迫“买进”（buy-in，如果向做空者融出股票的所有权人要求收回股票，就会出现买进。在出现这种情况时，如果做空者找到其他愿意融出股票的人的话，即使没有盈利，他们也只能在市场上买入股票，用于偿还。因此，对于流通市值较小的股票，做空者就不容易找到借新还旧的股票融出者。）此外，大公司的管理层很难和现有股东达成一致，对做空者进行逼空（squeeze out，通过拉高股价，迫使做空者的做空成本不断抬高，直至他们因无法承受而采取止损——译者注）

C.得到专业投资机构的青睐。做空者会寻找机构持有量较高且分析师跟踪较密切的股票。第一，他们看好被市场追捧的股票，因为这些股票通常会被市场高估（见本章第一部分）。第二，当专业机构持有量较大时，股票承受意外利空事件的能力也较低。因此，一旦出现利空消息，跟踪这些股票的很多分析师就有可能同时做出负面建议。与此同时，大型专业投资者则会竞相减持。所以，在出现利空市场环境下行的情况时，这些被过度跟踪研究并被大量持有的公司就有可能土崩瓦解。相比之下，那些股份流通量较少且鲜有分析师关注的公司，通常就不会那么弱不禁风了。市场的低关注度和股东群体（有可能就包括公司管理层的朋友）的经验欠缺和迟缓反应，可能会导致这些股票的价格非理性地长期处于高位。

D.中等规模的空仓。比较有吸引力的空头净额比（卖空股数与已发行股数之比）通常在5%～10%（一项研究显示，1967—1990年期间，如股票的空头净额比超过5%，其回报明显低于大盘。当空头净额比超过15%时，则因出现逼空的概率远高于平均水平，使得做空的风险激增）。一方面，这种中等规模的做空量表明，某些做空者（也可能是聪明的做空者）已在看空该股票，这就为投资者做空提供了一种心理保障。另一方面，处于这个范围的空头净额比还没有高到足以让做空者担心会被逼空（做空者因过度恐慌而试图补仓，从而导致股价迅速上涨）。

（3）做空的触发条件

由于市场非理性状态的时间往往长于做空者具有偿付能力的时间，因此，做空者会尽力寻找问题有可能迅速浮出水面的目标。也就是说，他们做空的股票必须具有相应的特征，并在基本面上能体现如下一项或多项触发条件。

A.内部人抛出股票。当公司濒临绝境时，其管理层必然希望在彻底被套牢之前求得脱身。因此，在做空者的眼里，内部人抛出股票是公司已陷入灾难性危机最有说服力的信号。当内部人抛出股票完全出乎意料（如管理层刚刚宣布利空消息）或是值得怀疑（如在IPO的锁定期尚未结束之前）时，这个触发条件会更具说服力。比如在1988年，Medstone刚刚完成IPO3个月，公司的创始人和总裁便开始减持股份，尽管约定的锁定期是6个月（在锁定期结束之前，内部人卖出股票必须取得投资银行的批准）。于是，这家公司就变成一个潜在的做空目标（Staley, 1997）。

B.关键人物辞职。如果一家公司基本面较差，而且有具备理想的做空股票特征，那么，当公司的某个关键人物（如董事长、CEO、CFO及销售主管等）突然离开时，不管公司对此做何解释，都是一种强烈的触发信号。在这些公司，关键人物的离职通常是因为内部环境发生剧烈变化，但公司对此会解释为因健康原因、个人原因或转行而友好分手。在上述的Medstone的例子中，公司董事长在总裁抛售股票的同时宣布辞职。这就是投资者应给予关注的第二个信号（Staley, 1997）。

C.更换外部审计师。更换外部审计师也是公司即将遭遇危机的最强烈信号之一。

D.推迟申报法定披露文件。会计师和会计公司应熟知申报文件的规定，因此，当一家公司推迟申报时，管理层试图隐藏某种事情的概率极大。

E.遭到管理层激烈反驳的传闻。在不利于公司的传闻于坊间发酵时，公司管理层对所有传闻一概否定，并声称传闻缺乏依据，甚至开始采取逼空做空者的措施。这些公司往往会成为做空者的首选。

2. 做空者面对的风险和误区

图7概括了做空者在股票市场上寻找的理想做空目标。此外，该图也显示

出顶级投资者建议做空投资应规避的三种股票：

A.被高估的好公司。朱利安·罗伯特森、吉姆·查诺斯和乔·费什巴赫（Joe Feshbach）提出警告，应规避那些虽被做空但基本面还不算差的公司，即使它们的估值已近乎荒谬，也不要为之所动。做空这种财务状况良好且管理层聪明的公司的问题在于，这些公司无须外部融资也能走出困境，实现增长。因此，它们不太可能陷入财务危机。而且，只要公司没被非常棘手的问题彻底打垮，市场就不会失去信心，一旦实现反弹，市盈率反而会大幅提振。

B.科技公司。有经验的做空者很少会做空科技股，因为和其他类型的公司相比，这些公司更难以估值。变化无常的存货和应收款、频繁的关联交易（当然这算不上优点）、起伏不定的利润、精彩纷呈的技术成长故事（让人浮想翩翩，进而引来无止境的增长预测）以及该板块分析师可信度的低下，都是做空者避之不及的原因。比如说，在20世纪90年代，因为市场对美国在线狂热的预

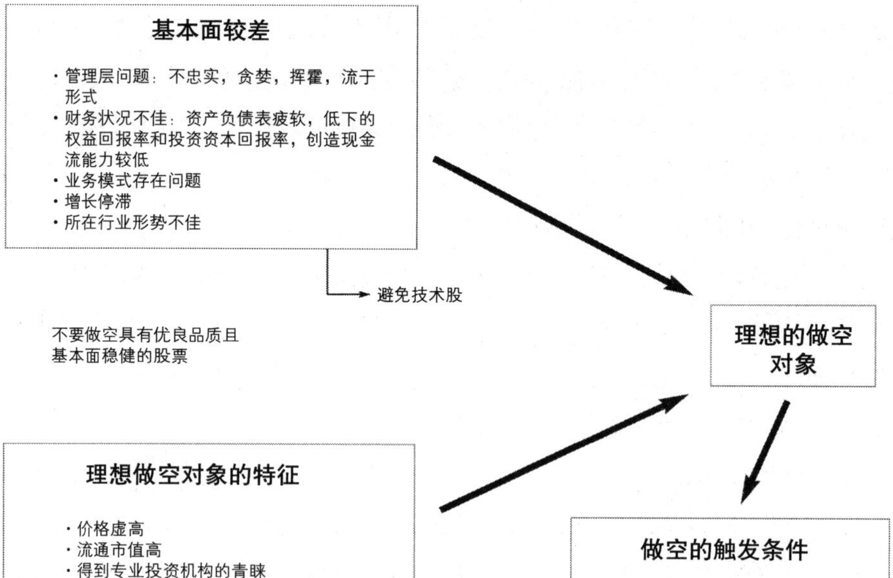

图7 理想做空目标的特征

期，导致吉姆·查诺斯的做空完败而归。在1996年开始做空美国在线时，公司的股价为6美元，但是在2年后补仓时，股价已涨至不可思议的80美元。

C.遭受重创的股票。理智的做空者都知道，要吸干一根雪茄中的最后一口烟并不容易，同样，要彻底赶尽杀绝一只股票也不容易。换句话说，当一只股票暴跌之后，再去做空它的意义并不大。每个人都知道公司的问题所在，专业投资人士已经放手而去，分析师也不再跟踪它，对于这样一只股票，还能留给做空者什么呢?

二、新兴市场国家的股票投资建议

（一）新兴市场的成长性投资

顶级投资者在新兴市场上寻找有价值的成长股时，往往会缩小搜索范围，将目光集中到投机前景乐观且价格有足够吸引力的股票上。之后，他们再从中找出该国强势预期增长中收益最大的公司。基于约翰·邓普顿、吉姆·罗杰斯、大卫·斯文森和马克·莱特鲍恩（Mark Lightbown）等人的观点，我们将这个过程总结为如下三个步骤。

1. 有吸引力的新兴市场国家

为避免遭受意外损失，顶级投资者通常只关注那些拥有良好经济前景、投资环境友好且形势稳定的新兴市场国家。更具体地说，他们尤为偏爱具有如下特征的国家。

（1）必须实行具有如下特征的经济与政治改革

· 有正确的改革关注点。改革的宗旨必须是促进经济发展，并通过可持续的竞争优势为社会创造新财富。仅仅是对自然资源（如石油）进行简单再分配显然不是顶级投资者期望的改革。通常，改革应该能为这些国家创造出持续性的竞争优势，具体应包括：

（i）提高教育水平的计划。教育对任何一个国家的发展都是不可或缺的，这一点毋庸置疑。因此，如果一个国家想要创造出强于其他国家的可持续竞争优势，大规模投资教育是一个不可或缺的前提。比如，尽管自然资源匮乏，但日本和韩国依旧实现了经济腾飞，这在一定程度上归功于它们对高质量教育的重视。

（ii）在增长过程中强调以价值链中的高端产品出口。政治改革家的雄心不应囿于商品（尤其是农产品）的制造和出口。他们的终极目标必须是将自己的国家转变为高端工业品的开发者和出口者。这一点非常重要，因为基础产品，尤其是大宗商品的竞争依赖于价格。如果一个国家不断走向繁荣，居民工资持续上涨，那么这个国家在基础产品生产上相对于贫困国家的竞争优势就会持续萎缩。如果不向高端产品转型（此类产品的竞争壁垒远高于基础产品），这个国家的增长就有可能停滞。提升自身在价值链中的位置的一个典型例证就是中国。最初，中国只是一个制造纽扣之类的简单商品的国家，但逐渐升级到制造运动鞋等高附加值产品。目前，中国已成为汽车及高科技产品的生产国。

· 中期回报的承诺。如果改革不能在几年内改善人民的生活水平，那么，民众的不满和支持力度的下降就有可能导致改革半途而废，未果先衰。

· 坚定的政治支撑。变革机构（试图实现经济变革的政治领导者）必须赢得充分的政治支持。

（i）变革机构必须在议会或国会等权力机构中拥有充足的朋友。

（ii）变革机构最好不是来自外部，而是应该来自于最迫切需要变革的在位政治阶层。

（2）有节约和再投资、反对铺张浪费的传统

顶级投资者偏爱拥有巨额贸易盈余和低债务（债务规模最好低于GDP的25%）的国家，因为这意味着该国的民众和政府崇尚节俭和投资，不会漫无目的地铺张浪费。此外，这些国家的政府还会通过各种机制鼓励居民增加储蓄。高储蓄率有三个好处：首先，高储蓄率国家可以凭借充足的内部资金实现增长，无须借助于其他国家或外国投资者的帮助、干预和捐赠；其次，在储蓄率较高的国家，本国投资者及本地或本国政府机构有足够的能力建造本国发展所需要的基础设施（如公路、机场、公共运输、发电站等）；最后，高储蓄率可减少外国投资者面对的货币风险。中国、日本和韩国均在借助高储蓄率及金融储备为本国工业增长提供资金支持。

（3）完善的基础设施

在一个对外国投资者有吸引力的新兴市场国家，基础设施（如道路、机场、港口、发电站）相对完善，从而为经济增长创造了有利条件。此外，基础设施还应与该国的经济发展水平相匹配。

（4）有利的投资环境

归根到底，只有具备友善的投资环境，新兴市场国家才能吸引海外投资者。

- 鼓励资本流动的制度。主要是指一国的股票市场应具有充分的流动性，成熟的银行体系及可自由兑换的货币（在某些条件下，一些国家可能为避免外国投资者抽资而限制货币可兑换性，如1998年马来西亚就这样做了。这足以说明，审视一个新兴市场国家的政府在以往如何应对经济问题，是非常有必要的）。
- 其文化应鼓励政治家和行业领导者将投资者视为生意合作伙伴，进而应享有获得投资回报的权力。首先，不同投票权阶层的存在（海外投资者只能获得最低投票权的股票）。其次，管理层通过巨额的个人收入将股东利益转移到自己的腰包里。最后，当心对投资者缺少透明度和沟通的国家。让某些顶级投资者感到不安的是亚洲国家的家族控制企业。在这些公司中，最大的问题就是它们的家族利益至上观念，但这种家族利益往往与其他股东的利益不相一致。它们会刻意规避透明度，隐藏投资者认识关联交易或利益冲突的信息。

2. 有吸引力的股票市场

太多的投资者想当然地以为，拥有高GDP增长率的新兴市场国家一定会带来高股票收益率。但是在现实中，鲜有证据表明高GDP增长率与高股票收益率的同步性。相反，大量研究均显示出，在过去的几十年里，新兴市场国家的股票回报率低于发达国家，更糟糕的是，甚至有证据表明，新兴市场国家的股票收益率与其GDP增长率反向相关。

比如说，20世纪90年代，中国成为世界上增长最快的国家之一，但同期的股票收益率却是全世界最低的国家之一。对于这个意外的结论，一个可能的原因在前文中已经提及——在激烈的竞争环境下，高销售增长率并不一定会带来高利润增长率。不过，最主要的原因在于股票估值，在发展前景良好的新兴市场国家，股票的估值过于乐观，几乎不考虑任何不利因素。因此，投资者应谨记，从基本面的角度看，理想的投资对象应属于有投资吸引力的新兴市场国家，且拥有合理的估值。另外，要尽可能地规避价格已涨幅过大的股票。理智的新兴市场投资者都知道，鉴于发展中国家的高度不确定性和高风险（如政治形势和经济形势的不稳定），新兴市场的股票估值水平通常应低于成熟市场。此外，在通胀率较高（固定收益证券利率的效应也较高）的新兴市场国家，只有价格足够低的股票才会比债券更有投资吸引力。

吉姆·罗杰斯认为，影响股票投资吸引力的其他技术因素还包括投资环境的自由度、是否允许养老金基金投资股票以及政府对海外投资者开放信息方面的投入。

3. 有投资吸引力的成长股

如果投资者在一个有吸引力的国家发现一个估值合理的股票市场，那么，他们可以投资充分多样的一揽子股票，甚至借助指数基金或ETF，从而以相对较低的风险获得可观回报。当然，有些野心更大、更具冒险精神的投资者，还可以投资某些在国家经济发展中受益更大的个股或行业板块，进而获取更高的收益率。下文总结了被顶级新兴市场投资者看好的若干成长性行业及个别的成长股。

（1）新兴市场国家中有吸引力的行业

在新兴市场国家中，如下几个行业更具投资潜力。

A.金融业。去管制的发展以及中产阶级的扩大，使得金融业成为最令人期待的成长板块。而其中具有投资吸引力的几个细分行业包括。

- 零售银行。在新兴市场国家，它是金融业中增长最为强势的行业之一，这在很大程度上可以解释为储蓄率的持续提高、对抵押贷款需求的增长以及企业融资行为的普遍性。此外，马克·迪米特里杰维奇（Marko Dimitrijevic）还发现，在新兴市场国家，当市场利率下降时，消费贷款和抵押贷款需求的暴增对零售银行的推动作用尤其明显（Drobny, 2009）。但还是要规避经营不善、管理层无所作为的银行。
- 养老金基金管理。该板块的快速增长，在很大程度上归结于新兴市场国家的发展，让越来越多的人和企业有能力为退休生活提供更多的保障。

- 保险业。随着更多的人需要而且有能力接受各种类型的保险（如人寿保险、火灾及意外伤害保险和医疗保险等），使得保险业已成为新兴市场国家增长最强劲的行业之一。约翰·邓普顿偏爱新兴市场国家保险公司的另一个原因是，为规避货币风险，保险业务往往会投资当地的股票市场。因此，投资保险公司在某种程度上就相当于间接投资该国的股票市场。

B.饮品和食品。在一个国家发展过程的第一个阶段中，随着饮食习惯的变化，以及众多以前普通人不能获取的产品开始进入寻常百姓家，从而促使人们对牛奶、酸奶、啤酒和软饮料等饮品的需求量大增。因此，全球投资者必须对饮料、罐装、啤酒酿造及乳品业务等行业板块倍加关注。进入第二个阶段后，各类奢侈品的需求开始出现爆发性增长，如消费电器、电视机、汽车和奢侈品等。

C.媒体公司。约翰·伯班克（John Burbank）指出，传媒公司的发展是新兴市场国家快速增长的一个典型写照。

D.医药公司。随着国家发展，更多的人有能力享受医疗服务。因此，品牌医药制造公司或许是非常有吸引力的投资对目标。

E.基础设施行业。在发展中国家，基础设施建造项目的数量基础设施的使用强度呈指数性增长。因此，如下三大类基础设施业务尤为值得关注。

- 基础设施建造公司。直接参与基础设施建设的公司（如建筑类公司）是基础设施需求增长的直接受益者。
- 基础设施建造企业的供应商。为建筑公司提供原材料（如水泥和砖石等）或设备（如水泥搅拌机）的公司，也是基础设施快速增长的受益者，只不过其受益程度不同而已。但需要提醒的是，最好应集中在那些在本地范围内拥有竞争优势、可有效抵御海外竞争对手的公司。一个典型示例就是本地的采石场。考虑到运输成本是采石场最重要的成本要素之一，投资者对海外投资者的威胁尽可放心。
- 基础设施所有者。对某些重要的基础设施，其使用强度的快速增长必将有利于拥有该基础设施的企业。典型的例子就是本地的机场，或是拥有收费公路、收费桥梁的公司。

顶级的新兴市场国家投资者通常规避固定成本较高的周期性业务（如钢铁

企业）、无法控制相应产量所能带来的收入或价格的业务（如包括家禽业在内的农业）、政府为非盈利或非理性企业提供补贴的行业（在这种情况下，即便是业内效率最高的公司也会感到竞争乏力）以及不得不与其他新兴市场国家惨烈竞争的业务（如纺织业和制鞋等）。

（2）有投资吸引力的公司

有吸引力的经济增长表明，在新兴市场国家，来自本地及老牌跨国公司（与纯粹的本地公司相比，跨国公司在本地的合作伙伴可能更为安全，如可口可乐的本地瓶装企业，毕竟，跨国公司在现金和技术上的优势和背景是不容忽视的）的竞争可能极为惨烈，尤其是上面提到的几个行业。竞争压力必然会抑制利润水平，造成盈利增长乏力，甚至导致处于中间位置的新兴市场企业面临破产危机。这也是新兴市场国家的股市收益率难有起色的重要原因之一。此外，它也提醒投资者，投资新兴市场国家的公司必须有所选择，审慎出手。

尽管如此，在这些国家，成功企业所具有的潜力也是无法估量的。对投资者来说，关键就在于只关注那些拥有全部成功潜质的企业，避免缺乏保障的机会。而理想的出发点就是那些价格合理且所处行业极具吸引力的公司。除此之外，富有传奇色彩的新兴市场投资大师马克·莱特鲍恩会关注具有如下特征的公司。

- 利润率高。这是防御和缓冲意外冲击（这在新兴市场国家极为常见）的最有效保障。此外，高于竞争对手的利润率也是这些公司竞争优势的体现，表明它们已成为行业的成功者。
- 合理的资本配置。好的新兴市场企业会对其现有资金和现金流进行理性而明智的配置。而那些服务于国家利益的公司（它们所从事的是非营利业务）显然不具投资吸引力。第二种情况的一个典型例子就是由巴西政府控制的巴西国家石油公司（Petrobras）。该公司在巴西市场上出售的石油、天然气，价格必须要低于国际市场价格。这就是说，巴西国家石油公司的股东实际上在为巴西的石油消费者提供补贴。
- 拥有市场控制力和价格决定权。一个能控制市场的公司，必然可以沿着自己决定的方向前进。比如，和刚进入市场的新来者相比，拥有巨大市场份额的软饮料瓶制造商更有可能抢占新产品带来的市场。

- 具有中等规模和高增长特性。最有吸引力的公司当然是那些规模中等却拥有巨大成长空间的公司。
- 经营敏锐矫健。为确保企业的可持续发展，投资者寻找的目标必须是依赖积极投入和经营敏锐，而不是运气或竞争的暂时性停滞而获得成功的企业。

（二）在新兴市场国家的反向投资

投资新兴市场国家的成长股可能会让投资者受益匪浅，但反向的价值投资同样不可忽视。对执着的价值投资者而言，新兴市场国家就像是一个猎物飞奔的狩猎场，因为市场对这些国家充满热情。原因很简单，新兴市场国家虽然是充满危险的弹药库（从根本上说，这是一种危险的投资环境），但希望同样无处不在（虽然希望不低于机会，但还是经常被误当作诱人的投资机会）。再加上这些市场的典型的低流动性，共同造就了投资者与新兴市场国家之间爱恨交织的情结。

从理论上说，纯粹的价值投资者似乎应对那些股市几近崩盘、股价超低的不被市场看好的国家情有独钟。假设市场负面情绪相互孤立，那么，这些市场的股票可以带来相当可观的收益，而且这种收益在很大程度上与发达国家的股票具有非相关性。有趣的是，以新兴市场国家为目标的反向投资者并不关心这些国家的长期增长前景。与成长股不同的是，只要极端价值差不复存在，他们就会立刻抽身而退。如下是一些有代表性的例子。

1. 20世纪90年代初，政治和经济乱局造成鲜有投资者对巴西感兴趣。这意味着巴西的股票应该便宜至极。尽管巴西在整个20世纪90年代维持高通胀率和低GDP增长率，但是从20世纪90年代初到新千年之初，巴西的股票市场却是全球股市中表现最好的。

2. 当所有投资者因超级通胀而纷纷逃离津巴布韦的时候，宏观投资者吉姆·雷特纳（Jim Leitner）却买入该国股票。在投资者因内战而对斯里兰卡避之不及的时候，他却投资该国的种植园股票。在巴基斯坦总统被暗杀后，他依然买入该国的廉价股票。

3. 在经历了1997—1998年的亚洲金融危机之后，约翰·邓普顿通过共同基金投资于低迷的韩国股市。

（三）新兴市场国家的做空交易

潜伏在新兴市场国家的很多威胁，对久经沙场的做空者来说反而是再明显不过的机会。然而，对冲基金经理马丁·泰勒（Martin Taylor）给新兴市场国家的做空者提出了一个重要问题：基本面最恶劣的公司反而是最主要的收购标的（Schwager，2012）。那些试图在新兴市场国家站住脚跟的跨国公司，往往会极力收购不良公司。它们很清楚，收购最优质公司必然会在所在国引发激烈反应，以至于很难获得政府及监管机构的批准。

相比之下，收购不良企业则容易得多。为规避收购风险，马丁·泰勒在选择做空目标时，只考虑那些因股东可能反对而不太可能被接管的不良公司。比如说，出于对收购后被抛售或裁员的担心，政府控制的公司或是养老金持有的公司就不太可能被接管。

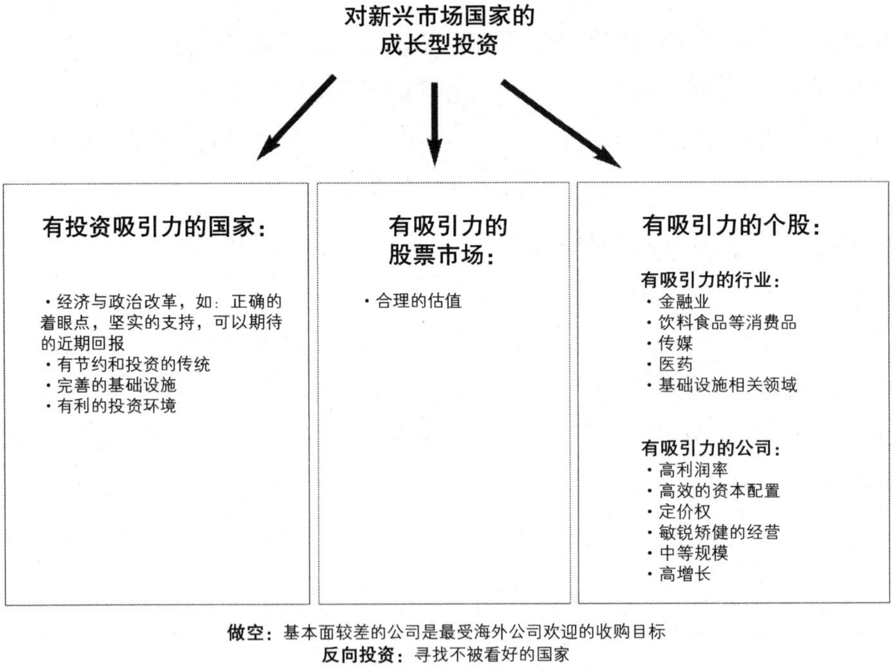

图8　投资新兴市场国家

（四）新兴市场投资的实务层面

到此为止，有一点应该是毋庸置疑的：无论是对于敢于探索的成长型投资者还是价值投资者，新兴市场国家都蕴含着机遇。图8对上述讨论的各种机会进行了汇总。尽管这些机会确实充满诱惑，但很多投资者还是会发现投资管制的存在或是对新兴市场企业做出合理分析的难度。因此，直接投资某些新兴市场国家基本是不可行的。在这种情况下，作为直接投资模式的替代，最有吸引力，同时也是最简单的方式，或许就是投资在新兴市场国家混迹已久的跨国公司。

不过，很多新兴市场难以企及这一不争的事实，恰恰也是它们的主要优点之一。因为这会阻碍其他投资者的进入，从而形成一种竞争度较低的投资环境。因此，对那些甘于在新兴市场深耕细作的投资者来说，等待他们的往往是丰厚的回报。例如，由于某些国家的会计准则含混不清，或是公司财务数据缺乏可信度，导致很多投资者对部分新兴市场国家避之唯恐不及，但塞斯·克拉曼和约翰·邓普顿等投资者恰恰看好这些国家。早在20世纪60年代，约翰·邓普顿就注意到，日本公司的财务报表不包含子公司的收益，这让他有先于其他大多数投资者的认识，这些公司还隐藏着巨大的不被外界发现的潜在价值。

三、投资思路之源

本章总结了顶级投资者寻找投资思路时所采用的种种方法。在这一节里，我们将主要探讨如何制定针对发达国家的投资思路（针对新兴市场国家的方法基本类似）。在图9中，我们罗列了顶级投资者所依赖的主要信息来源，并阐述他们最有可能制定何种类型的投资思路。随后，我们将逐一讨论各信息来源。

（一）阅读

毋庸置疑，阅读是形成投资思路的最佳源泉。实际上，所有顶级投资者均痴迷于阅读各类商业财经读物。他们大量阅读报纸（沃伦·巴菲特和迈克尔·普莱斯每天分别要阅读7份和3份报纸）、商业资料、证券研究报告、书籍

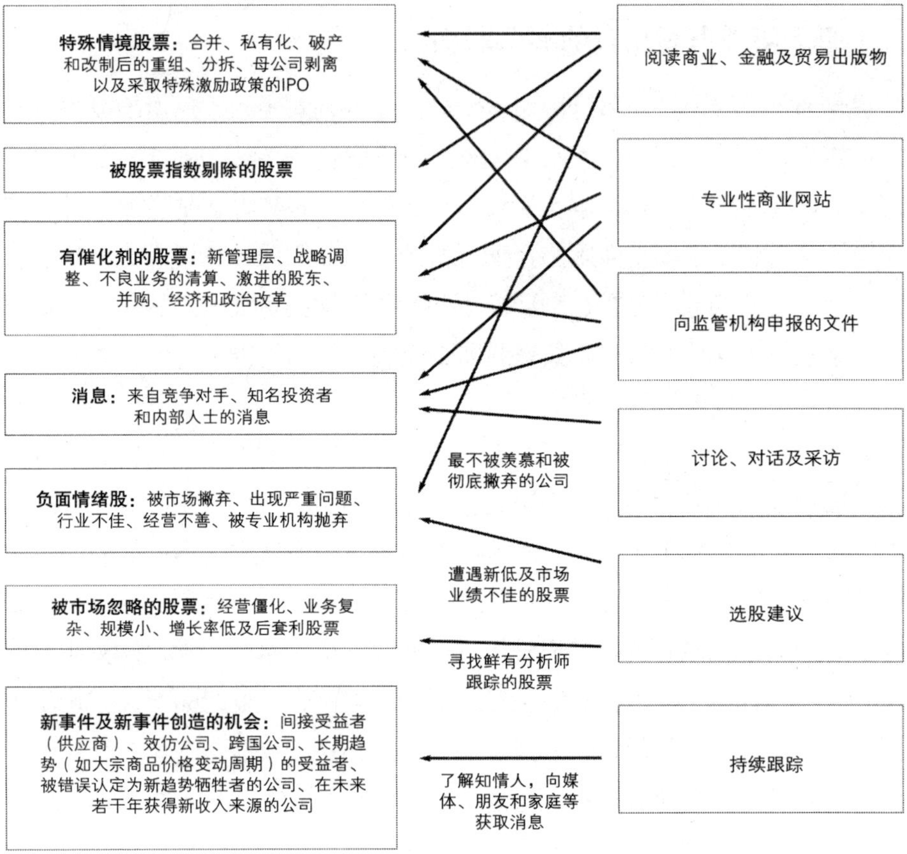

图9　投资思路的来源

以及公司年报等。查尔斯·芒格指出，既然投资涉及范围如此之广，那么，严肃的投资者除了大量阅读书籍、报纸和文章之外，就别无选择。

这种观点非常有说服力。因为阅读不仅体现出投资者对商业和投资世界任何风吹草动的强烈关注，也是他们获得新投资思路雏形的来源。可以说，商业出版物是带来特殊情境业务、转折点、公司的好与坏、可能的催化剂（如新的管理层或重组）、新趋势、新兴市场等重点启示的源头。此外，商业出版物还可以通过有关管理层、公司战略和人力资源政策等方面的信息，对一种投资思路的优势和缺陷做出评判。

（二）对监管机构的申报文件

在监管有序的国家，管理大规模资金的公司和投资者必须根据其业务类型，向监管机构提交专项报告。这些监管机构通常会向投资者披露这些文件。例如，大多数特殊情境下的交易必须在完成适当申报后才能实施。在美国，分拆交易必须向美国证券交易委员会（SEC）备案。关联交易和大型投资机构（在美国，管理资金超过1亿美元的投资者必须按季度向证交会提交“13-F”报告）的投资必须定期报告。但需要提醒的是，实际交易发生时间与报告公布时间之间可能存在较大时差。

（三）股票筛选

1. 软件筛选。目前，投资者可以使用大量免费软件（从市场上的全部股票中）筛选出符合某些基本标准的股票。不过，投资者切莫只看这些筛选软件的表面结果，因为数据本身就有可能存在错误，而且廉价股票之所以廉价，只是出于一个原因：它们是进一步调查和分析的起点。对投资者来说，应遵循如下两类标准。

- 价值标准。廉价的股票可能是被市场忽略或是不喜欢的股票。因此，投资者下一步选择的股票应该具有较高的红利收益，或是较低的倍数，比如市盈率（PE，价格与净收益之比）、市净率（PB，价格与账面净值之比）或者价格现金流比（股价与现金流之比）等。投资者还可采用另一种方式，选择乘数较低和基本面稳健的股票。比如说，在“魔法公式”（其核心在于，投资首先要寻找好的业务，其次是寻找便宜的股票。好的业务是指有形资本回报率高的公司；便宜的股票则是指息税前盈余与企业价值之比较高的股票——译者注）中，乔尔·格林布拉特关注的是具有低市盈率和高投资资本回报率（POIC）的非金融股。
- 价格表现。很多投资者对近期表现低劣的股票表现出浓厚兴趣。在这些公司中寻找廉价股并无特殊之处，毕竟，这些股票已让很多人倍感伤心，失望之极。此外，这些股票可能曾遭遇了机构投资者的大量抛盘。莫尼斯·帕波莱等顶级投资者寻找的目标是达到过去52周最低点的股票。沃尔特·斯科劳斯（Walter Schloss）尤其看好刚刚经历过暴跌的股票。布鲁斯·格林沃尔德（Bruce Greenwald）却钟情于在过去2年持续落后于大盘的股票。他认为，相对于单一年度的低迷，持续低迷的业绩（连续几年）必将给投资者造成极大的压力。

2. 浏览专门的股票统计报告。发现被忽略、不受欢迎公司的另一种方法，就是阅读商业出版物发布的股票统计报告。比如说，在某些财经报纸杂志上，投资者可以找到已跌至年度新低的股票清单，也可以在最不被市场看好的公司中，找到有价值的投资思路。同样，在最受雇员欢迎的公司中或许隐藏着被股票市场低估的股票。

（四）专业服务（包括网站）

上市公司提交给监管机构的文件可能有点枯燥乏味，而且复杂烦琐，因此，阅读这些文件自然是一件耗时费力的事情。但股票统计报告和选股软件通常不会给投资者带来可以直接使用的结论。对那些不想费这番周折的投资者而言，很多（而且大多属商业）服务和网站可以为他们提供有关投资思路的信息。譬如：

1. 在按乔尔·格林布拉特的“魔法公式”建立的网站魔法公式投资（Magic Formula Investing，www.magicformulainvesting.com）上，投资者可以发现符合市盈率（PE）和投入资本回报率（ROIC）两个标准的股票。该网站还可以根据基本面信息提供公司的评分及排名信息，如Profitcents（www.profitcents.co.uk）。在基本面最差的公司中，投资者可以找到在市场上表现最凄惨的股票。

2. 有些网站发布价值股目录，如美国的价值线调查（Value Line Survey）。

3. 某些网站发布股票的机构持有量信息，如威克斯股票研究（Vickers Stock Research，www.vickers-stock.com）。

4. 某些网站专门从事关联交易的跟踪，如orm4Oracle, www.form4oracle.com。

5. 还有大量专业性网站对顶级投资者的交易进行跟踪，如GuruFocus，

www.gurufocus.com。

6. 有些网站只关注特殊情境的股票，如分拆股大全（Spinoff Profiles，www.spinoffprofiles.com）及寻宝（Gemfinder，gemfinder.com）。

（五）讨论、对话及采访

有价值的投资思路来源广泛，既可以是优秀基金经理致股东的信（或类似报告）、对公司领导者的采访或跟踪顶级投资者（包括激进的投资者）的交易，也可以是与其他优秀投资者开展的讨论。

针对投资者之间的讨论，目前有大量网站提供杰出投资者分享的投资理念，并对某些公司的背景进行分析。莫尼斯·帕波莱经常会对价值投资者俱乐部（Value Investors Club）、优秀投资者文摘（Outstanding Investor Digest，www.oid.com)及价值投资者洞察（Value Investor Insight，(www.valueinvestorinsight.com)等网站的投资思路进行研究。凯文·达利（Kevin Daly）关注的网站则包括价值投资者俱乐部、华尔街手稿（Wall Street Transcript）及SumZero。需要提醒的是，某些网站只对会员开放，而会员则仅限于少数非常优秀的个人投资者。

（六）保持警觉

彼得·林奇和约翰·奈夫（John neff）建议投资者在零售店和大卖场闲逛时，一定要随时保持警觉（最有趣的店面往往位于大卖场的最顶层，因为大卖场的经营者希望顾客在进入最偏好的店面之前，尽可能经过更多的店面），细心倾听其他人对新产品的评价，及时跟踪媒体信息（以便于打听到可能带来机会的灾难性事件），或是对引起家人或朋友好奇的新产品进行深入研究。

跟踪周围发生的一切事物，了解年轻人、朋友、家人和熟人的偏好，投资者就有可能获得有投资价值的机会和趋势，这一点可能是某些只依赖证券公司报告和理论研究的专业投资者所不能企及的。马克·莱特鲍恩和吉姆·罗杰斯则建议，可以通过海外游历及阅读海外报刊，寻找在新兴市场国家进行投资的机遇。

第三章
基本业务分析

"两鸟在林，不如一鸟在手。我从不想着去尝试7英尺（1英尺=0.3048米）的横杆，我只寻找1英尺的横杆，因为我有能力跨越这个高度。"

——沃伦·巴菲特，1996年致伯克希尔·哈撒韦公司股东的信

基本业务分析是投资过程的核心步骤之一。毕竟，尽管一个公司的成功与短期内的股价水平或许并无关联，但长期的价格变动几乎完全依赖于公司经营的成败。业务分析是对公司公允价值做出可靠判断的不可或缺的步骤。但并非所有分析都是等同的。在股票市场上，真正有意义的业务分析不仅需要正确的思维方式，比如甘愿投入远超过其他投资者的精力去深挖公司内幕的愿望、批判性思想、客观性及独立性等，还需要有超群的能力去解读和发掘公司的相关信息，如关注"能力圈"（circle of competence）内的企业。顶级投资者最经常提出的一个建议是，投资者应该把精力集中在自己最了解、最擅长的业务领域。因此，通过关注于自己的"能力圈"，他们就可以建立优势，领先于不熟悉此类业务的其他投资者。比如，彼得·林奇就曾说过，"保险专业人士就应该利用自己在保险业务上的优势，反之，如果去投资铁路或废物管理公司，或是其他完全不熟悉的业务，他们就丢弃了自己在保险业上的优势"。"在大卖

场里，员工当然最有优势，因为他们每天都在看着大卖场，而且身边的同事也可以告诉他们，哪家店面进步最大，哪家店面最红火”（Lynch, 1993）。

此外，强大的业务分析以如下三个要素为根基：定量分析、定性分析及管理层分析。很多专业投资者认为，对企业的定量分析（扫描一家公司的历史及当期财务报表，并将分析数据与竞争对手进行比较）可以揭示出投资者所需要的全部信息，与此不同的是，顶级投资者对定性分析和管理层分析给予同样的关注。

本章的主题就是如何解读一家公司的信息。毫无疑问，有关业务分析的书籍典作不计其数，但本章的目的显然不是为了全面汇总各种传统分析技巧，而在于揭示顶级投资者最关切的方面。本章结尾将对公司信息的来源进行总结，并对业务分析的某些实务层面进行探讨。

一、定量业务评估

有关如何分析财务报表的资料和文献举不胜举，很多资料既有深度，又不乏亮点（如：Epstein, 2005；Friedlob, 2001；Bernstein, 2000；Bragg, 2007；Fridson, 2002；Heiserman, 2004；White, 2003）。对经典定量分析法感兴趣的读者，可以拜读这些文献。本节将从最为顶级投资者看中的几个方面介绍定量分析技术。

但首先需要提醒的是，各国之间的财务会计制度有可能存在差异。因此，投资者不可能用自己熟悉的会计准则，去直接解读和评估另一个实行不同会计准则的国家的量化数据。为规避这样的问题，有些顶级投资者甚至从不染指本土以外的国家。譬如，沃尔特·斯科劳斯就从不买进美国本土以外的股票。即便是沃伦·巴菲特，在买进第一笔海外投资之前也曾犹豫不决。

同样必须要提到的是，即便是在采用相同会计准则的公司中，它们选择的具体会计政策也可能相去甚远（如，采取保守或激进的折旧政策）。因此，投资者必须时刻保持清醒，定量分析绝不仅仅是阅读数字。

（一）损益表分析

盈利分析的对象涵盖收益、毛利率、投入资本回报率以及营利性，对经济周期的敏感性等方面。很多顶级投资者都认为，最有投资吸引力的长期投资目标应具有如下特征。需要牢记的是，在比较不同公司的财务报表时，必须考虑到会计差异（如某些开支项目的费用化和资本化）、非经常事项（如非正常收入及损益）和公司特殊事件（如合并、资本型开支的推迟确认）的影响。

1. 稳健的盈利记录（利润为正）。顶级投资者会避免那些尚未实现盈利的公司，因为投资这样的公司，在本质上无异于投机。此外，本杰明·格林厄姆选择的投资对象，则是那些在过去5～10年内从未亏损且拥有稳定盈利记录的公司。

2. 在支付股利方面无不良记录。股利是传递给市场的一种非常强烈的信号，因此，管理层会尽一切努力支付股利。在这种情况下，股利支付记录是反映管理层能力及公司对商业周期波动敏感性的一个重要指标。因此，如公司支付股利的话，我们就有可能发现，该公司在过去5～10年的每股股利持续提高，而且未出现过任何暂时性下降或间断。

3. 超群的毛利率。身为最伟大的公司，其毛利率、总利润和净利润必定始终胜过竞争对手一筹，更要高于行业的平均水平。（严格地讲，要评估一个公司的毛利率，就应该将该公司与具有相同业务模式和产品组合的公司进行比较。但这并非总能做到，因为即便是同业公司也有可能有着不同的产品组合，采取完全不同的商业模式及业务实操。为避免这种差异带来的误导，在评价毛利率时，应结合已投入资本回报率。）超过平均水平的毛利率就意味着一种强大的竞争优势，这种优势可能来自独一无二的经营战略、卓越的业务或产品等。更重要的是，出众的毛利率也是抵御业务下滑的缓冲器，因为公司的毛利率非常低时，一旦销售下降，公司利润就会大幅下跌。

4. 优异的已投入资本回报率。如果公司可以为投资者投入资本带来丰厚的回报（在绝对数据和相对数据两方面均超过竞争对手），那么，这家公司就拥有强大的竞争优势。此外，它们的管理层通常也具有超强的资金配置能力。知名做空大师吉姆·查诺斯认为，资本收益率是非常难以人为操纵的，因此，低收益率才应该是很多公司面对的现实。考虑到提高杠杆率（这意味着高风险）可以增加净资产收益率（ROE=净利润/净资产账面价值），收益率的最佳指标应该是已投入资本回报率［ROIC=息税前利润/（负债+净资产+递延税收）］和资产收益率（ROA=息税前利润/资产总额）。

当然，重要的不只是公司的历史及当期盈利。要成为有吸引力的投资对象，公司就应该凭借其超群的竞争实力、杰出的执行能力以及对其市场地位的巩固和强化，长期维持高水平的盈利，或是持续改善其营利性。营利性在过去几年持续改进的公司，当然是最理想的投资对象。反之，如果毛利率持续恶化，资本回报率不断下降，很可能就是一个警报：公司正在不断丧失竞争地位。

> “如果你只是坚持买进好公司的股票（拥有较高资本收益率），并且始终在低价位上买进（保证高收益的价格），那么，你就可以买入好股票，并最终让疯狂的‘市场先生’自叹弗如。”
>
> ——乔尔·格林布拉特，2006

（二）资产负债表的评价

虽然说资产负债表对债券投资者来说至关重要，但股票投资者同样不能忽视公司的财务健康状况。实际上，很多最杰出的价值投资者对利空因素的重视程度要强于利好因素。因此，在研究损益表之前，他们首先要看看资产负债表（和现金流量表）。很多公司因负债过多、丧失偿债能力而深陷危机。安东尼·波顿和彼得·林奇等顶级投资者都承认，他们在职业生涯中遭遇的最大败笔，几乎都源自于资产负债表难堪或是持续恶化的公司。

在评估一家公司的资产负债表时，我们首先要判断其流动性（liquidity），以及公司偿还其短期债务的能力。传统意义上的流动性指标包括流动比率、速动比率、营运资金和利息覆盖率（如息税折旧摊销前利润与净利息费用之比）等。与其他指标一样，首先需要确定的是这些流动性指标是否适用于公司。此外，还需要就这些指标与同行业的其他公司进行比较。在流动性问题上，顶级投资者给予特殊关注的，还有短期债务和浮动利率债务的数量。利息费用的波动性，导致浮动利率债务可能会带来流动性问题。另外，短期负债的危险性还体现在它需要定期进行借新还旧。

资产负债表分析的另一个要素是偿债能力（solvency），它体现了公司长期维持流动性的能力。为此，我们必须检验公司的财务杠杆率（负债率），并与行业平均水平进行比较。不同的适当财务杠杆率不尽相同。从经验出发，顶级投资者不看好债务超过普通股一半的公司。尽管提高负债可以增加净资产收益率，但它未必会给公司带来卓然超群的经营成果。实际上，沃伦·巴菲特曾指出过，好公司总有充裕的现金为项目提供资金，而不需要借钱。在1987年的致股东的信中，巴菲特提到，《财富》杂志的一项研究就验证了这种观点。在该研究中，25家公司（样本总数为1000）在1977—1986年期间的平均净资产收益率（ROE）达到了20%（而且在任何一个年份均不低于15%），这些公司几乎很少借款，尽管它们的偿债能力并不低。再考虑到如下几方面的原因，马蒂·惠特曼、彼得·林奇、沃伦·巴菲特和亚历克斯·鲁珀斯（Alex Roepers）等顶级投资者对待过度负债的公司就像对待瘟疫一样避之唯恐不及。

高负债将公司置于高风险之下。由于高负债会形成定期支付本金和利息等形式的固定成本，因此，一旦企业因内部原因（如企业丧失市场份额）或外部冲击（如经济衰退）而陷入危机时，就有可能造成严重问题。

高负债会带来融资问题。在其他条件相同的情况下，与自有资金不足的公司相比，资金充裕的公司的融资成本也要低得多。更糟糕的是，在经济下滑时，高杠杆公司往往不得不频繁地进行融资（它们必须承担固定的高利息成本）。某些私募基金投资者专门从事高杠杆公司的业务，如杠杆收购（LBO）。但不同于一般的普通股投资者，作为专业人士，这些私募基金投资者会进行非常详尽的尽职调查。通常，他们会对公司形成控制，而且只看重现金流非常稳定的目标。此外，他们还要经常在不利环境下进行融资（比如在股价下跌时进行增发）。

高负债会束缚管理层的手脚。资金充足的公司面对新项目时有更大的自主权，而高杠杆公司的当务之急却是偿还债务。因此，在为新项目筹集或是抵御外部竞争时，高负债公司更有可能遭遇问题。此外，当公司承担巨额负债时，债权人就可能会干涉公司事务（尤其是偿还银行贷款的决定），甚至会阻止某些项目的实施。

（三）现金流分析

作为财务报表分析的最后一个部分，检验公司的现金流量同样至关重要。而经营性现金流和自由现金流在过去几年的变化尤为重要，具体可以从绝对金额以及与竞争对手的比较两个方面入手。此外，还应将现金流量与报告披露的收益做比较，以防范收益被人为操纵，更好地理解公司采取的某些会计政策。

（四）进一步分析的建议和警告

> “如果你阅读了三遍财务报表，还是觉得不知其所以然，那么，就是报表编制者有意而为之了。”
>
> ——吉姆·查诺斯（Weiss, 2012）

在研究财务报表时，必须做到以下几点。

1. 阅读报表附注。只有深入分析附注信息，投资者才能更好地理解财务报表，搜索可能招致债务问题即将恶化或负债被人为隐藏（如尚未支付资金的养老金或医疗保险债务）的线索。

2. 寻找收益管理的迹象。很多公司试图通过操纵收益来达到掩饰公司状况的目的（相关例证可参考：Mulford，2002；O’Glove，1987；Schilit，2002）。为防止中圈套，增加财务报表的可比性，投资者必须对报告提供的数据做适当调整。他们必须当心与财务造假相关的各种警示信息，比如：

- 审计师不独立。如，当审计公司还为公司提供咨询服务时，审计师就丧失了独立性。
- 账面数字完美得甚至已脱离真实。如，销售收入和利润的增长率太高。
- 增长率与资产负债表项目不匹配。如，应收账款与销售收入不匹配，存货增长远高于销货成本增长率，厂房、房产及设备的增长与累计折旧不匹配，等等。
- 资本化不当及资产高估。如，资产账面价值与市场价值脱节。

- 财务会计过于复杂，且缺乏透明度。典型的盈利造假手段就是让财务报表变得人为复杂化，使得即便是经验最丰富的分析师也难以琢磨，无法深入分析。考虑到投资必须以财务报表的高度可信为基础，因此，聪明的投资者必定远离故意制造麻烦的公司。沃伦·巴菲特说，如果觉得一家公司让人难以理解，他甚至懒得去猜。

3. 评估公司的破产风险。将资产负债表、损益表和现金流量表结合到一起，进行深入解析，可以了解一家公司的财务健康程度。但除了数字分析之外，安东尼·波顿等顶级投资者还要检验其他危险信号：

- 财务报表反映出公司的持续经营出现危机。审计师提出警告，认为公司可能无法持续经营，这样的信号很少见，它意味着公司破产的风险极高。
- Altman的Z统计值或H统计值。最好应规避Z统计值低于1且H统计值低于25的公司。摩根士丹利的一项研究显示，在1991—2008年期间，Z统计值低于1的股票收益率低于大盘约5.7%。
- 债券投资者的观点。注意公司债券的价格及信用违约互换产品的利差，因为它们反映了贷款人及债券投资者对公司财务状况的看法。

二、定性化的业务评估

“如果资产负债表可以说明一个公司的未来，那么，数学家和会计师就应该是世界上最富有的人。”

——彼得·林奇（1993）

通常，有关业务分析的书籍很少关注对企业的定性评估。这也反映出很多专业机构的观点：只有定量分析才是业务评估的基石。的确，任何人都不能否认数字的重要性，而且确实有很多投资者仅仅依赖原始（量化）数据就取得了巨大成功。某些投资策略完全依赖于对财务报表的深入分析和无偏差解读，比如本杰明·格林厄姆和沃尔特·斯科劳斯的深度价值方式。

但是，对于长期投资，很多顶级投资者还是提出警告，对公司的基础业务和管理进行全面深入的解读是必不可少的环节。沃伦·巴菲特是定性业务评估的最初倡导者。在几笔“便宜”的投资宣告失败后，巴菲特开始意识到（在查尔斯·芒格与菲利普·费雪的影响下），他的投资过程还不够完善。后来，他又认识到纯粹量化投资策略的局限性。

除巴菲特之外，还有很多顶级投资者将定性分析引入尽职调查，并实现了可观的回报。这足以说明，定性业务评估足以在投资者心目中占据更大的地位。此外，其他一系列观点也为定性分析提供了强有力的佐证。

第一种支持定性分析的观点认为，随着数据的获取变得更为便捷，硬（量化）数据的价值也在最近几年里不断下降。通过互联网，我们只需点击一下鼠标便可取得海量数据。而拥有职业金融服务（如彭博数据库）的专业机构，更是可以不看一页年报便能了解各种数据和指标。对那些喜欢挖掘的投资者来说，这或许可以为他们带来另一个机会。当所有专业机构都在阅读相同的现有数据时，有些不甘寂寞的人却在各种资料中寻找线索，由此，他们可以发现不为其他人知晓的很多信息，而且这些价值可能更有价值、更独特，也更难以获得。

第二种支持定性分析的观点认为，定性分析本身就构成了一种竞争优势。如上所述，在当下环境中，绝大多数投资者都很难有时间去检验公司的定性因素，因为天量的财务数据已让他们难以招架了。很少有专业投资机构（更别说个人投资者）在定性分析方面接受过适当训练。因此，即使它们有研究定性因素的念头，恐怕也不知道该如何下手。这意味着，如果能将定量分析与透彻的定性分析融合到一起，你就可以掌握其他投资者无所获取的知识，从而让你领先于绝大多数投资者。

下一节将简要总结和评价公司定性因素的几个重要方面，这些方法也是众多顶级投资大师的经验之谈。讨论的主题涵盖行业因素、公司的经营模式、竞争地位、对前景的控制力以及企业的成长潜力等。对公司管理层的评价见本章的第三部分。

（一）公司所处的行业

一项投资的成功在很大程度上取决于它所从事的行业。顶级投资者认为，决定投资吸引力的最主要因素就是公司所处行业的吸引力：

1. 行业进入壁垒。在顶级投资者探讨的主题中，一个反复出现的要素就是行业的进入壁垒。这种壁垒也是构成公司的“护城河”的最重要因素。壁垒可以阻止外来竞争者进入一个行业，如果不能跨越这些壁垒，新进入者的成功就无从谈起。行业新进入者到底能带来多大的威胁，取决于克服进入壁垒的成本与进入行业后中所能实现的收益孰大孰小。假如现有企业间的行业内竞争均属于合理的竞争，那么，高壁垒行业往往比低壁垒行业更稳定，盈利空间也更大。相比之下，在已有公司或新公司可轻易进入的行业中，对市场份额的竞争必定更加激烈，在这种情况下，业内企业必须接受低营利性的现实。最重要的进入壁垒包括（Porter, 1980）：

- 规模经济。如果行业内大规模运营的公司享有明显的成本优势，那么新进入者就必须拥有相近的规模，否则它们就必须接受成本上的劣势。
- 资本需求量。如果参与行业竞争需要以巨大的资金为支撑，那么新进入者就会止步不前，尤其是在投资具有高风险的情况下，新进入者更会三思而行。譬如在医药行业，研发活动通常耗资巨大。因此，如果新进入者要借助有竞争力的产品参与竞争，就必须大量投资回报的不确定性极大的研发活动。
- 对产品差异化的要求。如果成功进入一个行业需要公司具有足够的差异化特征，那么新进入者就必须通过大手笔的投资（如广告）赢得顾客的忠诚度。
- 分销渠道的充分性。如果一个行业的分销渠道已被现有企业充分利用，那么新进入者就很难有机会将自己的产品推向顾客。比如，在超级市场，如果已有的饮料货架已被占满，新品种饮料就很难有机会显露自己了。
- 其他成本优势。在专业知识、专利、经营场所和新材料来源等方面，新进入者也要面对现有企业无须面对的巨大劣势。
- 政府规制：政府可能会对某个新行业的进入采取限制甚至是禁止措施。比如，对发电和通信等行业的进入限制在很多国家司空见惯。

2. 竞争压力。在一个行业内，竞争的强度是决定业内企业发展前景的另一个重要条件。它取决于如下因素。

- 差异化的机会。当行业提供的产品很难有实现差异化的机会时（如大宗商品），公司就只能依赖于面对面的价格竞争去争夺市场份额。反之，当产品很容易实现差异化时，厂商就可以采用更具创新性的战略来维护其市场地位。
- 行业的受欢迎程度。在投资界或商业界广受推崇的行业，往往不会成为最稳定的企业生存环境。受欢迎的行业会吸引太多的关注，进而引来太多的竞争。单调乏味、不受欢迎、不被认可和增长停滞的行业，反而能为企业提供更安全的生存环境。
- 主要参与者的机构。如果业内主要企业拥有相近的规模和可比的资源，但却有着不同，甚至是非理性的战略动机，那么这个行业很可能会爆发最惨烈的内部竞争。
- 退出壁垒。如果一个行业的亏损公司因退出障碍而难以退出，那么这些公司或许只能选择苟延残喘，并借助创造过剩产能和绝望的价格战为自己赢得喘息机会。形成退出壁垒的原因可能是昂贵的专用资产、高固定成本、与其他业务单元之间的战略关联以及对行业的依恋情结。

3. 替代者的威胁。行业与新进入者的地位以及内部竞争，是决定行业优势的两个最重要的因素。但根据迈克尔·波特的著名竞争力模型，一个行业还要解决三种力量的关系：买方、供应商和替代者（Porter, 1980）。个体厂商与买家和卖家之间的相对地位是下文讨论的内容。至于替代者，有一点很清楚，即以具有相似功能（如，果糖替代蔗糖）或是能满足需求的替代品取代现有产品，是任何行业都无法避免的趋势。因此，投资者必须及时发现替代性产品，并对这些替代品能否取代现有产品及其对行业的影响做出合理判断。

4. 资本需求量。沃伦·巴菲特、大卫·艾因霍恩和丹·亚克曼（Don Yacktman）始终看好那些依靠少数有形资产即可实现可观利润的行业。在这些行业中，企业只需投入稳定的资产，而无需将创造的现金不断投入到公司运营中。典型的轻资产行业包括计算机软件（如微软）、医药以及拥有强大品牌实力的消费品（如可乐）、服务性行业（如咨询业）等。

轻资产业务的一个优势在于，要扩大规模、增加盈利，企业无须进行巨大的资本增量投入（如航空业和钢铁制造业等需要大量投资购置厂房设备的行业）。轻资产业务的另一个好处是受通胀影响较小。相比之下，重资产业务始终需要巨大的资本性投资，因而容易受通货膨胀的侵袭。

5. 行业变化速度。基于对可持续竞争优势的关注，沃伦·巴菲特和彼得·林奇等顶级投资者尽量避免快速变化以及产品寿命周期较短或不可预测的行业，如高科技和生物技术等。如果投资者确实想在科技股中找到生存之道，建议他们最好阅读一下杰弗里·摩尔（Geoffrey A. Moore）关于技术板块竞争的论著（Moore, 2006；Moore, 2005）。在这些行业中，竞争优势往往会转瞬即逝，而且维系领先优势，需要企业领导者始终不犯错误，但这显然难以做到。因此，顶级投资者更看好稳定性极高的行业，因为在这些行业里，领先企业的管理者还有犯错的机会，他们不会轻易挥霍掉自己的领导地位。丧葬服务业就是一个典型的稳定行业。经历了几个世纪之后，这个行业大体上没有发生任何变化。此外，收入（与去世的人数成正比）的可预测性极高，再加上有限竞争导致该行业的毛利率基本稳定，两个因素共同使得该行业的利润具有较高的可预测性。莫尼斯·帕波莱发现，作为一个可预测性极高的行业，丧葬公司的价值相当于现金流的3倍多，于是，在2001—2002年的短短几个月里，他对斯图尔特企业公司（Stewart Enterprises）的投资便翻了一倍。

> “一家不断面对剧烈变动的公司，其犯下大错的概率自然也大。此外，在一块始终动荡不安的土地上，很难建起堡垒一般的经营特权，而拥有这种特权则是持续实现高额回报的关键。”
>
> ——沃伦·巴菲特，1987年致伯克希尔·哈撒韦公司股东的信

（二）公司的经营模式

公司的经营模式描述了公司创造利润和建立竞争优势的方式。从根本上说，它是企业成败的根基。作为一名严谨的长期投资者，他必须了解被投资公司的经营模式，发现公司的优势和缺陷。他深知，只有充分信任公司的经营模式，才能买进这家公司的股票。否则，一旦公司遭遇意外（任何公司都无法避免这样的事情），投资者就不可能继续持有股票了。

在挑选有吸引力的经营模式时，为最大程度提高成功的概率，顶级投资者往往遵循如下两个原则。

1. 总体需要规避的公司

（1）复杂的业务模式。安东尼·波顿、沃伦·巴菲特和彼得·林奇等顶级投资者偏好简单的业务模式，规避复杂的业务模式。他们的理由是，虽然说复杂的业务模式未必不好，但投资这样的企业必定有损投资者的信心。彼得·林奇指出，酸性测试是一种在尽可能短时间内对企业做出判断的方法。只有能在3分钟内通过测试的企业，才符合他的投资标准。

（2）无重复性购买的公司。如果公司生产的产品是顾客只购买一次的产品（如时尚品），这样的公司就不适合于作为长期投资的对象。强大的经营模式植根于重复性业务，它必须以产品的稳定、真实需求或是后续服务和维护需求为依托。比如说生产电梯和燃气轮机等大额商品的制造商，可以通过售后服务及维护承包业务来实现大量的重复性收入。剃须刀和电动牙刷的生产商往往以成本价格出售产品，其目的则是重复销售利润率更高的刀片和牙刷头。

2. 密切跟踪经营模式的历史变动情况

令顶级投资者始终关注的一个问题是，他们必须避开那些运营不足一个经营周期的公司。他们认为，稳健而扎实的经营业绩非常重要，因为它表明公司的经营模式经得起实践的锤炼。他们将没有经营业绩的公司比作将赌注下到一个未经验证的想法上。在他们看来，既然有那么多业绩已经为市场所认知的好公司，而且它们的股票价格又远远低于内在价值，冒险将资产投入于创业企业没有任何意义。（投资没有业绩历史的创业企业，不仅需要承担巨大的风险，还需要高度的专业性。因此，这种事情最好还是交给专业化的私募投资基金。不过需要指出的是，就总体而言，私募基金在这个领域的投资也算不上多么成功。此外，普通股投资者还要清楚的是，非专业型投资者很少有机会加入真正优秀的创业企业。）在评价一个公司的历史业绩时，优秀的选股大师尤其会关注如下方面。

- 营利性。彼得·林奇、沃伦·巴菲特和菲利普·费雪从不投资没有盈利记录的公司。而比亏损公司更危险的投资，莫过于那些一直在烧钱而且短期看不到任何改变的公司。针对后一种情况，最典型的例子当属只顾花钱但尚未推出任何一款医药产品的生物科技公司。

· 市场份额的变化。表明一种经营模式合理有效的一个标志，就是公司在过去几年不断从竞争对手手中抢下市场份额。（判断一家公司扩大市场份额的捷径，就是将它的销售额增长率与直接竞争对手或行业平均水平进行比较。）为确保市场份额的扩大源自经营模式的优势，而非大幅降价或是过分冒险，就必须检验这种扩大是否依赖于可持续的竞争，以及在扩大市场份额的同时创造出更多的现金流。

· 可持续性与可重复性。最优秀的公司就是在成长中不断取得更大的成功。有些投资者只要见到有高成长潜质的公司，就会迫不及待地直入主题，但顶级投资者更有耐心，他们善于等待和旁观，直到确信公司的经营模式具有可持续性（经营模式在公司扩大规模过程中始终维持有效运行）。尽管这意味着可能会错过股价在公司生命周期第一阶段经历的高速上涨，但他们坚信，大部分盈利来自于公司的稳定成长阶段。比如对于连锁餐饮业，彼得·林奇从不考虑尚未在多个地区取得成功的公司。

“只有潮水退却之后，你才能看到到底谁在裸泳。”

——沃伦·巴菲特，1992年致伯克希尔·哈撒韦公司股东的信

（三）公司的竞争地位

一种经营模式及其执行情况，最终决定了公司在市场中的竞争地位。一个有长期投资价值的企业，必定拥有竞争对手难以撼动的稳定的市场地位。因此，认识公司竞争地位的优势，是评价其发展前景与成长空间的前提。

如前文所述，竞争优势在一定程度上取决于公司所处的行业。不过，我们在此处讨论的是个别公司的竞争优势。首先，我们采用一种有效的经典理论模型来评价一家公司的竞争优势。其次，我们将阐述竞争优势所依赖的最重要的基础要素。最后，我们将讨论竞争优势的可持续性。

1. 针对顾客、供应商及业内竞争对手的力量

一个公司及其所在行业的竞争地位，均可以借助迈克尔·波特的“五力”

模型得以解释（见：Porter, 1980；Porter, 1985）。针对行业的某些力量已在上文有所阐述，如进入壁垒、内部竞争以及替代品的威胁等等，这些要素同样适用于业内公司的竞争优势。比如说，在一个行业内，某些公司凭借它们已经创造的进入壁垒和独一无二的产品，建立起强于新进入者和替代者的市场地位。波特模型的其他三种力量同样是影响公司成败的重要因素，它们分别是：

（1）对顾客的力量。企业的生杀大权掌握在顾客（包括最终顾客、分销商、零售商、公司客户等）的手里，因为归根到底，是顾客自己决定是否与企业做生意。对顾客的力量体现为如下几个重要因素。

- 公司的产品。对顾客的吸引力越大，公司对其顾客拥有的力量就越大。构成产品吸引力的主要因素包括以下几个。

  （i）对产品的需求。最理想的情况是，顾客珍爱产品，而且无论在什么经济条件下都会需要这种产品。比如说，不管在什么情况下，纸尿布、香皂和药品等产品都是不可或缺的，而在手头不宽裕的时候，购买汽车之类的大件商品就会被推迟。另一个例子是可口可乐，每家食品饮料零售店都不敢让自己的货架少了可口可乐，因为它是很多顾客出行的必备之物。

  （ii）性价比。显然，产品越便宜（在质量相近的前提下），产品对大多数顾客的吸引力越大。

  （iii）产品的差异化。一种强大的产品必然在本质上有着与众不同之处。例如，星巴克通过新颖的店面设计理念以及对咖啡质量的严格要求，突破了以往如出一辙的传统咖啡业务。独一无二的产品特色让顾客难以割舍，将其他品牌置之脑后。此外，在产品实现差异化后，公司就有可能在不影响销量的基础上提高售价。更重要的是，产品差异化减少了分销商或零售商讨价还价的能力，因为他们无法提供类似产品，除了接受之外别无选择，除非他们任凭顾客流失。

这与大宗商品生产企业形成鲜明对比。大宗商品企业恰恰缺少这些优势，因而其吸引力自然大打折扣。正如巴菲特在1982年公司年报中所言，大宗商品企业的成功，取决于供应不足年份与供应过度年份之比。最不具吸引力的公司是那些过度供给和产能过剩（对企业而言没有利润）时间远超过产能不足（企业在这种情况下通常会利润暴涨）时间的公司。最典型的大宗商品企业就是原材料制造商（如采矿公司和钢铁行业的公司等）。但即便是在航空这样的行业里，大多数乘坐经济舱的顾客在出行时也只会选择最便宜的航班。

· 服务。优质的服务也是形成产品差异化的一种手段。伟大的公司永远坚持顾客至上的理念，它们耐心倾听顾客的需求，并不断致力于改进服务质量。

· 转换为竞争性产品的难易程度。影响对顾客拥有的支配力的一个重要因素，就是所谓的转换成本（switching cost），即顾客将现有产品转为另一种相同产品所付出的代价。比如，基于巨大的软件包转换成本，使得微软对顾客拥有强大的支配力。实际上，如果一家公司决定改用另一种具有相同功能的软件包，它不仅要承受巨大的再教育成本，还要处理棘手的软件兼容问题（如，无法继续处理顾客和供应商以微软Word格式提供的文件）。

· 顾客的数量。当收入来自不同的顾客时，公司对顾客拥有的支配力会更大。反之，当公司的收入来自一个或是几个顾客时，公司和顾客讨价还价的能力自然会大打折扣，因为每个顾客都知道，他对公司的生存至关重要。此外，依赖少数顾客还要面对另一种风险——一旦丧失某个顾客，公司的收入就会大幅缩水。比如说，如果汽车生产商的某家工厂在当地拥有一家专业零部件供应商，那对这家供应商来说，工厂的唯一性就会构成一种顾客高度集中带来的风险。一旦这家工厂关闭，该供应商也会陷入停产的境地。

· 公司对顾客享有的其他优势要素。投资者必须清楚顾客和一家公司做生意的全部动机——如果卖家是企业，这个购买决定就应服从于公司利益，尤其是当顾客作为公司最大的收入来源或是拥有最高的增长潜力时，理解他们的动机显得尤为重要。但需要注意的是，决策者的利益并非总是和公司利益完美一致的。比如，对于一个经常搭乘某家航空公司航班的乘客而言，即便其他航空公司能提供更便宜的航班，他还是会考虑这家公司给予奖励里程更多的航班。

（2）相对于供应商的力量。公司与供应商（包括为公司提供了劳动力的员工）的关系经常不为人们所关注，但它同样对决定公司竞争地位具有重要作用。有些公司的供应商可以轻易提高产品价格，另一些公司的供应商则要承受降价的压力，显而易见，与后一类公司相比，前者处于较为不利的竞争地位。决定供应商议价能力的因素包括以下几个。

· 供应商面对的竞争环境。如果供应商面对着来自于其他供应商或替代品的白热化竞争，那它的定价能力就是有限的，反之则意味着它拥有强大的讨价还价能力。例如，当劳动力市场（可以视为公司的劳动力供应商）吃紧时，公司就会承受巨大的工资上涨压力。
· 公司对供应商而言的重要性程度。如果供应商的很大一部分收入或利润来自某个顾客，那该供应商的提价能力就会受到很大削弱。比如，沃尔玛之类的零售业巨头在其供应商面前，就拥有强大的讨价还价能力，因为在这些供应商的收入中，来自沃尔玛店面的收入往往会占很大一部分比重。反之，当供应商是顾客最主要的产品来源时，供应商则会成为这场讨价还价中的强者。
· 转换为其他输入产品的难易程度。如果公司难以用其他供应商的产品取代原有供应商的产品（如，因采购产品的差异化程度较高或是转换成本太高），公司就无法用一家供应商去遏制另一家供应商。这无疑削弱了公司和供应商讨价还价的能力。例如，工会势力强大的公司就很难在劳动力上进行转换，因而不得不对工会的要求俯首帖耳。
· 输入产品的重要性程度。当供应商提供的输入品是公司制造产品的关键要素时，这家公司的议价能力就会大为削弱，反之亦然。

（3）对业内竞争对手的力量。要认识一家公司的竞争地位，不可避免地要了解这家公司的直接竞争对手。投资者必须理解市场的容量到底有多大。像沃伦·巴菲特和约翰·邓普顿这样的顶级投资者更是强调，投资者还要竭力了解投资对象每个竞争对手的战略、财务状况和市场份额。在这种评判过程中，投资者需要牢记很多竞争优势的来源。

· 市场领导者。菲利普·卡莱特（Philip Carret）、菲利普·费雪和朱利安·罗伯特森等顶级选股大师都偏爱拥有统治性市场份额的行业领导者。市场领导者往往是业内盈利能力最强的企业，它们可以凭借规模经济、与顾客之间近乎牢不可破的商业关系（领导者的产品往往被认为是最好的，它们的产品会给顾客带来安全感）及其对供应商的强大支配力（任何供应商都不敢忽略它们），轻而易举地将小竞争对手挤出市场，甚至置它们于死地。

譬如，箭牌（Wrigley，口香糖）、家乐氏（Kellogg，谷物早餐）、亨氏（Heinz）、金佰利（Kimberly-Clark，洗浴卫生用品）和可口可乐，均为相关领域的领导者。在消费者的心目中，它们的产品代表了各自领域的最高水平和最好质量，因而它们的产品自然也是最受欢迎的。所以说，在零售店里，这些产品理所当然地被摆在货架最显眼的位置。此外，这些品牌产品所拥有的统治性市场份额，让它们在产量和广告等方面拥有巨大的规模优势。另外，它们还有强大的产品形象，因而可以收取高于竞争对手的价格。所有这一切都说明，这些公司不仅比竞争对手更赚钱，而且它们的市场地位几乎是不可动摇的（除非他们犯下非常愚蠢的低级错误）。

· 卖方双头垄断者。格兰·格林伯格指出，双头垄断（整个市场上只有两家公司，比如房地美与房利美对美国抵押贷款市场的垄断）是个很有吸引力的概念。原因在于，双头垄断者之间的竞争往往是非常有限的，而且政府对它们的规制也不会像对待单一垄断者那样严厉。

2. 打造竞争优势的基础

一家公司的竞争地位如何，在很大程度上取决于公司如何利用其经营模式，对抗上述五种外部势力。然而，好的意图和高质量的公司战略只是建立强大竞争地位的起点，如何兑现这种意图、执行这些战略同样至关重要。决定一家公司的市场地位的因素，可以简单归结于如下几个方面（可参考：Blanchard, 1998；Collins, 2002；Collins, 2001；Peters, 2006）。

文化

文化是指在一家公司中占据主导地位并指导其员工行为的价值观、规范、思维方式和信念。一种被始终坚持、不懈实施的有效文化，是维系一家公司生存和发展的根基。它激励员工为共同目的而携手共进。在一家拥有强大文化的公司中，每个人都清楚自己的职责和义务，而无须来自上司的强制性命令。此外，当强大而有启发性的企业文化渗透到公司的每条脉络中时，必定能造就一种巨大的动力，它所缔造的氛围让身处其中的每个人都感到与众不同（因为他们会觉得自己属于一个与众不同的组织）。

很多投资者和业务分析师并不看重企业文化的作用。大多数人甚至彻底将企业文化排除在他们的业务分析之外。然而，大批杰出的成功企业都相信，这是一个不可饶恕的错误。很多公司认为，企业文化在它们的成功中扮演了不可或缺的角色。

肯尼斯·艾佛森（Kenneth Iverson）曾带领纽科钢铁公司摆脱破产危机并成为美国最成功的钢铁企业，他认为，在他取得的成功中，企业文化贡献出80%的功劳。此外，郭士纳曾在20世纪90年代带着IBM实现大逆转并取得了巨大成功。在《谁说大象不能跳舞？》（*Who Says Elephants Can't Dance*?）一书中，郭士纳强调了企业文化在重建IBM过程中的重要性。星巴克CEO霍华德·舒尔茨（Howard Schultz）也在《星巴克咖啡王国传奇》（*Pour Your Heart Into It*）中指出，星巴克的企业文化在公司20世纪90年代的成功中发挥了关键性作用。

那么，到底是什么让企业文化成为如此重要的竞争优势呢？一方面，有效的企业文化本身就拥有强大的威力。它是整个公司赖以生存的要素。所有员工都深刻理解这种文化的内涵，并对它所蕴含的价值观、规范和思维笃信不疑。一个拥有强大企业文化的公司，会始终如一地坚持这些价值和规范，即使这种坚持需要他们付出巨大的代价（比如，当公司把员工看作是最有价值的资产时，就不会发生大规模的裁员）。在这样的公司里，管理者是这种文化名副其实、自然而然的代表人、表率者和传递者。另一方面，坚守一种企业文化的公司，会毫不留情地清除那些与之不兼容的员工（即便是业绩最好的员工和高层管理者也不例外）。此外，在招聘新员工时，这些公司会将文化匹配性作为首要标准。

至于价值和规范的本质如何，显然，有效的文化会创造出强大的价值观和规范，并释放出巨大的激励和动力，鼓舞人们在工作中全力以赴。尽管有效的企业文化是多种多样的，但是在很多伟大的公司中，我们还是能看到某些共同的文化要素：

（1）对卓越的执着和追求贯穿于人们的一言一行之中（如生产、设计、研发和运营等每个层面）。

（2）在公司内部提倡追求正直与忠诚。正直会带来信任。正直意味着人们可以相互信任，相互依托，每个人都信守承诺。忠诚则表现为所有员工之间的相互尊重，而与职位高低无关。此外，它还意味着开诚布公、直言不讳、公平分配、公正回报。

切实关心所有的利益相关者。贴近于每个顾客、员工、股东及外部社区，与影响企业成败的各方建立起强大的利益纽带。这种纽带会带来信誉，这种信誉可能会在关键时刻发挥巨大作用。比如，如果顾客始终得到企业的尊重与关心，他们就可以容忍企业偶尔的错误，反之，顾客自然会对企业吹毛求疵，容不得半点差错。如果公司始终为供应商提供公允合理的价格，当公司资金紧张时，他们就可能不会过于刻薄（如在价格的高低或应收账款的回收时间）。如果一家公司始终慷慨地反馈社区，他们的偶尔过失就更有可能得到媒体和公共意见的谅解。

> "一家公司往往会吸引具有相同追求与信仰的同类型人做其股东。如他们强调的思维和沟通仅限于短期结果或是短期股价的波动，关注这些因素的投资人就会投上门来。如他们习惯于轻蔑、慢待投资者，投资大众亦会以同样的蔑视加以回报。"
>
> ——沃伦·巴菲特，1979年致伯克希尔·哈撒韦公司股东的信

（4）坦诚、积极的沟通。在一个鼓励充分沟通的企业里，发生误解的概率就会大为减少，创新会变得更容易，问题会更快地暴露和解决，人们就会有更大的参与感和主动性（因为他们充分了解公司的现实，深刻理解公司的行为）。在《山姆·沃尔顿传记》（*Made in America*）中，沃尔玛的创始人山姆·沃尔顿指出，贯穿于整个公司的成功沟通，是企业取得成功的重要因素。沃尔顿对员工从不隐瞒，与他们分享经营数据，赋予他们充分的参与感。他每周组织一次销售研讨会，每周六早晨组织一次店面经理会。在这些会议上，人们畅所欲言，分享和讨论彼此的想法。此外，他还想方设法和为店面配货的卡车司机保持密切联系，这样，他就可以尽早发现士气和态度问题。

（5）渴望创新，防范自满。在一个从不陶醉于历史成绩中的公司里，管理者永不满足，员工永不停息，就算新竞争者对他们的地位发起挑战，或是新趋势让他们的产品不再流行，他们也很少会在关键时刻不知所措。不管市场如何变化，他们都可以通过持续性的创新和改善，在市场中立于不败之地。

（6）凭借一定的风险承受能力，崇尚实践，敢于冒险。在一个推崇和认可实践的公司里，想法会在第一时间得到检验，并在最快时间内做出决策，毫无推迟地将产品推向市场，在这个过程中，人们获得更多的理论知识和时间经验。当太多的公司还在为碌碌无为而寻找借口时，人们必然习惯于纸上谈兵，将书面工作的重要性置于行动之上，而所谓的研究和会议则会延误很多本可立竿见影的机会，在这种情况下，行动导向就有可能成为一种强大的竞争优势。显而易见，对实践的崇尚，必然会鼓励人们接受风险，容忍失败。

（7）信任。信任缺失必招疑虑。当人们没有参与感的时候，忠诚自然荡然无存。它让合作变成一种奢侈品，因为人们彼此之间不再信任；它阻碍了创新，因为人们开始保持沉默，不再去尝试条条框框以外的事情。珍视信任的公司，必然会毫不吝啬地向员工授权，将权力下放到身处第一线的最基层；他们往往会以同事之间的良性竞争取代自上而下的直接控制。

（8）轻松生活，快乐工作。快乐和轻松的工作方式会给顾客带来一种与众不同的企业形象。它们善于释放压力，在员工之间创建和谐的工作关系，进而带来有效顺畅的沟通。经常性的聚会，没有特权和上司的居高临下，非正式的工作装束，这些做法本身就是对所有员工工作的一种高度认同——不管其职位高低，每个人都在以自己的方式为公司奉献。比如在西南航空公司，作为一名成就显赫的领导者，赫伯·凯勒尔（Herb Kelleher）始终鼓励空乘人员将快乐融入工作。比如说，他们会藏在热气腾腾的橱柜里，当乘客打开橱柜门时，他们突然从里面跳出来，乘客的反应可想而知（Freiberg, 1996）。

（9）在运营、流程、工作方法和会计等每个方面追求极简。简单的流程可以防止决策和项目因官僚作风而被延迟。简单的语言会让事情更容易被公司内的每个人所理解。而运营和战略上的简单，同样构成了公司的一种竞争优势，因为很多公司还没有意识到，简单的流程同样值得效仿（在它们看来，复杂的流程反倒更有可能提供竞争优势）。

（10）很多公司竭力向每个员工灌输主人翁意识（成为公司所有者的感受），这会促使所有人以结果为导向，更坚定地致力于实现企业目标。它促成一种参与感和责任感，从而引发更激荡的创新精神。毕竟，没有人会精心擦拭租来的车。主人翁意识源于所有权，而所有权可能来自于股权占有、激励性奖金、开放式沟通及权力授予。例如，星巴克是全球第一家行使股票期权计划的零售企业。

> “奖励创造的失败，惩罚中庸的成功。”
>
> ——汤姆·彼得斯（Tom Peters），1994
>
> “别管它，动手吧。”
>
> ——理查德·布兰森（Richard Branson），1998

人力资源管理

本书第二章提到，对于那些在最佳雇主排名中名列前茅的公司，其股票往往能跑赢大盘。这说明，市场低估了人力资源管理在企业成功中发挥的作用。相比之下，聪明的投资者都知道，强大的HR政策可借助对人才招聘（在就业市场）、流动、员工激励、待遇承诺、忠诚度培育以及工作环境的影响，改善企业的盈利能力。

在实践中，很多公司在HR管理方面完全不合格，即便它们声称它们多么“珍视公司最宝贵的人力资产”（要更好地理解人力资源政策的价值，可参考：Sartain, 2003；Harrison, 2007）。在评价一个公司的HR政策时，顶级投资者往往会从如下几个方面着手。

（1）人员流动及工会建会率。人员的低流动率和低工会化往往（并非一贯）说明，员工在公司过得很舒心。而针对空缺职位的大量应聘人员同样也是一个积极信号。在肯尼斯·艾佛森的领导下，纽科钢铁公司的员工真正体会到快乐工作，这个事实就很有说服力。公司不设有工会，而且工人对工会代表进行骚扰的事件表明工人对纽科钢铁公司的忠诚。

（2）有效HR的基本要素。作为一种有效的HR管理，其基本要素包括：

·对公司各个层次员工的尊重和关心。在有些运行高效的公司（如非常成功的比利时Colruyt超市集团）中，新员工在进入更高职位前，必须经过第一线艰苦工作的历练，从而让他们学会尊重别人，并获得尊重。

· 兼顾公正性与竞争性且超过行业平均水平的薪酬体系。
· 关心员工在工作以内的需求，比如，为他们提供必要的资源和培训，倾听每个人的心声，等等。
· 关心员工在工作以外的需求，如，提供医疗保险、尊重员工的业余时间、劳动保险等等。例如，摩托罗拉的创始人之一保罗·加尔文（Paul Galvin）曾帮助家庭困难的员工支付其子女的大学学费。另一个例子就是20世纪30年代“大萧条”时期的星牌家具公司（Star Furniture），它承诺永远不解雇任何人。相反，为应对危机，它采取了降薪的方式，而且降薪对象也包括管理层（Miles，2002）。
· 快速解决员工的不满和问题。
· 通过股票和期权激励计划鼓励员工参与公司事务，以创造主人翁意识。
· 有效的招聘和解聘流程。比如，在录用人员之前，通过高强度的人才筛选机制评价应聘者与企业文化的匹配性。此外，招聘政策强调人才的多元化（体现于民族、性别、宗教信仰、教育背景、性格特征等多方面），因为多元化本身就是激发创新的条件之一。

结构、组织与过程

竞争优势的另一个基础来自于公司的组织方式，这种组织方式体现为如下层面。

（1）规则、过程与流程。最优秀的公司要在规则、正式制度与非正式行为方式之间求得均衡。一方面，它们大张旗鼓地反对官僚式作风。另一方面，它们积极推进规则、正式制度和流程，尤其是随着企业规模的不断扩大，它们务求规避危机，强化员工依照标准工作的合规守法意识。然而，明智的企业会尽可能地保证流程简单化。它们将不可缺少的文字工作做到最小化；限制会议的数量和时间；让每个人都拥有更大的发言权。

（2）管理结构。伟大的企业致力于建立精益化管理结构，尽可能地减少层级化，并建立相对较大的控制范围（管理者拥有的下属人数多于一般企业）。此外，追求卓越的公司会最大限度地限制公司总部层面的人员数量。精简的管理结构有很多好处：它有利于改善沟通效率，因为减少层次就意味着减少了阻碍或扭曲沟通的障碍；降低了成本；改善了透明度；强化了权责制的效力（在层级减少时，就很难继续躲在别人的身后或是把责任推卸给别人）；提高了执行的速度（因为层级的增加必然会延缓决策和执行速度）。当然，建立精益化管理结构的一个基本前提就是管理者向下授权，将权利充分授予自己的下属。

（3）业务单元。最优化的组织结构取决于业务类型、公司战略、企业文化以及公司所处的发展阶段。但有一点是毋庸置疑的，即不管采取何种管理结构，小规模业务单元都要优于大规模业务单元，因为前者更易于管理，而且业务成员之间的合作性更高（部门规模存在一个很神奇的最佳经验值——153。当部门成员数量低于153时，人们可以在非正式基础上积极合作，并肩工作，不会受到层级体制的严重干扰。当人数超过这个标准时，正式的规则和层级制度就成为人们实现合作的基本条件）。此外，随着业务的成长，在保证个别部门充分享有自主权的同时实现若干职能的分散化（并继续维持对不动产和会计等职能的集中控制），往往更有利于业务的进一步发展。

营销

营销是指公司为引导市场接受其产品而采取的各类活动。营销活动包括目前市场的选择、对顾客需求和预期的理解、产品设计以及赢得顾客的其他各种活动（如广告和推销）。由于营销可以成为实现差异化的有效途径，因此，即便是针对相同的产品，优秀的营销人员也可以给公司带来更多的业务。

图10汇总了有效营销策略的基本要素及其与其他职能部门的相关性。营销必须围绕公司所选择的顾客展开，而股票对公司产品有着各种各样的诉求和预期，比如适应性、精确性、持续性、质量和易于获取性等。如果公司通过简单的建立合作关系等方式满足顾客的某些高层次需求，那么公司产品必然会给顾客留下深刻印象。

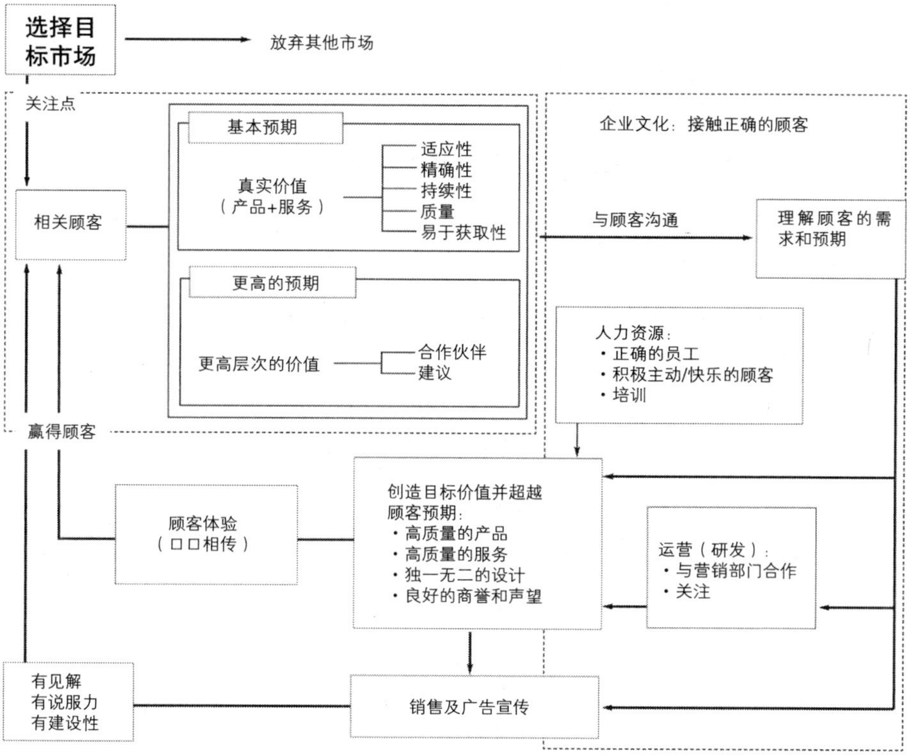

图10 营销职能

为了更好地理解顾客的需求和预期，公司必须建立以贴近顾客（包括与顾客进行大量充分的沟通）为核心价值的企业文化。其人力资源（HR）部门应做到：招募坚持顾客利益至上的人员；保证员工快乐工作，促使他们有足够的动力更好地服务顾客；提供必要的培训，改善员工的顾客导向性。研发部门应始终与营销部门密切合作，并关注有可能被市场接受的产品。

所有这一切，都应形成具有超目标顾客期望的高预期价值（即高质量、优质客户服务和设计方案新颖诱人的产品）。出类拔萃的产品方案能带来口口相传的好名声，再加上适当销售及广告宣传，必然有助于留住老顾客，赢得新顾客。

下文将着重讨论很多伟大的公司在营销方面的关注点：

（1）追求卓尔不群的顾客服务。优秀的营销者会通过让竞争对手无法企及的服务，给顾客留下难以忘怀的形象。杰出的顾客服务包括但不限于以下几点。

- 高精确度。比如说，顾客希望拿到明细正确的发票。
- 超常的一致性。应在每个地点为每个顾客提供同样值得信赖的服务。例如，在一家连锁商场或餐饮连锁店的每个店面，都应提供相同数量和相同类型的顾客服务。
- 易于取得。杰出的顾客服务还意味着，产品应该易于为顾客所取得。比如，免费停车场、便利的营业时间、迅捷的电话服务中心，都有助于提高产品的可获得性。
- 贴心的招待。让顾客充分知情（如订单执行情况）、对事故毫不犹豫地承担责任（无须商讨）和意外的惊喜，都可以为顾客带来优质服务。在埃利奥特·塔特尔曼（Eliot Tatelman）和巴里·塔特尔曼（Barry Tatelman）领导的乔丹家具公司（Jordan's Furniture，由沃伦·巴菲特的伯克希尔·哈撒韦公司控股），每逢雨天，各店面就会免费向顾客分发雨伞，这就是用意外行动改善顾客服务体验的一个典型例子（Miles, 2002）。
- 切实有用的建议。比如说，亚马逊网站为顾客提供的书评，可以帮助读者确定是否需要购买。

（2）产品的一致性和质量。例如，麦当劳的所有店面必须保证在全球各地出售的大号汉堡都具有相同的口味（比如，可以通过汉堡生产的集中化实现）。另一个例子就是宝洁，它的成功在很大程度上归功于毫不动摇地保障产品质量。

（3）与（正确的）顾客保持密切联系，从不回避问题。杰出的营销者不仅善于细心倾听顾客的心声，还要学会拒绝给公司业务带来破坏作用的顾客（如要求过于苛刻的顾客以及无理取闹的顾客）。IBM在郭士纳的领导下实现了历史性转折，而当时IBM发起的“熊抱行动”（Operation Bear Hug）则成为公司主动亲近顾客的一个典型示例。按照这项计划，在公司的50位最高层和其他200名执行层面的高管中，每个人都要亲自拜访IBM的五大客户。随后，他们还要将拜访情况写成报告，直接呈交给郭士纳，并根据拜访过程发现的问题制定相应措施，改善顾客关系（Gerstner，2003）。

（4）将注意力集中到正确的顾客身上。成功的营销不仅要选择正确的市场，还要精准选择正确的顾客。对于不属于目标市场的顾客，就要求营销人员直接拒绝或是干脆忽略人们的需求。比如说，如果一家银行的定位是对所有顾客一视同仁（不赋予任何人以任何特权），那它就应该回绝那些提出特殊需求的富裕客户。

（5）品牌管理。优秀的营销还要求尽一切努力杜绝品牌形象被削弱，或是其内涵被混淆。这就意味着，公司应尤其关注业务扩大、销售点的选择以及业务合作伙伴选择对品牌的影响。例如，星巴克在选择开展业务合作的公司时，一直采取非常谨慎的态度。公司CEO霍华德·施瓦茨认为，星巴克必须不惜一切代价，避免因为合作伙伴对产品质量的忽视而给星巴克高质量咖啡的声誉带来不利影响。

（6）产品设计及广告宣传的创造性。优秀的营销者竭力打造与众不同的产品，并以创造性方式将产品呈现于顾客面前。在这方面，罗技（Logitech）就是一个典范，公司的成功得益于它对电脑摄像头和计算机鼠标等电子硬件在功能和风格上的重视。同样，通过与顾客合作，油漆生产商荷兰小子（Dutch Boy）设计的涂料桶不仅易于封闭，而且方便倒出（Godin，2003）。干净整洁的配送卡车既方便使用，也是设计创造性的一种表现。

（7）不同凡响的销售组织模式。伟大的公司都拥有一个高效（而且最好是规模不大）的销售团队。此外，它们还会给销售人员提供高水平的培训。

研发（R&D）

对很多公司而言，研发都是它们实现生存和发展赖以维系的一项关键职能。归根到底，它们需要不断推出新产品和新专利，以满足不断变化的市场需求，并在瞬息万变的市场上始终占据优势。内在的高风险性和不确定性，使得沃伦·巴菲特和彼得·林奇等顶级投资者都不喜欢严重依赖研发的公司。在他们看来，投资稳定行业（如医药制造）中依赖研发的大型公司并没有什么问题，但他们还是尽力规避高风险性业务，如严重依赖一种或少数几种产品的小公司（如生产单一产品的生物技术企业）或所在行业变化过快的公司（如高技术企业）。此外，卓越的研发能力还有助于加强公司的竞争优势。在评价一家公司的研发时，投资者应着重研究如下方面。

（1）在研发活动上的投入数量。研究显示，公司在研发上的投资金额与其股票和收益率之间似乎强烈相关（Koller，2005）。

（2）研发活动的有效性。投资者绝不应将注意力限制在公司对研发的投资规模（相对于公司规模）上，还要从定量和定性角度分析研发活动的有效性（如，过去几年新推出产品对公司销售总额的贡献率）：

- 研发投资的一贯性。优秀的公司都知道，不管发生什么，研发都是公司最优先的任务。它们不仅于公司繁荣时在研发上大量投入，即便是经济不景气的时候，他们也不会放弃对研发的投资。
- 雄心勃勃的研发。研发活动应追求标新立异的突破，而不是寻求对现状进行循序渐进的改良。在一个有效的研发部门里，研究人员从事的是具有挑战性的项目，他们应该突破公司传统业务范围的约束，致力于开发全新的产品和技术。需要提醒的是，雄心勃勃的研发项目不仅是提高公司市场地位不可或缺的手段，往往也能给公司引来最具创造性的研究人员。
- 与其他部门的沟通。有效的研发部门绝不会把自己封闭在象牙塔里。它们会与公司其他部门密切合作，尤其是销售部、营销部、制造部和开发部。
- 团队合作。研发部团队成员之间的合作与互动是保证整个研发活动有效性的关键要素。

创新

与研发关系最密切的概念就是创新。如已故管理学大师彼得·德鲁克在《创新与企业家》（*Innovation and Entrepreneurship*）一书中指出，创新性企业会不断跟踪和研究人口特征、预期之外的成功和失败、错误的市场认知、持续变化的市场结构以及新的知识，并不断从中寻找新的机会。因此，与通常意义上将创新归结为新技术（基于新技术）的观点相比，创新的范畴要宽泛得多。实际上，很多营利性的创新与新技术或新思维几乎没有什么关联性（有关创新机制与要求的详细讨论，可参考如下文献：Drucker, 1993；Berkun, 2007；Christensen, 2003；Kelly, 2001；Rogers, 2003；Schrage, 2000；Gladwell, 2002；Peters, 2003；Kim, 2005；Utterback, 1994）。

以下是真正创新者的几个典型特征。

（1）他们关注机会并善于抓住机会，从不流连过往。太多的公司领导者总是试图维护过去的自己，因为情感上的投入或是担心抛弃过去带来的短期成本，使得他们更喜欢流连于自己熟悉的事情。创新者对待过去则极为谨慎，他们不会让习惯成为羁绊。相反，他们喜欢探索未知世界，投资新机会。他们从不会在没有希望的事情上浪费有限的资源（如资本和管理者的时间）。

（2）他们在工作中追求多样性。有效的创新者希望与标新立异、有奇思怪想的人为伍，而且最好来自不同的国籍、背景或其他特征。他们深知，相近的人（如拥有相似教育背景）往往会以相同的方式思考问题，而且通常会有相同的思维偏见和先入为主的思维方式，这就限制了他们认识世界的视野。另外，多样性有助于激发创新性的观点。毕竟，好的观点往往来自跳出思维定式的人，他们思维活跃，从不拘泥于某种固定的习惯，或是善于从特有的角度看待问题。

（3）他们总是将创新置于聚光灯之下（比如，将创新者视为英雄加以宣传和推广）。这就会造成一种观念：创新非常重要，而且会给创新者带来荣誉和特权。按照Fellows计划，IBM试图在公司内部为创新者树立声望。所有加入该计划的员工，都是有可能在未来5年改变行业格局的创新者（Gerstner, 2003）。

（4）他们为创新项目和创业产业建立特殊的薪酬和激励机制。考虑到管理创新完全不同于运营成熟业务，他们对不同于常规业务的创业机构采取特殊的绩效标准。基于相同的考虑，某些优秀的创新者可能会把懒散带进组织，但这恰恰为那些争先者、标新立异者或是狂热分子创造了生存空间，为他们提供了在主流框架之外寻求探索与尝试的机会。比如说，麦当劳的早餐菜单和通用电气的飞机发动机，都出自一批狂热分子的"臭鼬工厂"（skunk works，**在基本不受任何管理的情况下，少数人以高度灵活的非常规方式进行高效快速的研究开发工作——译者注**），而"臭鼬工厂"也是人们对这些项目的称法（Peters, 2006）。

（5）真正的创新者强调行动至上，他们在设计阶段就拿出尽可能多的样品和模型。

（6）创新者高度重视与每个人进行有效的沟通（以获得新的想法和观点），尤其是顾客、供应商，这种沟通不仅发生于不同背景的员工之间，也包括组织内部不同层级之间的沟通。在一家公司，工程人员试图借助精密的电子监测系统，解决如何撤下生产线上空箱子的问题。但一线工人提出的解决方案不仅成本低，而且更简单：他们建议使用通风机将传送带上的空箱子吹下来。

（7）他们密切跟踪竞争对手，并虚心学习。比如说，沃尔玛的创始人萨姆·沃尔顿花费大量时间研究对手。他拜访其他零售商，了解他们的经营方式，并积极采纳别人好的做法。

运营

会计、信息系统、运输和配送以及生产制造等运营体系，往往可以为公司提供更多建立可持续竞争优势的机会。原因很简单，这些系统的建立和完善需要若干年的时间。因此，那些对这些系统缺乏足够重视的公司要赶超对手，同样不是一年半载的事情。

此外，即便高层领导者发生变化，强大而有效的运营系统也足以维持公司的正常运转。汽车制造行业的一个典型事例就是丰田汽车公司，它拥有几近完美的运营体系，以至于管理层的变化几乎不会给公司绩效带来任何影响。

在建立和维持运营体系时，卓越的公司往往会寻找并采纳行业最佳实践，并将运营体系的完善作为一项持续性任务。两个最有代表性的事实体现在：

（1）它们对新技术非常敏感，并竭力避免被时尚潮流所迷惑。让很多投资者感到不可思议的是，只有极少数成功企业将技术视为其成功的重要驱动力。尽管最伟大的公司往往都是采用新型实用技术的先行者，但它们在将技术纳入运营体系时，却无一例外地严谨守规。在面对充满时尚气息的新技术时，大多数公司可能会显得迫不及待（唯恐落后一步），但真正伟大的企业会采取批判性思维，以近乎挑剔的眼光审慎对待。它们只关注与公司战略重点完美匹配的技术（比如，新技术会有助于它们打造新的竞争优势），而且还要能够显著改进它们的运营效率。此外，这也意味着，对于它们认为的（对本公司）没有实质性价值的所谓新技术，它们可能会视而不见。

（2）它们有着不同于竞争对手的行为方式。优秀的企业会以怀疑的态度看待传统思维。例如，作为全球竞争最激烈行业中的佼佼者，西南航空公司始终规避一些在竞争对手看来是想当然的传统做法，正因为如此，它让对手无法望其项背。西南航空公司从不采用集中管理、分散经营的体系；尽量避开成本高的大型机场；只采用一种机型，这不仅简化了培训，也有利于提高与飞机制造商讨价还价的能力，降低了存货管理的成本；率先采用无纸化机票；提高飞机在地面的周转速度；采用开放式座椅（有关西南航空公司的成功故事，可参考：Freiberg, 1996）。

3. 竞争优势构成要素之间的内在关联

在上一节所讨论的竞争优势基本构成要素中，每个要素本身就相当于一种竞争优势。有效的运营、第一流的人力资源管理、富有激励性和启发性的企业文化、独特的市场营销以及研发和创新的超常生产率，都有助于提高公司在市场中的竞争地位。

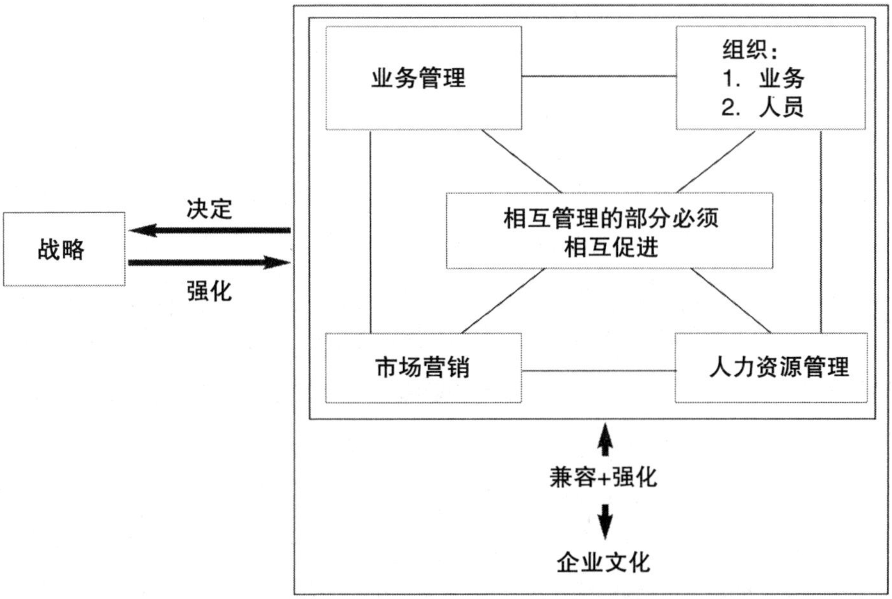

图11　竞争优势的基础及其相互关系

归根到底，最重要的就是要意识到，构成竞争优势的这些基础相互之间并非互不相干。图11说明了一家公司的基本职能部门及其相互联系。例如，市场营销人员要实现其营销策略，就要依赖于研发部门（置于运营管理之下）。人力资源必须为各职能部门招募合适的人才，并最大限度地发挥每一名员工的潜力。业务单元和人员的组织方式必然会对运营及营销部门的工作方式带来重要影响。而企业文化则覆盖了所有职能机构，因为它决定了人的思维模式、决策方法、行为方式以及由此确定的轻重缓急。

因此，重要的不仅是构成竞争优势的每个基本要素，还有它们之间为实现公司战略和经营计划所达成的整合程度。譬如，如果一家公司的研发人员以开发适销产品（由营销人员根据市场形势确定）为目标，那么，和那些脱离市场的研发人员相比，他们的优势自然不言而喻。

同样，如果一家公司的HR部门善于吸引最尖端的工程技术和科研人员，那么，它就有可能比那些找不到称职研究人员的公司创造更多的研发成果。如果企业文化有助于强化组织结构和运营管理，一家公司就有可能以充满激情的员工建立和谐稳定的组织。例如，当我们将责任和自主定义为企业价值，那么，与一种强调控制员工的企业文化相比，它必然有助于建立有效、简单和平等的组织结构。

4. 竞争优势的可持续性

前两节的讨论已充分表明，一个公司的竞争优势在很大程度上取决于它在波特“五力”上的表现，以及它在执行人力资源、创新、市场营销和运营等关键职能的方式。

不过，真正重要的不只有公司当前的竞争优势。我们至少还应对这种竞争优势是否可持续（或是能否继续强化）以及未来是否存在可削弱这种优势的重大风险做出合理评价。毕竟，理性的长期投资者寻找的投资对象，应该具有强大而持久的竞争优势。在评估公司竞争优势的可持续性时，需考虑如下重要因素。

（1）在行业内所处的地位。在一个行业里，最具可持续性竞争优势的公司往往是市场的领导者，它们享有不可动摇的特权（这种特权既有可能来自强大的品牌力量，也有可能源自无处不在的分销体系）。享有市场特权的另一个好处是，面对虚弱乏力的公司，在波特“五力”上的优势可以让这些市场领导者拥有更强大的定价权。检验一家公司是否拥有市场特权的方法，就是进行

“五力”分析，问一问：“如果一家公司消失的话，这个世界会不会真的怀念它呢？”

（2）竞争优势的基础及其本质。竞争优势的基础及其相互促进的方式，可以成为竞争优势的重要来源。但最具可持续性的竞争优势源于如下要素。

- 竞争对手难以效仿的要素。如，与制造活动自动化等运营模式相比，独有的企业文化和名副其实的HR管理往往更难以复制和实施。
- 竞争对手难以识别甚至根本就发现不了的要素。对于被很多管理者视作不重要的要素（但实际上却很重要，比如说忠诚度），或是以基础要素为基础的一系列微小优势，由于它们不容易被竞争对手识别，因而也不太可能被它们复制。

（3）对维护和提高竞争对位的投入。伟大的企业致力于永不停息地提高竞争优势，它们绝不会满足于现状。

（四）掌控命运

顶级投资者会规避那些根本就无法掌控自身命运的公司。导致企业失去自身未来控制权的风险因素包括：

（1）政府干预的风险。在其他一切因素相同的情况下，容易受到政府干预或管制的行业（如电力供应、银行业和采矿业）的吸引力相对较小。在这方面，更大的危险自然是被政府征用，在政权不稳定的欠发达国家，这样的事情并非不会发生。

（2）对政府支持的依赖性。如果一家公司严重依赖政府支持（如补贴或税收优惠），那么，一旦这种支持被削弱甚至是取消，公司的生存能力将大打折扣。例如，在2010—2013年爆发的欧洲主权债务危机期间，当欧洲国家政府相继宣布减小对再生能源的补贴时，部分欧洲的再生能源公司旋即陷入困境。

（3）对研发的严重依赖。研发活动的成果在本质上具有强烈的不确定性。因此，对那些将未来寄托于研究成果的公司（如高科技企业）而言，如果科研活动效果不佳，公司就有可能丧失市场地位。

（4）对时尚趋势的依赖。那些将成功建立在追求时尚上的公司，往往会因为过时而被市场抛弃。

（5）对关键性决策的依赖。那些为了生存而不得不孤注一掷的公司，从来就不是沃伦·巴菲特的目标。波音公司就是一个例子，它甚至决定，不惜一切代价开发时钟般精确的新型飞机。

（6）负债过多。在其他条件相同的情况下，一家公司的负债越多，当经营环境变得不利时，它对失去控制的敏感度就越高。上文曾指出，财务杠杆可能给公司带来副作用，但财务杠杆绝非仅有的杠杆形式。有些公司的经营杠杆较高，即它们拥有较高的固定成本，因而其盈亏平衡点对应的销售额也相对较高。与财务杠杆相近，经营杠杆较高的公司也不得不应对高昂的经常性支出（固定成本）。因此，当销售额围绕其盈亏平衡点出现波动时，会让这些公司难以承受。第三种类型的杠杆是行业及地域杠杆，体现为公司对特定行业或地域的强烈依赖。不管何种杠杆，它们可能带来的问题是一致的。尽管环境有利时，杠杆可以放大公司的收益，但是环境不利时，它们也会放大公司的损失。出于这个原因，大卫·希罗对投资存在一种以上杠杆的公司感到极为不适。

（7）对气候条件的严重依赖。规避那些过分依赖气候条件的公司，同样是值得投资者关注的一个观念。例如，沃伦·巴菲特不看好农业企业的一个原因，就是这种公司的利润过分依赖收成，而收成显然得看气候。

（8）对宏观因素的过分依赖。过度依赖于宏观因素影响的公司，往往很难把握自己的命运。

- 商业周期或产能周期。周期性企业（对行业商业周期或产能周期非常敏感的公司）很少会成为理想的长期投资目标，除非它们能持续增长（不断扩大市场份额），提高每个周期最高点的盈利水平。
- 大宗商品价格。对那些营利性过分依赖大宗商品价格的公司（如矿业公司或石油勘探企业）来说，一旦大宗商品价格下跌，它们注定会遭受沉重打击。
- 利率和汇率。拥有巨额浮动利率债务或资产与负债币种不匹配的公司，如遭遇利率或汇率不利于它们的变动，必定损失惨重。
- 通货膨胀。在通货膨胀失控时，某些公司的盈利可能会大幅缩水，甚至陷入破产危机。作为通胀失控主要受害者的公司，通常是在市场中占据的竞争地位较为低下的公司（无法轻易提价的公司），或持有不按市场指数调息的长期债务契约的公司。相比之下，不动产公司（不动产价格往往与通胀水平保持一致）、广告公司、购物中心（租赁价格通常与通胀率挂钩）以及可口可乐等拥有强大品牌的公司（可以通过涨价来抵销通胀的影响），往往可以灵敏地应对通货膨胀的侵袭。

（五）增长性

作为一种经验，投资者应回避销售额下降的公司。即便是在貌似很低廉的价位上，这些公司往往也会陷入所谓的“价值陷阱”（value traps）。在中期内，停滞增长或低增长公司可能是投机者的好目标，但它们绝不可能带来诱人的长期收益。因此，长期投资者更看好有增长前景的公司，这种预期可在长期或超长期内为其股价提供支撑。

实际上，由于收益是决定公司长期股票价格的两个重要动因之一（另一个是价格倍数的扩大或收缩），因此，长期投资者的关注点应是在数量级上相当可观并具有可持续的盈利增长的公司股票。既然收益的增长只能来自于收入增长和利润率的提高，那么投资者就必须对公司的收入增长率和利润率进行评估。毕竟，在利润率提升空间很有限的情况下，盈利增长必然受制于收入增长。

本节将从增长角度出发探讨投资需关注的问题。首先，投资者必须确定，他们想投资处于哪个阶段的企业，毕竟，不同增长阶段的风险收益关系是不同的。其次，要更好地认识未来，研究过去自然是不可或缺的。再次，要了解公司的增长管理是否有效。最后，投资者还要当心增长饱和的风险。

1. 增长阶段

在寻找具有良好增长前景的公司时，人们往往喜欢在充满诱惑力的新行业里（如高新技术行业）搜索最有前途的目标，或是选择有可能成为改变时代的领军型企业。不过，如下两方面的原因使得这种方法危机四伏。第一，新行业的很多领军者因竞争惨烈而最终告败。比如，在诞生于20世纪90年代末的无数互联网公司中，至今尚在的已寥若晨星。

第二，高销售增长未必会带来高利润增长。这样的例子就在眼前，汽车及飞机制造公司在过去60多年的表现，足以说明这个问题。新兴高成长行业，尤其是那些热门时尚行业的最大问题在于，当大批企业加入市场竞争的时候，整个行业的利润率便会大幅缩水（而且会低于平均盈利增长率）。本书第二章曾提到，顶级投资者很少会染指领军型公司或是尚处于发育期的行业。他们承认新兴行业的小规模公司或许可以成为靓丽的投资对象，但他们坚持认为，宁愿放弃这种只有微小成功概率的超额回报，也不要承担由此带来的巨大风险（当然，风险基金投资者的目标就是抓住这种微乎其微的成功概率。由于他们能获得非公开发行的股权，这让他们比普通投资者更善于发现这种有前途的公司）。

此外，他们始终将收益和现金流增长率的重要性置于销售额增长率之上。对于彼得·林奇这种严谨而富有探索意识的成长型投资者来说，他们心目中的目标是既有可圈可点的历史业绩、不断完善的经营模式和稳健的资产负债表，又正处于快速增长阶段的企业（见第六章）。对较为保守的股票投资者而言，他们的偏爱则是拥有强大竞争地位以及在行业内进一步扩展空间的知名企业。

2. 对增长历史的评价

要了解一项业务的增长潜力，投资者应认真揣摩这项业务的历史。顶级投资者会审慎对待过去几年（甚至是几十年）的盈利及收入增长业绩，这个评价区间至少要覆盖一个完整的经营周期，并对如下要素做出评估。

（1）历史上的平均增长率。尽管以历史增长率作为推断的出发点很危险，但既往的增长确实有助于判断一家公司的未来发展潜力。除非有充分的证据可预期公司的未来增长率将远远超过以往，或者当前的增长率可在未来若干年得以稳定延续，否则，最有投资价值的业务在收入和盈利上的增长率始终超过大盘（比如说，超过7%）及行业平均水平。对约翰·奈夫等某些顶级投资者来说，历史增长过快的公司并不符合他们的眼光，因为他们担心的是这种增长不具有可持续性，而且这些公司的股票往往也是市场上的抢手货。而约翰·邓普顿等顶级投资者却恰恰喜欢这种历史增长率奇高的公司（如年均盈利增长超过20%），不过，他们的投资切入点通常还是会选择在合理的股票价位上。

（2）一贯性和稳健性。理想的情况是，收入和利润在过去几年始终维持增长状态。但投资者务必清楚公司在业务下滑期间（进入衰退阶段）如何维持收入和利润，以了解业务的周期性。

（3）历史增长的质量。最有质量的收入增长应该来源于多个业务（实体）单元的收入，或是通过价格上涨来实现的。另外，并购也会导致收入增长，但由此创造的价值应考虑折扣。

（4）收入增长与利润增长。可以想象，明智的投资者只关心能带来利润的增长。如果收入增长能给投资者带来相当可观的回报，那么，这种增长也有利于股东。聪明的投资者会避开那些单纯为追求增长而增长的业务，因为这样的增长往往是以牺牲盈利增长为代价的，是管理弱化的一个明显信号。

3. 增长管理

小企业（市值小于10亿美元的公司）的增长道路上往往布满荆棘，充满挑战，如果不能合理预见并妥善应对，它们极有可能陷入其中而无法自拔。因此，在选择快速增长的小规模企业时，投资者务必要审慎研究其发展历史（有关常规性增长问题的深入探讨，可参见：Flamholtz, 2007）。以下是增长管理中常见的若干误区。

（1）公司创始人过度追求权力和控制。在很多小规模公司中，创始人视企业为自己的孩子，因而会拒绝放弃公司的控制权。他们不愿意将权力下放，而且只重用自己的亲信。这可能会让他们付出惨重的代价，因为创业者往往不具备引导公司实现快速发展所需要的管理能力。明智的创业者会将公司利益置于最高点。在公司需要更专业的管理团队时，他们甘愿退避三舍。

（2）不能及时引入合理的管理流程和体系。小公司的创始者往往在流程和制度建设方面行动缓慢，因为他们担心这些制度带来的约束会束缚企业家的创造精神，或是他们在没有这些约束的情况下也取得了成功，所以他们坚信，即使没有这些流程和制度，企业依旧会继续发展下去。遗憾的是，随着企业的成长，他们不得不学会规划；他们必须建立绩效管理体系；他们需要将官僚作风压缩到最小；他们还要建设大公司所需要的基础设施，因为这是充分发挥其产能的前提。

如果缺少流程和体系，整个公司就有可能因为意外事故（始终未得到解决的永久性危机）、惯性（大公司通常不如小公司那么灵活）以及对个别人的高度依赖而难以为继。尽管过度严格的流程和制度确实有可能压制公司内的创业精神，但明智的管理者应该很清楚如何在两者之间进行平衡。以下是反映公司流程和制度不健全的某些信号。

- 公司缺少增长所需要的资源，无力处理应付账款和存货，无法高效生产产品，无法满足对办公场所、设备和人员的需求。导致这些问题的根源可能是资源管理不足以及缺乏规划（如基础设施规划与人员招聘计划）。
- 公司的盈利能力会遭遇无法解释的意外下跌，并且对现状缺乏合理的认识。造成这种现象的罪魁祸首，就是运营体系，尤其是规划及会计体系建设方面的滞后。
- 应接不暇的救急（危机频繁出现）、持续加班和缺乏安全感，都有可能打击员工的士气，并带来较高的缺勤率和人员流动率。这背后的原因往往在于缺乏合理的规划与制度。

（3）低劣的人力资源管理实务。在人力资源管理方面，小企业最经常出现的错误包括：

- 在招聘方面吝啬挑剔。成功的成长型小企业在人才方面总是未雨绸缪，积极吸引经验丰富并拥有管理、运营、会计和法律等方面专长的专业人才。尽管这些专业人才需要公司付出高昂的代价，但只有依赖他们，公司才有可能预见和规避成长型公司在快速发展过程中不可避免的种种问题和痛苦。
- 管理培训缺失。随着公司规模不断扩大，它必须为员工提供内部或外部的管理培训课程。管理技能开发计划不足的症状表现为：没有效率的会议过于频繁；上司只关注人的工作，不重视对人的管理；对计划的执行情况缺乏跟踪；管理者要达到目的，就必须事必躬亲。
- 组织结构含混不清。很多小公司根本就没有认真考虑到组织结构（管理的层级设计和职责分配等），导致最终形成的组织结构管理层级过多，造成权责划分不清。这就有可能给员工造成挫败感，出现推卸责任、重复劳动（因沟通效果低下）、决策过程缓慢以及无法完成任务等问题。
- 缺乏绩效管理。如果无法准确评估员工的工作结果，就会造成绩效差者得过且过，绩效佳者得到应有奖励（进而会因挫败感而流失）。绩效管理不足的常见表现，就是公司销售额的增长没有带来利润的增长。

4. 客观实际的增长预测

在预测销售额和盈利时，最便捷的方法当然就是以过去推断未来。不过，对历史趋势做毫无纠正的延伸很少会符合现实。第一，在较长的周期内，中值回归的强大威力会将所有公司归于行业的平均增长趋势。GMO资产管理公司创始人杰米里·格兰瑟姆（Jeremy Grantham）通过研究发现，金融序列回归中值的周期通常在7年左右（Heins， 2013）。

第二点更为重要，由于很多投资者习惯以历史推断未来，因此，我们有理由认为，这种类型的增长应在股票价格中体现为折现因素。出于这个原因，理性投资者会以更现实的视角看待未来增长。也就是说，在预测未来增长时，他们会尽力摆脱超常增长的影响，或者找出改善既往低水平增长率的催化因素。

因此，从根本上说，增长预测应建立在对企业进行的总体性定量和定性评估基础之上，这种评估已在上一部分中加以评述。但是在预测的客观性问题上，我们强调的是影响未来收入和利润预测的两个重要因素：分析师的预期及增长饱和问题。

（1）分析师预期的使用

评估公司未来增长的一个重要信息来源就是分析师的预测。尽管这些预测的可信度存在问题，但只要运用得当，它们的价值还是值得期待的（Dreman, 1998）。例如，我们可以将分析师一致认同的结论与个人观点做比较，以找出被分析师（大盘通常是分析师预期的一种反映）低估未来增长率的公司。大卫·德雷曼则以另一种方式使用分析师的市场预测：由于分析师大多对未来持乐观态度，因此，这些公司的收益下滑速度通常要高于分析师的预测。

（2）增长饱和问题

对每一个经历过高速增长的公司来说，其增长都会达到顶峰，导致业务进入饱和状态（见图12）。成长型投资者都要面对一种危险的陷阱：曾经是投资者趋之若鹜的市场宠儿，其估值直上云霄，但这种增长迟早会停下来，转而陷入不可逆转的衰退，遗憾的是，股票还被他们紧紧地攥在手里。实际上，一旦市场意识到昔日如日中天的高速成长已成过去不复返时，这种投资往往会遭遇断崖式跳水。

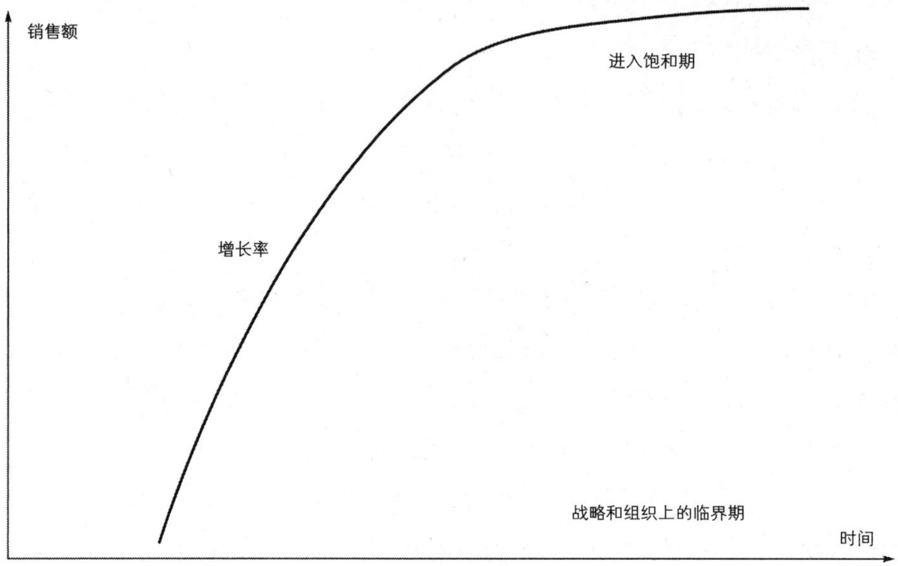

图12　由盛而衰的转换

除此之外，在估值过高的情况下，饱和性公司在遇到如下问题时（Porter，1980），其股价可能会进一步下挫。

- 轻率鲁莽的战略。可能会被高速增长掩盖起来，一旦增长减速，问题就会浮出水面。
- 如果公司未能合理预测销售额增长率的减速趋势，就有可能出现产能过剩的危险。
- 由于公司的饱和既非突兀而至，又非一掠而过，而是要经历一段时期，因此，它们的顾客群会变得愈加老练，经验也会愈加丰富，因而变得愈加难以对付。
- 随着晋升机会的减少，原本雄心勃勃的员工和优秀绩效的创造者会变得心灰意冷，并最终离开公司。

为准确预见增长饱和期的到来，投资者必须认真研读公司的财务报表，寻找增长已出现停滞的蛛丝马迹。但观察间接信号更有说服力，譬如说，产品的市场欢迎度已达到顶峰。另一个信号则是“管道阻塞”（pipeline fill）问题——在这种情况下，分销渠道（相当于“管道”）已被完全占用（如，一个国家的每个店面均出现该公司的产品），而增长率则持续下跌，最终与消费者的增长率持平。

此外，公司开始寻求向海外或非相关业务扩张，也说明公司业务增长已至饱和，管理者绝望地希望延续超常增长之路。

（六）危险信号

最后，在对行业及公司的经营模式、竞争地位、把握未来的控制力和增长问题进行深入全面的研究之后，投资者还要了解公司是否面临重大风险。对寻找“便宜货”的猎手来说，如果市场对风险因素做出过度反应，这种风险或许就会给他们带来机会，不过，摆脱致命性的风险或无法被市场充分认识的风险，或许才是更理性的选择。作为一种理智的投资方法，对风险因素进行单独评价绝对是不可或缺的。需要投资者认真识别的风险因素包括以下几种。

（1）隐藏在财务报表附注中的风险。一定要认真阅读财务报表的附注，从中寻找法律诉讼、环境处罚或违规事件等风险。

（2）业务的复杂性。上文曾提到，顶级投资者更偏爱简单的业务模型。而他们对简单性的喜爱并不局限于业务模型，也涵盖了业务及行业本身。他们会尽力规避复杂的业务和行业。譬如，被称为“欧洲巴菲特”的西班牙股神弗朗西斯科·加西亚·柏拉玛（Francisco García Paramés），一直不看好银行和保险公司，因为在他看来，这类公司的运营具有明显的“黑匣子”特征，外人很难看得清。另外，顶级投资者明显倾向于经营思路简单的公司。在《战胜华尔街》一书中，彼得·林奇指出，最令他倾心的是那种“随便一个傻子”都能管好的公司。这背后的道理不难理解：投资复杂的公司往往意味着要承受更高的风险，因为这些业务只能为少数天才所理解和管理（否则的话，管理失误就会接踵而来）；投资者会发现，理解和跟踪公司的进展既困难，又耗费精力；未来现金流几乎难以预测（因而其内在价值在本质上具有不确定性）；复杂的业务可能会过度依赖于少数最高管理者。

（3）顾客风险。在如下两种情况下，顾客可能会对公司构成重大威胁。

- 对少数顾客的过度依赖。彼得·林奇尽力不接触销售额依赖于单一顾客或极少数顾客的公司。顾客过度集中带来的第一个问题是，它可能会赋予顾客更大的讨价还价能力。第二个问题是，如果公司高度依赖于某个特定顾客，一旦这个顾客自身陷入危机或是停止与公司的业务往来，就有可能给公司的业务造成严重损失。

· 对顾客几乎没有选择性。如果一家公司与可信度或诚信度有问题的顾客做（大量的）生意，那么，这家公司无法收回货款的概率就会大为增加。

（4）公司发生值得怀疑的事件。很多事件是公司未来可能遭遇危机的前兆：

（i）内部人交易。投资者应当心公司存在对高层管理者的大额交易，尤其是这些交易的类型与公司常规业务不相符的时候（如发生锁定期即将到期前发生的交易），更值得怀疑。

（ii）关键人物辞职。关键人物的辞职（对外披露时通常解释为“因个人原因离职”）是毋庸置疑的红色警报。

（iii）更换外部审计师。公司更换审计师的原因往往是审计师与公司管理层在财务报表上存在分歧。因此，这是管理层试图操纵财务报表的强烈信号。

（iv）推迟披露财务报告。考虑到CFO和财务部完全清楚财务报告的截止日期，推迟申报和披露财务报表表明，公司管理者正试图隐藏某些事实。

“你应该投资于一家即便是傻子也能管好的公司，因为迟早有一天，傻子会成为公司的管理者。”

——沃伦·巴菲特（波士顿，2009）

三、管理评估

几乎毫无疑问的是，伟大的管理者会让公司受益无穷。但我们也必须承认，在一家公司的成功或失败中，管理者的角色往往被高估。在现实中，不管是CEO还是其他某个高管，任何个人对公司的影响都是有限的。历史已一再告诉我们，即便是有着辉煌业绩的管理者，也无法让一家病入膏肓的公司转危为安。

这个问题的另一个难点体现在，要判断一个管理者在公司成功过程中做出的贡献往往并不容易。实际上，很多被媒体捧为神仙的管理者，根本就配不上他们得到的这份荣誉。有些人只是昙花一现，而且凭借的完全是运气，他们在正确的时间出现在正确的位置。还有些人的成功源于他们身边的人，而不是他们的固有能力。

> “虽然管理层因辉煌业绩而身披荣誉，但他们在管理一家以基本面低劣而著称的公司时，这家公司的声誉不会因管理者的好名声而有所改变。”
>
> ——沃伦·巴菲特，1996年致伯克希尔·哈撒韦公司股东的信

因此，尽管顶级的选股大师都认同，优秀的管理者可依靠经济手段为公司创造巨大价值，但最关键的地方还是在于这些管理人能否将基本面不佳的公司变成明星公司。他们最关心的往往还是业务本身。只有拥有强大市场地位及合理评估值的公司，他们才会去进一步考虑管理问题。

虽然对于拥有超强市场特权的公司，他们不会过分苛求管理的质量，但如果领导者不合格（他们只关心自己的利益，对股东利益置若罔闻），那么，投资者绝不应指望从这家公司的股票上赚到钱（不管它的股票有多便宜）。实际上，正如沃伦·巴菲特在1979年致股东的信中所指出的那样，同类相吸的道理，使得个性、风格或愿景有问题的企业领导人，也会吸引与他们相近的人成为股东，这就会损害投资者的利益。

如果研究一下有关管理者最佳实践方面的文献，你就会惊奇地发现，杰出管理大师和成功管理者所推崇的品行特征，竟然与众多伟大投资者所寻求的品行特征不谋而合（相关特征见：Kouzes, 2007；Drucker, 2006；Pfeffer, 2000；Collins, 2001；Buckingham, 1999；Pfeffer, 2006；Pfeffer, 2007；Taylor, 2006；Peters, 1994。部分知名成功CEO的采访及其专著如：George, 2003；Branson, 1998；Welch, 2005；Gerstner, 2003；Schultz, 1997；Walton,1992。有关沃伦·巴菲特对管理层的期望的书籍见：Miles, 2002）。在下文中，我们对尽职

调查过程需关注和检验的基本要素进行了总结，譬如管理者的性格、技能和经验、关注点、对公司的忠诚度以及对履行其职责的激情和动力。

（一）性格

高层管理者的性格极其重要，因为性格决定他们的思维方式、如何应对挑战和问题、他们的关注点以及他们在公司行为中的利益取向。投资者希望高层管理者具备的基本性格特征包括正直、稳重（但又不失野心）、谦逊和独立。

1. 正直

正直首先意味着诚实、信守诺言、遵守规则，并始终坚持最高道德标准。对沃伦·巴菲特、安东尼·波顿和朱丽叶·罗伯特森来说，他们在管理者性格方面的第一个要求就是正直。即便是对于沃尔特·斯科劳斯这种纯量化投资大师来说，在经历过臭名昭著的管理者之后，他们也体会到强调管理者正直的重要性。值得牢记的是，很多市盈率低、管理者不可靠的公司，就是最典型的价值陷阱。

> “在评价一个人之前，你首先要看他是否具备三种品质：正直、聪明、能干，精力充沛。但最重要的还是正直，如果他不正直，但恰恰又聪明能干，那你的好日子就到头了。”
>
> ——沃伦·巴菲特，1996年致伯克希尔·哈撒韦公司股东的信

> “诚信是最基本的要求，如果你的本性中就缺少正直，那我们当然不会接受你。”
>
> ——杰克·韦尔奇（Welch, 2005）

如果公司的管理者诚实守信，那么，把钱交给公司的投资者就不必担心成为管理者手中把玩的工具，更不用担心管理者会对他们刻意隐瞒重大事项。每个坚持将正直放在第一位的投资者都深知，正直是在公司各层员工乃至全体股东之间建立信任和培育信心的基石。明智的投资者会在管理层通告、年报、采访、员工反馈等信息中寻找如下迹象，判断管理者正直与否。

（1）直言不讳。诚实的领导者喜欢直截了当、开诚布公。无论公司处于顺境还是逆境中，他们都会坦言真相，毫不隐瞒企业现状；他们从不畏惧重大挑战和问题；绝不包容错误，也不掩盖坏消息。在这个问题上，投资者可以从诸多环节中找到蛛丝马迹，比如董事会给股东的信和年报中财务报告以外的部分，当然，有些重大问题可能因隐藏在附注中，并没有在年报中予以讨论。

（2）财务报表清晰完整，客观准确。诚实的管理者会帮助投资者了解公司业务，采用易于阅读和理解的方式将公司财务状况呈现在投资者面前。他们会选择相对稳健的会计政策，绝不操纵财务数据，在与股东的沟通中从不使用有误导性的财务指标。而值得关注的方面则集中在非相关信息（如备考结果或是价值存疑的调整收益）、非正常损益项目的反复出现，收益重述以及令人难以置信的超稳定收益等上。

（3）客观看待未来。诚实的管理者在预见未来时不会过度乐观或不着边际。他们始终保持谨慎，因为他们深知未来总是不确定的。

（4）富有责任感。正直守信的领导者在出错时，绝不会为自己寻找借口或是替罪羊。他们勇于承认错误，对失败承担责任。责任感本身就是一种最有效的担保，因为它增加了管理层解决问题、纠正错误的概率。此外，优秀的领导者从不邀功，他们从不与下属争名夺利，让所有员工都能因功受赏。

（5）始终如一。崇尚正直的管理者会毫不犹豫地抛弃不正直的人。他们从不偏袒亲信，也绝不容忍任何破坏规则的事情。这方面最重要的信号就是利益冲突和关联交易，如为家族成员提供的以牺牲出租者利益为代价的租赁，以及有损贷款人利益的对高管和家庭成员的贷款。

2. 谦逊但不失抱负

很多伟大的领导者虚怀若谷，谦虚低调。他们不会让自我意识冲昏头脑；他们从不吹嘘自己的成绩，而是将成功归结于团队努力的成果。这种成熟类型的领导风格必然有助于培育相互信任、相互尊重以及可信可靠的精神。但切莫误会，谦虚并不代表他们没有野心，缺乏果敢。换句话说，杰出的领导者追求卓越，但他们是用成绩来说话的，而不是用语言去吹嘘。管理者的谦逊可以体现在如下方式中。

（1）虚心的领导者敢于承认自身能力的局限性，他们知道，任何人都不可能无所不知，无所不能：

- 他们甘于承认错误。相比之下，刚愎自用的领导者则固执己见，他们总会不遗余力地维护自己的主张，即便在铁的事实面前，他们也会千方百计地寻找借口。因此，他们很少会主动纠正错误，更有可能执迷不悟、不理智地固守既往之道。
- 他们富有好奇心，善于接受和学习新事物。而缺乏谦逊精神的领导者则坚信，他们无所不知，无所不晓。
- 他们善于倾听他人（如员工和顾客等）的意见，积极接受建设性的批评和不同看法。而狂妄自大的领导者则说得多，做得少，对其他人的意见和想法置若罔闻，甚至会极力排斥和抵触。
- 在必须做出决策之前，他们会主动寻求反馈、建议和反面意见。相比之下，傲慢自负的人只凭不完整的数据和知识，即可武断地做出决策。
- 那些自以为知之甚多的管理者，身边总少不了阿谀奉承的人，而谦虚谨慎的管理者则希望以人之长补己之短。因此，他们知人善任，不嫉贤妒能，从不排斥那些口无遮拦但比他们更聪明、更有经验的优秀人才。

（2）谦逊的管理者善于克制内心的自私本性，他们永远将公司的集体利益置于个人利益之上：

- 他们善于接受新鲜事物，转变思维，开拓思想。而那些自负的管理者却从不接受自己的错误，不管面对多么强烈的反对声，他们都要固执己见。
- 在与股东的沟通中，他们总是用“我们”这个词，而很少说到“我”。
- 他们竭力规避对管理者的个人崇拜。谦逊的领导者会尽可能地避开媒体的视线。他们尽力避免在年报中附带自己的照片，“年度最佳经理人”的荣誉会让他们感到不自在。
- 他们极力避免让公司打上自己的烙印。谦虚的管理者对能否给公司打上个人印记丝毫不感兴趣。比如，只要不符合公司利益，他们就不刻意去渲染自己。以自我为中心的管理者总是强调将公司和他们自己联系到一起，而谦虚的管理者想的是如何创建一家有生命力的公司，一家即使他们离开也依旧兴旺繁荣的公司。

- 他们尊重和关爱组织中的每一个人。在这方面，前西南航空公司CEO赫布·凯莱赫就是一个典范。无论是对酒店男仆、清洁工、航班乘务员、董事会成员还是最高大法院法官，他都会给予同样的尊重和关心（Freiberg，1996）。

（3）谦逊的管理者从不自我推销。他们不会漫无边际地吹嘘自己的公司，也不会做出不切实际的预测和承诺。他们甚至从不预测公司的未来，他们更习惯于用结果说话。

（4）谦逊的管理者不会接受不属于他们分内的财务报酬。有些信号可以清晰表明，管理者已认识到业绩来自集体劳动这个概念：

- 伟大的领导者绝不会接受让其他员工和高管感到无地自容的丰厚薪酬（可以说，奢华浮躁的生活方式往往与个人享乐主义和自我意识浓烈的领导风格密切相关）。菲利普·费雪认为，如果公司老大的薪水达到甚至超过二号、三号人物的2倍或3倍，这绝对是一个危险的信号。此外，薪酬最高者与最低者的差距也是一个非常有说服力的标准，因为它似乎与公司的财务绩效负相关（Pfeffer，2006）。
- 伟大的管理者永远不会追求只属于高管的特殊待遇，比如专用停车位、公寓、私人飞机、高级休息室和餐厅等。规避（或是限制使用）特殊待遇就是发送给全体员工一个信息：每个人的贡献都应该得到体现。

3. 戒骄戒躁，排除自满

成功是培育自满的温床，大多数人都相信，成功是有规律的，因而是可以重复的。然而，在竞争激励的环境下，如果公司管理层不思进取，不求变革，其他人就有可能乘虚而入，取而代之。优秀的管理者从不会满足于现在；他们永远不会把市场主导地位看作想当然的事情；他们会永不停息地挑战自己，打破现状；他们不遗余力地剔除已过时的成功规律；他们心甘情愿地抛弃过去——不管他们对过去有着怎样的情结，也不管他们付出了怎样的沉没成本。沃伦·巴菲特旗下的西尔斯糖果公司（See’s Candies）CEO查克·赫金斯（Chuck Huggins）无疑就是一个典范，他深知谦卑不自满的必要性，并曾说过，“我们会不断反思自己做过的每一件事，因为我们不仅相信，其中还有很多不完善的环节，也坚信，我们还可以做得更好”（Miles, 2002）。

“真正有能力和有决心的人，绝不会甘于现状，止步于眼前，更不用说自鸣得意，他们的目标永远是不断进取，不断完善。而管理层也必须意识并接受这样一个事实，他们所处的经营环境是瞬息万变的。”

——菲利普·费雪（1996）

4. 独立性

从众心理是人之常情，因为这会让人感到轻松。因此，对企业领导者来说，效仿竞争对手是常见的事情。沃伦·巴菲特将这种盲目跟随、抄袭业内对手的动机称为制度性强制力（institutional imperative）。

制度性强制力的典型写照，就是某些行业近乎荒诞不经的估值，乃至充斥着这个板块的高杠杆。伟大的企业领导者绝不屈服于制度性强制力。他们是独立的思考者。他们对所谓最时髦的管理新思潮始终持怀疑态度，因此，当竞争对手实施非理性行为时，他们绝不会盲目跟进。他们甚至认为常规的行为往往带来常规结果（即平均水平）。

（二）经验与能力

个性只是评价管理层的一个起点。从理论上说，杰出的管理者还应具备强大的执行力。为了对管理层面做出评估，顶级选股大师需要了解管理层的背景和经历（如教育程度、商业思维等等）、管理层的资金配置方式及其战略思维等。

1. 经历和业绩

顶级投资者更倾向于有实际业绩为佐证的管理层。在实践中，他们看好的管理者，应该曾在与目前公司业务相近的其他企业有过良好的业绩记录。对那些管理者有历史污点的公司（如管理者以前管理的公司遭遇破产或关停），他们会小心地规避。约翰·邓普顿和著名的成长股基金经理弗雷德里克·科布里克（Frederick Kobrick）均指出，必须分析管理者在目前或以前的公司里是如何处理失败和逆境的。沃伦·巴菲特则建议阅读公司前几年的年报，尤其要关注管理者当时针对未来战略的观点，以及这些战略的实施情况，或是进行了怎样的调整。

2. 资金配置

资金配置是一种重要的管理技巧，其实就是指如何将资金配置到各职能部门和项目，以实现长期股东价值的最大化。在商界，真正优秀的资金配置者屈指可数。第一，很多高层管理者登上职业生涯最高点所依赖的是他们优秀的经营业绩。很多人根本就没有财务背景，在资金配置上接受过专业培训的人更是寥寥无几。第二，管理者的行为基于多种要素，既有理性的（如创造价值），也有非理性的（如将大把资金投入没有利润但却能给他们带来荣耀的项目）。合理的资金配置对股东而言至关重要，因此，聪明的投资者自然会密切关注管理者的资金配置能力。为确定管理层的资金使用是否合理、明智，顶级投资者提出如下建议。

（1）优秀的资金配置者具有极强的成本意识。他们通常会严格控制和密切监督各项成本费用。他们对铺张浪费、奢侈挥霍、贪图外表、总部费用过高和人员臃肿等现象深恶痛绝。彼得·林奇曾说，“公司总部办公室的挥霍与管理层回报股东的意愿成反比”（Lynch, 1993）。但是他们在员工薪酬、聘请有经验（同时也是薪酬较高）的人才、广告、重大技术和研发等必要的开支上却斤斤计较。要评价管理层的成本意识，最重要的就是看他们的既往业绩，而非情怀和愿望。

> “对于一家持续高成本运行的公司来说，管理者永远找得到增加公司费用的新办法；而在一家成本受到严格控制的公司，管理者也总能找到可以进一步压缩公司开支的新手段，即使后者的成本已远远低于前者。”
>
> ——沃伦·巴菲特，1996年致伯克希尔·哈撒韦公司股东的信

（2）出色的资金配置者强调将有限的资源（时间、金融资源和人力资源）用到机会上，而不是问题上。

（3）最优秀的资金配置者从长计议。只要忠实于股东的长期利益，他们宁愿忍受短期的痛苦，面对缺乏耐心、居心叵测的交易商或是投机者的压力，他们也绝不屈服。例如，在业务下降时，理智的管理者绝不会为了追求利润而削减研发开支，因为他们深知，今天的研发对公司未来若干年的成功至关重要。

（4）出类拔萃的资金配置者在杠杆问题上谨小慎微。他们规避过度负债，因为他们知道，杠杆具有两面性。因此，他们绝不接受负债有助于强化责任意识的所谓流行观念。

> “有人说，巨额债务会迫使公司经理人比以往任何时候都更加关心经营，就像是一个人开着一辆轮胎插着匕首的破车，可以预期，他一定会小心翼翼地开车。但难逃另一个原本不会出现的结果——只要汽车碰到一个小小的坑洞或是一小片冰，就可能造成致命的车祸。而在商业的道路上却遍布着各种坑坑洞洞；因此，所有以避开各种坑洞为目标的计划，实际上就是一个相当危险的计划。”
>
> ——沃伦·巴菲特，1990年致伯克希尔·哈撒韦公司股东的信

（5）伟大的资金配置者对并购慎之又慎。因为他们很清楚，大多数并购根本就不会创造价值。收购方往往支付过高的收购对价，他们会高估收购后的协同效应（或低估收购的负面作用），而且还要在整合过程中应对各种各样意料之外的复杂问题。此外，如果收购方的财务状况恶劣（如使用债务作为收购资金），那么，对新收购公司进行整合所带来的经营风险就会加剧公司的财务风险。当然这并不是说收购没有意义。譬如，思科（Cisco）曾非常成功地完成了多次收购（Pfeffer, 2006）。为避免鱼目混珠，聪明的收购者会这样做：

- 不买没有溢价的公司。只有在价格低于被收购公司能创造的价值时，他们才会收购一家公司。因此，他们更倾向于收购非上市公司（因为其定价往往是无效的）。一旦出现非理性买家，导致收购陷入价格战，他们就会全身而退。
- 收购完全出于战略原因。杰出的收购者绝不会因为追求刺激而收购，更不会为兴建企业帝国、提高其个人权威和收入而收购。他们很少购买非相关产业的公司（他们了解不多，经验有限的公司）。他们寻找的收购目标，要么能强化他们在特定市场上的地位，要么有助于他们迅速掌握所在业务领域的特殊能力和专长（相关示例见：Hamel, 1996；Ries, 1996）。思科的领导者就通过并购获得另一种优势。他们心目中的收购目标必须是地理位置相近的公司，因为在他们看来，这有助于双方的合

作及整合过程的顺利进行。

· 以现实的眼光看待协同效应。他们始终对协同效应持怀疑态度（只有成本协同效应才是最可靠的），他们清醒地意识到顾客的疏远、员工的流失和士气问题，往往会令收购只带来负面协同效应。因此，在现实中，他们管理整合过程的目标，就是正向协同效应的最大化和负面协同效应的最小化。比如，思科的领导者在进行收购时，通常会第一时间筹划和实施整合构成，以便留住被收购公司的关键人员（核心力量）。
· 积极寻求文化上的批判，因为他们深知，很多收购失败的原因，恰恰就在于收购方与被收购方在企业文化上的不兼容。譬如，在收购企业时，思科的领导者将文化匹配作为寻找收购目标的先决条件。
· 他们优先选择那些规模小于自己的公司作为收购目标，因为这会减少整合障碍及后期风险。同样以思科的领导者为例，他们很少会考虑收购与自己规模相当的公司，因为他们担心这会带来合并后公司的控制权斗争。

> “如果面对两个选择，一个是勤奋工作巩固基本业务，另一个则是开展一场充满刺激的并购，并在财经电视频道里上畅想未来，太多的高管会选择后者。但回顾IBM 的经历，我们发现，IMB的成功在很大程度上恰恰就是因为我们从不去做不应该做的事情。”
>
> ——IBM创始人郭士纳（Gerstner，2003）

（6）当减少资本基数有利于股东利益时，理性的资金配置者从不避讳适时缩小资本规模。与很多一心只想着扩大企业帝国的企业领导者不同，当减少投资规模有利于创造价值时，最优秀的资金配置者会不失时机地回购股份，削减业务单元（通过业务剥离或出售等方式）。此外，在意识到目前找不到更合理的现金使用方式时，他们会增加股利，回馈股东。

（7）如果将收益用于再投资可以获得更高的回报率，那么，出众的资金配置者一定会想办法将收益留在公司里。这意味着：

· 在公司股票的价格还没有低到非常诱人时，聪明的管理者绝不会回购自己的股票。只有在按低于内在价值的价格买入股票时，股份回购才会有利于股东。那些不管股价高低，单纯为了抬高股价而回购股票的管理者，实际上就是在践踏有价值的股东资源。

- 合格的资金配置者绝不会将股利当作支付给股东的某种报酬。高股利并不总是有利于股东。只要公司能利用留存收益获得更高的回报率，即使没有马上拿到股东，股东的利益依旧得到了提高。比如说，沃伦·巴菲特的伯克希尔·哈撒韦公司从不发放股利。当然，有些公司也确实因为向股东支付稳定股利而获得声望，因而赢得很多以定期获得股利为目标的股东的青睐。在这种情况下，稳定并适当增加股利的发放额同样至关重要。
- 与那些拙劣的资金配置者相比，优秀的资金配置者善于通过对资本进行有效的管理，尽可能地规避财务问题。而通过采用成本控制、避免不必要的风险（如通过低杠杆以及对并购的审慎）和从长计议的思维，这些理智的资金配置者可以不必频繁依靠重组策略来解决问题。

此外，他们通常会采取完全不同于竞争对手的方式来解决财务问题。在遭遇困境时，他们会想方设法地减肥，而不是减少肌肉。也就是说，他们不会指望明显而容易的手段（如，通过裁员来削减HR费用或是降薪等），因为这只会在公司最需要员工奉献的时候，降低他们的忠实度和奉献精神。此外，他们基本不会降低产品质量和服务，因为这必然会造成一种恶性循环，顾客离他们而去，进而进一步降低质量成为他们唯一的选择。而优秀的资金配置者具有创造性，他们会独辟蹊径，寻找其他降低成本的途径。比如，他们会取消额外津贴，推行乘坐经济舱出行的习惯等，或是干脆选择静观其变，挺过艰难期。他们会谨言慎行、奉公克己，尽可能地避免对员工和产品及服务质量造成影响。

3. 战略性思维

战略解释了公司在市场上维持和强化其竞争地位的方式。对战略的管理和执行是公司高管最重要的职责，因为只有处于公司最顶层的人才能从整体上认识公司业务，也只有他们才了解公司的优势和缺陷，理解整个公司各环节的竞争态势。拥有独特愿景的管理者自然会追寻独有的公司战略，显示出与竞争对手的不同之处。通过这种方式，他们为公司的竞争优势又增添了一个维度，让公司的护城河更加坚不可摧。如果一家公司与一个或是若干竞争对手拥有完全相同的经营模式和战略，那么，它就只能借助于经营上的优势战胜对手。然而，在工具、信息和设备已成为共同配置的现代商业环境中，将成功的赌注完全压到经营优势（和竞争对手在经营上的低劣）上，这显然是一个站不住脚的伪命题。因此，尽管每个杰出的管理者都会追求经营上的卓越，但采取不同于竞争对手的战略，也是他们不可或缺的手段。此外，他们的战略必须建立在固有的核心能力和优势基础之上。

他们的并购战略还表明，伟大的战略型思想家绝不喜欢游离在自身努力范围之外，因此，他们会竭力避免对非相关业务的拓展。但很多企业的错误恰恰就在于将投资对象定位在与核心业务完全不搭边的公司上，而且这些公司的盈利能力往往也低于核心业务。

吉列公司曾收购一家数字手表制造商，并于不久之后便被迫注销了该公司。即便是可口可乐这样的巨人也会犯错误，涉足与软饮料毫不相干的业务。多元化经营的弊端是显而易见的，彼得·林奇甚至将多元化称作“多元恶化”（diworseification）。可能出现的主要问题包括：

- 多元化经营会稀释现有资源，因为公司需要在非核心业务上花费大量的时间和财务资源，从而导致为核心业务分配的资源减少。例如，可口可乐在参与与核心业务相关的业务时（如，出售糖浆类饮品），就曾陷入困境。在接过可口可乐的帅印后，明星级管理人郭思达（Roberto Goizueta）意识到，公司正在将有限的资源浪费在盈利能力远低于主营业务以外的业务上。于是，他果断剥离了这些业务，对公司用于糖浆生产及销售的资源进行重新配置。
- 多元化经营有可能疏远顾客。在百事可乐拥有必胜客时，其他比萨店就不可能提供百事可乐的软饮料。通用汽车（GM）拥有National汽车租赁公司时，它就很难向该公司的竞争对手出售汽车，如赫兹（Hertz）、艾维斯（Avis）和阿拉莫（Alamo）（Ries，1996）。
- 多元化会削弱公司的外部形象。当人们无法识别公司所代表的内涵时，多元化就会造成混淆。
- 多元化意味着公司进入竞争对手拥有更多知识和特长的业务领域。几年之前，比利时的阿特纳不动产公司（Atenor）曾试图以私募股权为副业。但事实是，即便是对专业机构而言，私募股权也是一种高难度业务，它根本就拿不到高盈利交易。几年之后，该公司决定放弃私募股权业务，重返核心业务。

“缺乏核心在那些业绩平平的公司中最为常见。许多公司会在主营业务陷入困境时决定到一个新行业里碰碰运气。太多的公司高管根本就不想打一场攻坚战，去拯救、复兴并巩固他们的基本业务。有些时候，他们甚至会过早放弃自己的基本业务。”

——郭士纳（Gerstner, 2003）

（三）价值提升

第三项关键性管理职能就是提升和维护公司的价值。价值管理对高管而言极其重要，不仅因为管理者有权向下属（全体员工）布置价值创造的任务，而且还因为他们的行为本身就是一种强大的信号。

为显示其对价值提升的态度，优秀的管理者会认真对待文化管理。他们全身心地拥护公司价值及准则，并以身作则。他们严格要求员工履行公司的价值观和准则。此外，他们随时监督企业文化在整个组织范围内的维护，避免文化的衰落甚至是退化。而且他们所追求的文化本身，是和公司的目标及成长阶段相吻合的。

此外，伟大的管理者善于激励创新。他们崇尚的是一种鼓励人们尝试新鲜事物的企业文化。他们激励员工勇敢地对现有实践和行动提出质疑，鼓励他们抓住每一个机遇。他们以宽容的胸怀接受所有奇思怪想（创造性）的人，对所有敢于跳脱条条框框、寻求先发制人的领军者给予支持。此外，他们还通过必要的组织结构（如，自主权的设置）和激励机制（如，预测和其他参照标准），为所有创业者创造机会。

最后，杰出的管理者鼓励与员工沟通公司的价值、愿景和战略，他们在这个问题上毫不避讳。此外，他们深入基层，与公司各级员工深入交流，畅所欲言。他们也鼓励员工主动进行沟通（如，采取积极欢迎员工反馈的政策），倾听每个人的问题和建议。已故的沃尔玛创始人萨姆·沃尔顿通常会主动给员工回电话，即便对方只是接线员也不例外。

（四）主人翁意识以及对股东利益的忠诚

聪明的投资者希望管理者对公司及股东利益承担道德义务。如果管理者对公司拥有高度的主人翁意识，那么，股东就尽可放心，他们会尽其所能地创造价值，致力于打造持续性组织。顶级投资者希望能找到如下可体现管理者奉献精神的信号。

1. 优秀的管理者致力于打造经久不衰的组织。有些所谓的明星级管理者试图让组织高度依赖于他们（这样，所有人都会将公司与这个管理者等同起来），而伟大的管理者则希望创造一家离开他们依旧可以繁荣不衰的公司。他们积极推行管理层教育计划（假如管理者恰好缺乏这种教育），最大程度地提高各业务单元的独立性，着力培养自己的接班人——而且是在他们离职的很多年之前即着手开展这项工作。

2. 内部人持股比例较高。如管理者将个人财产的很大一部分投资于公司股票或者这部分投资相对其年薪比例较大，足以说明个人利益与公司利益休戚相关。较高的内部人持股会提高管理者利益与股东利益的一致性，它显示出管理者对企业的信心。他们始终鼓励经理将精力集中到股东价值的创造上。他们要求管理层在决定冒险或是接手未经验证的风险之前必须三思而后行。

3. 长期任职。长期任职合同是表明忠诚度和奉献意义的重要信号。和一个每隔几年都跳槽的CEO相比，一个为公司工作多年（最好是几十年）的人，自然可以赢得更多的信任。与此密切相关的是，优秀的管理者希望辅佐自己的都是公司内部提拔起来的精兵强将。毕竟，这些人的忠诚度是有保障的，而且他们更了解自己的公司。

4. 伟大的管理者习惯于客观看待人的优缺点，绝不有意偏袒、任人唯亲。他们只关心能否找到最优秀的合作伙伴和员工。一个有奉献精神的管理者绝不妒贤嫉能，如果觉得有人比自己更胜任这个职位，他们甚至甘愿退位让贤。

5. 长期性思维。关心公司利益的管理者会从长计议。只要牺牲个人利益能有利于公司利益，他们会毫不迟疑地选择付出。他们对长期性股东展现出真切的关心，并对眼光短浅的分析师和交易商嗤之以鼻。（关心长期性股东利益的一个典型例子就是沃伦·巴菲特，他不仅不希望伯克希尔股票被严重低估，还不希望出现过度的高估。不管是高估还是低估，他认为都是有问题的，因为这会导致股东回报严重偏离伯克希尔·哈撒韦所创造的价值。）尽管他们与外界沟通频繁，尽管对投资者知无不言，他们还是不愿意将过多时间用到月度更新或是媒体的定期见面会上，以避免本职工作受到干扰。

6. 薪酬公正。如果管理层致力于增加公司利益，他们的薪酬必然公正客观，将薪酬与公司的长期绩效以及每个员工和管理者的贡献挂钩。如果出现管理者以牺牲股东利益来谋求个人利益的内部传闻时，这说明，管理层的良好意图已遭到严重质疑。出现这种情况的例子包括对管理层提供的黄金降落伞、低息或无息贷款以及关联交易等（如，管理者的家人以非常优惠的条款与公司做生意）。

“一个真正领袖人物的标志，就是组织在他们离开后的表现如何。”

——比尔·乔治（Bill George，2003）

（五）激情与能力

“要评价某个人的工作是否称职，我的第一个问题就是：他到底是爱财，还是这份工作？”

——沃伦·巴菲特（Miles, 2002）

对管理者来说，投资者需要关心的最后一个方面就是他们的激情与能量。毋庸置疑，优秀管理者热爱自己的公司，热爱自己的工作。他们以公司的产品为荣。他们总是以巨大的能量和现实的乐观应对挑战。（优秀的领导者会想方设法规避过度的乐观情绪，因为这只会导致自高自大、毫无节制的冒险行为以及对竞争的不恰当反应。）热情会激励他们努力工作，追求更大的成就；在遭遇挫折时，热情赋予管理者无穷的能量，让他们保持高昂的斗志；热情让他们对公司及行业永远保持好奇；热情会激励每一个人。

在评价管理者的激情和能量时，顶级选股大师主要考察的是管理者的工作时间。比如说，谢尔比·戴维斯（Shelby Davis）和彼得·林奇认为，如果一名管理者经常加班——尤其是周末和节假日，就可以断定，这是一位对工作充满激情的管理者。另一个体现管理者激情与能量的指标，就是他们谈论企业和本职工作的方式。

四、董事会

“关于董事会成员的遴选条件，需要他们具备相应的从业经验，对自己的工作感兴趣，并以股东利益为准绳。但目前选出的大部分董事却是因为他们所拥有的社会地位，或只是为了增加董事会成员的多样化。这样的做法实际上是错误的，但更糟糕的，是这种错误会带来后遗症，因为董事在上任之后就很难被撤销，好说话且从不提出异议的董事，显然是不怕找不到位置的。”

——沃伦·巴菲特，1993年致伯克希尔·哈撒韦公司股东的信

董事会的责任就是维护股东利益。在某些国家，董事会还代表其他利害关系人（如员工）的利益。在这样的权限范围内，董事会的职责就包括选拔公司最高管理层、提名董事会成员、确定高管薪酬、审核公司的战略决策（如收购）以及内部控制与监督（与审计师合作）。

遗憾的是，并没有几个董事会能切实履行这些职责。对董事会成员来说，最常见的问题就是他们缺乏相应的经验和能力，因此，在本应发表意见时，他们却保持沉默，因为他们不敢挑战业绩不佳的管理者。他们往往会送给管理者一份慷慨大方的薪酬大礼包，他们对管理者的考核也重眼前，不顾未来。

作为尽职调查的最后一个步骤，顶级投资者需要审慎筛查公司董事会。在业务及管理层评估之后进行这种筛查非常重要。因为董事会成员的权力毕竟是有限的。他们不可能让一个垂危的企业起死复生，面对狡猾而缺乏忠诚的管理者，他们往往会束手无策。但对于一个拥有杰出管理层的好公司来说，了解其董事会绝对是值得的。顶级投资者会考察董事会是否称职，是否愿意维护股东

的利益，并对董事会的如下方面做出评价。

1. 董事的背景。在最优秀的董事会里，每个董事都应该拥有敏锐的商业头脑、独一无二的专长和知识（如在法律、审计、财务和公司背景等方面）以及丰富的实战经验。但考虑最后一个方面，在安东尼·波顿看来，他希望董事的任期至少能涵盖一个完整的商业周期。

2. 董事的独立性。在一个有效的董事会中，其董事应该具有独立性，只有这样，他们才能要求和监督管理层。优秀的董事会成员必须有敢于批评管理者的勇气；他们始终坚持薪酬待遇的公正与公平；他们敢于对管理层的决策提出质疑和挑战。而公司的内部人不太可能这么做，因此，很多人开始认为，独立的董事会成员应来自于公司的外部人。沃伦·巴菲特认为，这种做法过于简单化，原因有二：第一，商业的独立性绝不等同于道义责任上的独立性；第二，将公司内部人排斥于董事会之外，就相当于人为排斥那些拥有丰富经验和专业知识的人。沃伦·巴菲特认为，董事会与管理层以往的互动性，更有助于判定董事会的独立性。独立性的其他标志包括：

- 董事会的规模。沃伦·巴菲特认为，董事会的规模不应太大（7个人左右比较合适），因为规模太大的董事会很可能是一个信号，进入董事会的原因是为了获得某种回报。
- 管理层的薪酬。令人无法容忍或是与股东价值创造标准（薪酬水平以公司收入和规模为基础）无关的薪酬方案，这无疑是一个最明显不过的信号——占据控制地位的是公司管理层，而不是董事会。
- 董事收入。巴菲特最担心的就是，当董事会报酬在董事年收入中占据比例较高的话，董事的独立性必然会受到影响。因此，这些董事的问题就是，为了保住这份收入，他们很可能会选择避免与CEO发生冲突。
- 家族关系。如果董事会成员与高层管理者存在家族关系，那投资者就需要对这家公司多加小心了。
- 董事长与CEO。安东尼·波顿绝对不喜欢CEO与董事长合二为一的公司，因为这意味着公司的真正控制者是CEO。
- 决策。董事会的决策方式可能会对其独立性带来重要影响。譬如，独立的董事会尽可能达成一致的决策，并组织CEO不得出席的会议。桂格燕麦（Quaker Oats）就为我们提供了一个错误决策方式的案例，每次以书面形式达成全体一致通过，与会的董事会成员即可获得1000美元报酬（Staley, 1997）。

3. 风险共担。要让董事像所有者那样去思考，最强大的激励机制就是让他们的利益与股东利益保持一致。而实现这些协调的最直接方式，就是将董事的很大一部分个人财富与公司股价挂钩。最理想的情况是，让董事持有的股票价值远超过他们的年薪，而且他们用自有资金购买股票（而不是公司为他们掏钱买股票），也就是说，他们将自己辛苦挣来的钱直接投资于公司。另一个实现利益协调的方法，就是像巴菲特的伯克希尔·哈撒韦公司那样，取消高层管理人员的责任保险。在这种情况下，那些未能尽职尽责做好本职工作的高管就会让他们的个人财富面对巨大的财务风险，那些未能严格履职的董事必将遭到罢免。

4. 董事会成员的贡献。贡献就意味着董事必须为本职工作投入足够的时间和精力。要评价个别董事的贡献度，首先要看这个人在多少家公司担任董事（超过三家公司就是一个危险信号）及其在董事会会议上的出勤率。而要评价董事会作为一个整体的贡献度，就要看公司每年召开董事会会议的次数了。（例如，在审计委员会没有高管人员参与的情况下，且每年至少召开两次会议，那该公司就不太可能人为篡改盈利。）

五、信息源泉

当投资者准备对一家公司及其所在行业、公司董事会或高管层开展尽职调查时，他们很快就会意识到，要获得自己想要的信息绝非易事。搜集有实际意义的相关信息，不仅需要经验，还需要一个可以信赖的社交网络。当然，还需要具有从噪声中挖掘出重要信息的技巧。即便如此，一位严谨认真的“侦探”还是要刻苦钻研，以获得更有穿透力的独家信息。

另外，由于绝大多数专业投资人士的调查方式仅限于阅读（甚至是快速浏览）财务报表，因此，深挖性调查分析的回报可能是难以估量的（如下文所述）。从根本上说，顶级投资者通常会以两种方式获得他们所期待的信息。

（一）公开信息来源

投资者可以在不同场合获得公开资料，并通过阅读这些公开信息了解一家公司及其关键人员（如管理层、销售人员和工程技术人员等），具体包括：

1. 由公司提供的官方文件。上市公司必须公开披露很多报告及文件，这也是股票市场对上市公司的法定要求。但是在阅读这些资料时，投资者务必清楚，它们完全是在公司管理层眼皮底下写成的，当然还可能有公共关系人员的辅助。尽管某些文件必须符合严格的规章制度，但是在管理层信念、目标和意图的影响下，它们很难避免受到人为润色。因此，投资者应以批判的目光看待这些资料。

此外，投资者还应该养成一种良好的阅读习惯，即通过阅读公司在过去几年披露的文件，看看管理层对承诺的履行程度，了解他们最关心的问题，并合理预期管理层的下一步设想。比如说，拉塞尔·威尔金斯（Russell Wilkins）认为，与管理层的豪言壮语相比，他们以往的行为才是预期其未来发展的最佳信号。如果这些文件含混不清、烦琐复杂，明显不切实际，或是不同文件之间不相一致，危险的信号就出现了。相关性最强，同时也是投资者最应该关注的文件包括：

公司年报和季报。这些报告是了解公司业务、管理层、经营战略及其经营模式最重要的公开信息来源。投资者可以在这些报告中掌握大量的财务数据。此外，阅读过去几年的致股东的信，也有助于投资者了解公司的战略和管理层。但投资者应该意识到，这些报告往往会存在两个不同的版本：一份是提交给监管机构的官方版（如提交给美国证交会的年度报告和季度报告），另一份（往往更加光鲜亮丽）则用于发送给股东或是发布在公司官网上。

很多投资者更喜欢阅读后者，因为官方版往往枯燥乏味。但喜欢钻研深究的投资者肯定更偏重于官方报告。理由很简单，官方报告必须遵照严格的规则和制度来写，而管理层当然有权用华丽的语言来阐述他们想说的事情（这也是言论自由的体现）。因此，出现在官方报告中的某些关键信息，或许不会出现在非官方报告中，即便是同一件事情，也有可能以完全不同的措辞表现出来。

股东委托书（proxy statement）。尽管大多数投资者不会阅读股东委托书，但聪明的投资者则会细读这些文件，他们希望从中找到管理者自我交易或贪婪自私的例证。比如，公司为管理者提供过高的补贴或是过度的股票期权。

招股说明书。这是公司在公开上市时报送的文件。阅读招股说明书，投资者可以充分了解公司的经营模式。投资者应着重关注招股说明书的前几页，尤其是“投资者关注事项”，因为这些内容有助于揭示风险以及可能导致公司经营失败的原因。

2. 证券经纪商报告。尽管沃伦·巴菲特不看好证券经纪商的报告，但还是有很多顶级投资者认为，这些报告可以帮助他们尽快搜集公司、行业及管理层的背景信息，包括著名基金经理迈克尔·普莱斯（Michael Price）、凯文·戴利（Kevin Daly）以及约翰·邓普顿。凯文·戴利指出，初次研究报告（分析师第一次跟踪某只股票时撰写的较为深入完整的研究报告）或许是最有价值的信息来源（Schwager, 2012）。约翰·邓普顿则提出警告，证券经纪商的报告通常只能提供支持其观点的信息。最好不要重视经纪商的建议，因为这些报告包含的信息很可能已在股价上体现。

3. 公司网站。通常，公司网站上会详细解释其业务，提供各种报告，并允许投资者收听公司的盈利分析电话会等。

4. 独立的商业服务。某些商业性投资资讯服务商（如汤森路透）汇集了上市公司的各种信息，提供盈利电话会的文字稿以及各家证券公司的研究报告。还有一些商业机构发布各种研究报告，如《价值线调查》（*Value Line Survey*），或是公司相关信息的简报。

（二）小道消息（scuttlebutt）

“小道消息”的说法来自于已故投资大师菲利普·费雪，用来指代通过各种非正规渠道来收集某家公司的消息，比如说走街串巷、与管理层交流、与现任或已离任员工谈话、调查顾客及竞争对手以及采访供应商等等。这种散播于坊间的传闻可以为投资者提供来自接近公司人士的某些微妙信息。

比如说，这些信息可以揭示某些公司管理者不愿意公开谈及的具体问题。它们也有可能让投资者怀疑公司高管对竞争对手的观点（如，销售人员对竞争对手的看法是否与管理层一致）、内部程序（如，公司是否确实像管理层所说的那样不存在官僚方式）、创新与研发（如，是否确实像管理层所说的那样成为公司优先任务，或者实际上已被看作负担）、人力资源（如，人才是否在公司得到重视）、企业文化（如，是否已形成真实而坚实的价值观，抑或只是完全出自管理层之口，为博得外部人眼球而采取的虚伪表象）等等。

有一点似乎无须解释：投资者必须深入研判这些传闻，只有这样，面对那些完全以公开信息为基础进行决策的对手，他们才有可能占据明显优势。事实上，对严谨的投资猎手来说，这或许就是他们战胜市场之道，因为大部分公开信息，至少是易于获取的信息，基本已在股价中得到了体现。因此，小道消息在做空投资者（他们的研究往往比做多投资者要深入全面得多）之间较为流行，很多顶级投资者也深谙此道，如大西洋投资管理公司创始人亚历克斯·鲁珀斯（Alex Roepers）、西班牙股神弗朗西斯·加西亚·柏拉玛及朱力叶·罗伯特森。（尽管几乎所有顶级投资者均承认小道消息的作用，但并非所有人都认为，完整透彻的传闻是构成有效投资过程的一个基本组成部分。）

然而，正像菲利普·费雪所指出的那样，应把小道消息作为尽职调查的最后一个步骤，因为在对公司及其所在行业有了充分认识之后，就更有可能对这些信息做出正确解释。在下文里，我们对利用小道消息的各种方式进行了汇总。第一部分讨论相关信息的潜在来源，在第二部分里，我们将说明投资者在实践中应如何利用这些信息源，最后一部分则简要探讨某些非常规性的选股技术。

1. 小道消息的来源

为获取关于一家公司及其管理层的独家信息，选股者可以仰仗的最佳信息来源包括：

（1）个性化经历。投资者可以通过如下渠道对一家公司产生感性认识。

· 实地考察。对公司进行实地考察，可以亲身感受一家公司正在从事的活动。在这个过程中，投资者可以感受这家公司是否真诚友好地欢迎来访者，卫生间是否干净整洁（显示出对员工和来访者的尊重），员工的精神面貌是否愉悦舒畅。CEO办公室的位置以及办公室的装修也可以透露出很多有关CEO价值取向的信息。看看业务负责人是否以自己的工作为荣同样也是重要一环。你可以看看公司建筑物上的各种标志（有无遗漏的字母），参观公司的停车场（维护是否良好）、总部周围的画院（是否有修整平齐的草坪，还是杂草丛生）等等。

- 核查公司产品及购买体验。当投资者将数千元乃至百万美元投资于公司时，恐怕他们中的大多数人都没有见过这家公司的产品，更不用说亲手触摸感受了。相比之下，聪明的投资者会想方设法亲身感受公司的产品，以检验它们到底价值多少。

（2）一手信息资源。第二个信息源就是那些对公司有第一手体验并掌握第一手信息的人，包括：

- 公司现有员工、已离职员工及外部咨询顾问。他们非常清楚公司内部的工作氛围（如，是否存在真正强大而有效的企业文化，公司所追求的价值观是否与它们对外宣传的价值观相符）、管理层的私人事务（如，CEO是否正处于离婚风波之中，CEO对下属的领导方式如何）、潜在风险以及正在逼近的重大危机等等。与高管进行沟通，是获得小道消息的重要渠道。毋庸置疑，能提供有价值信息的员工不只有公司高管。身处更低级别的职员同样有可能知悉公司的某些负面消息和不被外人所知的秘密，而且他们可能了解得更多、更直接，更重要的是，这些人往往更忠于现实，不容易隐瞒公司的深层次问题。
- 竞争对手。如第二章所述，很多高管都非常了解自己的竞争对手。实际上，要打败对手，公司的管理层（以及销售代表）就必须密切跟踪自己的竞争对手。此外，他们还要有足够的动力和能力去发现和解释竞争对手的弱点。因此，竞争对手的管理层和销售人员就是了解一家公司的优势与缺陷的重要信息源。此外，他们还可以告诉你，这家公司的市场份额为什么会增加或减少。但最有趣的就是了解到顾客是在增加购买量还是在放弃这家公司的产品，以及造成这种情况的原因。
- 贷款人和银行。既然把钱借给公司，他们就要密切跟踪公司的经营状况，以确保他们的贷款得以按时回收。因此，他们是了解公司信用状况的最佳信息源泉。但需要提醒的是，在某些国家，根据银行信贷部分提供的信息进行股票交易属违法行为，因为这些信息可能还属于非公开信息。
- 当前顾客及以前顾客。他们可以告诉你，他们为什么会购买一家公司的产品，他们是否喜欢与公司做生意，或是为什么会放弃这家公司而选择另一家公司。

- 供应商。无论是原材料及其他输入品供应商，还是包装制造商，都可以让你知道，一家公司是否是难缠的谈判对象，是否是值得信赖的合作伙伴。但更重要的是，他们会告诉你，这家公司是否对供应品的需求如饥似渴（这可能意味着公司的业务正处于高速增长阶段）。如果某个供应商对某家公司的销售额在其业务中占有很大比例，那么，了解供应商的财务报表或许可以说明该公司的经营状况。

（3）第三方。还有一些人了解公司及其管理层的某些时期，而且他们可以为公司的投资价值提供佐证。例如，CEO的朋友和熟人，来自CEO所在社区的人以及CEO以前的校友等，都有可能为了解这位CEO的经历及个性提供信息。此外，记者和媒体人士了解的信息或许不会比他们写成的文章少。如下两类专业人士同样值得咨询。

- 投资专业人士。密切跟踪公司的安全分析师以及对公司有着利害关系的机构投资者，通常会通过非公开方式掌握公司的大量内部信息。
- 行业专家。公司所在行业及商务部的行业专家因其特殊地位，往往可以通过私人渠道掌握有关公司的某些专业知识。因此，有些选股高手经常参加会议，了解相关公司及其竞争对手的市场地位，并对公司的销售变化情况进行跟踪监测。

2. 小道消息的现实形态

尽管所有投资者都可以得益于小道消息，但并非每个人都能用好每一种获取小道消息的技巧。有些人就不善于分析别人的想法，有些人则无法从交流中读取有价值的信息。打听小道消息可能非常耗时间，而且提高获取和分析小道消息的能力、建立社会关系网，显然不是一朝一夕的事情。

今天，很多规章制度让这些信息渠道变得异常复杂。比如，内部人私自泄露有关公司的敏感信息属于违法行为。此外，有些技巧（如，面对面的交流）只适用于接近公司所在地的投资者。有关获取和分析小道消息的几种重要技巧汇总如下。

（1）考察公司可以让投资者对公司的企业文化、业务管理方式（如，产能如何满足业务扩张的要求）、管理者的价值取向等获得感性认知。如上所述，在参观期间，投资者需要着重关注公司是否欢迎外人的到来，看公司是否存在浪费现象（如昂贵的艺术品，针对高管的特殊津贴等），观察卫生间的整洁程度（这与公司赋予员工的价值直接成正比）。此外，造访公司也是考验公司公共关系总监的最好机会，可以获得更多有关顾客及竞争对手的信息，了解公司产品的不同成分以及各个细节的情况（如，产品产地在哪里，产品的用途如何）。

（2）化身为顾客。如前所述，聪明的投资者都希望能亲手接触公司的产品。他们会试用产品，看看产品是否有吸引力（与竞争对手相比）；他们会评估公司的营销活动，亲身感受整个采购过程（而且将自己伪装成顾客，而不是以投资者的形象出现）。糟糕的第一次购买体验，显然是一个非常危险的信号。

（3）交谈。投资者可以和公司的关键人物、供应商、员工及顾客等展开谈话。（通过与销售部门、竞争对手以及包装检验机构交流，可以获得有关顾客、员工及供应商等方面的信息。）在搜寻投资目标时，最重要的就是保持批评态度，并尽可能利用多重标准做出检验。此外，投资者还要对这些信息保密，一旦泄露，以后就会让知情人对他们避之唯恐不及。此外，要从谈话中最大限度地汲取有价值的信息，还应表现出对对方的好感，努力建立互信（如，不应开门见山地提问题），并尽可能地创造出一种互惠互利的感觉。最后一点在面对公司关键人物时尤为重要。（例如，在与CEO交谈时，首先可以从调查阶段了解到的客户问题以及竞争对手的举动谈起。这样，CEO或许别无选择，只能以有力证据作为回应，从而透露出有价值的信息。）谈话可以采取两种形式：

- 面对面谈话。某些顶级投资者喜欢直接对话，尤其是和管理层人员交流。面对面谈话的启发力最强，如投资者的问题可以直中要害，则有可能收获颇丰。比如说，查克·阿克里（Chuck Akre）最喜欢对管理层提出的一个问题就是他们如何考量自己的成功。另一个非常具有穿透力的问题，就是管理层的资金配置能力——如何进行资金配置，以及原因何在。但这种面对面沟通也不是没有问题。既然是CEO，拥有较高的说服力和个人魅力自然不在话下。因此，管理层完全有可能利用这个机会影响投资者的观点。为避免发生这种情况，我们建议投资者在与管理层会面之前做好充分准备。

· 电话交流。这也是与多人展开交流的一种便捷之道。此外，有些人在电话里似乎更善谈。

（4）公司年会。在年会上，投资者或许可以在不经意间获得很多有价值的信息。比如，你可以了解CEO和CFO对业务的掌握情况，以及他们是如何回答股东提问的。

（5）互联网的搜索引擎。投资者可以登录公司的官方网站，了解公司真正看重的是什么。在公司的网站中，投资者可以观察用户界面是否友好（这也是亲近顾客的重要标志），求职申请是否容易（人力资源政策是否有效），还是求职者必须经历一番复杂的点击选项后才能看到招聘信息。此外，客户对公司产品的评价，也是非常有价值的信息来源。

3. 非常规调查方法（sleuthing technique）

尽管很少有顶级投资者会提到这个侧面，但简单了解一下非常规调查方法还是有意义的（有关这些方法的介绍，可参考：Mandelman, 2007）。在使用这些技术时，建议投资者谨慎规避涉足内幕交易的嫌疑（如，现场记录、标记时间的照片以及由陪同的法律顾问做见证人等）。

（1）实地观察。通过现场观看如下事项，可以让投资者受益匪浅。

· 可以在供应品出入库时，在仓库门前观看库存商品的收发码放情况。

· 可以在厂房前面亲眼核查各项市场活动（如果公司将某些工作委托给另一家公司，那么，亲眼观察这家受托公司的活动，也能找出蛛丝马迹。在对公司进行调查时，理解这家公司是否存在产能缺口以及如何应对产能缺口，或许可以获得这种第三方合作机构的信息）。员工加班工作、引入新的工作轮班制度或是停车场在午夜之前一直停满车辆，这些都是表明公司利好的信号。此外，参观厂房还有助于对投资者心怀狐疑的数字进行验证。在《投资大侦探》（*The Sleuth Investor*）一书中，阿弗纳·曼德尔曼（Avner Mandelman）就提到了一个现场调查的例子，一位投资者居然像侦探一样来到一家名叫布拉姆博的公司，记下2周内开出工厂的卡车数量。然后，他根据一辆卡车可装载的铺路石数量，估算出这家公司的销售额。这个结果验证了他事先的怀疑：这家公司披露的销售额是伪造的。

· 看看有谁经常出入公司总部或是某家投资银行，我们或许可以先于投资者嗅出公司大手笔交易的信息。要成功地使用这种调查方法，投资者首先要知道谁是重要的交易者，并现场拍照以备后续分析。

（2）相关第三方。投资者还可以通过与第三方合作，获取一家公司的相关信息。假设某家公司签订新订单时都会举办一次聚会，而且都是跟同一家香槟供应商购买香槟，那么每次公司向这家供应商订购香槟时，投资者就可以判定，该公司肯定又签署了新订单。

六、拼零见整

基本面关系可以为投资者指明拥有高内在价值的企业，但这些已被市场公认的高品质企业很少会是好的投资。

因此，要建立一种有效的投资策略，投资者首先要找到有可能被市场低估的企业（也就是本书第二章所说的“便宜货”），并在进行详细的基本面分析或完整的估值前，对股票形成一个初步的粗略估值。

明智的投资者首先要确定一只股票是否值得投资，而后再开始深入挖掘，进行完整的基本面深挖掘（详见第三章）和相对精准的估值（在全面的基本面分析的基础上，采取第四章介绍的方法）。

在基本面分析中，第三章介绍的分析框架或许极有意义。尽管这个模型不够完善，但它足以涵盖顶级投资者关注的所有重要因素。某些公司或许需要额外的尽职调查（如果这些公司相对较为复杂），某些行业可能需要对特定的业务层面给予特殊强调，但最基本，同时也是最有效的规则往往亘古不变，即应尽可能保证分析过程的简单化。因此，这个模型足以适用于大部分增长。最后一部分将简要回顾本章的主要观点，并就投资要求的审核要点进行讨论。

（一）估值问题小结

图13以图例形式对投资者在投资前需审核的四个主要方面进行了汇总。

1. 定量分析。主要内容是对公司的财务报表进行全面深入的审核与分析，确认财务数据的合理性。

- 收益表。投资者必须审慎看待和确认收益和股利的历史数据，并检查毛利率及投资收益率（包括ROIC、ROA和ROE）的绝对水平及变化率。
- 资产负债表。最重要的就是确认公司的财务是否健康，具体需核查公司的偿债能力（资产负债率）和流动性（现金比率、营运资金和债务类型等）。此外，投资者最好还是利用阿特曼的Z统计值和H统计值评估公司的破产风险。
- 现金流量表。必须从绝对值和相对于竞争对手的相对值两方面审核公司的经营性现金流及自由现金流。

2. 定性分析。对公司业务进行定性分析，可以让投资者在股市上赢得明显优势，因为绝大多数投资者对如下方面几乎置之不理。

- 行业。最有投资价值的企业通常（并非一贯）来自于那些不担心出现替代者的行业，这些行业有较高的进入壁垒或是内部竞争并不激烈。这种行业往往不缺资金，而且变化不大（通常被认为一成不变）。
- 经营模式。强大的经营模式是简单而且是可升级的。为避免业务模式未知的风险，建议投资者还应着眼于拥有出色业绩记录的经营模式。
- 竞争地位。最优秀的公司会为自己的业务建立一条护城河，这条护城河依赖的不只是它所在的行业，还有公司在业内的地位以及公司所特有的个性化优势。优秀的企业在其竞争对手和供应商面前拥有强大的讨价还价能力（如，借助于它们的产品、服务或转换成本等）。此外，它们的强大地位还体现在直接面对对手时所展示出的实力（如，通过其行业领导地位）。

此外，最优秀的公司对建立竞争优势所依赖的基本要素尤为重视，如企业文化（正直、卓越、善于行动、坦诚的沟通、尊重、创新及主人翁意识等）、人力资源（对员工的尊重与关爱）、流程（远离官僚作风）、组织和管理结构（精益化管理结构和权力下放）、创新性（关注研发和民主氛围）、市场营销

（品牌管理、优秀的销售人员以及与顾客的密切接触）和运营（卓越而独特的运营）。

- 掌握未来。即使一家公司在业务的每个重要指标上都能拿到高分，但一旦失去对自身命运的控制权，它依旧有可能遭受重大打击。因此，投资者应关注某些特殊的公司。比如，对政府干预的反应极为敏感，过度依赖于研发，与时尚潮流关联性较高，经常需要为生死存亡而进行决策，在财务、经营或地域上过度杠杆化，以及严重依赖于气候条件或宏观环境（商业周期、通货膨胀、大宗商品价格和利率等）的公司。
- 增长前景。有吸引力的长期投资在收入和盈利上有着极为乐观的增长前景。最令人感兴趣的高成长公司绝不是那些引领行业潮流的前锋，相反，它们有着坚实的历史业绩（在包含至少一个经营周期的较长时期内，拥有高质量、强有力的利润增长率）和中、高速的增长态势以及强大（且可持续）的市场地位。此外，最优秀的成长型公司还要有意识地对其增长实施干预，引入与公司相适宜的业务流程和人力资源政策，为组织的扩大和成长创造条件。最后，投资者还要合理预测快速增长性企业的增长饱和点，因为饱和必将导致股票收益率大打折扣。

3. 管理层评价。任何挑战者都不应忽略公司的管理层。尽管我们不应过分评价个别管理者的影响，但有一点毋庸置疑——糟糕的管理者主要造就随时面临灾难的平庸企业，而且超凡的管理者则能让本质优秀的企业事半功倍。因此，投资者应着重对管理者的如下特征做出评估。

- 个性。杰出的管理者展示出高度的正直诚信精神（如，他们喜欢直言不讳，他们敢于为失败承担责任，他们会尽力规避关联交易），他们往往实事求是，低调谦逊（如，他们敢于承认错误，愿意倾听他人的意见，积极寻求反馈，并随时克制自我意识），他们不满足于现状，敢于挑战权威。
- 经验和技能。善于激励他人、帮助他人树立信心的管理者拥有很好的经营业绩，善于高效配置资源（如，以高效严谨的方式经营企业，强调机会的把握，喜欢从长计议，尽可能地规避杠杆，对无益于价值创造的企业帝国建设项目毫无兴趣），善于围绕公司核心能力设计独一无二的战略。

- 价值管理。管理者应成为公司核心价值的代言人。他们应大力提升公司的价值取向，严格履行各项规章制度，并以身作则，成为企业价值的典范。
- 拥有主人翁意识并忠诚于利益相关人。优秀的管理者必须对公司的所有利益相关人负责。他们致力于公司的持续发展，拥有高度的主人翁责任感，实行较长任期制，避免偏袒与不公，从长期角度思考问题，并追求薪酬的公正性。
- 激情与能量。优秀的管理者热爱本职工作。他们痴迷于自己的行业，在工作中寻求挑战和动力（而不是更高的个人薪酬）。基于这样的逻辑，加班自然是他们的家常便饭。

4. 董事会。良好而高效的董事会，需要有具备如下特征的董事。

具备相应的技能、商业头脑和经历。

具有独立性，敢于且愿意挑战公司管理层；理想的目标是规模较小的董事会，管理层薪酬合理，公司的家族性较低，董事在公司拿到的收入仅占其个人财富的一小部分，CEO不是公司董事。

坚持风险分担、利益共享原则，即股东的所有权价值占据个人财富的很大一部分。

具有专一性。董事将出席董事会会议当作职责，并且避免同时供职于多家公司的董事会。

最后，作为定性与定量分析、管理层及董事会评价的一个组成部分，投资者还要关注如下事项。

- 认真阅读报告的附注。
- 密切跟踪内部人的采购和销售。
- 警惕典型的不良信号，如推迟提交法定文件、更换审计师以及关键人物的辞职。
- 分析盈利管理（如，财务报表的数字过于完美，资产负债表和损益表之间缺乏钩稽关系，费用被不当资本化，会计处理过于复杂，有操纵财务报表的前科）。

定量分析
损益表
· 盈利的历史记录
· 股利分配的历史前科
· 毛利率
· 已投资资本回报率（ROIC）、权益收益率（ROE）
现金流量表
· 经营性现金流
· 自由现金流
资产负债表
· 流动性
· 偿债能力
· Z统计值和H统计值
定性分析
行业
· 进入壁垒
· 竞争压力
· 替代品的威胁
· 资本密集度
· 变化速率
经营模式
· 简单<–>复杂
· 历史记录：可量测性
掌握未来
· 政府干预
· 对研发、潮流及关键决策的依赖性
· 经营杠杆及财务杠杆
· 顾客群体及市场区域的多元化程度
· 气候条件和宏观形势的影响
竞争地位
· 相对于顾客、供应商、内部竞争对手的实力
· 基本要素：企业文化、人力资源、组织结构、流程、市场营销、研发、创新、运营
成长性
· 可观的增长前景
· 历史业绩
· 成长管理
· 是否存在成长饱和的风险？
· 内部人销售
· 盈利管理
· 推迟提交法定文件
· 关键人物的辞职
· 更换审计师
· 附注
管理层
经验和技能
· 历史记录
· 资本配置：高效运营、关注机会的把握、较少运营杠杆、没有打造企业帝国的愿望
· 战略：以核心能力为基础的独特战略
价值管理
· 价值的提升
· 始终如一地执行
· 管理层以身作则
激情与能量
· 热爱本职工作
· 钟情于本行业
· 以挑战作为动力
拥有主人翁意识并忠诚于利益相关人
· 内部人持股
· 任期较长
· 薪酬合理公正
· 长期性思维
· 关注企业而不是个人的得失
个性
· 忠诚
· 谦逊
· 不自满
· 独立
董事会
· 技能、敏锐和经验
· 同舟共济
· 独立性：敢于挑战CEO、董事会规模较小、低薪酬、家族性低

图13　基本面业务分析

（二）关键事项清单

在航空及医疗板块，专业机构在启动项目和开始操作之前，会采用关键事项清单以减少误差的数量，避免投资陷阱，防止遗漏某些重要事项。受这种做法的启发，莫尼斯·帕波莱将关键事项清单用于投资目标的评估。关键事项清单可以由如下两个部分组成。

1. 固定事项清单。这种清单由一定数量的问题构成，每一项投资都应接受这些问题的质询。设计问题的基础可以是本章所述的基本面分析基础、顶级投资者的建议或是他们（或其他投资者）以前出现的错误。下面是部分问题的示例。

- 公司是否为其业务建立起安全的护城河？
- 市场为什么会对其股票进行错误定价，以及市场为什么会出现一致性错误？
- 针对该股票最有力的看空观点是什么？安东尼·波顿喜欢与反对自己观点的经纪商进行辩论，并借此找出观点相左的原因。
- 竞争对手的风险和劣势何在，以及他们为何能打败市场？
- 一笔投资最强有力的利好观点是什么？
- 公司是否杰出，以及它为何如此杰出？
- 是否存在管理层问题？
- 是否有足够信心对公司及其管理层的长期业绩做出有效评估，这种历史业绩是否令人满意？
- 我是否真正理解这笔投资？公司是否足够简单，使得投资者能对其做出全面评价，这是否是我擅长的领域？
- 银行机构及债券投资者如何看待这笔投资？
- 业务发展势头是有利还是不利？比如说，安东尼·波顿经常会了解分析师的预期，即企业会继续改善，还是会持续恶化？

2. 可变事项清单。投资者不仅应采用固定的关键事项清单，还要检验与公司成败休戚相关的少数（如第4、第5项）关键要素，并对这些要素进行持续性的密切跟踪。

“我永远不想为了一笔投资而绞尽脑汁，废寝忘食。因此，如果一笔潜在投资过于复杂或过于深奥，以至于我根本就无法理解，那么，我宁愿放弃这笔投资，去寻找我可以理解的、更简单的投资。”

——乔尔·格林布拉特（Greenblatt, 1997）

第四章
股票的估值

“如果我经营一所商业学院的话，我会只设两门课程。当然，第一门课程就是投资学，教大家如何评估一个企业。第二门课程则是如何思考股票市场，以及如何应对股票市场的波动性。”

——沃伦·巴菲特（www.thebuffett.com/quotes/valuation.html）

在基本面分析中，最具挑战性的一步就是估值，也就是说，如何计算一只股票的内在价值。估值的关键问题在于，企业估值更多的是一门艺术，而非严谨的科学。它需要大量的估算、预测以及定性和定量化分析。实际上，企业价值取决于它在未来创造的现金流，而在理论上，未来现金流的估计又依赖于完整的基本业务分析（见第三章）。在本章里，我们首先简要介绍目前最为常用的估值方法。随后，第二节将概括顶级投资者如何在投资过程中合理运用各种估值方法。

一、估值方法：综述

投资者评估一个企业价值的方法是多种多样的，既有借助于严格数学计算的折现现金流模型（discounted cash flow，DCF），又有重置价值计算法，还有简单的对比估值法。本节将概述目前最常见的几种股票估值技术，并假设读者已具有某些基础的会计学知识（对缺乏基础会计学支持的读者，建议阅读如下文献：Epstein, 2005；Friedlob, 2001；Bernstein, 2000；Bragg, 2007）。

（一）采用折现现金流模型的估值技术

在折现现金流模型（DCF）中，按如下方式估算一只股票的内在价值（Intrinsic Value，IV）：

$$\widehat{IV}=c+\sum_{q=0}^{+\infty}\frac{\widehat{fcf}_q}{(1+\alpha)^q}$$

在上述公式中，$\widehat{IV}$为估算的内在价值，$\widehat{fcf}_q$为估算的从现在开始每股净资产创造的年自由现金流，c为每股现金流（现金+现金等价物），α为投资者承受既定风险购买股票所要求的回报率。

DCF模型的假设条件：

1. 所有负债均永久滚动，无须偿还（因此，每年仅需向债权人支付利息）。

2. 所有自由现金流均在形成时分配给股东，或按收益率α重新投资于企业。

3. c同样按收益率α再投资于企业。

下文仅从实务角度对折现现金流模型的使用做出评述（有关该模型输入数据的确定方法可参考Koller, 2005；Damodaran, 2006）。

尽管DCF模型绝对是最具说服力的理论估值模型，但它在实践中的使用却很有限。首先，DCF模型仅适用于未来现金流可预测性较高的企业。DCF模型并不适用于现金流高度波动、可预测性极差的公司，如保险公司和周期性业务。其次，DCF的计算需对企业在未来创造的现金流做永续预测。实际上，一家典型企业的内在价值不可能决定它在未来4～5年里创造的现金流，而是依赖于5年以上的现金流。这就带来了问题，即便是对于非常稳定的企业，准确预测其未来若干年的现金流也是一种巨大挑战。有经验的分析师无不承认，任何人都无法做出如此大胆的预测。

最近几年，随着商业领域现出加速发展趋势，预测未来的难度也日趋加剧（Mauboussin，2006）。因此，在实践领域，投资者必须以审慎态度对待由DCF模型得来的内在价值。只有对于现金流极为稳定、可预测性极高的公司，才能认为该模型的结论在一定程度上是可靠的，比如说公用事业、收费公路和医药公司等。[作为一种保守型估值，迈克尔·普莱斯在对医药公司估值时，主要依据这家公司出售的医药产品、假定的毛利率（如85%）以及每一种医药产品的专利使用寿命。]

考虑到DCF模型的局限性，顶级投资者很少使用这种方法。即使使用，也是偶尔为之，而且仅用于可预测性极高的业务。此外，他们在实践中始终坚守如下原则：

1. 他们要检验多种增长情况下的内在价值，以规避因预测不现实而出现的意外。根据公允价值的预期范围及其出现每一种情况的概率，有助于更好地把握股票的真实公允价值。此外，还应确定与当前股价对应的增长率，并确定这是否现实可行。

2. 安全边际（margin of safety）。对于本杰明·格林厄姆、沃伦·巴菲特和约翰·邓普顿等顶级投资者来说，只有在股价远低于他们保守计算的公允价值（相当于公允价值的30%左右）时，这种折扣才构成了安全边际，因为它对未来现金流预测的偏差提供了一种保护。

3. 简单化。由于对内在价值的估计以未来现金流的合理估算为基础，因此，最好限制预测未来现金流使用的参数数量。考虑到每个参数都存在一定程度的不确定性，随着参数数量的增加，误差传播（error propagation，一个参数的误差会放大其他参数的误差）的风险大为增加。同样，对较长期的未来现金流进行详尽预测，这不仅不合乎情理，还是一种过度自信的表现。在这种情况下，对未来很多年后的现金流只做简单假设更为可取。比如，我们可以假设，在未来的某个年份开始，现金流将保持恒定，或增速与GDP保持同步。归根到底，DCF的使用者必须牢记沃伦·巴菲特和查理·芒格的忠告——我宁要模糊的正确，也不要精确的错误。

（二）乘数估值法

乘数估值法（multiple，或称倍数法）是一种确定股票价格高低的常用工具。投资领域使用的乘数多种多样，其实质就是对比市场价格或资产负债表项目与其他资产负债表或收益表的对应项目。但是在计算乘数时，不应直接采纳公司披露的账面价值，通常，需要通过适当调整取得较为合理、稳定的乘数值。以下是常用的乘数。

1. 收益及现金流比率

（1）市盈率估值法

毋庸置疑，市盈率（Price-to-Earnings，P/E）及其倒数收益率（Earnings Yield）是最常用的乘数。此外，它也是约翰·奈夫和约翰·邓普顿等知名投资家广泛使用的乘数。这种方法的普及在很大程度上归结于计算过程的简单直接。不过，很多人还不能正确地计算或使用市盈率。在下文里，我们将介绍市盈率的计算、定义及使用方法。

市盈率的定义

最常用的市盈率定义可表述为如下公式：

PE=P/En/股份数量

其中，P为股票的市场价格，

A.En为正常化的净利润或经营利润。在计算历史市盈率（trailing P/E）时，收益则采用前X个月的收益值，而未来市盈率（forward P/E）则是指未来X个月的预期收益值。投资者通常采用的X值为12，也就是说，他们采用的是过去12个月（历史市盈率）或未来12个月（未来市盈率）的收益值。正常化（normalisation）通常可借助以下几种调整得以实现：

- 收益应尽可能地具有可重复性，以避免非常规的一次性事件扭曲造成公司的真实盈利能力。对于非常规、非重复性事项，所有不可持续的变化（如毛利润出现超常规的暂时性提升），或是其他有足够理由不应纳入正常利润中的事项，投资者应予以纠正。比如，对于公司将列入财务报表费用的研发开支转做资本化处理，使之成为长期摊销的研发费。
- 如果在计算市盈率时价格可转换债券包含到股票数量中，那么，就必须加回这些可转债的利息费用，因为这些费用在债券转为股票时将不复存在。

· 为获得与其他可比公司相容的倍数，应通过适当的会计调整将所有公司的收益转化为同一标准下的收益。譬如，如果公司采取的折旧政策或存货计价方法不同，就需要对收益做相应调整，剔除由此产生的收益差额。

· 本杰明·格林厄姆和约翰·邓普顿采用的X远大于12。他们对过去4～5年的收益进行平均化（X=48~60），因为加大计算期有助于减少因商业周期、利润周期、会计政策及特殊事项造成的收益偏差。

B.股票数量为处于流通中的股票数量。如果公司同时发行可转换债券、未行权的期权或认股权证，那么最好将其中有可能转换为普通股的部分包含在股票数量中（考虑到未来的股票基数有可能因这种转换而被稀释）。由此得到的市盈率被称为稀释市盈率（diluted P/E）。

股票公允的市盈率取决于以下几个要素：

A.预期：公允的市盈率倍数依赖于对公司未来发展的预期。与公司前景相对稳定或是较为光明时相比，公司在前景黯淡或是存在较大不确定性时的公允市盈率也较低。在评价公司前景时需要的重要因素包括：

· 预期的收益及现金流增长率：在其他条件相同的情况下，与预期增长率较低的公司相比，预期增长率较高公司也拥有较高的市盈率。可以通过以下两种方式在市盈率评估中考虑预期收益增长率：

（i）彼得·林奇和约翰·邓普顿采用PEG（市盈率相对盈利增长比率）计算股票的公允市盈率（12个月的历史市盈率）（Lynch, 1993; Lynch, 1989）。PEG比率为历史市盈率（PEt）与未来5年的预期年增长率之比：

PEG= PEt/未来5年的收益年均复合增长率

还有一种经验判断法。即PEG＞1表明股票被高估；PEG=1，表明股票公允定价；而PEG＜1，则说明股票给低估。尽管有实证数据表明，PEG＜1的股票在整体上跑赢大盘，但简单地用这种方法判断个股还是非常危险的（见Damodaran，2004）。这个经验规律忽略了其他影响一只股票公允市盈率的因素（见下文）。

实际上，对于资本回报率较高（这种公司创造的价值较多）或是收益增长率较低（相当于计算PEG的分母非常小）的公司，其PEG理应较高。同样，高风险股票的PEG应相对较高。此外，聪明的投资者都知道，必须以审慎的态度对待未来5年的增长预期。因此，他们很清楚，PEG只能用作检验市盈率公允性的辅助标准。

（ii）市盈率的分母也可以不用简单的1年期收益预测，而是采用未来若干年的预期收益。比如说，约翰·邓普顿看好具有以下特征的股票：

P/未来5年的每股收益＜5。

企业的风险与不确定性：在其他条件相同的情况下，如果公司的业绩起伏不定，且具有高杠杆，或是在（高风险）发展中国家拥有大量业务，那么，该公司的市盈率通常会低于收入可靠、稳定的公司。

B.市场的公允价值：从理论上说，当大盘的公允市盈率倍数较低时，个股的公允市盈率也应该相对较低。

如何使用PE

研究显示，在较长时期内，当大盘的市盈率处于低位区间时，全部股票整体的收益率超过与大盘市盈率处于最高10%区间时的水平（相关示例见Damodaran，2004）。不过，这绝不意味着，每一只低市盈率股票都是有吸引力的投资。聪明的投资者会这样做：

A.寻找不匹配之处。由于被低估的股票有可能带来超额收益，因此，只有那些实际市盈率大幅低于市盈率预期公允值的股票，才应该成为投资者的猎物。

B.看重历史市盈率，看淡未来市盈率。计算历史市盈率的输入变量是已经实现的结果。相比之下，未来市盈率采用的则是预测值。但预测可能极为离谱，从而导致历史市盈率极具误导性。

C.认知市盈率的局限性：市盈率并不适用于每一类股票。比如说，没有（正）收益的公司，周期性股票（股价依赖于商业周期，而非市盈率）公司，或是财务会计可疑的公司，就不适合采用市盈率估值。

（2）股价—现金流比率

股价—现金流比率等于一家公司的股价与其经营活动现金流（P/

OCF）或（调整后）自由现金流（P/FCF）之比。对后一种情况，最常用的计算方式为：

$$P/FCF=\frac{股票价格}{FCF维持/股票数量}=\frac{股票价格}{（FCF+CAPEX成长）/股票数量}$$

其中：

- FCF维持为包括为成长而投入的资本性开支（CAPEX成长），但扣除维持现状所需要的全部费用后的现金流（CAPEX成长的确定，必须依赖于对维持现状及支持成长所需要的资本开支进行专业性预测和评估。但对于成熟性公司来说，完全可以假设，CAPEX成长可以忽略不计），也就是说，CAPEX成长需要加回到FCF。将CAPEX成长加回到FCF的原因在于，P/FCF绝不应惩罚将那些将大量现金投入企业、推动发展的成长型公司。对每一家快速增长的公司而言，可以用所谓的所有者收益增长率（owner earnings run rate）代替FCF，以体现超高（或加速）成长带来的影响。在这种情况下，分母相当于过去两季度维持性自由现金流的两倍。
- 与市盈率的计算相似，股票的数量既可以是处于流通中的股票数量，也可以是稀释后的股票数量。

P/FCF和P/OCF这两个指标尤其适用于成熟型公司，因为对这类公司来说，它们的计算相对较为容易。但对于年轻的成长型公司，要计算这个比率就非常困难了。大卫·德莱曼也提到，对于非现金开支较大的周期性公司，这些指标比市盈率更有价值。

（3）市销率估值法（price-to-sales ratio）

市销率可定义为：

$$P/S=\frac{市值}{过去12个月的收入}$$

分析师利用P/S估值的公司通常没有收入或收入很少，或是因暂时性衰退、环境等因素（如业务出现转折或是遭遇困难期）导致收入不能反映公司的真实收益能力。但P/S的使用并不仅限于这些公司。实际证明，市销率已成为在各类市场上寻找“便宜货”的最有效的估值指标。

市销率的好处在于，它比P/E和P/FCF等指标更稳定。市销率不受毛利率或资本性开支变化的影响。此外，它对公司的盈利操纵也不敏感。

市销率的弊端在于，不同于其他指标，它没有考虑到公司资本结构的影响。实际上，杠杆率完全不同的公司可能有相近的市销率，尽管低杠杆率理应拥有较高的市销率（伴随着较低的风险）。因此，某些分析师更喜欢EV/S比（见下文），而不是市销率。此外，市销率可能完全不适用于那些尚未盈利的新创公司，因为这些公司可能在赚到一笔钱之前，就已经耗光了全部现金。

（4）基于企业价值的比率

与前述两个指标非常接近的是，有些指标比较收益、销售额或现金流的对象是公司的企业价值（enterprise value，EV =市值+负债−现金），而不是它的市值。以企业价值为基础的比率尤其适用于寻找收购目标。此外，某些顶级投资者也偏爱这类指标，如基恩·马里·艾维拉德（Jean-Marie Eveillard）、乔尔·格林布拉特和查克·罗伊斯（Chuck Royce），由于EV考虑了债务结构，使得以企业价值做分母的比率相对较为保守。

EV/EBIT（企业价值倍数）

企业价值与息税前利润之比（EV/EBIT）最早由乔尔·格林布拉特在《股市稳赚》（*The Little Book That Beats The Market*）一书中提出，该比率的定义为：

$$\frac{\text{EV}}{\text{EBIT}_{\text{调整}}}=\frac{[\text{市值}+(\text{债务及债务等价物}-\text{超额现金及现金等价物}-\text{股本价值})]_{\text{持股比例}}}{\text{EBIT}+\text{债务等价物的隐含利息}+\text{多数股权持有者的调整项}}$$

企业价值（EV）是收购者必须支付给被收购的对价（此处不考虑被收购方股东对股份进行招标而形成的溢价），它是清偿全部债务及对其他公司少数股东权益清理收入后的净额。也即是说，企业价值是公司的市值加上全部负债及负债等价物（如表外经营性租赁的现值），再扣除收购方无偿获得的公司超额现金（超额现金是公司日常运行不需要用到的多余现金部分。尽管很多在计算EV时扣除全部现金，但最好还是仅扣减超额现金。因为公司日常运行所需要的现金同样也是收购方不可或缺的，它也是构成企业价值整体的不可分割的一部分，因此，收购方无偿获得的现金只是日常经营不需要的多余部分。需要注意的是，在分子中扣除超额现金的另一个原因是，这部分现金的回报并没有包含在EV/EBIT的分母中）及其全部少数股东权益的价值（这是收购方可以根据判断自行出售的价值）。

请注意分子的脚注“持股比例”，这种情况相当于公司拥有子公司，此时，应对子公司的持股比例确定相应的债务及等价物、现金及等价物及股本价值，而不是采用子公司的全部债务、现金及股份价值。

在分母中，我们使用的是收购方从公司获得的税前利润，该利润扣除了全部负债（无利息费用）以及用于收购对价的超额现金（因而没有利息收入）。在计算EBIT时，需要加回经营性租赁对应的隐含利息费用（因为经营性租赁在结算后，这部分利息费用就不再存在）以及多数股权按持股比例所对应的收入（而不是整个合并收入）。

假如公司保持恒定的增长率g，同时，投资收益率（Return On Invested Capital，ROIC）和加权平均资本成本（Weighted Average Cost of Capital，WACC）也保持不变，那么，可按如下公式计算EV/EBIT（Koller, 2005）：

$$\left(\frac{EV}{EBIT}\right)_{fair}=\frac{1-T}{ROIC}\times\frac{ROIC-g}{WACC-g}$$

其中，T为税率。

上述公式显示，只要增长是有盈利的增长（ROIC > WACC），这个公允的企业价值倍数就会随着企业的增长而提高。（如果我们在上述公司对增长率g求导，就会得到$\frac{\partial}{\partial g}\left(\frac{EV}{EBIT}\right)_{fair}=\frac{1-T}{ROIC}\times\frac{ROIC-WACC}{(WACC-g)^2}$。可以看到，当且仅当ROIC > WACC时，该倒数的符号为正，也就是说，公允的企业价值倍数与g同步变化。）

EV/EBITDA

尽管该比率与EV/EBIT相近，但它的分母中剔除了固定资产折旧和无形资产摊销（EBITDA=EBIT+折旧及摊销）。这种方法剔除了因采用不同折旧及摊销方法的公司而造成的差异。不过，对这一指标还应谨慎使用，如果折旧和摊销费用较高的话，通常会导致EV/EBITDA倍数较低。

EV/FCF

企业价值与自由现金流之比（EV/FCF）指标可说明，以当前现金流计算，需多少年才能支付整个公司的价值。该指标的倒数被称为资本化率（capitalisation rate），可定义为：

$$资本化率=\frac{(EBITDA-CAPEX)}{EV}$$

EV/销售额

作为估值倍数，企业价值与销售额之比被认为比市销率更合理，因为它考虑了公司基本结构对企业价值的影响。实际上，在讨论市销率时已提到，它的主要缺陷之一就是没有考虑公司的财务杠杆。

与市盈率相近，我们可以将上述成熟与公司增长率相结合，得到调整后的PEG比率。以下是两个例子：

$$PEG_{EBIT}=\frac{EV/EBIT}{预期的EBIT增长率}$$

$$PE_{GFCF}=\frac{EV/FCF}{预期的FCF增长率}$$

类似于以市盈率为基础的PEG比率，到底哪些因素构成公允的PEG比率并无明确说法。公允价值取决于投资资本回报率和公司的增长率。

2. 以资产负债表项目为基础的指标

以下三个常用指标借助于资产负债表项目与公司市值的比较，确定其股票的当前价格处于高估或低估状态：

- 价格与账面价值比或称市净率（price-to-book value）
- 价格与清算价值比
- 价格与重置价值比

如下文所述，账面价值较为直接，而清算价值和重置价值的计算可能较为复杂。

A. 市净率

市净率的定义（P/BV）

尽管很多人将市净率定义为公司市值与普通股价值Ecommon（实收资本-

库藏股+累计留存收益）之比，但是要获得更全面的市净率，其定义中还应包含对分子及分母的若干调整项，即：

$$P/BV=\frac{\text{公司市值}+\text{股票价格}\times\text{流通中的期权conv}}{Ecommon+RS+OA+\alpha.Epreferred+\beta.DT+\varepsilon.Exp-\delta.GW}$$

在上述公式中：

- “流通中的期权conv”为有可能转换为新股（针对即将发行新股的公司）的流通期权。通过该期权调整项，分子即可考虑到期权转换带来的总市值的增加。需注意的是，在这种情况下，分母也需要一并调整（参见OA）。
- RS为回购股票：最好应加回已被公司回购的股票价值，以避免利用股票回购（减少的Ecommon价值）人为提高市净率。当回购股票的回购价格低于公允价格时，该调整项更为重要，因为在这种情况下如不调整，就有可能不利于那些通过股票回购创造价值的公司。当然，在回购股票被赎回时，由于市值会随之减少，因而就可以取消这一调整。
- OA为考虑期权对股权价值的影响而进行的调整项，具体计算方式为：OA=流通中的期权conv×每份期权在可转换时对应的平均现金流
- 这一针对股权的调整代表了期权持有者在期权转股票时向公司支付的现金数量。
- α.Epreferred是优先股Epreferred所占的比例α（≤1），优先股在本质上更类似于股权而非债权，因为优先股可转换为股票。
- β.DT为在可预见未来无须支付的递延税DT的比例β（≤1），因而，这部分递延税在本质上更类似于股权而非债权。
- ε.Exp为税后费用Exp的比例ε（≤1），由于这部分费用在未来可创造收益（如研发费用），因而最好应予以资本化（而不是费用化）。需提醒的是，严格地说，Exp应为前期（包括当期）全部资本化的折旧费。
- GW代表商誉（goodwill），且δ的取值为1或0，具体取决于我们考虑的是价格与有形资产之比还是与总账面价值之比。

股票的公允市净率

有些投资者认为，一只股票的公允价格就是其账面价值，因为账面价值代

表了资产总额减去负债总额后的公司净值。以下两个方面的原因表明，这是一种完全错误的观点。首先，同时也是最重要的是，账面价值只是一个会计数字，它有可能与净资产的市场价值相去甚远。其次，对大多数公司来说，投资者更关心的是其持续经营价值，不是净资产的价值。实际上正如上文所述，一家公司的公允价值是其（净）资产所能创造的现金流的折现值。而这些现金流则依赖于公司管理和运用其资产的方式。

可以看到，如果一家公司保持恒定的增长率g，且拥有固定的权益回报率（ROE）和权益成本Ceq（Ceq=股权投资者基于公司既定风险水平而要求的回报率），那么，该反思的公允市净率为：

$$(P/BV)_{rair}=\frac{ROE}{C_{eq}-G}$$

根据这种关系，我们可以看到，当公司的预期增长率g提高（这会减少分母）或是公司通过提高ROE而提高经营效率时，其市净率会相应提高。反之，当公司的风险水平提高时（相当于Ceq增加），其公允市净率则会下降。

换一种说法，一家公司的内在价值不止包括公司的（会计）账面价值，还应考虑无形资产（经济商誉或负商誉）对企业价值的贡献。当公司的权益和资产因品牌力量和竞争壁垒等因素而带来超额回报率时，即可形成正商誉，反之，如这些因素导致其回报率低于行业平均水平时，则会形成负商誉。因此，高ROE和低风险公司的市净率应大于1，而对于低收益率和高风险的公司来说，如果其市净率等于1，就意味着其股票或许已被高估。

如何使用市净率

市净率是价值型投资者常用的估值指标。比如说，本杰明·格林厄姆就是市净率的疯狂拥戴者。另有数据表明，低市净率股票的回报率通常要超过高市净率的股票，尤其是在熊市期间，其优势更为明显（见Damodaran, 2004；O' Saughenessy，2005）。但这并不等于说，不加区分地买进低市净率股票是理智的投资策略。这个提示同样适用于其他估值指标：

- 只有投资者的预期市净率与市场上的实际市净率存在差异（被低估）时，才应买进股票。

· 市净率有其固有的局限性：它适用于重资产业务，如金融（包括银行业和保险公司）、不动产公司和投资控股公司，因为这些公司的（有形）资产具有高度的流动性，而且易于转换为现金。此外，市净率对资本金要求较高的公司也有较强的参考价值，因为新资产会定期进入这些公司，这就意味着，它们的大部分账面资产在价值上接近于市场价格。但对于非资本密集型及拥有大量正商誉的公司而言，市净率在数值上较为局限，资本密集型行业的市净率最低，而无形资产密集型企业的市净率通常最高。

B. 清算价值（liquidation value）

公司的清算价值是指在公司清算时，投资者出售其全部资产并清算全部负债后所能收回的价值。这种价值类型仅适用于处于衰退状态或是有可能破产的公司。对于在未来依旧有可能持续经营的公司，由于其资产在若干年内仍有可能升值，因而不应采用清算价值。此外，不同于已陷入严重危机的公司，持续经营性公司往往还拥有某些正商誉，而清算价值无法体现这些商誉的价值。

出于这个原因，对持续经营企业的估值最好应采用重置价值法（见下文）。在本部分，我们首先介绍由本杰明·格林厄姆在几十年前提出的清算价值的含义。随后，我们再介绍清算价值在当期环境下的定义版本。

格林厄姆的“净流动资产价值”（Net-Nets）

本杰明·格林厄姆对清算价值给出了一个极为保守的定义，并将这个概念命名为“净流动资产价值”（Net Current Asset Value，NCAV），或简称为“Net-Nets”：

NCAV=（现金+现金等价物+存货+应收账款）-（负债总额+优先股）

按NCAV的定义，无形资产、固定资产及其他资产没有价值，因为格林厄姆认为，没有必要看重这些资产的价值。此外，忽略这些资产的价值还有另一个理由，某些存货不易出售，某些应收账款可能根本就无法回收。

尽管NCAV已经是一个非常保守的估值指标，但格林厄姆对“便宜货”的要求更苛刻。作为他的投资目标，公司的市值应低于NCAV的2/3。也就是说，他寻找的公司，市场价格至少应低于“净流动资产价值”的30%。此外，为规避价值陷阱（避开原本就只配低估值的公司），这些“便宜货”必须有令人满意的收益记录和不错的盈利前景。

以清算价值作为调整账面价值

坊间普遍认为，“净流动资产价值”过于保守，因为它低估了清算出售的实际支付对价。因此，目前对清算价值采取的方法是从有形资产账面价值开始，采用以下三种调整方式，将资产和负债的原始账面价值调整至清算价值（通过会计处理形成的商誉应视为是没有价值的，因为它仅代表公司对被收购方支付的超额价格。对于按清算价值估值的典型公司，即已陷入衰退或验证财务困境的公司，其商誉及其他无形资产已基本没有价值。相关评述见Jean-Jacques, 2003）：

（1）对会计政策的调整。如果会计政策造成某些资产价值脱离实际，就需要进行以下几类调整：

- 存货调整。如果公司采用“后进先出”法对存货计价，那么，应在账面存货基础上增加现行重置价值与后进先出法之间的成本差异，以得到更为客观的存货价值。
- 市值计价（marking to market）。某些资产（如土地和债券等长期性资产）应按市价计价，因为这些资产的账面价值为历史成本，而历史成本又有可能与资产的现时价值存在较大差异。如果资产购买时发生严重的通货膨胀，那么市值计价的重要性是不言而喻的。需注意的是，负债的账面价值应同时以市场价值取而代之，因为买方关注的同样是负债的市场价值。
- 对不合理折旧的调整。由于折旧方法和资产的原因，会计折旧可能与经济折旧或称实际折旧相差甚远。因此，建议通过适当调整让折旧资产的价值接近其实际的经济价值。例如，不动产的折旧通常就是没有意义的，因为随着时间的推移，大多数不动产倾向于升值，而不存在价值的折减。此外，加速折旧法可能会导致资产的账面价值低于其真实价值。
- 对隐藏资产或表外资产的调整。尽管保守的估值方法通常不考虑商誉和无形资产的价值，但是在某些情况下，还是建议在确定清算价值时考虑某些隐形资产或表外资产的价值。譬如，在清算过程中，有价值的品牌或研发成果或许在资产清算中体现出价值。

（2）因市场条件或出售压力而进行的调整。在清算过程中，资产的出售可能会受到来自市场条件（如商业周期）、买家之间的竞争（或缺乏竞争的买家）及压力等影响，这些外在因素会对资产最终实现的价格产生重大影响。因此，在考虑了会计政策的调整后，建议在对资产出售的条件进行合理评估的基础上，对某些资产的预期经济价值做如下（减值）调整：

· 对受迫条件下的资产抛售进行调整。如果一家公司不得不在受迫条件下抛售其资产（如必须偿还马上即将到底的大额债务），那么，出售该资产可收回的现金必然低于正常条件下可收回的现金。

· 对行业氛围的调整。在为清算而进行的资产出售中，资产的实际价格还要依赖于同类资产的市场供给情况。因此，当多家类似公司因陷入困境（因而希望抛售其资产）时，价格必然会大打折扣。

· 对买方兴趣及买方竞争的调整。买方对资产的兴趣程度与商业周期（买方是否拥有必要的资源）及资产的多用性（这些资产是否拥有众多用途）有关。因此，对于高度专业化的资产，其价值必然要做大幅折扣（如50%），尤其是在严重衰退时期，折扣幅度会更大，因为对资产感兴趣的买家有限，可能会导致资产无人问津。另一方面，有足够的理由可以认为，资产的可变现能力越强（如存货中的通用原材料），其实际价格就有可能接近其账面价值。

（3）对非持续经营状况的调整。建议对难以变现的资产给予大幅折价。例如，一家破产公司的应收账款就很难全部回收。即便公司加大应收账款的回收力度，可回收的金额或许也只能维持在85%左右。

C. 重置价值（replacement value）

如前所述，清算价值可能会严重低估持续经营资产的真实价值。而对有可能持续经营的公司来说，一种更可取的价值类型就是重置价值。它是公司从头开始重新购置或建造相同资产所需发生的全部成本。尽管重置价值是在清算价值基础上进行的改进，它也有自己的局限之处。

作为公允价值，重置价值只适合于稳定经营的企业。对于处于高速增长或拥有难以复制的独有竞争优势的公司，则不适于采用重置价值，因为它不能反映这些优质公司的正商誉。

重置价值的另一个缺陷在于，对不熟悉公司所在行业及公司业务的投资者来说，计算重置价值显然并非易事。因此，为避免出现大的估值误差，建议投资者在计算某些资产的重置价值时，首先要充分考虑自己的能力范围，并在必要情况下寻求专业估值机构的建议（专业评估师或行业专家）。

从本质上说，重置价值可以表述为以下三个项目之和：

重置价值=重置成本+溢余资产-负债

在这里，我们将逐一介绍在实践中计算这三部分的实务手段（见Jean-Jacques, 2003；Greenwald, 2001）：

重置成本（reproduction cost）是竞争对手获得公司所持有资产并取得相近竞争地位所需耗费的成本。重置成本以有形资产的账面价值为基础，并通过适当调整反映新进入者的成本：

重置成本=有形资产的账面价值-存货调整+应收账款调整+固定资产调整+递延税款调整+无形资产

在上述公式中：

（1）存货调整为针对存货账面价值进行的调整，以反映新进入者为获得存货所需要进行的调整。存货调整通常包括以下事项：

- 对会计记账方法的调整。如果会计记账规则导致存货的真实价值被扭曲，那么，投资者就应对存货的账面价值做适当调整。比如说，在采用后进先出法进行存货计价时，建议加回重置成本与后进先出法之间的成本差异，以获得更真实的按“先进先出”计价的存货价值。
- 随着新进入者的到来，部分长期闲置的完工产品会丧失价值（如彻底过时）。因此，如公司的存货周转率远低于竞争对手（表明很多存货已不可能按账面价值出售），那就应折减存货的价值。
- 供应商的优势和劣势。如果公司能凭借与供应商的特殊关系或是地理上的特殊优势，按极为优惠的价格采购某种原材料，那么我们就有理由认为，新进入者将无法以相近价位买到这种原材料。这种情况就适合于调增这些存货的价值。

（2）应收账款调整是对应收账款账面价值的调整。新进入市场的竞争对手往往应对更多的客户拖欠（相比之下，被评估的现有公司往往比它们经验更丰富，而且更有策略）。因此，新进入的公司就需要比被评估公司在应收账款方面投入更大的资源和精力。在这种情况下，对被评估公司来说，建议在调增应收账款账面价值（如加回坏账准备）的基础上获得重置成本。

（3）固定资产调整。固定资产（土地、房屋及设备，PPE）的重置成本必须反映新进入者为建立相同竞争优势所需固定资产而耗费的成本。超过这个重置价值的部分（例如，因公司办公楼所在地块的地价较高，使得该办公楼的成本对建于低价地块上的办公楼处于劣势）就不应包含在重置成本中，而必须计入溢余资产（excess assets）中（见下文）。此外：

- 对于厂房土地，通常需对财务报表显示中的折余价值（即固定资产的净值）进行较大调整。具体操作中，不仅需调整通货膨胀的影响，还要对会计折旧与固定资产经济价值之间的差异进行调整。
- 考虑到设备是在其整个使用寿命期间内计提折旧，其对账面折余价值的调整往往就显得不太重要了。但有时可能需要调减设备的折余价值，比如，如果新进入者能按远低于被评估公司（老）设备的历史成本买入相近（甚至性能更好）设备时，被评估公司的（老）设备即会出现减值。

（4）递延税项调整。应将递延所得税资产按适当折现率转换为其现值（Present Value，PV）。如果无法确认该资产变现的具体时间，可按以下经验方式计算：

$$\text{递延所得税资产的现值}=\frac{\text{递延所得税资产}}{1+\text{公司的适当折现率}}$$

（5）无形资产。对市场的新进入者来说，要建立自己的品牌和声誉，形成自己的企业文化，开展研发活动，建立顾客关系，确立竞争优势，或是获得特许经营权或专利权都需要他们投入大量的资源。因此，重置价值中必须包含一定数量的无形资产（这些资产与储蓄在资产负债表上的商誉或其他无形资产没有任何关系。在计算重置价值时，不应考虑这些会计上的无形资产，因为它们与公司依靠自身努力创造的有形资产的真实价值几乎毫不相关）。要合理评估这些无形资产的价值，显然需要具备一定水平的行业专长。而对于成长型企业或是具备独有的经济护城河的公司，仅仅凭借一个简单的公式去估算其价值，几乎是不现实的，即便是专业人士也不例外（这也从另一个侧面说明，不应以重置价值法对这类公司进行估值）。对于持续稳定的公司，可采用以下经验公式：

无形资产价值＝λ ×SG&A+R&D资本化+政府许可

其中：

公式中的第一项（λ ×SG&A）的含义是，如果市场新进入者要建立起被评估公司的竞争地位，它们必须投入各种形式的非研发费用。通常情况下，我们完全可以假设，这部分费用相当于公司1~3年的销售与管理费用（Selling, General and Administrative expenses，SG&A），即，1< λ <3。

第二项为资本化的研发费用。对研发活动非常重要的行业，我们可以假设，市场新进入者对研发活动的投入必须达到被估值公司的水平，并在5年内进行资本化和折旧。如采用直线折旧法，那上述概念就意味着新进入者的研发费用总额应等于如下若干项之和：当年研发费用全额、上年度研发费用的80%、前年研发费用的60%、三年前的40%和四年前的20%。

政府许可为政府将某个地区的经营权授予该公司的许可，比如电视台和驾驶执照等许可证。这些许可的价值可以按私人市场的出售价格进行估值。

溢余资产（excess asset）

重置成本仅代表新进入者为获得被评估公司资产所具有的竞争优势而建造或购买的资产。当然，考虑到还存在某些未提供竞争优势的因素（如不动产的地点），被评估公司的价值可能被高估。

为体现这些不能提供竞争优势的因素，重置价值还包含某些资产超过其理论重置价值的价值。最典型的溢余资产就是溢余现金（如企业日常经营中所不需要的多余现金）、某些固定资产的溢余价值以及为投资性金融资产的市场价格超过其账面价值的溢余价值。

负债

假设负债可确定的话，只需从重置成本和溢余价值中扣除负债即可得到企业价值。对于大部分负债，我们可以采用市场价值（假如易于计算的话）或账面价值作为其真正价值，但对有些负债则需做以下调整：

· 如递延税资产转换为现值的话，对递延税负债也应同时转换为现值：

递延税的现值=递延税负债/（1+折现率）

- 对于某些在向股东分红前必须偿还的表外负债（如经营租赁或某些追索权），应纳入到负债中。
- 如准备金不足的话，还需相应增加准备金。

（3）其他估值工具

如上所述，由于对某些参数非常敏感，因此，典型的DCF估值法并没有得到顶级投资者的青睐。精明老道的投资者更偏爱以收入、现金流或资产负债表项目为基础的乘数估值法。实际上，乘数本身的相关性和公允性依赖于公司所处的行业、具体业务、增长预期以及企业战略等诸多因素。

在下文里，我们就会看到，顶级投资者还利用了其他估值方法。前两种方法（交易案例法和部分汇总估值法）应该是DCF和乘数法的变形。而后两种方法（EPV和增长价值法）则应视为上述清算价值与重置价值的延伸。

A. 交易案例法（value on a deal basis）

交易案例法是指拥有充分信息和专业能力的买家愿意为一家公司支付的价格。这种估值工具的使用者包括传奇投资家约翰·邓普顿、迈克尔·普莱斯、比尔·尼格林（Bill Nygren）和马里奥·加贝利（Mario Gabelli），他们通过记录和建立数据库，积累了大量历史并购案例的详细信息及数据（Templeton, 2008）。利用这些记录，可以充分掌握各种收购者以往收购类似公司所愿意支付的对价。

有了这些记录和数据库，我们还可以获得某些企业使用最多，而且也可能是最相关的估值乘数。比如说，比尔·尼格林发现，市盈率是最适合汽车零部件板块的估值乘数，而价格—用户比和价格—现金流比则是最适用于有线电视公司的估值乘数。

在实践中，要在交易案例基础上得到最适合的估值，投资者就必须对收购者预期接受的价值做折扣处理。这背后的原因不难理解，为吓退其他竞争买家，收购者最终支付的价格往往会高于理论价值，因为他们坚信，他们完全有能力让收购后的企业创造出更多的价值（比如，通过解雇不称职的管理层，调整公司战略，处置非盈利资产，创造协同效应等）。此外，对交易价格的折扣还说明，只要公司被顺利接管，投资者就可以获得收购者有可能创造出的溢价。

但以下两个方面的原因，也要求采用这种估值方法的投资者务必谨慎。首先，要找到被估值公司足够相近的交易案例并非易事（近似性可体现在业务板块、业务覆盖地域以及经营效率等方面）。在这种情况下，最好将被估值公司进行分解，然后根据各部分的业务性质，在与各部分业务最相近的板块分别采用交易案例法。

其次，在收购高峰期支付的价格可能远高于企业的真实价值。在这种环境下，激烈的竞买往往会促使收购者支付过高的价格，而且他们对被收购目标所能创造的价值也会过于乐观。因此，对收购高涨期形成的收购价格进行的折扣，应明显高于正常时期的折扣率。

B. 部分加和估值法（sum-of-the-parts method）

按照部分汇总法，公司的价值等于公司各部分价值的总和。但采用适当的估值法（如DCF、交易案例法、乘数法或市场法）计算各部分业务的价值，同样并非易事。因此，这种方法适合于拥有多个明显不同业务单元的公司，如多元化经营的企业集团或控股公司。

C. 格林厄姆-多德估值法（Graham-and-Dodd approach）

格林厄姆-多德估值法源自本杰明·格林厄姆和大卫·多德，这种估值法分为三个步骤（该估值法的改进版见Greenwald, 2001；Calandro, 2009）。首先，对于鲜有竞争优势的公司，其公允价值应等于它的净资产价值（Net Asset Value，NAV），即清算价值（对已处于严重衰退中的公司）或重置价值（对持续经营性公司）。格林厄姆和多德估值法的操作者极为保守，他们认为，只有那些拥有真正竞争优势的公司，其价值才有可能超过NAV。

对大多数拥有特许权的公司，公司价值被称为“盈利能力价值”（Earnings Power Value，EPV），而超过NAV部分的超额价值则被称为“特许权价值”（EPV-NAV）。如果公司有可能在特许权范围内快速增长，那么，考虑到这种增长带来的价值，就应对该公司赋予更高的估值。在这种情况下，只要在EPV基础上增加一个增长溢价，投资者即可取得这家公司的全部“增长价值”。

盈利能力价值

在格林厄姆-多德估值法中，我们可以保守假设，除非另有证据，否则大多数公司都不能证明其拥有竞争优势。因此，那些采用格林厄姆-多德估值法的投资者就认为，大多数公司的公允价值就是它们的NAV清算价值或重置价值。只有找到足够证据验证公司拥有可持续的竞争优势，他们才会接受超过NAV的估值。

而对于拥有明确、可持续特许权的公司，核心假设在于，他们可以维持稳定的收益流和恒久的现金流。但是为了保持谨慎性，还需要建立另一个假设，即，除非有充分理由认为，收入会在可持续基础上实现大幅增长（在这种情况下，投资者就应采取全增长估值法，详见下文），否则收入流就应保持恒定，而不会持续增长。EPV估值法的最大问题在于如何估计可持续性的可分配收入，并按适当的折现率R将这个收入流折算为现值（PV）。

$$EPV=\sum_{i=1}^{+\infty}\frac{\text{调整后的收益}}{(1+R)^{i}}+(\text{溢余现金}-\text{负债})=\frac{\text{调整后收益}}{R}+(\text{溢余现金}-\text{负债})$$

在上述公式中：

1. 调整后收益代表所有者在保证公司无溢余现金、无须额外负债情况下，每年可从公司抽走的现金总额。该参数可由如下公式确定：

$$\text{调整后收益}=(1-t)\times EBIT_{\text{修正}}+(D\&A-CAPEX_{\text{维持}})+RDSGA_{\text{增长}}$$

其中：

· EBIT（D&A- CAPEX维持）修正为针对不可持续及不可重复项目修正并经平滑处理后的息税前利润。

$$EBIT_{\text{修正}}=EBIT_{\text{平滑}}-\text{重复出现的“不可重复”费用}$$

如上述公式所见，针对IT通常需要进行两类修正：

(i)对期性效应的修正。由于EBIT会因周期性因素（如商业周期），因此，必须对以前年度的EBIT进行平滑处理，以获得相关性更强的估值。具体可采用过去几年EBI收益率的平均数，乘以当期收入，作为当期的EBIT；

$$EBIT_{\text{平滑}}=\text{收入}\times EBIT_{\text{收益率}}=\text{收入}\times(\ EBIT-i/\text{收入}-i)$$

其中：“EBIT−i”和“收入−i”为i年前的EBIT和收入。

(ii)扣减重复出现的“一次性”费用。有些公司在计算EBIT时不考虑某些费用，他们的理由是，这些费用属于“特例”或“一次性”费用。但假如这些费用持续多年，那它们就变成了反复出现的“非一次性”费用，因而应从EBIT中扣除。因此，我们必须计算出前几年这些费用占EBIT的平均比例，在EBIT

中按比例扣除这些费用。例如，如果C–i为i年前所谓的“特例”性费用，那么，就必须从EBIT平滑中扣减以下费用，才能得到EBIT修正：

重复出现的“不可重复”费用=EBIT×（ C–i/ EBIT–i）

· T为过去几年内的平均有效税率，T=（已付税款+递延税款）/税前利润

· D&A– CAPEX维持. 折旧与摊销包括为增长而进行的投资，作为一种会计价值，它很少体现年度投资的真实金额。由于调整后收益需扣除企业为维持现有竞争地位所需要的再投资（忽略实现增长所需要的投资），因此，最后以维持性资本开支（CAPEX维持）替代D&A，即加回D&A，减去CAPEX维持：

CAPEX维持=CAPEX总额–Δ销售额×（ 固定资产–i/ 销售额–i）

其中，固定资产–i、销售额–i和Δ销售额分别代表i年前的固定资产净值（扣除累计折旧）、销售额和销售额增值。上述公式的理论依据是，很多公司的销售额与固定资产净值之间存在着较为稳定的关系，因此，应从资本性开支总额减去增值所需要的资本性开支。

· RDSGA增长。对大多数公司而言，研发（R&D）及销售和管理费用（SGA）的一部分是用来为增长创造条件。既然我们只关心公司为维持现状、避免衰退所需投入的研发和管理费用金额，就应相应加回为增长而投入的研发费用及销售和管理费用（RDSGA增长）。在无法直接取得RDSGA增长（譬如，“R&D+SGA”的占比）的情况下，我们可以按以下经验公式计算：

RDSGA增长=Δ销售额×（ RDSGA资本化–i/ 销售额–i）

在上述公式中，RDSGA资本化–i相当于对i年前通过对以往若干年R&D及SGA费用资本化（并扣除折旧）而得到的资产。这个公式源于以下假设：为获得一定数量销售额所需的RDSGA资本化金额，应与该销售额成长不能把成正比，因此，RDSGA增长就是为实现增长所需要投入的R&D及SGA费用。

2. 折现率R。折现率反映了公司的风险水平，它依赖于其他竞争性投资（如债券投资）的预期回报率。对普通股票而言，我们可以用长期股市收益率（如美国股票的R=9%）作为折现率。对优质企业来说，我们可以用经验数值作为折现率，比如，R=1.25倍的10年期国债收益率。

3. 溢余现金-负债。EPV的第一个假设是，公司的全部资金均来自于股权资本，而且公司既无负债（因而也无利息费用），也没有溢余现金（因而也不会有利息收入）。因此，要获得最终的EPV，我们还要扣除公司承担的负债，并加回溢余现金（如按超过销售额1%的部分作为溢余现金）。而这样做的一个引申含义就是，（现金-负债）这一数值将以R为增长率实现永续增长。

为了说明只有在具备经济护城河的情况下，特许权的EPV才有可能超过其NAV，我们可以对上述公式做一下修改，即将EPV分解为两部分：一部分是NAV中的经营资产部分［NAVop=NAV-（溢余现金-负债）］；另一部分是公司利用其经营资产实现的回报率RONAVop，即：

EPV=（NAVop×RONAVop）/R+（溢余现金-负债）⟷NAV = NAVop+（溢余现金-负债）

在上述公式中，我们可以看到，只有在RONAVop> R时，EPV才能大于NAV。换句话说，只有公司通过其经营性资产创造的收益超过资本成本时，特许权才是有价值的（EPV-NAV）。用经济学原理阐述这个关系，就是当公司在经营性资产的管理中凭借可持续竞争优势创造出超额收益时，公司的EPV就会超过其NAV。

全增长估值法（full growth value）

格林厄姆-多德估值法的支持者自然不愿意给增长赋予价值。他们始终对超过平均水平的增长预期持怀疑态度，因为他们深知，这种预期很少能兑现。因此，对于缺乏强大特许权的公司，他们绝不会对增长给予估值。即便是对于拥有明显增长潜能的特许权，他们也不会对增长的价值给予全面认同。作为一种经验法则，在计算公司的全增长价值时，我们可以采取以下公式：

全增长价值= NAV×（ROIC-g）/（R-g）

其中，ROIC为已投资资本回报率，g为收益保守的永续增长率估计值。

对于拥有强大特许权（ROIC相对较高）和良好增长前景（g接近于R）的公司，这个全增长价值应高于EPV，并将上述公式重新表述为：

全增长价值= NAV+特许权价值+增长溢价

二、投资大师奉行的估值信条

通过前面对估值法的介绍，我们可以清楚地看到，企业估值绝不只是精确的科学。顶级投资者无不认同企业价值评估的困难性，他们深知，在评估企业价值时，很多错误都是不可避免的。为尽可能地规避错误，或者最大程度减少估值错误的影响，他们有自己的“清规戒律”。

（一）保守主义

估值过程固有的不确定性意味着，每个顶级投资者在估算企业公允价值时，都始终保持谨慎和保守的原则。他们始终遵循以下指导原则：

他们始终采用稳健而充足的安全边际（margin of safety）。在实践中，只有股价在至少低于他们公允估值25%~30%的时候，他们才会考虑买进。

约翰·邓普顿建议，对于出现意外改进的股票，如缺乏有力证据证明这种改进具有可持续性，就应对这种改进予以修正（Templeton, 2008）。保守的投资者很清楚回归中值规律的巨大威力，因此，他们更愿意赋予历史业绩更大的权重，也不会因昙花一现而盲目乐观。

格林厄姆–多德的追随者始终主张对增长持怀疑态度。在对企业估值时，他们更依赖于资产负债表，而非损益表。

（二）极简主义

在选择估值方法时，顶级投资者坚守“极简主义的傻瓜”原则。他们很少采用DCF估值法，因为该模型的参数具有很大的不确定性。此外，他们还尽量避免在高风险公司身上进行估值游戏。譬如，他们通常会避开高杠杆公司，因为这些公司的估值对误差非常敏感，即便只是极为细微的偏差，也会导致估值剧烈波动。

顶级投资者只关注相对较为稳定的公司，并尽量对每个公司选取最适合的估值方法。通常，他们会采用较为简单的乘数估值法或是只需要少数几个参数的模型（如3~5个变量）。作为沃伦·巴菲特在伯克希尔·哈撒韦公司的左膀右臂，查理·芒格始终强调，对于股票的估值来说，模型的一致性远比精确性（比如包含60多个参数的估值模型）更重要，因为不精确可以借助一致性得到复制。

（三）三角估值

考虑到上述所有估值模型均有其局限性和不确定性，投资者必须意识到，依赖某种单一估值指标确定一只股票公允价值的做法，绝非理智之举。出于这个原因，邓普顿等顶级投资者建议采用“三角”估值法（triangulation），即采用一整套相互关联的估值法（如DCF、市盈率和市净率）来确定一只股票的公允价值。这样，名副其实的“便宜货”就会从诸多评估指标的结果中脱颖而出。

四、比较估值法

顶级投资者尤其关注以如下参照对象为基准的估值指标：

1. 同行。投资者可以将一家公司的某个估值指标与竞争对手的该指标进行比较，从而找出其中偏差的原因。但是在做比较时，投资者务必当心，因为业务组合以及经营战略等诸多方面的差异，可能会导致估值指标缺乏充分的可比性。

2. 估值指标的历史数据。此外，顶级投资者优势还会将当期的估值指标（尤其是乘数）与历史水平进行比较（Kobrick, 2006）。安东尼·波顿认为，在与历史数据比较时，至少应选取过去10年的数据，并且至少要覆盖一个商业周期。这一点非常重要，因为它可以揭示出估值在过去诸多经营环境下的变动情况。另一方面，如果公司已发生巨大变化，导致与以往状况不具有可比性，那么，这种与历史数据的比较也就没有什么参考价值了。因此，历史比较法最适用于以下股票：

- 具有周期性的股票。其估值可以和商业周期内可比时点的数据进行比较。
- 成熟的公司（适度增长型）：如当前价格已超过历史平均市盈率对应的水平，那么，这种股票的价格往往会形成波动或下跌，直至恢复到合理的估值（Lynch, 1993；Lynch, 1989）。
- 成长型股票。在寻找廉价股票时，普信资产管理集团（T. Rowe Price）

关注的是市盈率超过前一个商业周期最低点30%左右的股票（Train, 2000；Ross, 2000）。

3. 市场。在作比较分析时，投资者必须始终保持谨慎的态度，因为市场环境的扭曲（或处于大熊市的低端或是大牛市的顶部），或整个行业板块处于极端状态，可能会导致作为参照基准的乘数过高或过低。

五、质量高于“低价”

出现投资者当中的一个常见错误，就是为低质量支付高价位。这其中最关键的问题在于，优秀的公司往往能得到市场的适当认可。在《投资寓言》（*Investment Fables*）一书中，阿斯沃斯·达摩达兰的一项研究显示，对拥有强大公司治理和高超经营质量的公司，市场具有非常高的定价效率。因此，以价格换质量可能会导致回报率低下。

另一个破坏性错误就是廉价买进正常或是迷迷糊糊的企业。沃伦·巴菲特和约翰·邓普顿等顶级投资者认为，按正常价格买进好股票要比用高价买进正常股票好得多。实际上：

1. 市场有时会低估企业的潜能，因为对任何股票来说，市场所能接受的乘数（如市盈率）都是有上限的。换句话说，市场难以对真正优秀的公司给出公允定价（比如20世纪90年代的微软和戴尔，收益增长率始终保持在40%～50%之间）。此外，一项针对美国股票的综合性研究表明，在过去50年里，在实现跳跃式增长之前，那些业绩最佳的股票已经拥有了20～50倍左右的市盈率，也就是说，按常规的市场标准看，这些股票已经非常贵了（O' Neil, 2002）。

2. 市场经常会夸大好公司的风险和不确定性，低估平庸企业的风险和不确定性。换句话说，好公司往往每个季度都能带来新的惊喜（对股价形成提升作用），而普通或是平庸企业则始终平淡无奇或令人失望（对股价带来负面影响）。

六、怀疑论

在股票市场上，聪明透顶的人无处不在，他们的行动带来了股市定价效率的提高。因此，如果某个估值指标表明一只股票貌似便宜，那么，投资者就确实有理由认为这只股票是便宜的。同样，有良好发展前景的股票也有可能获得较高的市盈率。换句话说，股价与最可靠的内在价值之间出现严重偏离的概率非常微小。基于此，即使认为找到了“便宜货”，聪明的投资者也会保持怀疑态度。投资者应关注以下建议：

投资者应反复验证自己的投资主题，即使已经确认找到“便宜货”，也要全力揭示它们的缺陷。这种做法有助于投资者发现最初估值中可能被遗漏的因素。比如说，有的时候，最好核对公司的会计记账方法（尤其是针对外国股票），判断是否需通过调整获得更合理的估值指标。

在《攻守兼备：积极与保守的投资者》（*The Aggressive Conservative Investor*）一书中，马蒂·惠特曼提到，投资者必须认识到，即便一只股票确实被低估，也不能保证投资者就一定能在这只股票上赚到钱。有些股票可能长期处于低估状态，而且被低估的股票可能退市或是被低价收购，让耐心的长期投资者赚不到任何好处。

正如很多顶级投资者建议的那样，投资者应尽可能不跳出自身的能力范围。因为在这个范围内，他们比其他市场参与者更通晓如何识别“便宜货”。在任何情况下，投资者都需要确定他们是否对行业或业务有足够认识，是否能对公司价值做出合理的评估，对于不熟悉的业务，回避才是上策。

三、本章小结

图14汇总了本章讨论的各种估值方法。由图可见，估值必须依赖于上述的六项基本原则。

首先，投资者应尽可能地简化估值模型。也就是说，必须限制DCF模型所采用的参数数量。此外，在任何情况下，都应尽可能地避免采用DCF估值法，因为简单的乘数会造成DCF估值的可靠性下降。

其次，就是保守审慎。在对企业估值时，投资者必须以充分的安全边际作为防范估值失误的手段。此外，保守的投资者更偏重于采用以资产负债表为基础的乘数。如采用以收益表或现金流量表为基础的乘数，必须保证这些乘数以正常化的历史价值为基础。出于对增长和竞争优势的怀疑态度，除非有足够证据证明它们确实能为公司创造价值，否则，他们绝不会在估值中考虑增长和竞争优势的价值。

最后，与同业及历史乘数进行比较，可以对一家公司的公允价值有深入了解。此外，通过对比验证还有助于减少出错的概率；必须以公允的价格换取质量；既然市场不愚蠢，那投资者就必须对估值结果进行反复验证，避免遭遇价值陷阱。

归根到底，建议投资者对外部信号是否支持估值结论进行检验（如第二章所述）。尽管本章未提及这些外部信号，但它们显然是强化投资安全性的重要依据。譬如，众多内部人大量买进或是无股票回购，都是验证投资主题的重要信号。

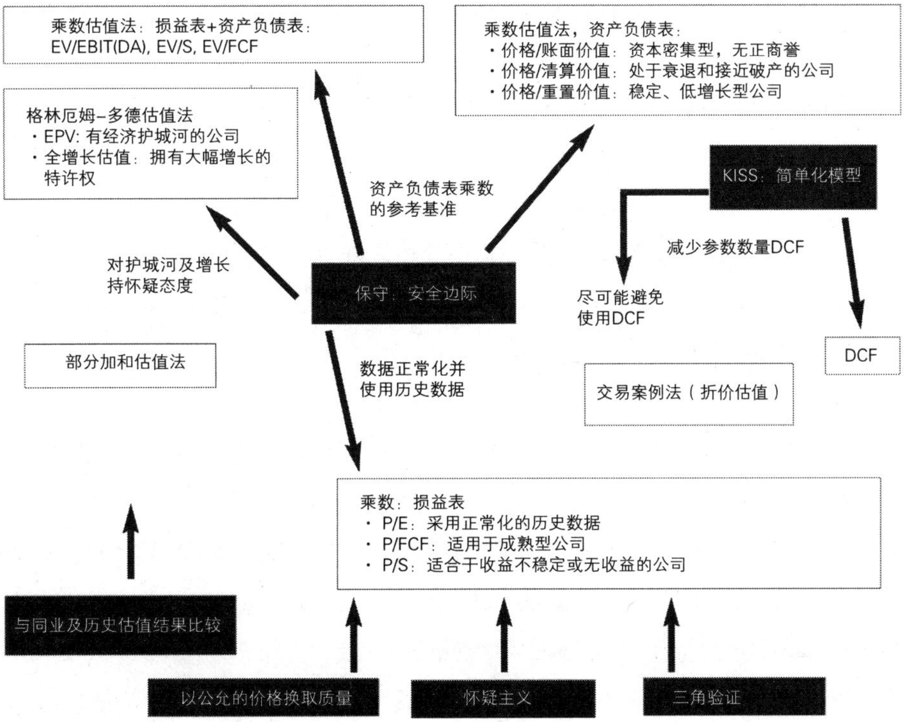

图14 估值工具及基本估值原则

第五章 投资过程中的常见错误与规避手段

“最容易让人失去理性的，莫过于得到一大笔不劳而获的钱财。在经历过如此令人兴奋的体验后，再正常的人也会像舞会里的灰姑娘一样被冲昏了头。他们很清楚，在舞会中多待一会——也就是说，继续将大笔资金投入到投机活动中，南瓜马车和老鼠驾驶原形毕露的概率就越高。但他们还是舍不得错过这场盛大舞会的每一分钟，于是，所有人都打算继续待到午夜，直到舞会结束。但问题是，这场舞会里的时钟根本就没有指针！”

——沃伦·巴菲特，2000年致伯克希尔·哈撒韦公司股东的信

在前面三章（2～4）里，我们探讨了构成一个合理稳健的投资过程的三个要素：筛选出兼具潜力与吸引力的股票、基本面分析和股票估值。这个过程看似直截了当，但是在每个阶段里，投资者都有可能犯下这样或那样的错误：到错误的地方去寻找“便宜货”；基本面分析过于形式化、表面化或者带有明显的偏见；在估值过程中贪图捷径。但最重要的是，很多投资者的投资过程本身就有缺陷——与投资对象无效、不连贯或是不相关。本章探讨的主题就是投资者在投资过程中的常见错误。其中，第一节概括了这些发生在投资过程中的常见错误；第二节针对如何规避这些错误提出了建议。

一、常见的过程错误

（一）缺乏相关性的投资过程

最常见的过程错误或许根本就没有过程可言。很多人会买入他们一无所知的股票，他们依赖的完全是道听途说的小道消息或是媒体的报道。过程的另一个问题是，鲜有投资者对投资哲学（如第一章所述）的内涵有清晰认识。

他们嘴上高谈阔论低价吸进和高位抛出的思想，但实际上根本就不知道到底何为低价位或高价位。于是，他们只能凭借基本与投资无关的投资方法在市场上横冲直撞。（请注意，如本书序言所述，以完全不同于投资风格的风格也可以跑赢大盘。但此处讨论的问题，则是针对那些不能清晰表达自己的投资理念、风格和投资方法，而且根本就不能解释自己在市场上的优势到底何来的人。）

此外，过度自信（比如，有人会因自以为掌握大量信息而拥有其他人不具有的优势）和自我幻想的控制（因为投资看上去似乎易如反掌，而且似曾相识），会进一步刺激投资者尝试着与市场较量。但对那些与市场抗争的投资者来说，最糟糕的事情，莫过于意外的连胜。暂时的成功会激发无限的幻想，让他们以为，即便过程和策略在长期内毫无优势可言，他们一样可以做得更好。这种虚幻的信心往往会诱使他们在错误的道路上越走越远。我们在下文中将会看到，投资风格不相关的两个最重要的示例，就是将投资交易和投机混为一谈。

> “必须知道你拥有的是什么，你为什么持有它。‘孩子一定会长大成人’这样的话没有任何意义。”
>
> ——彼得·林奇（www.youtube.com/watch?v=pnCLI1dCJfQ）

1. 混淆投资与交易

交易和投资完全依赖于两种不同的理念。但股票的价格偏离其内在价值时，投资者就会买卖股票。交易者的动机源于价格的浮动。尽管确实有很多成功者兼备交易与投资的要旨，但实际上，他们都忽略了公允价值概念。由此可见，这些人在本质上还是交易者。［尽管某些交易者也采用基本面分析作为选股标准，但他们买卖股票则完全依赖于交易信号，而不是出于内在价值方面的考虑。一个典型的例子就是采用所谓CANSLIM方法的威廉姆·奥尼尔（William O' Neil，2002）。他的目标就是价格变动极为有利且基本面强大的公司，并借助典型的动量信号买卖这些股票。］

当人们将交易的概念融入某种投资方法中的时候，问题就出现了。比如说，以下方法对纯粹的价值型投资者毫无意义：

（1）针对多头采用止损指令。止损指令是一种自动执行卖出操作的指令，一旦某只股票的价格低于预先设定的价格目标，即触发止损指令自动执行。对交易者来说，止损是不可或缺的操作方法，一旦价格波动偏离他们设定的交易预测，他们就需要采取措施。但对投资者来说，止损指令却是和基本投资哲学相互冲突的。比如说，在谈及止损指令的时候，沃伦·巴菲特做了一个假设，先按100万美元的价格购置一套房产，然后指示经纪人，如果其他人的报价下降到80万美元，就马上卖掉这套房子。实际上，从投资理念的角度出发，只要公司的内在价值没有下降，价格下跌只会让其更有吸引力，至少不会减少其吸引力。因此，真正的投资者将价格下跌看作买入的潜在机会，而不会成为抛出一只股票的原因。

（2）金字塔式建仓（pyramid up）。在股价上涨时，交易者往往会持续加仓（像建造金字塔那样渐进式买进）。这与动量式交易理念相互吻合，按照这种观点，股票的强势价格走势还将持续。对投资者来说，金字塔式建仓则意义有限。投资者绝不会从价格变动中寻找线索。他们需要从基本面上对企业进行分析。在他们看来，即便股票不断上涨，也只有在更高价位上依旧处于被低估状态时，才应该继续买进。

2. 投机不同于投资

投资者必须认识到投机与投资的差异。投机可以定义为在预感、耀眼、奢望和一厢情愿基础上的财富博弈。投机者绝不会关心公允价值的概念。他们的唯一目标就是在股价超过他们的买入价格时将股票卖给懵懵懂懂的其他买家。

投机者对“博傻原理”笃信不疑。所谓的“博傻原理”认为，只要你能找到比你更傻的人，就可以承受一只股票不理智的高价（价格已超过其公允价值），因为那个更傻的人，肯定愿意以更高的价位买进这只股票。于是，他们有理由认为，还会有人以更高的价格接过他们手中的股票，投机者就可以放心大胆地买进一只基本面恶劣的股票。

如果一厢情愿地预测某个公司将被收购（而这种可能性实际上微乎其微），或是认为管理层会采取某些特殊措施，而买进这家公司的股票，就是一种典型的投机。另一个例子就是在市场处于大泡沫期间以超高价位买进股票。尽管投机也能在短期内带来回报，但就长期而言，投机很少有得逞的。一旦投机成为习惯，将变得极其危险。而投机似乎最容易赚钱的时候，恐怕也就是灾难即将降临的时刻。

表3　投资者与投机者

	真正的投资者	投机者
战略	价值大于价格时，买进；价值小于价格时，卖出	坚信“博傻原理”
态度	在长期内追求适当、现实的回报；耐心	梦想一夜暴富；迫不及待；时刻关注价格变动，认为每个时点的价格都是决定财富的关键
牛市期间的行为	审慎小心；有选择性地买进；在总体上可能是净卖家（在此过程中积累下现金）	投机就是游戏的另一个名字；喜欢嘲笑迟迟不肯对手的投资者；自以为是：“我会在崩盘之前退出。”
熊市期间的行为	守住高质量的股票；在熊市接近谷底时买进	完全丧失警惕性，全力以赴，不留余地；在市场谷底惊慌失措
投资过程	筛选+基本面分析+估值	预感+谣言+幻想+迫不及待地杀入股市

正如沃伦·巴菲特在本章开头所说的那样，在市场处于疯狂状态时，投机者的最大问题在于，他们几乎无法停下手。当泡沫破裂时，大多数投机者会被紧紧地套牢。即便是在非市场泡沫期，投机也是非常危险的，因为它所依赖的不是合理稳健的投资理念和投资风格。沃伦·巴菲特认为，仅仅是通过买进自己不想拥有的股票然后就想着再卖给别人去赚钱，这样的事情太过于精明，似

乎还没有人能聪明到这种程度。

到此为止，有一点应该是清楚的，投机与投资之间没有任何交集，当人们明明在投机时，千万不要自欺欺人地说自己是在投资。实际上，表3足以说明，典型投机者的基本特征与真正的投资者毫无共同之处。

（二）在错误的地方寻找“便宜货”

聪明的投资者会在第二章所述原理的基础上，寻找值得进一步分析研究的投资观点。他们不会把宝贵的时间浪费在那些不太可能带来超额回报的股票上。当然，普通投资者也不会采用极其严谨的方式，通过有意识的筛选寻找有被低估的潜力股，很多投资者只是对偶遇的股票进行肤浅的分析。

如第一章和第二章所述，由于从众效应和推断偏差等因素的存在，使很多投资者甚至觉得错误的股票（如热门股）同样不乏吸引力。有些错误不为人关注，但它们的危害性丝毫不低，比如熟悉错觉和移情效应（见第一章）。如果公司总部和投资者的居住地很近，拥有非常时尚出色的产品，或是活跃于他们自认为更熟悉的业务（比如，熟悉企业的老板），诸如此类的原因都会让投资者感到这家公司的股票让他们心舒气爽。

（三）基本面分析中的错误

1. 缺乏独立性

进行独立的尽职调查是一个耗时费力的过程，它需要投入大量的资源和精力，而且只能由具备相应能力和经验的人来执行。此外，保持独立性还需要排除各种干扰的勇气。很多投资者愿意接受专业人士的建议，对于财经媒体上听来的最新建议笃信不疑，甚至对从朋友、家人嘴里得来的道听途说也坚信不疑。

（1）依靠专业人士获得投资思路的缺陷

在投资领域，无论是从分析师、市场大腕还是经济学家那里，都很难发现真正有价值、无偏见的信息。无数研究显示，这些所谓专业机构的历史业绩都很差。股票分析师从来就不擅长预测未来收益，而市场大鳄的资产配置技能同样令人难以信服（Dreman, 1998；Damodaran, 2004）。真正听从投资资讯或宏观分析师经济预测而跑赢大盘的，其实只有极少数人。因此，这些投资通讯或是预测是靠不住的。这一点在图15中显露无疑，该图对1970年以来宏观经济分析师的1年期预测与1年期实际GDP增长率进行了比较。我们可以从图中看到，对于即将到来的衰退和强势增长，经济学家们似乎毫无感悟。

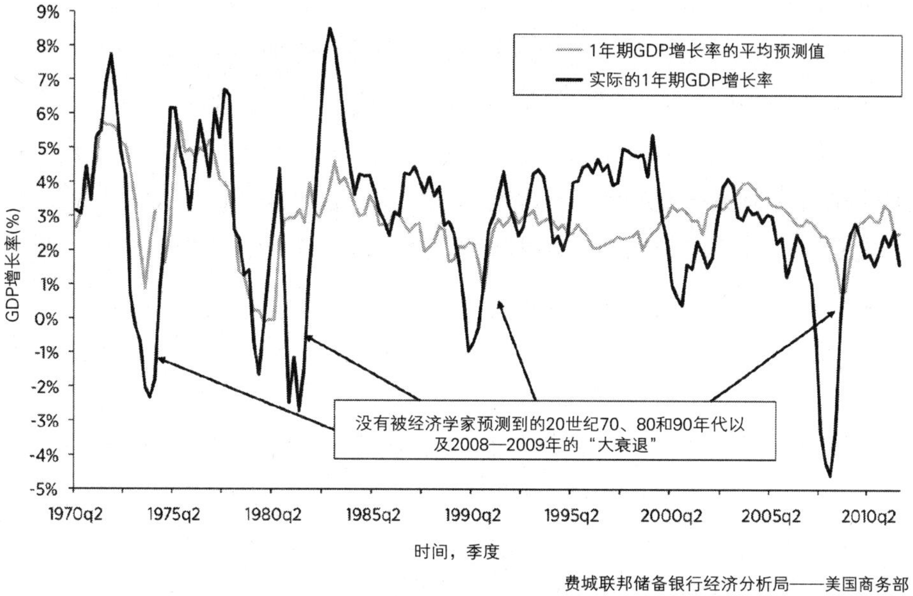

图15　分析师的预测与实际GDP走势

在专业机构如此不尽如人意的预测背后，有着各种各样的原因。首先，无论是预测宏观经济，还是预测公司的销售额及利润，都是非常困难的。此外，即便是对于拥有专业知识的专业人士，他们预测的准确性也只是比外行人略好一点点而已（Kahneman, 2011）。实际上，在预测未来这个问题上，最有知识的人（往往也是最有智慧的人）甚至比普通人更不靠谱。这个结论可以由以下事实做出解释：自以为是的态度往往会让人们变得对常识性事务不再理智。聪明的人反而不愿意改变观点、承认错误。此外，过度自信往往会促使他们以过于复杂的模型去解决原本简单的事情。

导致专业人士预测不可靠的第二个原因在于，游离于投资世界中的很多信息，原本就是存在偏差和偏见的。例如，为公司拉业务赚大钱，是卖方分析师和投资银行大佬们的分内之事。老板之所以为他们支付高薪，是为了让他们说服投资者将业务交给自己，为老板带来丰厚的佣金收入。因此，从他们嘴里讲出来的故事，更像是一场推销展示，而不是他们真实意图的表露。

更糟糕的是，即便是公正客观、有价值的专业投资建议，也会因执行落差（implementation shortfall）而让投资者获利的机会微乎其微。采纳已被公开的投资思路，实际上就是在采纳已被市场充分吸收并在股价得到体现的信息。此外，执行落差在投资资讯等私募基金的服务中较为常见。对于这些投资资讯，最大的问题在于，时间差异或是缺少执行所有投资思路的资金，导致大多数订阅者无法按投资资讯设定的精准条件买卖股票。

最后一点，即便是追随成功投资者推荐的操作手法，也有可能招致严重的执行落差。尽管跟随投资大师的投资策略会让投资者改善回报的概率大增，但试图以盲目效仿取得与这些顶级投资者平起平坐的业绩，这样的可能性几乎不存在，这背后的主要原因有三点：

首先，优秀的投资者会审慎研判，力求避免盲目跟随。因此，在专业投资者的操作公之于众之前，投资者通常要等上几周，甚至是几个月的时间。

其次，当顶级投资者的交易信息公开时，潜在的超额收益很快就会因众多跟风者的行动而消失。

第三，如果只效仿顶级投资者的个别操作手法，而不是整体性地跟随，最终形成的组合必然与这些顶级投资者相去甚远，表现在组合包含的股票数量、各种股票的权重以及个股的选择等方面。而这种差异还意味着，投资者组合的最终表现与顶级投资者的组合之间的相关性很弱。

> “根本就不存在一个高度可预测的行业，让你可以完全仰仗分析师的预测。依赖这样的估计无异于自寻烦恼。”
>
> ——大卫·德莱曼（1998）

（2）财经媒体的馊主意

财经媒体的工作绝不是在投资这样的复杂问题上提供有价值的新闻，他们的唯一目标就是创造更高的阅读量和更高的读者评价。为达到这个目的，报刊、财经出版物和电视等媒体更喜欢那些爱出风头、口无遮拦的所谓投资专业人士，因为即便没有什么素材，这些人也能创造出轰动性新闻。此外，媒体更关心短期效应（因为大多数读者和收看者看重的恰恰是短期效应），而且很少能从长期视角出发，为投资者提供真正能有价值的新闻。

此外，财经媒体最关心的是赚钱（因为大多数收看者和读者也是为了赚钱），而不是如何省钱。因此，它们很少会提出保守的防范性建议，即便是市场最需要投资者收缩投资时，他们也会不遗余力地鼓动投资者迎难而上（比如，在巨大的投机性泡沫时期，或是在接近牛市结尾时）。

（3）出自朋友或家人的小道消息

朋友、家人或内部人的小道消息确实很有诱惑力，但这显然不是正常的致富之路。在第二章里，我们曾提到，明智的投资者绝不会听从家人、朋友、邻居或熟人的小道消息。很多伟大的投资家都承认，在职业生涯早期，他们都曾痴迷于小道消息的诱惑，但事实总会毫无例外地告诉他们，小道消息不足为信。这是显而易见的事情。老实说，在投资这个异常复杂的问题上，一个深思熟虑的投资者对熟人朋友还能有什么指望呢？

> “虚荣心在人类的愿望中扮演着重要角色，而愿望则会让交易者成为所谓‘可靠消息’的牺牲品。但假如他有自知之明，相信自己或许只是第一千个听到这个利好消息的人，而不是第一个或是第二个，那么，这种所谓的缺乏自信或许就可以得到回报。没有人是依赖别人的意见而获得财富的。”
>
> ——大卫·卡莱特（Krass, 1999）

2. 显失公正的分析

对公司进行完整深入的分析绝非易事。而公正客观的关系就更难了。当认知偏见（见第一章）让投资者戴有色眼镜看待公司时，错误往往就难以避免了。出现这种情况时，投资者往往会在尽职调查中敷衍了事。或者，他们会选择性地寻找能验证其投资观点的证据，而不相左的证据则视而不见。

当今世界很多伟大投资家都曾屈服于以下的种种认知偏见（这个事实足以说明，任何人都不可能在尽职调查中彻底摆脱它们的影响）：

（1）下意识的主观推断。对很多人来说，以往的趋势极有可能延续下去，这似乎是一个不言自明的道理。因此，投资者在预测未来的财务绩效时，倾向于沿着业已形成的增长路径，推断未来的发展趋势。这种无意为之的推断纵然可以理解，但公司收入和利润的变动几乎是无法预测的。此外，借助推断，我们注定会遗漏掉脱离增长路径的某些重大因素，而它们对股票价格的影响当然是不容忽视的。

（2）选择性信息。在制定决策时，人们对信息的使用是有选择性的。对于近期发生的、更有心理震撼力或是表现形式更有吸引力的信息，人们会习惯性地给予更大的权重。而这样做的结果就是，投资者将尽职调查建立在不完整甚至不可靠的信息基础上，而且这种形式化的尽职调查往往会让他们心满意足。比如，他们可能会相信，魅力四射的CEO来一场精彩纷呈的演说，就会让公司变得强大无比。或是仅仅在经历一次令人难忘的采购体验之后，便对一家连锁店产生了深刻印象（但这样的经历或许不是这家连锁店的普遍现象）。

（3）移情偏见及本土偏见。当人们出于这样或那样的原因而喜欢一家公司时，他们往往就会寻找验证这种喜爱的证据，忽略那些诋毁这家公司的证据。更糟糕的是，当他们坚信这是毋庸置疑的好公司时，甚至会放弃严谨认真的尽职调查。例如，如果一家公司生产的产品投其所好，主要经营场所靠近投资者的住所，公司的名字优美、朗朗上口，或是恰好与投资者有相似之处，那么，投资者就会下意识地对这家公司产生好印象（Zweig, 2007）。在《价值亿万美金的错误》（*The Billion Dollar Mistake*）一书中，斯蒂芬·维斯（Stephen Weiss）讲述了一个移情偏见破坏力的精彩案例。柯克·克科里安（Kirk Kerkorian）是一位经验老到、业绩超群的成功投资家，但他在通用汽车破产之前做出的投资，让他损失惨重。科克的问题在于，他自幼开始就疯狂地喜欢汽车。于是，即便是通用汽车处于历史上最糟糕时期，他依旧痴心不改，不加思索地进行了投资。

（4）熟悉幻觉。有的时候，人们仅仅会因这样或那样的原因而熟悉某个业务，就彻底放弃严谨的尽职调查。例如，很多人会购买本公司发行的股票，因为他们相信自己更了解这家公司的一举一动。但是现实中，员工往往对本公司的财务知之甚少，甚至一无所知。另一个揭示熟悉感幻觉的经典示例来自斯蒂芬·维斯，它告诉我们，即便是最成功的投资大师，也无法规避这种心理偏见（Weiss, 2010）。作为世界上最优秀的私募股权投资者之一，大卫·邦德曼（David Bonderman）曾投资于华盛顿互助银行（Washington Mutual），而就在不久之后的2008年，华盛顿互助银行便宣告破产，最终让邦德曼血本无归。他居然没有像对待私募股权投资的常规做法那样去认真地分析这家公司，因为他在几年前任职于华盛顿互助银行的董事会。他的错误就在于以前的董事会经历让他误以为自己对华盛顿互助银行胸有成竹。他并没有意识到，在他离开之后，这家银行便发生了翻天覆地的变化。

3. 对概率和随机性缺乏认识

正确认识概率和随机性规律并不容易，因为这种概率本身就是反直觉的。大量实验表明，在面对某些投机性问题时，即便是统计学专家也无法彻底撇开第六感的误导。因此，有一点是可以理解的，在尽职调查过程中，以下错误往往是无法避免的：

A. 投资者往往会从零星的孤立事实和事件（在统计上不具有显著性的时间）中去寻找结论。这种认知偏差也而被称为“选择性偏差”（representative bias）。例如，如果只看到连锁公司中某个经营不善的店面，然后根据其糟糕的销售额便认为整个连锁公司经营不善，这样的结论显然是站不住脚的。

B. 投资者经常出现的因果关系问题。他们经常会把相关性与因果性混为一谈，或是不当地假设一个因素会导致另一个因素，而事实恰恰相反。例如，宏观经济与女性裙子的平均长度或许存在相关性，但如果依据女性裙子的平均长度去预测宏观经济走势或企业盈利，那显然是荒谬至极的。

C. 有些人喜欢以平均数为基础去预测未来事件。譬如，他们利用过去熊市的平均长度去预测本次熊市何时结束，或是用上一次经济走出衰退的平均用时预测本次经济（和企业利润）实现反弹的时间。

4. 过分执迷于错误因素

最后一个问题是，在尽职调查中，很多投资者将过多精力倾注于根本就没有实际意义的要素上。分散投资者精力的典型问题包括：

A. 过分关注经济大局（对宏观经济型投资者而言）。很多强调宏观经济形势的投资者，会将经济形势的预测纳入其股票分析。如前所述，经济预测是极为困难的。因此，过分强调经济形势的投资者首先应该分清自己到底属于自上而下（宏观型）还是自下而上（微观型）阵营。就一般情况而言，微观型投资者几乎不关心经济形势。他们更强调对个别公司的分析，并试图找到不管经济形势如何都能脱颖而出的好公司。

B. 短期性因素。真正的投资者着眼于长远，他们的股票分析中绝不会融入短期性要素。真正的投资者不会因为公司下个季度的业绩而欣喜若狂或心灰意冷，他们关注的是公司在未来若干年的增长态势和发展前景。

> "即便是现在，查理和我还是坚信，短期的市场预测就是毒药，因此，应该把它们摆在最显眼的地方，让它们远离儿童，当然还有那些在股市中表现得像小孩般一般幼稚的投资者。"
>
> ——沃伦·巴菲特，1992年致伯克希尔·哈撒韦公司股东的信

四、估值错误

（一）估值过程中的价格因素

有些投资者认为，一只股票相对于其他股票或历史价格区间的价格水平（而不是价值），可以揭示出该股票是否具有投资价值。以下是最常见的估值误区：

1. 以当前股票价格衡量价值。在初出茅庐的投资者当中始终有一种观念，即价格越低的股票（如每股3美元）就越便宜，价格越高的股票（如400美元）肯定就越贵。这些人坚信，只要买进低价位的股票，他们几乎可以做到稳赚不赔。在他们看来，高价位的股票总是危险的。此外，他们总会在股票拆分后积极买进（进而推高股价），这当然是愚蠢之举。（股票分拆并不会创造价值。假设一家公司流通在外的股价为10美元。在经过一次1拆10的股票分拆后，原来持有1股的股东现在则持有10股，拆分后的股价应该是每股1美元。因

此，股东不会因为分拆而得到任何额外的好处。因为公司的价值没有任何变化，每股新股对公司的所有权相对于老股的1/10。换句话说，新股的内在价值为牢固的1/10。所以，价格与内在价值的差额在拆分后维持不变。）将价格与价值混为一谈绝对是大错特错。第四章的讨论已经告诉我们，一只股票的内在价值取决于它的未来现金流。而价格与未来现金流没有任何关系。价格只是你实际支付的对价，而价值才是你得到的财富。

2. 以历史价位衡量价值。同样常见的另一个估值误区，就是将当前的股票价格与历史价格进行比较。出于某种原因，大多数人在决定买进之前会查询一只股票过去5～10年的股价图。如果一只股票以往的价位相对较高，那么，就认为这只股票很贵。因此，一旦股价进入低位，就认为股价即将上涨。同样，如果股票的交易价格在某个时期内始终处于一个区间，很多人就会认为，该股票的价位理应属于这个价格区间。因此，一旦股价达到这个区间的最低位，他们就认为，股票即将升值；反之，当股价达到这个区间的最高点时，就认为该股票价格太高，已经丧失了价值吸引力。

这种以历史价格为参照基准的方法有两个主要问题。首先，它假定市场以往对股票的定价是正确的。其次，锚定历史价格忽略了公司在若干月或是若干年后可能发生的变化。菲利普·费雪认为，太多的人低估了公司变迁对其内在价值的影响，实际上，几年的变化就足以让公司的内在价值发生翻天覆地的变化（Fisher，1996）。

3. 以买入价格作为价格参照。另一个常见的错误就是将股票的价值与其买入价格混为一谈。很多人不愿意接受这样一个事实：股票的公允价值在买入后便出现减值。因此，即便内在价值已经低于买入价格，他们依旧不容易抛出股票。

4. 价格变动是内在价值的构成要素。价格变动会影响到投资者对股票的估值。比如说，当股票突然跌至他们以前设定的“便宜”价位之下时，很多投资者会感到不知所措。实际上，仅仅是股价下跌这一事实，就足以让投资者对初始的投资策略产生疑虑。其实这并不难理解，因为卖盘压力自然而然地会引出一个道理：卖家知道某些买家所不知道的东西。尽管怀疑论有利于投资，但因为价格波动而改变投资初衷却没有任何好处。老道的投资者不会为市场的跌宕起伏而摇摆不定。然而，即便是最伟大的投资者，似乎也会纠结于价格波动。譬如，要防止在熊市期间不敢出手买进的畏惧心理，约翰·邓普顿在市场还处于牛市时，便定下在较低价位（他认为股票“便宜”的价位）买进的指令。

> “证券分析师对待股票市场的正确态度，就如同丈夫对待妻子的态度。虽然他不应该过分关注妻子说了些什么，但也不能对妻子的言论完全置之不理。”
>
> ——本杰明·格雷厄姆（Lowe, 1999）

上述的所有误区，均可归咎于认知偏差（尤其是锚定心理）以及很多投资者在估值中走捷径的心态。虽然说以价格代替价值的做法简单易行，但却不尽合理。内在价值是建立在当期资产与未来现金流基础上的股票公允价值；而价格则体现了市场对内在价值的认同程度。

综上所述，最根本的教训就是投资者不应以股票价格为重心。比如，不以历史股价为股票分析的出发点，在实践中是一种良好的做法。应仅凭价格变动就改变最初的结论。

2. 对估值—质量权衡关系的忽视

第二类估值误区就是在买卖股票时只看乘数，而对基础业务的质量置之不理。在这个方面，两种最常见的错误是：

（1）只买“便宜”的垃圾股。其实这样的股票未必便宜，因为它的市盈率实在是太低了。很多低市盈率的公司只配得上低市盈率，它们本身就不是好的长期投资对象。归根到底，再便宜的垃圾股终归还是垃圾股。

（2）以过高的代价追求质量。有些投资者为追求高质量的股票，会不惜一切代价。在他们看来，一家公司业务的成功与它的股票价格是相辅相成的。尽管我们建议长期投资者还是应选择优质企业，但如果忘记了问价钱，一样会让他们损失惨重。因此，投资者务必牢记，对大中型企业来说，让内在价值在几十年里实现超过15%的年均增长率几乎是不现实的。这足以警示投资者：股票的买入价是决定一笔投资总回报率非常重要的因素。因此，那些奢望在长期内实现年均收益率超过15%的投资者，除了以远低于内在价值的价格买进超级公司的股票外，别无选择。

“我们的目标就是以寻找价格合理的优质企业，而不是价格虽然便宜，但业绩却平淡无奇的公司。”

——沃伦·巴菲特（Cunningham, 2001–A）

二、小结：过程错误及其应对措施

表4汇总了上文讨论的各种典型过程误区，以及投资者应如何减少或彻底规避这些错误。

表4　过程错误及其应对措施

投资过程中的常见错误		如何避免这种错误
投资策略不相关（与交易和投机混淆；在寻找“便宜货”时没有明确的目标）		强大的投资这些；严谨而始终如一地执行
基本面分析中的错误	缺乏独立性	通过钻研建立专有知识；强化心理素质，不为外界因素所扰动
	缺乏公正性的分析（主观推断；选择性；熟悉感幻觉；本土偏见和移情效应）	密切关注熊市信号；及时抛出分析受到偏见影响的股票；深入的尽职调查；克制下意识的主观偏见
	选择性偏差；假象的因果关系；平均数的使用	收集尽可能多的信息，以常识进行判断
	关注宏观经济和短期现象	关注利润和长期趋势
估值错误	关注价格，忽略价值	警惕过度关注于股票价格
	忽略价格与质量的权衡关系	在基本面分析中强调定性因素的影响

第一类错误就是投资策略缺乏相关性。很多投资者对投资的内涵仅仅是略知一二。他们绝不会主动寻找“便宜货”，因为他们根本就不知道哪里能找到“便宜货”。或许，他们会把交易和投机的元素融入投资策略中，尽管这些元

素与投资毫不相干，甚至相互冲突。而防备这种错误最有效的方法，就是将投资建立在明确具体、强而有力的投资理念基础之上。此外，投资策略（理念在现实中的执行）必须与投资理念完美匹配。而同样重要的，就是必须规避外部市场环境的干扰，始终如一地在实践中贯彻投资策略。实际上，执行策略过程中的严谨性和原则性至关重要。因为面对投资过程中形形色色的诱惑，太多的投资者背离了最初的投资策略（和投资理念），直到碰壁时，他们才意识到，如果守住初衷，他们原本可以做得更好，但这或许要经历很长时间，乃至几年，一切或许为时已晚。

在基本面问题上的常见错误中，缺乏独立性或许是突出的、难以摆脱的问题。如果一个人不能独立思考、独立决策、独立完成投资过程，并以巨大的勇气抵御市场潮流的诱惑与侵袭，他几乎不可能战胜大盘。

为了维持独立性，顶级投资者会极力避开媒体制造的各种噪音和闪光灯，有的时候，他们甚至会选择僻静的住所，远离尘嚣。比如，约翰·邓普顿搬到巴拿马的拿骚，沃伦·巴菲特将总部设在奥马哈，而伯纳德·巴鲁克（Bernard Baruch）在意识到华尔街正在让他丧失专注力和原则时，索性离开华尔街。内幕信息或小道消息从来就不会引起他们的兴趣。他们对分析师的建议置之不理。他们的投资灵感来自投资大师或是投资大众。独立性的关键就在于通过勤奋钻研获得独有的知识（因而不必依赖于外部的研究成果）和心理素质的强化（抵御市场的诱惑）。需要提醒的是，吉姆·查诺斯认为，相对于做多投资者来说，卖空投资者能做到独立并保持独立要困难得多。原因很简单，卖空往往需要投资者在面对媒体利好消息（如唱多的分析师交易、管理层的利好宣传或是极力吹捧的电视节目）的持续轰炸时，始终做到耐心坚韧，静观其变。

> “知识带来信息，而信心则是让投资者守住那些正在遭遇做空压力、但盈利前景依旧光明的股票。信息可以帮助成功的投资者在价格触底时敢于买进，而那些对手里的股票知之甚少的投资者，则会变得弱不禁风，并因为畏惧和无知而卖出原本潜力巨大的股票。”
>
> ——弗雷德里克·科布里克（2006）

基本面分析中的另一种常见错误，是因为主观推断、一致性偏见、移情效应以及熟悉度偏见等心理偏见造成的失真。防范这些心理偏见的手段之一，就是高度关注交易中的失败案例。每当否定一个投资决策时，很多顶级投资者都会寻找尽可能多的证据，判断这笔投资能否经得起这些证据的推敲。

还有一部分顶级投资者在实践中采取了另一种判断方法：如果认为自己是在戴有色眼镜看待某一只股票，那么，他们就会选择卖出。例如，具有传奇色彩的宏观经济型投资者迈克尔·斯坦恩哈特（Michael Steinhardt）会偶尔沽出做多头寸，补回做空头寸，以防范一致性、熟悉性和移情偏差带来的影响。这样，他就可以不受任何干扰地从头开始。

抵御认知偏见的第三种手段，就是借助于深入完全的尽职调查。当我们从不同角度审视一只股票时，就有可能获得独到的客观认识。最后，投资者还可以有意地去检查那些有可能左右我们看法和观点的非意识性认知偏见。譬如，我们可以寻找一只股票与其他股票的相似点，看看以前的经历是否与这只股票有关系，或是检查一下，是否出于种种原因而对这家公司产生似曾相识的感觉。

基本面分析中的另一个常见错误，就是因选择性偏差和近期效应等认知偏差，导致投资者对概率性、因果性和随机性认识不当。为防止出现因数据不完整而导致的判断错误，投资者必须收集尽可能多的事实，并以常识解读这些事实。

最后一种错误如表4最后一行所示，投资者还要防范价格因素导致的估值错误。为此，投资者应尽力减少对股价（及其变动）的关注力。比如，不要每天甚至每小时都去盯着股价的一举一动。减少对短期价格波动的关注，有助于投资者抵御所谓市场趋势的诱惑，并降低历史价位对当前决策的干扰。

第二部分

交易策略

——买入、持有和卖出

第六章
不同类型的股票

"大多数坏公司还会继续坏下去，大多数便宜股还会继续便宜下去。一旦你意识到这一点，就说明，你已经为转型期的投资做好了准备。"

——查尔斯·科克（Charles Kirk），《科克报告》（The Kirk Report）

市场上的股票种类万千，投资者应以不同的方法对待每一类股票。每个想赚钱的投资者都必须清楚这些股票的类别、特殊波动规律以及应如何交易这些股票。本章将探讨投资者还应该了解的以下几类股票：

· 处于不同成长阶段的股票：包括初创、快速成长及成熟阶段的股票
· 周期型
· 转折型
· 资产型
· 特殊情况股

下面，我们将阐述每一类股票的投资难点，并归纳了顶级投资者针对买卖此类股票提出的建议。

一、投资的周期性

在商业理论中，描述一家公司或一个行业发展里程的常用模型就是产品生命周期或企业成长周期（见图16；Porter, 1980）。按这个概念，潜在顾客出于惯性思维的影响，往往会对新公司（处于新生阶段）的产品犹豫不决，因此，新公司在建成初期阶段的销售额增长较为缓慢。

只要能熬过初期发展阶段，买家原有的惰性减轻，并且公司的业务在地域和产品类型上有所拓展，那么，销售额必然会快速提升。于是，公司进入成长阶段。经过一段时间后，随着顾客群趋于饱和，公司进入成熟阶段。此时，公司的市场份额已达到顶峰，业务扩张开始减速。最后，随着竞争的加剧或公司产品的落伍，销售额开始下降，公司也由此进入衰退阶段。

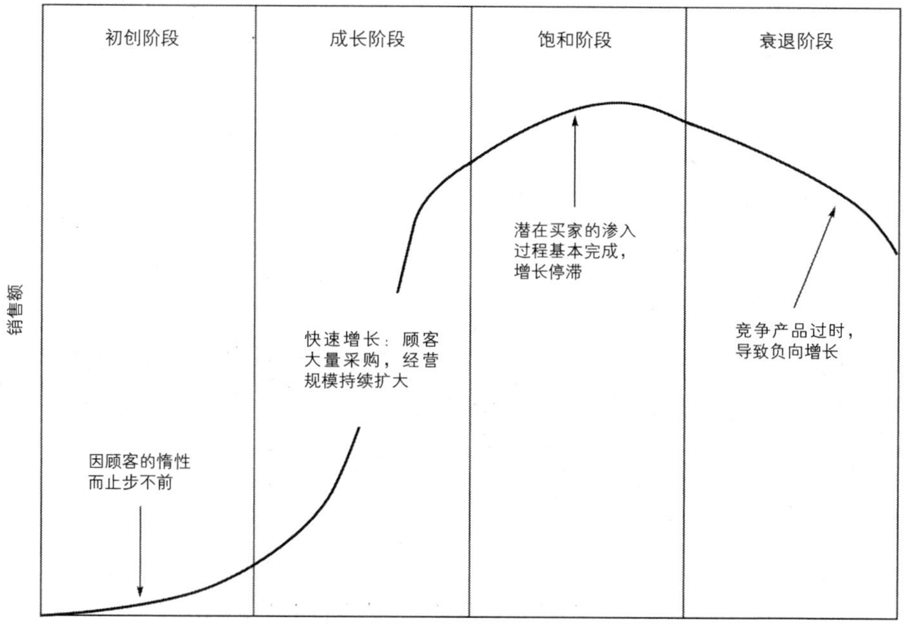

图16　企业的成长周期

公司的成长周期在理论上似乎直截了当，然而现实中却没有这么简单，并非所有公司都要经历成长周期的这四个阶段。某些公司可能从未出现过快速增长；还有的公司甚至胎死腹中，尚未起步便陷入衰退；有些新公司马上进入成熟状态，随后便呈现出缓慢增长；还有一些公司几乎是直接进入快速成长阶段。对某些公司（如周期性成长公司）来说，快速增长的过程中伴随着销售额的高度波动性；而有的公司则通过持续创新，延缓了衰退期的到来。

不过，成长周期还是有助于解释不同成长阶段的股票特征，帮助我们了解市场是怎样看待股票的。随后，我们将讨论五类与成长周期相关的股票。初创公司是处于生命周期最早阶段的公司，可以看到，它们与那些处于快速增长阶段（快速成长型公司）或成熟阶段的企业（停滞型、缓慢增长型或成熟周期型公司）是完全不同的。

（一）初创公司

初创公司通常是经营历史不超过10年的新公司。某些初创公司甚至尚未找到合理的经营模式，还有一些初创公司已建立起合理的经营规划，并拟定了雄心勃勃的销售增长目标。有些初创属于全新的行业，有些则试图在成熟和稳定性行业中求得立足之地。由于这些公司规模较小，历史不长，因此，这些公司自然会给人以遐想的空间，它们的身旁总会笼罩着神秘的光环。也确实有很多公司，没有辜负那些投资者希望它们成为巨人的公司，不断成长，成为名副其实的商业巨人的愿望。

正如我们在第二章所看到的那样，与普通投资者相比，顶级投资者对初创公司的期望更趋于现实。他们遇到的第一个问题是，由于缺乏充分的历史业绩，很难对管理层、经营战略和经营模式做出合理评判。而这又会引申出另一个相关问题，初创公司往往面临的风险极大。

这些公司的管理者通常缺乏经验，但却又不得不面对严酷的挑战。实际上，初创公司只能在经验更丰富、资金实力更强大的对手缝隙间求得生存。他们必须选择最适合自己的战略；他们必须应对成长过程中不可避免的恐惧；他们必须建立制度体系（如HR）；他们必须要说服顾客跳出以往的购买习惯，接受他们的产品；他们还要面对生产等形形色色的问题。

大多数初创公司没有熬过这一阶段，可能是因为它们无法赢得足够的顾客，或是逐渐成为以往成功的牺牲品（比如，公司无法维持增长的步伐，缺乏应有的组织、有经验的员工和会计专业人员，导致公司运营陷入混乱），或是被资金更雄厚、战略更高超的对手实现了逆袭。譬如，在汉堡、运动鞋和计算机操作系统等行业，先发制人者最终还是被麦当劳、耐克和微软这些新手所击败。

有必要重申一下，对大多数投资者来说，最可取的建议就是不要屈服于初创公司的诱惑。虽说这类公司不适合普通股投资者，但却是私募基金投资者的宠儿（专业私募基金投资者买入创业企业的股份，并在运营上为这些公司提供支持）。在投资创业企业之前，投资者需要搞清楚的另一个问题是：有前途的创业企业在需要钱时可以找到私募基金做合作伙伴，既然如此，很多急需资金的新公司，为什么找不到这种专业机构，而是去辛辛苦苦地开发股票市场呢？可以认为，很多公开上市的创业企业还属于二流公司，还缺乏足以吸引私募基金投资者的魅力。

（二）快速成长型公司

快速成长型公司是指已成功度过初创阶段的公司。事实已经表明，它们的商业模式是行得通的，他们的成功模式可以成功地运营到其他顾客群体或经营地域（如成功进入新地域的餐饮连锁店）。它们已经克服了顾客的惯性心理，并在新的市场和地域迅速赢得新的顾客群。此外，它们已经实现了稳定的盈利。尽管初创公司也有可能快速增长，但它们与快速成长型公司的最大差异在于：前者只增加销售额（而利润和现金流则呈现负增长），而后者则实现了利润和现金流同步增长。

快速成长型公司是成长型投资者的宠儿。这些股票可以在几年时间里实现数十倍甚至数百倍的增值。这一点可由表5得以验证，该表显示了最成功的成长型美国企业在10～20年期间实现的最高回报率。

表5 最成功快速成长型企业的股价年复合收益率及累积市盈率

	10年期终止时间	年复合收益率	累积市盈率
戴尔	1999年12月23日	101%	1093
思科系统	2000年8月31日	99%	964
沃尔玛	1987年8月21日	56%	87
微软	1999年3月30日	56%	87
家得宝（Home Depot）	1995年12月24日	45%	42
星巴克	2004年12月29日	36%	22
西南航空公司	2000年11月12日	34%	19
	20年期终止时间	年复合收益率	累积市盈率
沃尔玛	1994年9月22日	39%	764
思科系统	2010年3月30日	34%	323
戴尔	2009年9月15日	33%	303
微软	2006年1月17日	30%	199
家得宝	2005年7月22日	30%	180
星巴克	2012年5月2日	25%	86
西南航空公司	2000年2月8日	23%	64
麦当劳	1999年12月8日	21%	46

数据来源：雅虎财经（Yahoo Finance）

我们从表中可以看到，在2000年初科技股泡沫达到最高峰之前的10年里，戴尔和思科等高科技公司的股价足足上涨了1000倍（尽管此后又损失掉了很大部分利润）。其中，最出众的当属沃尔玛和家得宝等零售企业，在20年的时间里，它们的股价年均升值30%~40%。在它们当中，最令人惊叹的成长型公司就是西南航空公司，尽管所处行业竞争激烈、利润微薄且具有强烈的周期性，但它们的股票价格在20年里实现了约23%的年均增长率。

表5显然会让人们浮想联翩，但聪明的成长型投资者却无比脚踏实地。毕竟，投资于快速增长型企业免不了形形色色的陷阱和挑战。即便是历史上最伟大的成长型投资者彼得·林奇也不得不承认，在他选择的每5笔成长股中，就会有4笔以失败而告终。他解释了一个现实：在他的全部成长股投资中，20%项目的超常回报要远远高于其他80%相对平庸甚至低劣的投资。要在成长型投资中取得成功，投资者就必须关注以下两个因素：第一，买卖快速成长股的时机

必须准确无误；第二，在挑选快速成长股时必须保持严格的选择性。

1. 买卖快速成长股的时机

快速成长股是短期投资者的理想目标，但在错误的时机买入和退出可能会让投资者损失惨重，其原因可由以下建议及图17得到解释：

- 在A阶段，公司实现了由初创阶段向快速成长阶段的转型。就在此时，经营模式的不确定性减弱，公司业绩有可能迎来一轮强烈反弹。于是，投资者可以等公司的估值及形势明朗化后（即公司是否已确实完成了向快速成长阶段的转型），选择买入股票（建仓）或是等待进一步确认。
- 在B阶段，公司快速增长，并显示其商业模式的可行性。市场预期公司将强劲增长，从而推动股价持续上涨，导致市盈率提高，这也是成长型投资者的“甜点”，因为盈利的高增长率及高市盈率相结合，可能会给投资者带来丰厚的回报。同时，这也是典型成长型投资者最理想的入市点（尽管此时的公司估值已开始提升），因为对公司业务的疑虑和不确定性已彻底消失，且股价已形成上涨空间。对此类投资，成功的成长型投资者将持有至C阶段（往往多达数年）。
- 在C阶段，公司已实现了大幅增长，因此，公司已无法再继续维持以前的高增长率。在刚刚进入这个阶段时，市场并未意识到股票的增长空间。但不可思议的是，也就在此时，投资者和专业机构却对股票给予了太多的期望，分析师也不约而同地对股票印上了“买入”标签。公司成为市场的大热门，交易价格达到非常高的估值，机构持有量达到最顶点。对股票进行跟踪的分析师数量创下新高。但这也是一个重要时刻，因为公司的利润和销售额增速开始大幅减缓。此外，在这个节点，公司运营效率下降的风险开始放大，但这种苗头有可能被以前的高增长率掩盖。处于这个阶段的公司还要面对其他问题，比如，公司可能要面临产能过剩，买家开始变得精明（因此，他们越来越善于讨价还价，而且在公司推出改进版的产品时，除非更便宜，否则他们不太可能接受）。除此之外，低增长还减少了员工的晋升机会，从而削弱了员工士气。绩效优异者可能会感到气馁，进而选择离开公司。一旦出现业务饱和的迹象，原来的高估值便会迅速下跌。聪明的成长型投资者则会在市场出现这些问题之前抽身而退。

· 在D阶段，市场开始兑换预期。投资者开始意识到，以前的高增长率已不复存在。估值乘数开始下降，股价下跌或是持续震荡。根据可持续增长率及公司所处行业的不同，股票会变成停滞型、缓慢增长型以及成熟周期型股票（下文做进一步解释）。

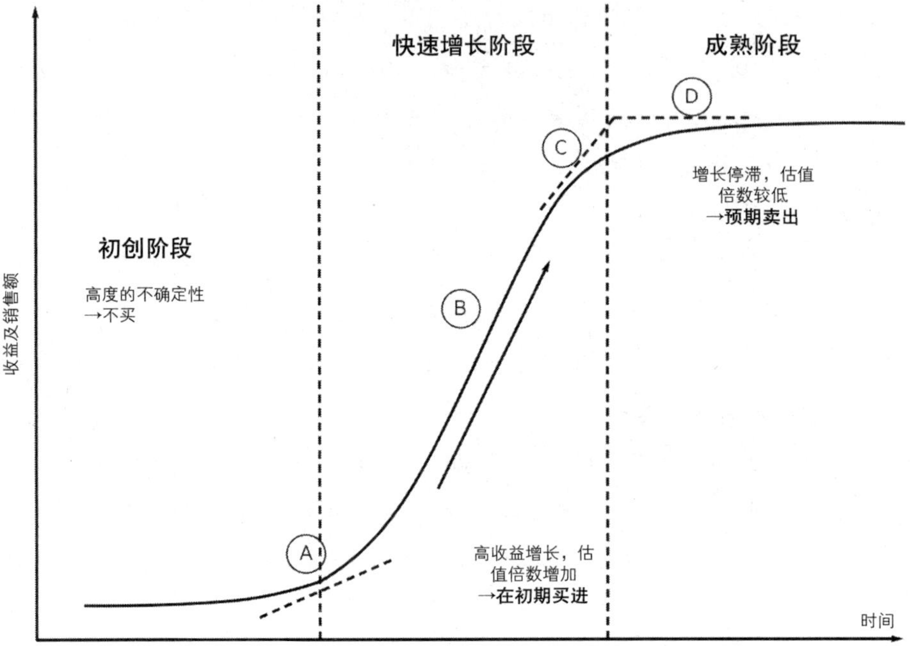

图17　快速增长型以及买入/持有/卖出的基本规则

图18即为典型的成长股——思科公司的股票。这家高科技公司在1990年的高速增长阶段公开上市。IPO当年，股票既已达到较高价位，其历史市盈率达到25～30倍。然而，即便是按这样的估值，投资者还是明显低估了思科的潜力。在上市后的四五年间，思科的每股收益（EPS）实际上就创下95%左右的年均增长率。伴随如此强劲的增长，市盈率在1990—1993年之间逐渐回落到50倍左右。此时的思科股票已明显处于B阶段，而认同思科故事的真正成长型投资者，自然会大举买入这只股票。

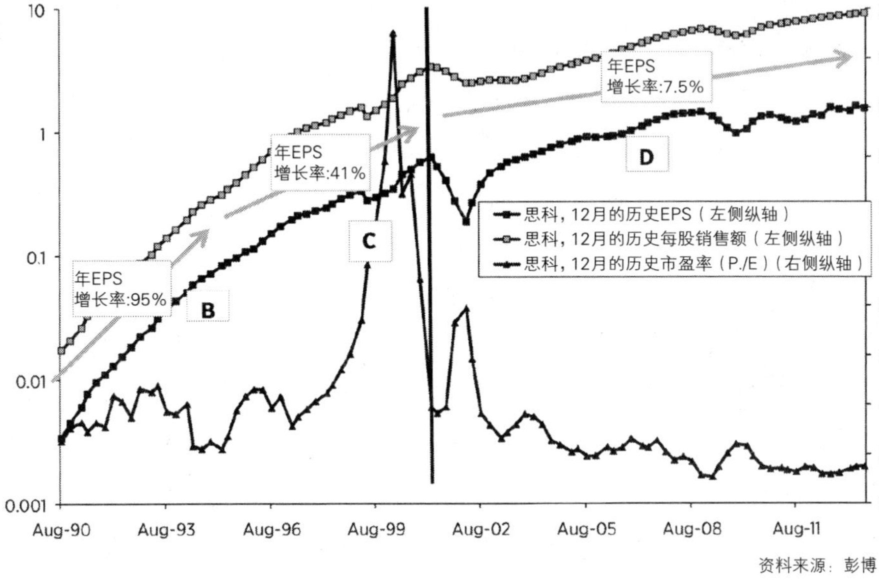

图18　快速成长型股票的示例——思科（季度数据）

随后，尽管收益和销售动力十足，但投资者中已有人有高处不胜寒的感觉。股票的市盈率在1994—1995年已跌至仅有20倍出头（但依旧处于高位）。理智的成长型投资者可能已在低市盈率阶段买入更多股票。即便是在1993年5月市盈率最顶峰时买进的股票，到1995年5月依旧可以带来超过30%的回报率。

从1995年5月开始，市盈率再次强势反弹，到1998年夏季已达到50倍左右。当时，市场对互联网和高科技股的疯狂追捧已达到白热化程度，思科股票自然炙手可热。在无数几近狂热的分析师和机构投资者眼中，思科绝对是求之不得的大热门。但考虑到它的高估值以及年收益增长率已大幅降至41%左右，因此，谨慎的成长型投资者本应感到心惊胆战。到1993年5月，五年前买入的股票已升值10倍，那些当初成功抓住暂时性下跌而买入股票的投资者，在三年的时间里足以实现700%的回报率。这意味着，通过迟买（即在估值相对较高的B阶段中间）早卖（接近于C阶段），成长型投资者可以获得非常可观的回报。

从1998年夏季到2000年3月，思科的股票扶摇直上。实际上，这只股票已从每股13美元（1998年5月）涨至2000年3月的每股80美元。我们从图18中可以看到，每股收益率（EPS）已无法跟进股价上涨的步伐，市盈率攀升到不可思议的190倍！此时，很多人预感到不祥之兆，因为估值已近乎荒唐。

在20世纪90年代末，思科的成长率已远低于90年代初，而且公司规模太大，以至于即便是90年代末的低增长率也难以维系。此外，诸多迹象表明，公司的经营状况不容乐观。股票被大量抛出，股价在2001年4月狂跌至13.63美元。仅仅在一年的时间里，公司的市值便剧减了83%左右。但牛市远未结束。2002年的8月8日，思科的股价创下新低，触底8.6美元。与2000年3月的最高点相比，股价整整下跌了约89%。我们由图18可以看到，市场正确地预见到收益和销售额增长率的骤减。事实上，从2000年开始，思科便已明显得进入D阶段，2000—2013年期间的每股收益增长率仅为7.5%。随着投资者逐渐接受这一事实，市盈率也开始持续下滑，并最终降至与成熟型公司相对应的水平。

2. 选择与跟踪

快速成长型公司见诸于各个行业。符合时尚、充满新奇和想象力行业的成长型公司，是很多人追捧的市场宠儿，但它们绝不是顶级投资者心目中的理想目标。实际上，如第二章所述，过高的估值和激烈的竞争压力，往往会让顶级投资者尽力避开这些身处聚光灯下的热门公司。此外，很多顶级投资者将高成长型科技企业排除在外，譬如戴尔、微软和思科等，因为高新技术领域的竞争状况过于惨烈，整个行业具有高度不稳定性，这明显不符合他们的口味。

尽管听似奇怪，但成长型投资者心目中的快速成长型公司，往往是那些在缓慢增长行业中的市场主导者。比如说，彼得·林奇对零售业和餐饮连锁业情有独钟。我们从表5可以发现，成功的零售企业（如沃尔玛和家得宝）、餐饮连锁店（如麦当劳），甚至是咖啡连锁企业（如星巴克）的经历足以证明，它们可以为长期投资者带来丰厚的回报。

零售及餐饮（咖啡）连锁企业的吸引力在于，即便整个行业增长缓慢，它们依旧可以在很多年，乃至几十年时间里，以较高增长率（如20%的年均增长率）实现跨地域拓展。此外，如果企业拥有独到的经营模式，它们便可以轻松面对海外新进入者的挑战，从而将竞争压力始终维持在可控范围内。

在低增长行业，以卓越的执行换取丰厚回报的另一类业务就是酒店业。譬如，酒店连锁行业巨头万豪（Marriott）曾在20世纪80年代期间实现了约20%的年均增长率，而酒店业的整体年均增长率才勉强超过2%。

当然，在快速增长阶段，增长率很少会像图17和图18那样四平八稳（有些公司经历了周期型行业特有的快速增长阶段，可归类于所谓的周期型成长企业。每当行业进入衰退期，这些公司都会率先走出困境，并轻易突破以前的收益及收入最高点）。从成长曲线的A点到C点，快速成长型公司会经历一番震荡。这种波动体现在快速成长企业面对的各种威胁和挑战。对它们来说，面对的主要问题既有市场竞争的加剧（如新竞争对手的进入或是现有竞争对手的赶超），也有自身成功带来的束缚（见第三章）。因此，明智的成长型投资者会密切关注快速成长型公司的一举一动，判断它们在成长周期中的位置。他们需要分清暂时性停滞与可导致公司永久性受损等问题。

作为本节的总结，以下建议是彼得·林奇和罗·普莱斯（T. Row Price）等超级成长股大师在成长股选择及跟踪方面给出的忠告：

（1）最有吸引力的成长股应具有低负债率特征。低负债与优异的收益能力相结合，为快速成长型企业规避某些不可避免的厄运，提供了一种强大的缓冲器。

（2）成功的快速成长型公司必须恪守原则。它们深知，快速增长本身就意味着风险，因为它会导致弄巧成拙，让以前的成功成为未来的桎梏（见第三章）。成功的快速成长者从不做不自量力的事情。他们更倾向于以可控方式实现自我发展。正像彼得·林奇所说的那样，恪守原则的增长对零售业及餐饮连锁企业至关重要，很多企业因为选错了地点、为经营场所支付过高价格或是在人员选聘和培训上关注不够等，导致在追求增长的过程中误入歧途。星巴克的经历为快速成长型企业如何管理其增长提供了一个绝佳示例。最初在超市推出“卡布奇诺”咖啡时，马上就出现了供不应求的局面。为避免引起顾客不满，公司决定将该产品撤出超市，并取消相关的营销活动，直至产量增加可满足需求为止（Schultz, 1997）。

（3）为避开即将进入成熟期的公司，投资者应寻找尚有巨大增长空间的公司。理想的投资对象应是具有相对较小，但稳定增长的市场份额，或是拥有前景宽广、意义重大的新市场。如果一家公司宣布的计划新颖但不切合实际，这很有可能就是一个警报，说明公司管理层为维持增长率已不择手段。比如说，一个公司每天都在高谈阔论如何打入新兴市场（或许是因为本土市场上的机会已近干涸）。

（4）好的成长股能够履行承诺。最优秀的公司甚至会不断超越分析师的预期。切记，要当心那些本身业绩低下但却习惯归罪于外部因素的成长型公司。某些信号会提醒投资者，及时清仓的时候到了。

· 盈利水平低下

· 推迟扩张计划

· 销售增长减缓（如订单被推迟）

· 毛利率及投资回报率持续下降，这表明公司在市场上的优势正在减少。

（5）最好将投资限定于内部人持股比例较大的快速成长型公司。高层管理者的投资有助于实现管理层与股东利益的一致。此外，它也是体现管理层个人忠实度和奉献精神的一个重要信号。

（6）应寻找高管层稳定的快速成长型公司。没有充分理由的管理层更替，往往是公司内部问题正在发酵的一个信号。

（7）彼得·林奇一直对那些被专业机构跟踪的成长股情有独钟。他的理想目标是那些很少被分析师关注且机构持有量大的成长股。因为这些未被发掘的成长股一旦进入专业机构的视野，就有可能一发不可收拾。

必须灵活应对估值问题。有希望的成长股自然应拥有远超过深度价值股的估值倍数。因此，明智的成长型投资者都知道，要获得这样的机会，他们首先需要付出一定的代价。譬如，高速增长阶段的思科和微软，在传统意义的市盈率上从未便宜过。另一方面，聪明的成长型投资者始终保持理性和现实。作为一种经验，他们始终避开PEG（市盈率相对盈利增长比率）超过1的股票。此外，他们始终对年增长率超过25%的成长股持怀疑态度，因为在他们看来，如此高的增长率不仅罕见，而且极难维持。

（三）成熟型公司

当增长率出现不可逆转的衰减时，快速成长型公司便进入了成熟阶段。此时，公司必须通过自我转型，以适应新的经济现实。从快速增长阶段向成熟阶段的转型，是一个蕴含着高度不确定性的过程。经历了快速增长阶段的公司，到底是进入成熟阶段还是直接进入衰退阶段，有时都难以判断。

如上所述，考虑到价格变动的影响，投资者最好远离处于转型阶段的公司。当公司成功地实施了必要的转型，且估值远低于以前的峰值（见图18所示的思科案例），那么，一旦成长率在较低水平稳定下来，投资者就应三思而行了。如增长率为正，就说明公司即将成为稳定成长者、慢速成长者或周期成长者。

从风险—收益的角度看，选择成熟型公司中的大盘股较为安全。毕竟，大公司与小公司的收益及收入增长率应是可比的，而且从第三章可见，在总体上看，大公司相对于小公司会更安全。因此，除非估值存在明显差异，否则，对成熟型公司来说，大盘股和小盘股的收益率应该是接近的，但前者的风险相对较低。有关周期型公司的讨论见本章第二部分。在这里，我们首先看看适度增长及慢速增长的大盘股，前者又被彼得·林奇称为“稳定成长股”。

1. 稳定成长股（stalwart）

稳定成长股（彼得·林奇将其称为“大笨象型”）是资产高达数十亿美元的大公司，它们不仅拥有令人羡慕的长期历史业绩，还有乐观，甚至是令人振奋的增长前景。凭借强大的竞争优势，他们的收益及收入增长速度超过大盘。稳健型公司往往可在长期内跑赢大盘，年均超额回报率为2%~5%（包括股利），但他们还是无法与成功的快速成长型公司相提并论。（一个典型的例子就是可口可乐，在1919—1938年期间的高速成长阶段，其股票年均升值26%，而在1938—1993年的成熟期内，年均收益率则下降到12.4%。）这类型的公司包括可口可乐、强生、联合利华、达能和宝洁。

彼得·林奇认为，所有投资者的组合中都不应缺少稳健成长型公司，因为它为投资者规避整体性衰退提供了一种缓冲。当经济步入下行通道时，稳健成长型公司依旧坚挺，这不仅因为它能给投资带来可观的股利收益，还因为市场知道这些公司有能力坚持下去。

在选股方面，投资者应着眼于在前几个经营周期有超众的经营业绩、出色的管理层及竞争优势明确而可持续的大盘股公司。不过，有些稳定成长型公司的市场份额持续减少，或是因创新能力不足而推出现有新产品，或是涉足与核心业务不相关的业务，或是债务水平过高，这些公司均值得警惕。

稳定成长股的交易方式取决于投资者的目标。如果超过大盘平均水平几个百分点的回报率既能让投资者感到满足，他们可以按公允价格买进极其稳健的稳定成长股，并多年持有。如果投资者的野心远不止于此，他们希望将大盘远远抛在后面，那么，他们就必然频繁进行交易。他们应尽量在低市盈率的价位上买进，以便在市盈率反弹至正常水平后取得超额利润。与此同时，他们在高位上切莫过度贪婪。例如，如果一只股票在一年内升值30%~50%，彼得·林奇通常会选择抛出。

2. 慢速成长股

已进入成熟阶段且收益和收入增速均低于大盘的公司即为慢速成长型公司。受监管的公用事业或身处饱和市场的公司（如高科技企业）属于典型的慢速成长型公司。尽管彼得·林奇也投资特殊类型的慢速成长股（如陷入危机的公用事业，见第二章），但稳定、安全的慢速成长股始终不是他的目标。

慢速成长股的问题在于，它们的收益虽然稳定，但往往低于大盘。对那些以打败市场为目标的投资者来说，这显然不符合他们的口味。不管以何种方式投资于慢速成长股，投资者都应警惕针对稳定成长股的这些信号：市场份额损失、缺少创新、多元恶化（diworseification，这个词由彼得·林奇提出）以及财务状况不健康等。

二、投资周期股

“事实证明，在收益多年持续高位徘徊且市盈率已触及底部时候买入周期型股票，是短期内让你损失一半资产的最有效办法。”

——彼得·林奇（Lynch，1993）

周期型企业是产品需求弹性等原因而对商业周期极为敏感的企业。典型的周期型行业包括汽车制造、钢铁、航空业、造纸和化工等。在经济繁荣时，周期性行业的利润通常会大幅改善，但是在经济衰退时，它们的利润也会急剧暴跌。市场总有办法预见周期型股票的收益变动——在低迷期竞相推高股价（预见到不可避免的经济复苏），在担心经济正趋于过热时，投资者会毫不吝惜地抛出。

图19显示了一家典型的周期型公司——德国汉莎航空公司在2000—2013年期间的每股收益（EPS）和股票价格。我们可以清楚地看到，每次遭遇经济下滑，EPS便急转直下。在这13年期间，EPS甚至曾三次变为负数。在经济复苏时，EPS便随之提高，但始终未能超过以前的最高收益。于是，EPS随着经济的起伏而上下波动，但是从长期来看，EPS基本未发生变化。同样清晰的是，公司的股价似乎完全能预见EPS的走向——当收益达到最高点时，股价开始下跌，在收益触底时，股价开始反弹。

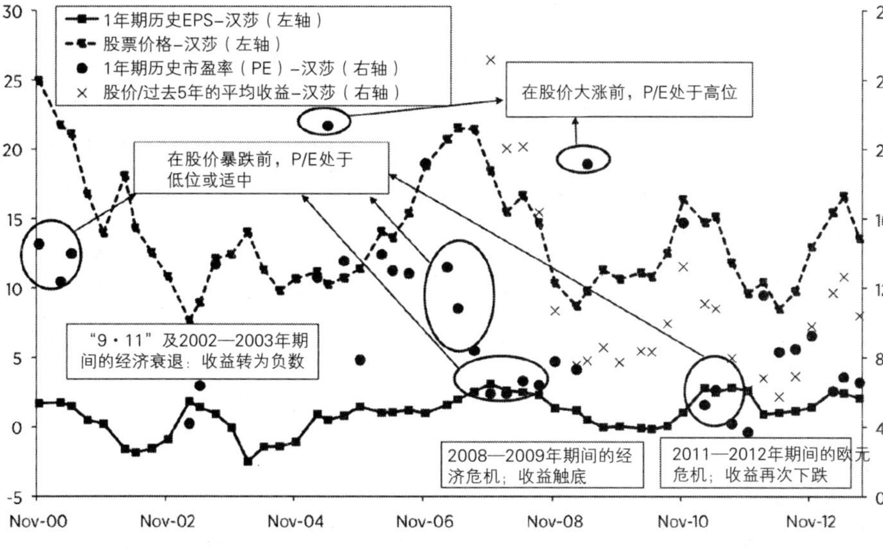

图19　德国汉莎——典型的周期型公司

图19显示出，投资周期股的关键在于把握时机。周期股绝不是安全的短期投资对象。那些进入或退出时机选择不当的投资者，可能会在短时间内轻而易举地损失50%，甚至更高。随后，他们或许要等待很多年才能弥补这笔损失（前提是还有机会的话）。要从中受益，投资者就必须先其他市场玩家一步预见这些公司起伏不定的股票价格。这或许已变成一种魔术，因为它不仅需对企业（及其行业）的经营周期做出理性预测，还要对市场何时体现预期的收益波动做出一定的投机性选择。

投资周期股与投资理念本身并不完全符合。首先，周期股的交易不应考虑内在价值的影响，因为这种股票的价格变动在很大程度上取决于盈利周期。其次，尽管很多顶级投资者尽量不去预测经济形势，但如果投资于周期股，忽略经济周期视的后果显然是不可想象的。第三，至于市场何时会对某种（预期）经济趋势做出反应，这样的投机性猜想不是每个投资者都能应付得了的。因此，周期型股票不被顶级投资者看好，自然也是意料之中的事情。然而，那些成功的周期股投资者还是有忠告于同好者（见图20）：

1. 估值问题。投资新手在交易周期股时往往会被它们的估值所蒙蔽。实践证明，低买高卖（这种策略对其他类型的股票自然是非常有效的）已成为周期股投资者赔钱的“自然之路”。买入周期股的最佳时机不仅应选在经济大势低迷、盈利形势紧张之时，还要保证企业在买入后若干时间（比如6～9个月）转而复苏。反之，投资者应在收益增长动力尚足且在商业周期转为下行前及时抛出。如考虑估值指标，上述说法体现为以下规则：

· 在历史市盈率处于高位时买进，在历史市盈率处于低位时卖出。也就是说，买进周期股的最好时机是1年期历史市盈率处于最高点，而卖出的最佳时机则是该指标的最低点，这听起来似乎有点矛盾。高市盈率表明公司正在经历艰难时期（收益处于低位），而且投资者似乎还意识到低收益时期已到来。低市盈率则表明收益处于最高点，市场已开始怀疑这种高收益的可持续性。这一点在图19中的汉莎股票体现得非常充分。在股价接近最高点时，历史市盈率似乎显得合理甚至偏低。而在价格处于谷底时，历史市盈率往往处于高位（有时甚至会高得偏离图表）。

· 在正常化收益处于低位时买进，并在高位时卖出。要合理评估周期股的价值，最好以价格（P）与正常化收益（Enorm）之比P/Enorm取代历史市盈率（trailing P/E）。在这里，约翰·奈夫将Enorm定义为商业周期中某个随机点的收益估计值。而大卫·德莱曼则以Enorm代表包含一个完整商业周期的5年期收益平均值。采用正常化收益的理由是，就长期而言，收益必将回归正常水平。因此，投资者应在P/Enorm处于历史地位时买进，并在其历史高位时卖出。图19显示了汉莎航空公司的P/Enorm，图中，我们以过去5年的平均收益作为Enorm。该指标不同于

1年期历史市盈率，它在股价处于低谷时往往较低，而在价格达到顶峰时往往较高。因此，与1年期历史市盈率相比，该指标显然更适用于汉莎航空。但正常化收益也有一个潜在确定性，即复苏后的形势可能不同于衰退前的形势，使得收益并未回归正常水平。

2. 商业（行业）周期的确定。要做成功的周期股投资者，就必须先于市场一步，分辨和预测周期性行业的转折点。因此，顶级投资者在理解周期性行业方面自然高人一筹。他们与业内专业人士保持密切联系，随时监控以下因素，以确定行业周期即将进入的状态：

- 资本性开支（CAPEX）：吉姆·罗杰斯将资本性开支或资本性开支与累计折旧之比作为判断攻击失衡的主要标准。作为一种积极的信号，较低的资本性开支或资本性开支/累计折旧比表明，在一个供给不足的行业里，该公司处于领先地位。另一方面，较高的资本性开支或资本性开支/累计折旧比则是一个消极信号，因为它意味着未来存在供给过剩的可能性。
- 存货：存货的增加是供给过剩的一个信号，而存货减少往往是经济复苏的先兆。
- 工会的势力：在工会压力下的工资上涨令人担忧，因为这往往意味着，在长时间维持高收益能力之后，整个行业（或公司）正在趋于过热。反之，在市场位于谷底时，工会的力量往往最薄弱。
- 成本原则：行业处于巅峰的另一个典型标志是，业内公司丧失了谨慎性原则，开始变得自高自大。比如说，他们可能开始兴建新厂房，高规格装修总部。

3. 抢先一步、提前交易（front running）。传统的周期股投资者能先于市场一步预见企业或行业的波动。但这显然绝非易事，它需要投资者以下行动：

- 逆向思维：当其他所有人都在远离周期股，证券公司异口同声地建议客户等待观望时，成功的投资者会选择买进。当周期股成为市场宠儿（通常是在商业周期的最高点），跟踪该板块的所有分析师，均对该股票及整个行业给出买入评级。
- 不要期望在最低点抄底或在最高点抛出：考虑到把握时机的困难，以周期股为目标的投资者不要过于贪婪。他们绝不应指望在低点买入或是在最高点卖出。周期股投资者的成功依赖于在股价（逐渐）下行时买进，在达到高点之前抛出。

· 紧盯内部人：如果内部人在低收益时买入，最好加入内部人的行列，因为这是内部人以行动表明，他们坚信最糟糕的时光已经结束。

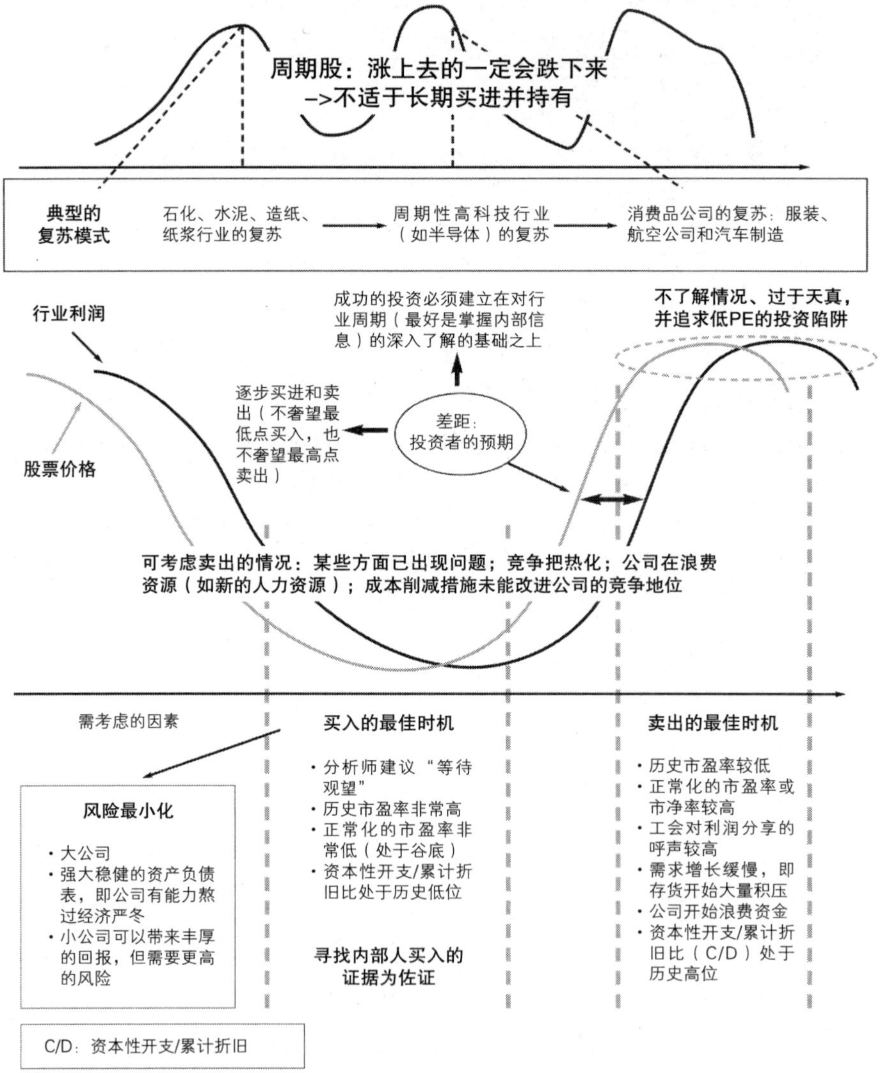

图20　投资周期股——投资建议汇总

4. 周期股的类型。最安全的周期股是那些拥有强大的资产负债表的大型企业，因为它们手里的现金足以应付衰退的侵袭。即便遭遇深度危机，这些公司也能转危为安。另一方面，小型周期股有可能带来的回报，但需要提醒的是，这些股票的风险往往更高。

5. 不利信号。彼得·林奇对某些周期股心有余悸，比如说，员工薪酬因工会的巨大压力而大幅增加，将资金投入到只为造势、不为创造价值的项目（如高规格装修公司总部）上，不得不面对新竞争对手（如市场的新进入者），或是曾尝试改善竞争优势却以失败而告终。

图20直接给了针对周期股进行投资的建议。

三、投资转折股

所有公司，无论是快速成长型、稳定成长型、周期型还是其他任何类型，都有可能在转眼之间不得不面对严峻的问题与挑战。他们可能失去原有的竞争优势，转瞬间将市场份额拱手让给咄咄逼人的对手；一个非常重要的顾客离它们而去或是宣布破产；新的趋势（如人口趋势、替代品）可能会让他们的产品过时；经济衰退给公司的利润和现金流造成沉重打击。

当一家公司面对这些严重的挑战时，它必然失去市场的宠幸，尤其是又承担巨大的债务杠杆时，压力会陡然增加。投资者憎恨不确定性，对一家游走于破产边缘的公司而言，这种颓势会反映在公司的股价中。

这不难解释，为什么很多举步维艰的企业根本就无法走出困境，只能眼睁睁地看着股价一天天地下滑。当然，如果公司设法克服了问题，那么，它的股价就有可能形成强力反弹，即所谓的"转折股"（turnarounds）。更有甚者，这种转折股在走出困境后，几乎无一例外地会出现强劲的价格走势，即便是在熊市大背景下。

图21总结了英国旅游运营商托马斯·库克集团（Thomas Cook Group）实现大逆转的经历。本节将以该公司为案例展开分析。在2009年和2010年，公司CEO启动的一系列行动导致公司陷入流动性困境。2011年，公司的形势全面恶化。与此同时，三起意外事件让这家旅游公司雪上加霜，游客预订数量大幅减少。

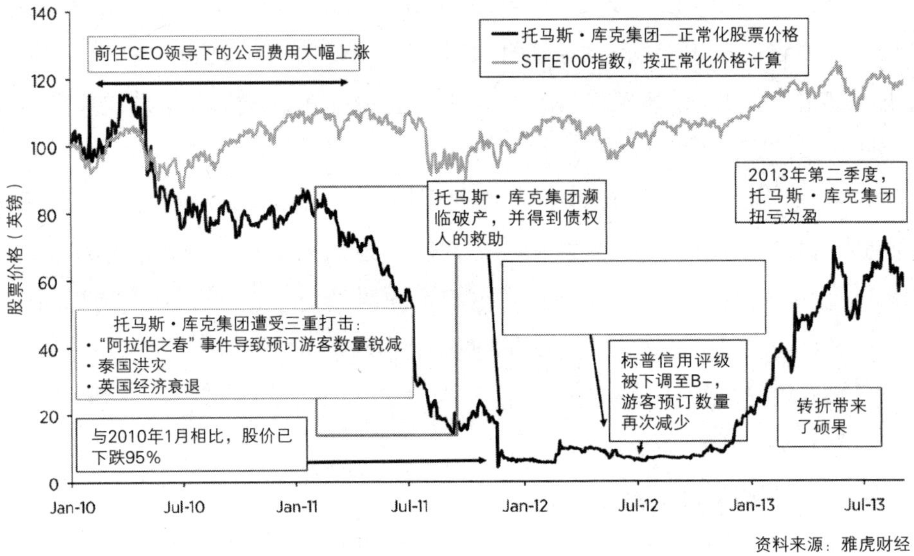

图21　托马斯·库克集团的起死回生

首先，“阿拉伯之春”导致预订前往突尼斯和埃及等阿拉伯国家的游客数量一落千丈。随后，前往亚洲的游客数量因泰国洪灾大减。最后，英国的经济衰退严重打压了人们在休闲度假方面的开支。公司的财务状况急剧恶化，CEO被迫辞职。诸多问题相互挤压，最终导致公司在2011年11月濒临债务违约的险境。

此时，公司的股价较2010年已下跌了95%左右。然而，托马斯·库克集团两次获得债权人的救助：首先是2011年11月，债权人为公司提供了一系列的信贷便利工具；随后，在2012年5月，债权人对到期贷款提供展期。尽管这些举措缓解了燃眉之急，流动性危机马上得以解决，但捉襟见肘的财务状况，使得公司依旧未能走出困境，游客开始不愿到托马斯·库克集团预订休假旅游线路，这使得公司的市场份额不断被竞争对手TUI旅游公司抢走。

为扭转颓势，托马斯·库克集团在2012年5月聘请了一位新的CEO。通过一系列大胆的举措，这位新CEO让公司重新赢得了市场的信任。尽管夏季的预定数量再次减少，但是到了2012年底，公司的股票已开始迅速攀升。2013年夏季，股票仅在一年的时间里便反弹超过100%（而同期的FTSE100指数仅上涨了10%左右）。与此同时，托马斯·库克集团在2013年第三季度实现了扭亏为盈。

托马斯·库克集团的案例表明，假如投资者能慧眼识真，那么，投资这种转折股自然会让他们受益匪浅。但要做到这一点绝非易事。即便是某些顶级投资者也认为，投资转折股非常困难，因而选择了规避此类股票。比如说，沃伦·巴菲特就曾指出，“转折股很少能实现转折”，但普莱姆·沃萨（Prem Watsa）等其他投资大师却酷爱转折股的刺激。

在随后的几节中，我们将总结几位著名转折股投资大师的建议。但在此之前有必要指出的是，转折股投资与秃鹰投资（vulture investment，或称不良资产投资）毫无关系。转折股投资者持有的是股权，因而，在破产过程中的受偿地位低于债权人。这意味着，几乎所有成功的转折股投资均依赖于基础业务的生存和复苏。转折股投资者感兴趣的当然不是一步步走进破产的公司（除极少数例外情况，比如说，破产公司通过发行新股，偿还了对债权人的债务，并转而形成持续经营型企业），他们务必要躲开那些生存概率微乎其微的公司。

相比之下，秃鹰投资者的目标恰恰是进入破产清算程序或破产已在所难免的公司。此外，秃鹰投资者很少购买股票。他们更偏爱买进公司债券，这样，一旦公司进入破产重组或破产清算，他们将获得第一顺序的受偿权。还因为这样，秃鹰投资也被称为不良资产投资（distressed debt investing）。

1. 有吸引力的转折股

如上所述，很多问题严重的公司都理应取得低估值。要在这个特殊领域取得成功，转折股投资者首先需要关注的就是投资对象实现复苏的概率。因此，在对转折股投资进行的尽职调查中，首先需要回答以下几个问题：

（1）公司是否拥有充足的流动性。如果公司的流动性状况非常恶劣，以至于它根本没有足够的时间解决问题，那么，破产几乎就成为公司无法避免的宿命。彼得·林奇非常强调短期负债的金额、负债的性质（比如说，银行一旦决定收回贷款，那么，银行贷款对公司的破坏性将远远高于其他类型负债）以及支付正常费用的库存现金。在托马斯·库克集团的案例中，流动性极端恶化，导致公司在2011年内几近违约。然而，正如我们在下文中将要看到的那样，债权人可能会出于诸多原因，对濒危公司实行救助。

（2）公司是否有名副其实的核心业务。明智的投资者很少投资于基础业务欠佳的转折股。假如公司没有任何特许权（即缺乏竞争优势）或是业务本身存在缺陷，那么，凭借其业务独立走出困境的概率非常渺茫。当一家基础业务薄弱且债台高筑的公司深陷危机时，它的前景几乎没有任何希望。另一方面，如果核心业务健康稳定，运营活动的现金创造力强劲，那么，公司熬过撼动的概率自然会大大增加。在其他条件保持不变的情况下，拥有强大特许权的企业可以在保持无债务违约（相当于为解决问题赢得缓冲时间）的同时，实现更长久的生存，毕竟，债权人会给予更多的信任，一旦外部条件发生有利变化（如宏观经济），公司就会强势回归。

通过托马斯·库克集团这个案例，我们可以清楚地看到，这是一家拥有真正核心业务的公司。实际上，托马斯·库克集团也是欧洲旅游业两大市场领导者之一。它拥有优秀的品牌，长期以来享誉欧洲诸国。尽管公司在解决财务问题的过程中遭受挫折（因为任何游客不希望自己的假期出现闪失），导致预订数量减少，但可以预见的是，只要能让游客对公司重拾信心，问题就会迎刃而解，企业也会转危为安。

（3）公司是否面对（其他）重大风险。在解决困难的过程中，公司最不希望看到的事情就是一波未平一波又起。成功投资转折的关键之一，就是远离那些在转折过程中还要面对其他重大风险的公司，尤其是可能让公司彻底无法翻身的风险。如顾客集中度就是一个问题。如果销售额严重集中于少数几个顾客，那么，丧失其中的任何一个顾客（比如说，整个行业形势发生恶化，或是该顾客转投其他更稳定的供应商）都有可能是致命的。

（4）公司能否动员足够的资源。困境中的公司依靠自身力量往往难以自救。他们需要外部资源，譬如新的管理层或新的资金。在这方面，大公司的优势是显而易见的。经验丰富、能力超群的管理者喜欢挑战，他们将带领大企业走出困境视为一种荣誉，零散琐碎的小企业只会给他们带来烦恼。此外，大的出资人，包括银行、债权人和私人投资者，对大型执行企业更有信心，因而更愿意为大企业提供救助资金。

对托马斯·库克集团来说，他们有诸多理由期待债权人提供援助。首先，托马斯·库克集团仅在英国就拥有约2万名员工。因此，英国政府会向银行机构施加巨大的压力，督促他们主动提出阶级方案，毕竟，在2008—2009年的经济危机期间，如果不是政府伸出援手，这些银行很难生存下来。其次，债权人自己也很清楚，一旦托马斯·库克集团破产，没有人会成为受益者。比如说，当时根本就找不到对托马斯·库克集团资产感兴趣的接盘者，实际上，唯一感兴趣的潜在买家（TUI）可能无法接手这笔资产，因为这或将引发旅游运营行业的准垄断问题。

（5）管理者是否胜任。作为主动型投资者中最闪耀的明星之一，比尔·阿克曼认为，如果你不了解一家转折型公司的管理层，就绝不应对它出手投资。因此，正确评估管理的能力和可信任度极其重要，必须审查管理层是否在采取正确措施带领公司走出困境（比如说，削减成本、重新安排资源配置或是处置资本等）。

在托马斯·库克集团的案例中，让公司陷于困境的CEO在2011年夏季辞职。2012年5月，哈利艾特·格林（Harriet Green）成为公司的新任CEO。她有着令人羡慕的业绩，曾带领英国派睿集团（Premier Farnell）成功逆袭，通过一系列果断正确的措施，让公司走出困境，走上正轨。格林对公司进行了大刀阔斧的改革，首先是精简业务，将核心收缩到有限的几个品牌上，出售丧失盈利能力的部门，削减成本，强化管理团队，并对航空旅游业务进行了合并。

（6）公司破产还能为股东留下什么。尽管转折股投资者都希望不被拖入破产的境地，但他们还是要想方设法为自己的投资构建安全边际。实际上，投资者在选择转折股时，还要考虑最坏的可能，也就是说，即便形势恶化导致公司破产，也不至于让他们血本无归。为此，他们需要比较公司市值与公司为全部债权人留下的可变现价值。

（7）股价在企业实现转折后的反弹幅度有多大。显然，转折股的收益取决于买入股票的价格和大盘走势（可以想象，与熊市背景相比，转折股在牛市环境下可以迎来更坚挺的反弹）。当然，还有很多因素对收益的决定作用不那么明显，比如：

- 公司的盈利能力：明星级投资大师彼得·林奇、菲利普·费雪和马蒂·惠特曼都曾指出，效率较低、盈利能力较弱的公司（如拥有高固定成本的公司）往往会成为更有效的转折股。首先，与转折股相比，市场能更有效地认识并体现这些公司的高风险，因而在它们遭遇危机时，往往会遭受巨大的抛售压力。其次，与高盈利率的公司相比，在市场形势转好时，低盈利率的公司往往可以实现更明显的复苏。实际上，对低盈利率的公司，哪怕盈利率只实现小幅提高，也会导致利润出现大幅增长。如下公式即可让我们对其中的道理略见一二（假定销售额股东不变）：

$$利润=销售额\times利润率\Rightarrow\frac{\Delta 利润}{利润总额}=\frac{销售额\times\Delta 利润率}{销售额\times利润率}=\frac{\Delta 利润率}{利润率}$$

在上述公式中，Δ利润和Δ利润率分别代表利润和利润率的变化。利润率越低，即分母越小，以百分比表示的利润越高。

· 是否存在可向后期结转的税收损失（tax loss carryforward）：转折股投资者尤其需要关注向后期结转的税收损失，因为在业务复苏时，这种可结转税收损失会大幅推升利润。

总之，在最安全的转折股应具有以下特征之一：陷入危机的大公司（如因负债过多）；不存在迫在眉睫的清算风险；或是业务稳健，管理层极为优秀，他们完全有能力带领企业转危为安。

有些经验丰富的投资者有一定的冒险精神，为了换取潜在的高收益，他们宁愿承担额外的高风险，因此，他们或许喜欢那些低盈利率的企业。在转折股投资中，务必要规避具有以下特征的公司：规模太小、过度负债、濒临破产且基本丧失现金创造能力、客户集中度太高以及管理层的忠诚度和能力问题。

最后，彼得·林奇还建议投资者尽量避开结果完全不可预知的危机企业。转折股投资者必须清晰界定企业的问题所在，并彻底理解这些问题。然后，他们还要以可行的方式澄清公司必须解决这些问题的原因。

格兰·格林伯格也认为，转折股投资者必须明确，公司能否依靠自身力量摆脱困境。猜测危机企业被收购的概率有多大，完全是一种投机性的做法，这绝对不是转折型投资应该考虑的问题。实际上，转折型企业被收购的情况少之又少，因为其管理者基本不会考虑出售企业。此外，潜在收购者也不可能为一家问题公司支付体面的对价。他们更有可能向问题公司施压，以获得更低的收购价格，或是坐等公司一步步地走向破产，从而以甩卖价格购买其破产资产。

（二）买进转折股的时机和方式

对于一名明智的转折股投资者，他的目标应该是买入价格最低化，潜在收益最大化。与周期股投资类似，转折股投资者同样需要逆向思维，因为投资者必须敢于接受其他投资者避之不及的股票。安东尼·波顿认为，要精准把握最理想的买入点在实践中几乎是不可能的，因此，投资者应采取逐步买入的方式，同时还要意识到，股价在他们买入后会进一步下跌。考虑到转折股的巨大风险，投资者应限制每一个股在投资组合中的权重。最后，在决定一笔转折股投资时，可关注是否存在以下有利信号：

（1）无股利削减现象。大卫·德莱姆认为，稳定的股利有助于强化信任和信心。

（2）内部人买进。罗伯特·海尔布伦姆（Robert H. Heilbrunn）认为，内部人买进本公司股票是对股票价值的最好验证。

（3）值得信赖的债券市场。彼得·林奇建议，可以把流通中债券（如公司发行债券）的价格当作一个信号，说明以资产负债表为导向的保守性债券投资者是否认为，公司有能力走出危机。但投资者必须清楚，债券市场发出的信号往往与股票市场是一致的。以托马斯·库克集团为例，到期日为2015年10月的债券，在2011年7月的市场价格为100美元（表明公司尚无大碍）。但是在接近违约（2011年11~12月）时，债券价格则下跌至37~38美元（表明公司已出现严重问题）。2012年4月，债券价格反弹至45美元，但是在2012年7月再次跌至45美元。随后，债券价格与股票价格同步反弹，在2013年8月已上涨到105美元。

（4）市场不会考虑未来的坏消息。即便有更多的坏消息袭来时，股票也不会继续下跌，这就说明股价或已触底。同样以托马斯·库克集团为例，我们可以从图21中发现，公司的股票在2012年夏季达到底部，此时，尽管它们的标准普尔信用等级被下调至B-，尽管夏季的游客预订数量减少，公司亏损严重，但股价并未进一步下跌。这意味着，投资者已经开始着眼于未来，并开始屏蔽坏消息的干扰。

（5）公司的统领者来自领先企业，且经验丰富，能力不凡。如果管理者来自知名企业，在放弃了高薪之后进入公司，这不仅有助于树立信心（提高管理层的能力），而且可以看做是一个强烈信号，表明新任管理者坚信公司终将转危为安（否则，他们就会留在原来的职位，享受高薪待遇）。在托马斯·库克集团的案例中，哈利艾特·格林在2012年5月成为公司的新任CEO，她在以前的公司中即已经取得不凡的业绩，得到业界的认同。因此，她接受托马斯·库克集团CEO这个职位，本身是一种绝对的利好信号。

（三）转折股的出售时机

转折股投资者必须认真考虑以下两种可能出现的情景：

1. 公司已解决问题，并且被市场所认知。当坊间对公司此前问题的担心和疑虑消失时，股价注定会走出低谷（强势）反弹。例如，到2013年夏季，当人们不再担心托马斯·库克集团的生存能力时，股票价格马上反弹至危机前的水平，债券价格也恢复到正常水平。此时，转折股投资者应盯住基本面情况。如果公司具有长期投资所需要的全部有利特征，投资者就可以采取长期持有策略。对于算不上优秀的公司（如市盈率低于行业平均水平的公司），最明智的选择是及时撤出，转而寻找其他有吸引力的转折股。和买入时一样，精确选择最理想的卖出时点同样是不现实的，因此，更合理的做法是逐渐卖出，将收入均匀分摊。

2. 公司似乎并非完全控制自己的问题。如果有迹象显示预想中转折已脱离正规，或是公司在问题浮出水面后的几年内陷入混乱，那么，建议投资者迅速撤出，即便兑现（严重）损失也在所不惜。彼得·林奇指出，可以触发投资者及时出手的预警信号包括：此前几年的无杠杆过程发生逆转（即债务规模突然再次爆发）；存货周转速度超过销售额增长速度；在公司着手解决问题的两三年后，高管（尤其是运营部分的高管）的更换依旧没有停止（起初，这种现象还算正常，因为更换业绩不佳的管理者是解决问题的必要手段）。

（四）转折股综述

图22归集了上述转折股投资的全部建议。转折股投资的核心就在于公司是否有能力解决问题。因此，最重要的建议，就是一旦无法确定危机企业能否治愈自身疾病，切记要敬而远之。

譬如，托马斯·库克集团能否解决问题还存在极大不确定性时，最理想的策略就是静观其变，决不轻易出手。这就是说，投资者可能要等到2012年夏季（在债权人实施救助措施且新任的管理者到来之后）开始建仓。如果公司出现流动性问题，不能创造足够的现金流（如缺乏业务或业务不足），出现其他重大风险（如顾客高度集中），管理者不能给公司带来信心，或是公司无法获得解决问题所需要的外部支持，那么，最好的选择或许就是远离。

如果公司的确不存在这些问题，投资者就可以尝试一下这只名副其实的转折股。尤其是股价极具诱惑力且存在其他令人振奋的信号时，比如股利稳定发放和内部人买进等，投资者或许真的遇到了真命天子。保守的转折股投资始终强调企业的稳健性，即拥有称职的管理者，而且问题虽然棘手但只是暂时性的。而稍微激进一点的转折股投资者，或许会盯住低市盈率的转折股，以博取更高的回报率。

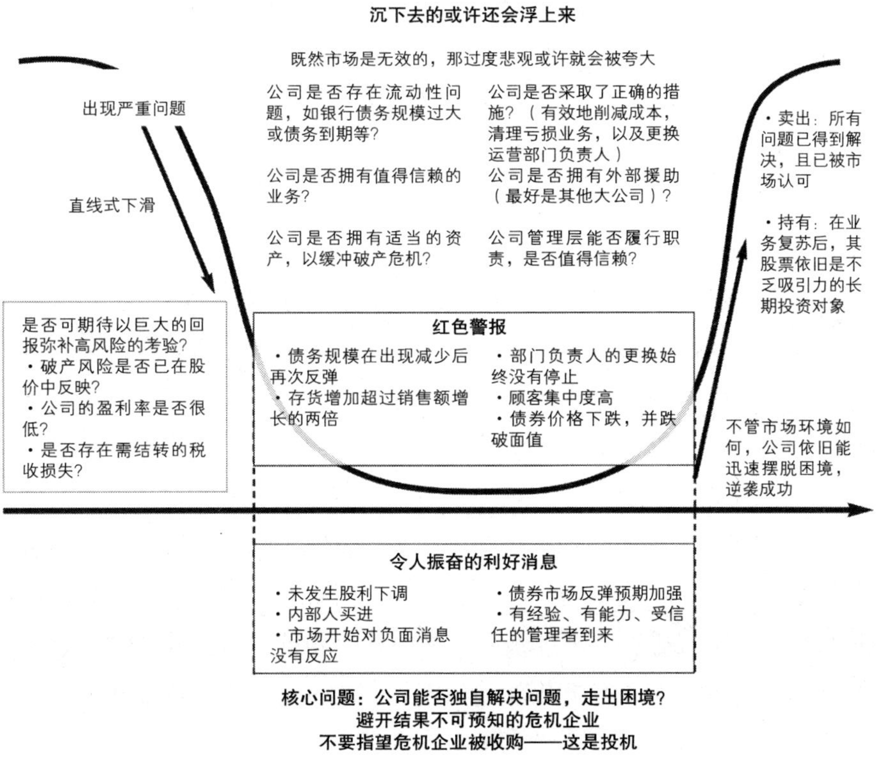

图22　顶级投资者对待转折股投资的策略

一旦买进转折股，投资者就必须密切监测转折企业是否在按部就班地解决问题，实现转折。在问题出现后的几年，投资者有足够理由关心高管层是否稳定，债务削减是否在进行当中，或存货是否失控。如果转折取得成功，投资者可以选择清仓（意味着投资者不看好公司的长远前景），也可以继续持有（前提是公司确实拥有良好的长期发展前景）。

四、资产型投资

资产型公司（asset plays）是指价值出于某种原因而未能在股票价格中得到完全体现的公司。有的时候，相关资产被隐藏起来，只有真正勤勉的探索者才能发展它们的价值。比如说，约翰·邓普顿曾投资于日本的日立公司，因为他发现，这家公司的盈利根本未能体现公司的全部盈利能力。如果考虑到子公司的盈利，日立公司的市盈率将从16倍减少到6倍左右（Templeton, 2008）。同样，彼得·林奇则凭借20世纪80年代的德国蓝筹股公司大赚了一笔，当时，他在德国公司采用的会计政策中发现端倪——公司的负债规模被严重高估（Risso-Gill, 2011）。

但是在另一些场合，资产的价值则难以确定。譬如，如果对几十年前购买的不动产依旧按历史成本核算，那么，要估计它们的真实价值显然是不易的。此外，对于某些被业界一致认为不应反映在股票价格中的价值，它们所依附的资产当然不会被市场认可。比如说，对于管理者努力不足或在资产配置方面始终业绩不佳的企业，就会出现这种情况。此时，投资者往往会担心公司不仅无法兑现资产的价值，而且还会糟蹋资产。

最后，如果资产的价值不能在短期内以任何方式得以实现，那么，它就不可能被市场所认可。比如说，对存在可结转税收损失的公司，就会出现这种情况。面对资产型股票，投资者的赌注就是这些未被认可的资产价值即将在股价中得以体现。为此，他们看好的股票应具有以下特征：可通过资产出售等方式释放资产的价值，公司被收购（从而体现资产的价值），或是市场即将以某种方式发现这些资产的存在（针对尚被隐藏的资产）。然而，投资于资产型股票更像是一门艺术。成功的资产型投资者必须能够准确回答以下问题：

1. 资产的价值到底是什么？如果无法以可接受的准确度估计资产的价值，那么，投资于这样的资产型股票显然没有任何意义。因此，投资者的当务之急，就是对资产的可实现价值做出合理评估，并分析其价值是否在股票价格中得到反映。

2. 在资产价值通过股价中得以体现后，这种价值是否存在贬值风险？资产型投资者必须应对的一大风险在于，资产的价值在股价中得到体现之前，有出现贬值的可能性。在这个层面上，最重要的风险要素就是管理层及其目标。比如说，最常见的顾虑就是，管理层处置资产的价格远低于资产的公允价值，或是他们采取的战略转型削弱资产的固有价值。其他风险因素还包括外部环境的变化，如市场趋势、经济形势或税法发生变化。例如，经济衰退或税法调整，有可能导致公司无法实现可结转税收损失的全部价值。

3. 是否有理由认为市场很快就会认识到资产的价值？有些隐形资产往往会在几十年里被市场所忽略。因此，资产型投资的一个主要风险在于，市场认可资产的价值往往需要若干年的时间。考虑到等待的机会成本，傻等着资产价值被认可并无意义。因此，成功的资产型投资者会努力寻求资产价值暴露于市场的某些催化剂。主动型投资者甚至会对管理层发难，促使他们实现或揭示资产的价值。另一方面，如果价值实现的概率不大或是对价值实现过程感到不满，明智的投资者会选择清空资产型投资。

4. 管理层是否有能力，是否值得信赖？我们已经看到，在资产型投资中，管理层的确会影响到资产的价值，但管理层的重要性还不止于此。要让资产的价值体现在股票价格中，往往不是一个一蹴而就的过程（从一年到若干年）。如果管理层在这个过程中破坏了资产的价值，投资自然无法得到回报，即便是资产的价值得到完全体现，投资者依然有可能得不偿失。因此，对于资产型投资来说，如果管理者没有上佳的历史业绩，或是资本配置能力难以令人信服（尤其是存在可供他们无端挥霍的巨大资金池之时），或者他们的正直性和忠诚度值得怀疑，那么，投资的成功自然也就无从谈起了。

在卖出策略上，资产型投资者需要考虑的因素与转折股投资大同小异。一旦资产价值在股价中得以反映，投资者就应将注意力转向公司的长期投资价值属性。如果当初买入股票的原因仅仅是为了追求被隐藏的价值，或者公司本身平淡无奇，那么，最合理的选择就是卖出股票，寻找下一个猎物。如果公司质量极其优异，且市场价格远低于其公允价值，那么，投资者就可以考虑长期持有。

五、特殊情况股投资

最后一类股票为特殊情况股（special situations stocks）。本书第二章曾有所解释，特殊情况股是因公司特殊事件而导致股价被暂时性扭曲的股票。有关这些股票的深入讨论以及相关的投资建议，可参考本书第二章。

特殊情况股的卖出策略取决于公司自身情况。如果投资者并不看好，买入特殊情况股完全是出于对特殊事件的考虑，那么，一旦市场纠正了定价偏差，投资者就应随时准备清仓。如果企业本身的确优秀，那么，即使股票价格受到影响，投资者也可考虑长期持有。

六、本章小结

本章的核心思想在于，必须区别对待不同类型股票的交易策略。快速成长型股票是最理想的快进快出型投资，但前提是它们还没有偏离正轨。对周期型股票，则应避免买进并持有的投资策略。稳健型投资适合于买进并持有或快进快出，具体依赖于投资者的目标。转折股、资产股及特殊情况股的买进完全取决于对特殊事件的预期。一旦事件发生，投资者就应将注意力及时转向企业的长期内在价值。

第二，投资者不应涉猎每一种类型的股票。最可取的策略就是集中精力，认真对待自己最擅长的领域。有人可能钻研几种他们自认为得心应手的股票，这几类股票最符合他们的投资风格与投资理念。很多顶级投资者都是这样做的。他们专注于某几类股票，但从不染指其他类型的股票。比如，格兰·格林伯格不喜欢周期股和转折股，而沃伦·巴菲特则不看好转折股，这抑或是出于他在这个领域不堪回首的投资业绩。

第三，市场上永远没有免费的午餐。没有哪一种股票的交易是轻而易举的，无论哪一类股票，都依赖于投资者是否拥有全面深入的知识和细致入微的尽职调查。快速成长股和转折股需要投资者深入了解公司所在行业及其内在的优势和缺陷。投资于周期股需要投资者真正了解行业动态。对于资产股和特殊情况股，则在很大程度上需要投资者耗费大量时间与精力，认真阅读和分析公司的财务报表或其他重要文件。

此外，即便是在买进股票之后，投资者也要密切跟踪公司的一举一动。成功的投资者对一切事物都持有理性的怀疑态度，他们有十足的耐心，从不人云亦云。而担心成为离经叛道者的人，永远都不可能凭借周期股和转折股取得成功。另一方面，完全以博取短期收益为目标的投资者，显然不可能依靠资产股、特殊情况股、快速成长股或稳健成长股赚得大把钱。

最后一点则适用于各种类型的股票，而且也是一个必须在交易策略反复重申的主题，那就是循序渐进，慢进慢出。顶级投资者无一例外地推崇这种交易策略，并将其运用到各类股票的交易之中。为什么要在建仓和清仓过程中保持循序渐进的交易策略，我们将在下一章里讨论。

第七章
买卖之道

我们认为，将这些短线进出如此频繁的机构称为“投资人”，就好比将一个每天寻找一夜情的花花公子称作浪漫情人。

——沃伦·巴菲特，1991年致伯克希尔·哈撒韦公司股东的信

在上一章里，我们探讨了顶级投资者针对几类股票买进和卖出的建议。本章将展开视角，从广义上研究适用于不同股票类型的交易规则。同样，通过对交易方法的深入研究，当今世界顶级投资者再次告诉我们，他们的投资策略确有某种异曲同工之处。尽管每个人的交易方法有所差异，依赖于他们各自的个性和风格，但他们几乎都遵循并倡导一套共同的交易规则。

一、建仓

建仓过程包括两个步骤。首先，投资者需要选择潜在有吸引力的买入对象。其次，投资者还要选择合适的时机买进股票。股票选择以及尽职调查是本书第二章及第三章的讨论重点。因此，本章仅对选股过程的关键点做简要重申，并针对现实中的建仓过程提出若干建议。

（一）买入对象的选择

执行正确的尽职调查过程不仅不容易，而且是一个费时费力的过程。这是导致很少有投资者（包括专业及非专业投资者）能按第二章及第三章所述原则进行投资前准备的主要原因，包括投资者自己的懒惰情绪、缺乏对尽职调查重要性的认识以及缺少准备时间等。而面对分析师和经纪商极力鼓吹的诱人的故事，大多数投资者都会迫不及待地买入股票，以至于对尽职调查敷衍了事。

而顶级投资者最大的特征之一，就是他们对尽职调查坚持始终如一的严格要求和一丝不苟的认真态度。他们会亲力亲为，穷尽一切可能的因素，排除其他专业人士的建议，以形成独立客观的投资意见。即便对自己的意见，他们也会采取质疑的态度，从不轻易接受，为此，他们会反复核对每个有可能出错的环节。他们很清楚，向他们出售股票的对家，或是老谋深算的行家，或是对内情的了解远胜过他们的人（如内部人）。而且他们深知，绝大多数廉价股票之所以廉价，总是有原因的。因此，他们必须密切关注每个可能的负面因素。

此外，顶级投资者不会因为一见钟情而买进表面上光鲜亮丽的股票。他们非常挑剔，因为他们知道，投资的成功在很大程度上取决于能否挑出有潜力的股票，规避陷阱。而且他们对投机性选股、未经实践证明的企业或股票丝毫不感兴趣，因为这完全是投机者。他们最清楚不过，投资是一个高度竞争、追求效率的领域，因此，要不断挖掘出真正优秀的股票，必须具备超常的竞争优势，这需要他们勤奋工作，专注于自己的领域。最后，要降低失误带来的风险，他们还要坚持低价买入的原则，为自己的投资创造坚实的安全边际。

“真正谈得上有吸引力的公司，实际上是屈指可数的。”

——菲利普·费雪（Fisher, 1996）

“如果将投资限制在你的知识、能力和有把握的范围内，你的成功概率就会大增。”

——乔尔·格林布拉特（Greenblatt, 1997）

（二）买入

在现实的建仓过程中，顶级投资者会严格遵循以下原则：

1. 耐心：理智的投资者坚持投资基本原则，才不会有半点妥协。他们会极尽耐心，如果不能找到符合他们要求的股票，他们宁愿将现金紧紧地攥在手里。他们永远不会放松利润目标，放宽目标价格，更不会在基本要求上有丝毫的妥协。比如说，在2000—2008年期间，由于找不到符合要求的股票，沃伦·巴菲特宁愿将大量现金放在手里。但是在2008—2009年的金融危机期间，他却投入大量现金以极低价格买入有吸引力的股票。彼得·林奇也要求他的操盘手时刻保持对价格的高度敏感性，绝不接受不符合要求的价格。

2. 渐进买入（gradual buying）：顶级投资者的建仓过程绝不是一蹴而就的，而是循序渐进。他们很少一次性买入大量股票。这背后的理由不难理解：一只股票的公允价格受各种噪音的干扰，也就是说，你很难准确把握股票的精准价值，而且所谓的抄底只是可遇而不可求的事情，甚至是不可能的事情。因此，最合理的做法就是将建仓过程分摊到一个时间段。此外，渐进买入的另一个好处是，它可以防止投资者因为决策失误或考虑不周带来无法承受的损失。另一方面，渐进买入可能会给投资者造成心理上的压力，因为它意味着，投资者可能不得不忍受价格的上涨，以不断高于前一笔交易的价格买入股票。尽管对于菲利普·费雪、彼得·林奇和弗雷德里克·库布里克这样的顶级投资者来说，他们对所有类型股票均采取渐进式买入策略，但对以下股票，他们尤其强调这种方法：

- 可信度不高的投资思路：有的时候，一只股票可能算不上有吸引力的便宜货，尽管它有什么与众不同之处，也不能例外。在这种情况下，考虑到估值过程充满了不确定性，投资者可适当减仓。在股票下跌时，或是对公司有了更多更好的了解之后，投资者再适当提高最初设定的仓位底线。
- 风险较高的股票：对风险超过平均水平的股票（如快速成长股和转折股），尤其推荐采用渐进式买入策略。此外，将初始仓位限制在较低水平，可以使投资者让投资组合充分覆盖更多的公司和更多值得信赖的股票（同时，可以在这个过程中及时卖出不值得信赖的股票）。

3. 逢跌买入，降低买入平均成本（averaging down）：与渐进式买入密切相关的另一个策略是，就最初投资预期继续合理的前提下，在股价下跌时增加买入。通过在投资对象下跌时买进，投资者可以进一步提高股票的收益率。

二、卖出

要选择最合适的时机卖出股票，并不容易。实际上，即便是掌握什么该卖出就已经很困难了。理论上，聪明的投资者应对持有的股票持续跟踪，以确定投资是否还有利可图。从投资预期出发，投资应在股票价格上涨到内在价值或是估算的内在价值低于股价时卖出股票。

然而，估值过程的高度不确定性使得这种理论上的可能很难诉诸实践。在合适的时点卖出并不容易，因为投资者的决策过程时时刻刻受到无数心理因素的干扰。实际上，正因为股票的内在价值具有不可预测性和不确定性，才需要不断检验股东的观点和原则。此外，买入过程（基于对潜在收益的期待而买入）带给投资者的享受往往要超过卖出过程（卖出有可能带来利润或是已形成损失的股票），因为前者表明投资者对股票是乐观的。因此，这种所谓的心理回报也加剧了卖出决策的复杂性（Heins, 2013）。

正是上述这些问题的存在，使得大多数人的卖出决策左右于本能、感觉和传闻等主观因素。相比之下，顶级投资者在卖出决策上，会强迫自己保持理性和逻辑，坚持既定的退出策略。和买入股票时一样，他们通常会逐渐减持股票。他们之所以会选择阶段性减持，是因为他们不想去猜测股票的短期走势。此外，通过选择渐进式卖出，也可以避免清仓价格过低的风险。最后，如果股价出现新一轮连续反弹时，渐进式卖出可以弥补投资者一次性清仓带来的遗憾。清仓的持续时间长短不一，既有可能很短暂，也有可能很漫长，具体取决于股票的变动以及投资者的认知。

至于促使顶级投资者做出清仓决定的原因，顶级投资者深知，仅凭直觉和感觉就卖出一只股票是错误的。在卖出前，他们通常要求确定是否已拥有决策所需要的全部要素。某些顶级投资者甚至会要求未参与最初买入过程的人（比如此前未跟踪该公司的分析师），对当前形势做出再评价，以确保做出的决定是没有偏见、客观合理的。一旦确信出现以下四种情况之一，他们便会义无反顾地卖出股票：

1. 他们已对最初的投资预期失去信心。
2. 他们意识到，自己对公司的了解远不像他们所想象得那么全面深入。
3. 价格已开始（明显）超过内在价值。
4. 他们已经找到更有投资潜力的“便宜货”。

（一）最初的投资预期已不再合理

在买入一只股票时，投资者就应该知道自己对这只股票的预期是什么。像莫尼斯·帕波莱这样的聪明投资者，通常会在建仓之前写下自己的投资预期，并不断根据实际检查和对照他们的预期（Tier, 2005）。一旦认为投资预期难以实现，或是最初的投资预期不再合理，那么，即便是赔本（卖出低于买入价格），他们也会毫不犹豫地选择清仓。下面就是投资预期彻底破灭的两个例子：

1. 彼得·林奇通常会在催化剂事件（可能影响到股价变动的事件）消失时卖出股票（Train, 2000）。譬如，在预期到经济形势向好时，他会买入周期股，但如果经济形势不仅没有改善，反而恶化，那么，他就会卖出这只股票。

2. 自由现金流的形势持续恶化：由于较低的自由现金流水平本身就对应于较低的内在价值，因此，在出现以下信号之一或多个信号同时出现时，建议投资者迅速退出：

- 基本面恶化（在综合考虑到商业周期当前阶段的前提下）。譬如，毛利率下降，股权收益率或资本回报率降低，销售额增长放缓，市场份额减少，客户已达饱和（即几乎已没有开发新客户的机会），财务状况恶化等（Kobrick, 2006）。
- 竞争优势弱化。造成这种状况的原因包括：行业内竞争的加剧、在行业内地位的下降（如新发明和新技术的出现）以及新监管制度等。为了对这些问题未雨绸缪，随时掌握行业的重大变化，彼得·林奇建立了每月与所有重要行业代表进行谈话的制度。

· 内部管理问题。这可能是处于资金配置决策不合理（如没有实际意义的合并与收购）、重大的战略性疏忽、领导不力（如高层管理者的自以为是）、管理层的贪婪（如管理层薪酬过高）、管理人员的更换过于频繁或是最高管理层的变动等（Kobrick, 2006）。

当投资者意识到出现错误时，清空股票似乎是最有效的手段。但是在现实中，要做到这一点却并不容易。当最初的投资预期已彻底破灭时，投资者可能会为持有投资寻找新的理由，这才是人类的本性。很多人宁愿持有一只已经亏损的股票，眼看着损失不断加大，形势不断恶化，也不愿承认错误，当即止损。更糟糕的是，某些认知偏差也会诱使投资者紧紧攥着一只正在赔钱的股票（见第一章）。比如说，很多投资者会守住已亏损股票不放，指望股价反弹，补回损失。

聪明的投资者绝不会和自己过不去，在判断眼下的形势时，他们绝不会改变自己的标准。他们深知自己的行当是什么——证明他们对错与否的标准，归根到底是能否赚到钱。他们会尽可能地对每一个交易决策保持理性，以抵御自我认知偏差的干扰。在意识到自己已经犯错时，不管买入价格如何，他们都会义无反顾地选择清仓。这样，他们就能将损失控制在自己的掌控下。

> "我们尽量避免建立太多的投资规则，但有一条确实让我们受益匪浅：如果我们认为自己在某一笔投资上错了，不管错在买入的原因、卖出的原因还是交易的时点上，只要最初的理由站不住脚，那我们绝不给自己找理由继续错下去。"
>
> ——大卫·艾恩霍恩（Heins, 2013）

（二）对业务的理解有欠缺

有的时候，投资者会对公司发生的某些变化感到出乎意料，这种变化既有可能是向好，也可能是消极的，归根到底，还是因为他们根本就没有深入理解这家公司。而这恰恰是顶级投资者极力规避的事情。他们绝不想成为一家陌生公司的股东，因为这更像是一场赌博，而不是真正意义上的投资。基于这样的认识，只要他们认为对公司的了解没有达到原来的预想，他们就会毫不犹豫地选择退出。譬如，在2008—2009年全球金融危机期间，很多伟大的投资家卖出银行股，因为他们觉得看不懂当时的形势如何，以及这些金融公司将何去何从。

通常，在经过深入细致的研究之后，或是对企业跟踪一段时间之后，投资者会发现，他们并不了解这家公司。财务报表远不像他们最初想象的那么简单，或是企业的某些举措让投资者迷惑不解。

而难以令人满意的股价走势，则是表明投资者可能不了解这只股票的另一个深层信号。对此，很多顶级投资者采取的策略之一，就是在股价相对于买入价或大盘水平下跌15%～25%时，重新审视最初的投资预期（以决定是否需要进一步买入或是卖出）。还有一些顶级投资者则采取了与此相近的另一种做法（如菲利普·费雪、约翰·邓普顿、乔尔·格林布拉特以及莫尼斯·帕波莱），如果股票在买入后3～4年内的收益不及大盘，便自动清仓。这些规则背后的理由很简单：尽管耐心是一种投资美德，但市场的有效性却告诉我们，当下被低估的股票很少会长期处于被低估状态。因此，当一只股票（始终）输给大盘时，市场实际上就已经在说，几乎没有投资者（当然也包括那些顶级投资者）对它感兴趣。谨慎谦卑的投资者会将这看作一个信号：他们可能没有抓住这家公司的某些核心要素。

（三）价格达到公允价值或已远超过公允价值

当股票价格超过公司的内在价值时，其股票的预期收益率就会降至投资者的折现率之下。在出现这种情况时，股票的升值潜力自然会低于投资者的预期目标。在顶级投资者当中，一个经久不衰的话题就是，一定要在股票实现其全部价值之前（比如，达到公允价值的90%左右），清空这只股票。这么做的原因是，实现最后这10%估值差额所需要的时间也是最长的。因此，要做到尽善尽美，等到价值全部实现，可能要投资者付出巨大的机会成本。此外，当未实现的估值差额低于10%时，卖出股票的难度也会加大，因为对买家来说，股票的吸引力已非常有限，因而，让他们接手这笔投资的动力自然会大打折扣。（这个问题对管理大型组合的专业投资机构更为重要。由于他们持有某种股票的数量可能远超整个股票市场的日均交易量，在这种情况下，他们只能在一定时期内分阶段清空其如此巨大的仓位。）因此，聪明的投资者只盯着这90%最多汁肥美的部分。比如说，他们会在公允价值50%~60%的价位上建仓，而后在股价达到公允价值的90%时清仓。

显然，内在价值是无法精确无误地预测的，投资者自然也只能权衡到底是应该卖出，还是继续持有。第一种可能性是，投资者低估了一只潜力股的增值空间，以至于过早清仓。比如说，一家拥有远大发展前景、名副其实的优秀企业。这样的股票理应取得高估值倍数，给投资者带来更高的回报，因为其企业价值的增速明显高于常规的折旧率，或是它的估值倍数还在继续上调。另一种可能性是，投资者没有卖出，而是继续持有一只业绩不佳的股票。在这种情况下，投资者到底应如何处理这样的困境则取决于以下因素：

1. 投资风格（成长型还是价值型）。从定义上说，成长型投资者追求的是具有投机性的成长故事，他们不太关注纯粹的内在价值。因此，他们更有可能持有优秀公司的股票。另一方面，深度的价值投资者则对成长这个概念嗤之以鼻。当保守估算的估值差额（价格与内在价值之间的差额）消失时，他们就自动卖出股票。还有很多投资者则属于成长型和价值型之间的过渡型，他们的策略也介于两者之间，具体则依赖于股票的特征。

2. 市场类型。股票市场存在于长短不一的兴衰周期中，在牛市和熊市之中川流不息（Easterling, 2005；Katsenelson, 2007；Schiller, 2005）。在所谓的市场盘整（range-bound market）阶段，股价往往会在一二十年里维持窄幅震荡，而估值则跌下高位。在这样的市场里，买进并长期持有战略自然是无效的，更可取的策略是主动出击，在股价达到公允价值前卖出股票。而买入并长期持有更适合于长期牛市，因为股票可以在一二十年时间里保持持续上涨趋势，公司估值也稳步提高。在这样的市场中，随着持有股票的价格不断上涨，带来投资者的回报自然随之增加，直到价格上涨到超过其公允价值时，即可清仓。

（四）还有更好的“便宜货”

卖出股票的第四个原因是，可以转攻更有吸引力的“便宜货”。这也是最优秀的选股大师一直在做的事情。他们无一例外地指出，这种策略更适用于熊市掐金，因为他们可以借此剔除最没有前途的股票，然后以更有吸引力的低价股票取而代之。但同时，他们也提出警告，这种互换操作并不容易。例如，即便是作为当今世界最伟大投资家之一的约翰·邓普顿也不得不承认，在推荐客户替换组合中的股票时，新入选股票超过被替换股票的比例只有1/3左右。

这种替换的第一个问题是，投资者往往需要放弃了解更周全的旧股票（在持有期间，投资者必然掌握了大量有关被卖出股票的情况），接受了解相对有限的新股票。其次，投资者可能会低估被卖出股票的公允价值，并高估新买进股票的公允价值。鉴于这样问题的存在，约翰·邓普顿建议，投资者应将这种替换仅限于新股投资潜力远超过旧股的情况，比如说，两者的预期价值相差50%（Templeton, 2008）。

三、做空交易

除了传统意义上的买入卖出之外，投资者还有可能进行卖空交易。所谓的卖空（short selling），是指投资者卖出不属于自己的股票后，以期随后以更低的价格买回这些股票。（这种操作类似于汽车销售员，他们必须与汽车制造商预定汽车。也就是说，在与客户签订汽车销售合同时，零售商手里根本就没有汽车。）换句话说，做空者需要借入股票，然后在市场上卖出。当股票下跌后，他们需要平仓，买回这些股票，将股票还给真正的股票拥有者。如果卖空者能以低于做空的价格进行平仓，他们就能赚到钱。但如果回购股票的价格高于做空价格，那么，做空者自然就赔钱了。

在实践中，做空者从持有股票的券商手里融券，而这些券商持有股票的目的就是为做空者提供融券服务。当然，券商也不会做亏本生意，他们采取的保值手段就是要求做空者提供逐日担保（对股票当日价格与做空价格的差异提供担保）。此外，做空者还要向借出股票的券商支付股利，并对使用股票做空支付报酬。

卖空完全不同于日常的股票买卖。首先，做空者的卖空能力依赖于他们能否找到拥有被做空股票的券商。但更重要的是，卖空在本质上远比正常的股票交易更危险，因为它的赚与赔对应着买入方的赔与赚。做空交易的最大利润受限于被做空股票的数量。相比之下，对做多交易而言，可能赚得的利润是没有上限的。与此相对应的是，如果做空交易失败，做空者遭受的损失则是无下限的，因为股票的上涨空间是无限的。在做多时，损失的最大限额取决于股票的仓位大小。因此，这种盈亏模式带来的一个必然结果就是，做空交易对投资组合的影响相对较大。也就是说，当做空交易失败时，它给整个组合的负面影响远超过做多交易带来的正向影响。

如果说这还不足以说明问题，那么，我们再看看做空者不得不应对的另一种风险：券商可随时向做空者赎回股票。这就导致做空者面对尴尬的困境：当券商要求赎回时，他可能在最不利的时间和价格上进行补仓。

考虑到做空交易的独特本质，很多大投资家从不涉足做空也是意料中的事情。有些人的确也尝试过，但还是以失败而告终。比如说，本杰明·格林厄姆曾承认，他的做空交易总体上是失败的，因为在他做空的四只股票中，有一只股票被激情高昂的投资者炒上了天。还有人认为，限制做多的头寸要容易得多，因为只要避开亏损股票即可。此外，他们规避做空的另一个原因是，如果投资者在基本面不犯错的话，做空成功的概率就会大大降低。实际上，在股票的不良基本面最终体现出来之前，股价的非理性波动可能会给做空者带来灾难性，甚至是致命的损失。

话虽如此，还是有很多杰出的投资者成为成功的做空者。典型的例子包括罗伯特·威尔森（Robert Wilson）、朱丽叶·罗伯特森（Julian Robertson）、吉姆·罗杰斯和大卫·艾恩霍恩等。有些顶级投资者甚至指出，所有投资者都应尝试一下做空股票，否则，他们就很难从不同角度感悟市场的全貌。他们认为，做空有助于抵消单纯做多投资者带来的市场偏差。因此，我们将顶级做空投资大师的建议总结以下。

（一）做空交易的合理建议

1. 正确的思维模式

做空对投资者提出了极为特殊的要求。任何一个想尝试做空的投资者，首先需要正确认识自己，确定自己是否拥有在做空交易中取得成功所需要的心态和思维。他们必须清楚，很多只做多的投资者注定不会成为好的做空者，因为他们根本就没有做空所需要的心态和思维。要判断某个是否有做空的潜质，我们首先要回答如下几个问题：

（1）我能否承受巨大的压力？普通的投资也要承受压力，但做空显然需要承受更大的压力。如上所述，随着做空仓位的增加，与做空相对立的做多仓位也在增加。因此，做空交易始终在考验做空者的毅力。此外，与纯做多的投资者相比，做空者决不能有一点闪失，他们需要始终盯着股票价格的一举一动（做空者永远没有休假）。他们必须密切跟踪价格的每一个变化，避免股价偏离他们的控制范围，导致整个组合失控。

（2）做一名逆向投资者是否会让我感到不舒服？我曾反复强调过，成功的投资者必须拥有不随波逐流的勇气。他们之所以能打败市场，就是因为他们敢于买入不被别人重视甚至是被刻意规避的股票。而对于做空交易，逆向思维甚至更重要。实际上，可以说，做空者必须习惯与常理为敌。作为做空者，摆脱从众心理和对他人的盲目信从，绝对是他们取得成功不可或缺的本质。

但问题的关键在于，做空者面对的反对声音要远远多于做长仓的投资者。毕竟，做多偏好（positive bias）是投资世界的本性。买入建议、乐观的CEO和牛市言论永远是股市的主题，而负面报告和挫败论则少见得多。因此，做空者不得不时刻面对证明他们错误的言论。更糟糕的是，做空者必定会急于平仓。因为他们的空仓建立在一切尚好的环境下（几乎没有人认为未来会出错），因此，唯有希望坏消息的出现，他们才能赚到钱。

（3）我是否接受毫无规模、不期而至的回报？著名的做空投资者吉姆·查诺斯指出，很多做空想法的形成是偶发的（通常是在某些新闻发布的时候）。这就是说，做空者必须忍受长时间不赚钱的寂寞和痛苦。如果利率处于低位，这种漫长的忍受将变得更加煎熬，因为做空交易给他们带来的回报会更少。

2. 合理的风险管理

考虑到做空交易的风险—收益不对称性，如没有良好的风险管理，投资者根本就无法承担其高风险性。对做空者来说，最严重的错误之一，就是低估大众的狂热程度。市场的非理性手段，就是用不恰当的风险管理让做空者死无葬身之地，因为市场处于非理性状态的时间，可能远超过很多做空者尚能维持流动性的时间。

某些公司的商业模式虽存在缺陷，但它们总能想出办法，一次又一次地吸引到新资金（“傻瓜资金”）。还有一些公司，尽管基本面良好，但在理性回归之前，它们的估值却长期徘徊于低位。更有甚者，非理性甚至可以让病入膏肓的企业生存多年，最终凭借市场条件或经营环境的变化（如经济形势的变化）走出困境。总之，那些不能正确运用风险管理的做空者，实际上是无法生存的。以下是适用于做空者的两种基本管理工具：

（1）止损（stoploss）是限制单一仓位最大亏损的一种有效工具，它能有效限制某个仓位对整个组合的影响程度。最成功的纯做多投资者很少会用到止损技术。它的核心在于，投资者选定一个价位，一旦股票触及这个价位，不管处于何种状态，投资者都必须清仓。事实上，止损的目的就在于限制单一头寸的最大损失额。例如，传奇投资大师约翰·邓普顿在做空交易中就用到了止损技术。另一方面，吉姆·查诺斯不看好止损技术，他认为，止损加大了重新建仓的难度。

（2）尽管很多伟大投资者更强调多头，建立空头不是很明智之举，在他们看来，好的投资机会本来就屈指可数。实际上，他们几乎都建议以高度的组合多样化来限制不良头寸的影响。比如说，大卫·艾恩霍恩将空头的规模设置为多头的一半。吉姆·查诺斯将每个高风险多头敞口的比例限制在资金总额的5%以内，一旦某个空头敞口超过5%，就会自动将该敞口减少到4.5%。沃伦·巴菲特则建议投资者做空整个市场（或是高度多样化的一篮子股票），尽量避免做空个股。

3. 做空对象的选择

最后，做空者必须在做空交易上精挑细选。找到合适的做空对象远比找到合适的做多对象困难得多，毕竟，市场的长期趋势还是向上的。聪明的做空者会通过深入的尽职调查，将搜索的目标限制在那些极有可能大幅下挫的股票（如至少下跌50%的股票）。他们绝不会把有限的精力和资金浪费在诱惑力不大的目标上。

最有吸引力的做空对象，往往是基本面差（即管理层有问题、财务状况孱弱、商业模式有缺陷或已进入商业周期中饱和阶段的公司）、交易价格明显偏高却大受专业机构吹捧的非技术类公司。

为避免流动性匮乏（如发生逼空）带来的意外，被做空的股票应具有较大的流通量，市场对做空的意愿尚不强烈。最理想的情况，当然是存在可能导致股价暴跌的触发因素，比如说，内部人抛售，关键管理人员的辞职、更换外部审计师、负面传闻持续发酵或是推迟披露法定文件等。

四、本章小结

在本章里，我们探讨了顶级投资者交易个股的某些基本交易原则。考虑到股票内在价值固有的不确定性，因此，循序渐进地建仓和清仓，始终是投资者应该谨记的第一要旨。与此相关的是，在下跌时买入，不断降低建仓的平均成本，则是理智的投资之举，因为降低了建仓的平均成本，就相当于提高了组合的总体收益率。

需要强调的第二点是，买卖股票必须以充分的准备工作为前提。总体而言，要成为一名成功的买家，投资者就必须开展独立、不偏不倚的尽职调查，维持足够的安全边际，坚持只做自己努力范围内的事情，勤奋钻研，以便于比其他投资者更好地理解被投资公司。归根到底，成功的投资者必须有耐心、有选择性。他们只盯着那些真正有潜力的好股票。

谈到卖出股票的时机和方法，投资者须牢记，一旦投资预期已被事实否定，投资者已意识到自己对企业的认识尚有欠缺，交易价格已超过股票的内在价值，或是股票可以被更有增值潜力的其他股票所取代，卖出的时机既已成熟，切莫犹豫。最后，卖空绝非轻而易举之事，它不仅需要合理的风险管理，还需要投资者拥有良好的心理承受能力。

第八章
兴衰变换的市场周期

“正是那些情绪变幻无常的非专业投资者，让股票价格陷入毫无规律的短期性暴涨暴跌。在这种情况下，除了静观其变，专业投资者别无选择，他们只能看着狂热的投资者在市场上吞云吐雾，直到投机者和非专业投资者的激情或恐慌消失殆尽。”

——保罗·盖蒂（Paul Getty）（Krass, 1999）

股票市场具有明显的周期性，通常会几年完成一次轮回。在每个周期，股市都要经历一次涨跌，在牛市里，市场至少比前一个最低点上涨20%，而在熊市阶段，大盘则至少比前一个最高点损失20%。即便是在每一个牛市或熊市中，股票也很少是直线式运动的。实际上，牛市和熊市往往是相互交融的，牛市会因盘整而转化为熊市，熊市会因反弹而转化为牛市，其间，大盘可能会暂时性偏离长期趋势。

股票市场的周期性行为体现为图23所描绘的形态，它显示出标普500指数在1963—1992年期间的周期性变化。我们从图中可见，在这段时间里，标普500指数大约经历了5个完整的兴衰周期。此外，我们还可以发现，这些周期的上下振幅在密度和持续时间上相去甚远。1973—1974年期间的熊市最为迅猛，在不到两年的时间里，大盘即损失了近50%的市值。另一方面，1987—2000年期间的牛市则最为漫长，持续时间超过12年，市值合计上涨幅度接近600%。1987年的熊市尤为特殊，因为它在非常短暂的时间内出现极为剧烈的下挫（即股市崩盘）。

在每个小周期的基础上，股票市场的大周期往往可以持续一二十年。图24即显示了标普500指数的大周期。这些大周期由一系列各种形态的周期组成，这些小周期也被称做“长期牛市”（secular bull）、“长期熊市”（secular bear）或“盘整”（range-bound）市场。

在所谓的长期牛市中（如1951—1966年），股价持续上涨，估值倍数也摆脱低位，达到高位。此外，在长期牛市中，新上涨阶段的最高点往往突破前一个牛市的最高点，而新熊市的最低点通常也会高于前一个熊市的最低点。在盘整市场（如1966—1982年），估值倍数萎缩，市场进入窄幅震荡状态。而在长期熊市中，股票价格与估值倍数则呈现双双下跌的态势（如1929—1932年）。

实际上，投资大众总会一次又一次地丧失理智，疯癫加剧，尤其是在接近长期牛市结束时。而每经历这样一轮狂热，都会无一例外地随之以一轮惨不忍睹的市场大爆发（如1929年的“大萧条”）。

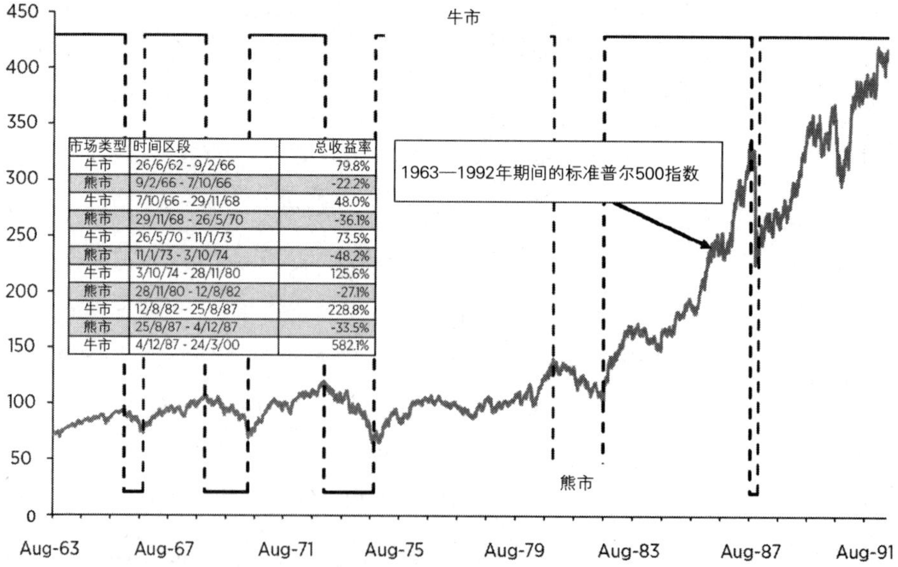

市场类型	时间区段	总收益率
牛市	26/6/62 - 9/2/66	79.8%
熊市	9/2/66 - 7/10/66	-22.2%
牛市	7/10/66 - 29/11/68	48.0%
熊市	29/11/68 - 26/5/70	-36.1%
牛市	26/5/70 - 11/1/73	73.5%
熊市	11/1/73 - 3/10/74	-48.2%
牛市	3/10/74 - 28/11/80	125.6%
熊市	28/11/80 - 12/8/82	-27.1%
牛市	12/8/82 - 25/8/87	228.8%
熊市	25/8/87 - 4/12/87	-33.5%
牛市	4/12/87 - 24/3/00	582.1%

资料来源：雅虎财经

图23　1963—1992年期间的股市周期

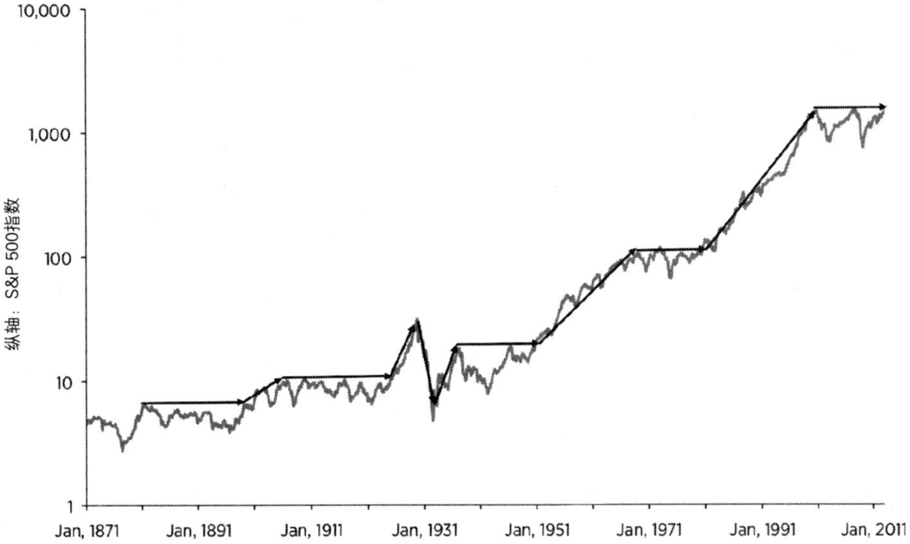

资料来源：www.irrationalexuberance.com

图24　1871—2013年的长期市场趋势——标准普尔500指数的走势

股票市场的长期性周期变化与短期性兴衰周期绝非巧合。实际上，我们都知道，很多因素共同促成了这样的市场行为，譬如宏观经济、市场对股票的认识和感受、股东的情绪等。（有关市场周期的深入探讨，可参考以下文献：Easterling, 2005；Katsenelson, 2007；Schiller, 2005；Smithers, 2009；Napier, 2009。）

至于以整个市场周期对目标的投资，我们完全可以认为，通过与其市场的短期和长期趋势，把握好进入时机并及时退出，投资者注定会受益匪浅。遗憾的是，当无数投资者都想做得如此天衣无缝时，这种事情也就变成了不可能完成的任务。在本章里，我们将深入探讨某些最优秀的投资者是如何在市场变动中把握机会的。

首先需要搞清楚的是，没有一个顶级投资者会尝试着去预测市场行为。实际上，他们无一不认为，在魔法水晶球里寻找灵感的做法，纯属徒劳无功的荒诞之举。此外，他们很少进行短线交易，也很少利用短期市场波动谋求回报。相反，顶级投资者更习惯于预测市场的长期走势，并据此给自己定位。

事实上，既然投资者关注的是价值与价格的背离，那么，他们就应该将市场周期看作是获得低买高卖的机会。更确切地说，在聪明的投资者看来，熊市，尤其是即将走出盘整或长期熊市时出现的最底部，是他们建仓的最佳时机，因为在这个时点上，很多股票的交易价格均远远低于它们的内在价值。

反之，在牛市阶段，尤其是即将走出长期熊市时出现的高点位置，他们会谨小慎微，因为此时的股票价格通常已超过它们的内在价值。尽管在接近市场底部时买进、在接近市场顶部时卖出的观点看似简单明显，甚至会让人觉得无知，然而，绝大多数投资者似乎很难将这个原则诉诸实践。而且多数人恰恰在做着相反的事情：在接近市场高点时买进，在接近市场底部时卖出（或是拒绝买入）。

造成这种明显反常行为的主要原因，就在于普通投资者根本就没有意识到，高点或是底部已经出现在眼前。我们将在下文全面介绍伟大的投资家是如何应对市场周期的。首先，我们将简要介绍顶级投资者判断高点和低点的一些技巧。第二节将着重讨论他们为利用市场周期而采取的策略。

一、市场高点与底部的标志

如上所述，顶级投资者绝不会尝试短线交易。他们只是努力抓住中长期市场波动带来的机会。为了成功，他们要借助一系列指标，告诉自己市场在什么时候更有吸引力，应该主动出击；什么时候应适可而止，退守防御。

这些指标并非万无一失，它们需要投资者进行高度的主观判断。此外，它们的用途也不在于精确锁定市场最低点和最高点的时刻。它只是发出了一个信号，告诉耐心的逆向投资者是否应该出手。切记这些警告，而且每个指标本身或许都是不可靠的，因此，建议投资者将它们综合起来，以便于从多个角度得出更全面的结论。顶级投资者最关注的指标包括市场情绪（market sentiment）、估值、失衡度（imbalance）、内部人交易以及推动转折点到来的催化剂（catalysts for inclination point）。

（一）标志之一：市场情绪

如第一章所述，在牛市过程中，投资者的情绪会从负面（即悲观情绪）转向正面（即乐观情绪）。而在熊市中恰恰相反。在长期周期中，投资者及社会对股票市场的态度会发生根本性转变。在长期的牛市中，市场对股票的情绪从漠然视之和无动于衷，转为兴趣盎然和趋之若鹜。而在进入盘整市场后，情绪则会发生反方向的逆转。

这些情绪转化背后的道理并不难理解。当大部分投资者因对未来回报率持高度乐观情绪而满负荷投资（即已没有可用于推高股价的资金）时，牛市便宣告结束。当最后一个悲观主义者举手投降时，熊市则走到了终点。同样，在盘整市场阶段，因为很多人已对股市回报倍感失望并拂袖而去，对股票的兴趣自然会持续降温。而在长期的牛市中，既往收益带来的兴奋、刺激和期待，自然会促使人们对市场的兴趣持续升温。

鉴于市场情绪和市场周期之间必然存在密不可分的相关性，因此，顶级投资者尤其重视市场情绪的变化，借以对市场的动向做出预测。他们更倾向于接受与当前市场情绪相反的趋势。也就是说，当投资者处于极度亢奋的高度乐观情绪或是对股票的兴趣已爆棚时，他们认为这是市场已接近顶点的警报。反之，当投资者当中弥漫着悲观情绪，整个社会已对股票市场失去兴趣时，他们认为，这是投资者为收获而播种的大好时机。

这种逆向信号有时并不明显。譬如，在市场发生毁灭性崩盘后，市场情绪可能依旧高涨。当大多数股票咨询师建议投资者抓住市场下跌带来的低股价，或是很多市场观察家都认为市场已行至底部时，就会出现这种情况。但投资者应该认识到，这些乐观情绪恰恰是市场的不祥之兆。只要利好消息还是媒体的主流，那么，股价就有可能继续下跌。

相反，疯传市场的触底反弹是陷阱的言论则是利好信号，因为这表明，投资者都在看跌股票市场。比如说，安东尼·波顿曾正确地预测到，始于2009年3月的股票市场极有可能维持下去，因为占据市场主导的舆论均认为，此次反弹将再次下跌， 形成双底型下跌行情。

尽管主导市场的情绪有助于投资者对市场的未来走向做出评价，但是在转折点的判断上，顶级投资者关注的则是市场情绪的极点。最可靠的信号是，市场的顶点或底点通常对应着出现乐观/悲观情绪（针对投资者）或是追捧/忽略（针对普通公众）这两种极端情绪的时刻。为了对市场主导性情绪做出合理判断，这些顶级投资者会使用“主观印象”（subjective impressions）和“客观指标”（objective metrics）两类标准：

1. 主观印象：它可以对以下内容发出信号

· 市场的投机程度。在接近市场顶部时，我们通常会看到、IPO发行价格、投机性股票进而低质量公司的股价走势已达到不可思议的非理性程度。此外，顶级投资咨询师、市场大腕及（卖方）分析师都在不遗余力地建议加大投资力度，他们的理由很简单，因为这些股票在此前的几个月或几年里表现强劲，收益非凡。

· 普通人对股票市场的兴趣。这主要是指媒体和普通公众对股票市场的关注程度。后者的一个典型例子就是彼得·林奇的鸡尾酒会理论（Lynch, 1989）。根据他的经验，在接近市场谷底时，参加鸡尾酒会的人对专业投资者的观点根本就不感兴趣。当时在市场上涨时，人们便开始纷纷向他们请教。在极端情况下，当市场接近顶点时，人们甚至已不再对别人的意见感兴趣了，他们直接会告诉这些投资专业人士：你们应该怎么做。

· 偶发事件。顶级投资者密切跟踪发生在老牌投资者中的“投降式抛售”（capitulation）事件，因为这些事件往往会出现在市场的顶部和底部。约翰·邓普顿认为，当最坚强的投资者开始在熊市中举手认输时，市场通常已逼近谷底，因为剩下的卖家已寥寥无几。相反，当投资者放弃投资原则和纪律，义无反顾地跳入到牛市中的时候，市场或许正在逼近顶点，因为所有看涨的股票均遭到投资者的疯抢。

2. 客观指标

· 看涨及看跌的市场咨询师。当看涨的投资咨询师在数量上明显超过看跌咨询师时，市场可能已接近高点，反之亦然。在实践中，大卫·德莱曼建议，以看涨咨询师比例超过70%的标准作为下跌的信号，而看跌比例超过70%则是上涨的信号（Dreman，1998）。

- 看涨期权与看跌期权比。安东尼·波顿特别强调市场上看涨期权与看跌期权的数量比。当看涨期权与看跌期权比高得离谱时，说明悲观情绪占据市场主导地位，因此，这是一种典型的牛市信号。反之，当看涨期权与看跌期权比低得不可思议时，说明乐观情绪成为主导情绪，因而是典型的熊市信号。为规避看涨期权与看跌期权比每日波动的干扰，最好对日看涨期权与看跌期权比进行平滑处理（如使用一个月的历史平均值），以获得稳定的趋势。
- 共同基金持有的现金头寸。安东尼·波顿一直密切监测共同基金中的现金余额（占组合总金额的百分比）。从经验上看，低水平的现金头寸属于熊市信号，因为它说明投资者不看好市场。而高现金头寸往往是上涨行情的先兆。
- 广告。主要包括以下内容：

  （i）共同基金广告及其他看涨行情广告的空间在主要投资媒体广告版面中占据的比例（包括绝对比例以及相对于债券等其他投资品的相对比例）。显而易见，当看涨广告和共同基金广告的比例最高时，市场可能已接近顶点，反之亦然。

  （ii）强调近期业绩的共同基金广告比例。在接近市场顶部时，更多的共同基金习惯于炫耀漂亮的短期投资业绩。而在接近底部时，它们的广告则会鼓吹企业的荣耀，而对以前的业绩几乎只字不提。
- 信贷状况。市场泡沫的一个共同特征就是信贷市场极为宽松。在《重估华尔街：不完美的市场和无能的央行行长》（Wall Street Revalued）一书中，安德鲁·斯密瑟斯（Andrew Smithers）指出，衡量信贷状况的一个重要指标就是流动性的价格。当非流动性的价格跌至历史新低时，这可能就是一个信号，市场上的风险厌恶情绪不足，信贷状况已宽松到危险程度。反之，非常紧张的信贷状况则有可能表明，市场上的风险厌恶及悲观情绪非常浓重。
- 新股发行。在接近牛市终点时，IPO的数量通常会达到顶峰。这不难理解，因为在牛市已达到巅峰时，投资者心甘情愿地支付高价格，因此，企业自然急于通过公开上市筹集资金。

· 咨询服务与投资俱乐部的数量。在经历了长时间的熊市行情之后，咨询服务和投资俱乐部的会员人数往往会达到最高点，而在经历了严重的熊市行情后，提名的数量往往会下降到最低点。因此，看跌行情的一个重要信号就是高会员人数，而低会员人数则是市场即将进入看涨行情的标志。

（二）标志之二：估值水平

对顶级投资者而言，股票市场的总估值是他们不可或缺的一个市场信号，这应该不难理解。但必须强调的是，尽管（估算的）公允价值与股票价格之间的差额是预测长期（几十年）收益率的主要指标，但估值指标对预测中短期的股市变动并无特殊的益处。（这似乎有点自相矛盾，但估值指标在短期内缺乏可靠性这一事实，使得它们难以成为有效的长期指标。实际上，即便存在适合短期市场预测的指标，但考虑到它们会迅速在整个市场中得到普及，因而也就失去了它们所独有的优势。）此外，在确定转折点时，估值指标应与市场情绪等其他标志相互配合。

为了对股票市场客观估值，顶级投资者以历史平均值口径对一系列估值指标进行跟踪。他们认为，随着时间的推移，有效的指标不可避免地会回归均值。鉴于单个估值指标的局限性，因此，他们通常会同时观测多个指标。以下是几种常用的估值指标及其特征：

1. 联储模型（Fed model）。该模型认为，当收益率（利润/价格）高于无风险长期利率时，股票市场处于价格低谷，反之亦然。该模型的依据在于，当股票与无风险国债同时争取投资者的资金时，股票必须拥有超过无风险投资的潜在回报率，才有可能赢得投资者的青睐。而这又意味着，当利率很低时，投资者宁愿股票较低的收益率（即较高的估值倍数和较低的收益率），而随着利率的提高，投资者对股票收益率的预期也越高。

尽管联储模型乍一看貌似合情合理，但它显然过于简单了。此外，它在预测长期市场回报率方面一直难有作为。不过，某些顶级投资者还是采用该模型衡量中期市场行情。实际上，在股票估值与利率相悖时，还是可以利用联储模型来预测市场走势，但前提是投资者必须认识到以下的非对称因素：

· 当长期利率处于高位时，股票的估值必然处于低位。这完全符合常识。

因为高利率表明投资者可以在长期内实现较高的无风险收益。而聪明的投资者却不然，除非股票的预期收益率高于利率，否则，他们不会接受股票的风险，因此，当利率较高时，估值的提高绝对是不可持续的。正是基于这样的认识，明星级的对冲基金经理艾迪·兰珀特（Eddie Lampert）曾对1987年的股灾做出了正确的预警，原因在于在长期高利率的环境下，股票估值的不断上涨让他难以接受。

· 低利率可延续股票高估值的观点本身值得怀疑。它的问题在于，历史已一再表明，低利率时代之后必然随之以高利率时代。因此，在低利率环境下，认为高估值倍数会造成低股价的假设是荒谬的。此外，在实行低利率时，以联储模型预测中短期市场走势也是危险的，因为原本貌似便宜的股票（按联储模型衡量），可以在一夜之间就不再便宜。（沃伦·巴菲特曾在20世纪90年代末指出，假如当时的市场利率水平能维系下去，那么，股市的估值并不高。但从历史经验看，这样的假设显然是不合情理的，因此，股票已经被严重高估。）

2. 市净率（P/BV）。安东尼·波顿和约翰·邓普顿均采用市净率作为估值标准。不过，该指标在其他顶级投资者当中并不流行。市净率的问题在于，账面价值并不能准确体现公司股权的真正价值。按照传统的定义看，账面价值并不能反映公司的经济性商誉和通货膨胀的影响，因此，在评估公司的市场价值时，投资者不应盲目依赖市净率。

3. 价格与重置价值比。该指标类似于市净率，因为它是股票价格与净资产的当前市场重置成本之比。重置价值考虑了通货膨胀的影响，并剔除了会计政策的人为影响。目前，最常用的价格与重置价值比是由詹姆斯·托宾（James Tobin）提出的“Q比率”（也称“托宾比”）。该比率对美国股票市场长期收益率的预测最为准确。然而，沃伦·巴菲特始终对Q比率持怀疑态度。它的问题在于，资产的理论重置价值会严重高估内行人愿意为该资产支付的价格（如沃伦·巴菲特在20世纪90年代清算旗下纺织业务时，就曾有过亲身体会）。

4. 市销率或市值–国内生产总值比。沃伦·巴菲特和普莱姆·沃萨（Prem Watsa）都认为，从估值角度看，总市值（P）与国内生产总值（GNP）比是评价股市价格水平最合理的指标之一。巴菲特指出，当P/GNP在70%~80%时，股票的价格基本是公允的。

5. 股息率（dividend yield）。股息率是一个仅适于评价股票价格水平的指标。需要强调的是，绝对不能将股息率的绝对值作为严格的估值标准，因为股息本身还有依赖于股息的实际分配率。以标普500指数为例，在1940—2007年期间，10年期的平均支付率（即10年期的历史真实股息/10年期的历史真实收益）平稳地从83%左右下降为37%。因此，投资者在使用股息率作为估值标准时，一定要考虑支付率的变化趋势。

6. 通过价值筛选的股票数量。衡量股价水平的另一种方法，就是看看通过严格价值筛选程序的股票数量（或合计市值）。当这个数量达到历史新高时，说明当前的股票市场可能被低估。反之，则说明当前股市可能被高估。

7. 市盈率（P/E）及价格-自由现金流比（P/FCF）。尽管这两个比率是投资领域最常用的标准，但它们也是最不被投资者理解的指标。在计算这两个值时，分母不应采用前一年的历史价值，因为某个年度收益和自由现金流并不能代表市场的真实盈利能力。

但更糟糕的，则是以下一年度的预期收益和预期自由现金流作为计算P/E和P/FCF的分母。如果这样的话，实际上是增加了它们的不确定性——预期真实与否，能否实现呢？毫无疑问，这会导致它们难以解释。实际上，E和FCF应采用公允的收益和公允的自由现金流，它们依赖于销售额（或GDP）增长率以及利润率的长期趋势。如果存在波动的话，E和FCF则应采用收益和自由现金流的均值。（如果宏观经济增长率波动较大，如政局不稳定的国家，或是中国等不可持续的高增长国家，建立FCF、GDP或收益趋势线基础上的估值并不适用于股票市场，因为对这种类型的国家来说，以历史增长趋势推断未来增长趋势是非常危险的。在这种情况下，采用依托于基础资产的估值倍数可能更适合，如市净率或价格/重置价值比。）在这种场合下，最常用在估值倍数当属“希勒市盈率”（Schiller P/E，Schiller, 2005），该指标定义如下：

$$P/E_{Shiller} = P/\left(\frac{1}{10}\sum_{i=1}^{120}\frac{CPI_{current}}{CPI_i}\times E_i\right)$$

在上述公式中，$CPI_{current}$和CPI_i分别表示当期的消费品价格指数（CPI）和i

个月之前的消费品价格指数，E_i为所有公司在i个月前的一年期历史收益率。在$P/E_{Shiller}$中，分母为过去10年的真实收益平均值。（所谓的“真实”，是指历史收益按当前币值计算的价值。换一种说法，真实收益相当于这笔历史收益在实现时的真实价值，也就是它的真实购买力。）之所以采用真实收益，而不是名义收益，是为了消除通货膨胀的影响。如不考虑通货膨胀，会导致近期收益在平均过程中占据较大的权重，尤其是近期收益在过去10年的收益总额比重较大时，会加剧这种对近期收益的倾向性。

（三）标志之三：失衡程度

与估值不均衡概念相近，尽管有些失衡现象会在长期内回归正常化，但还有很多失衡因素会存在相当长一段时间。尽管失衡有助于对未来若干年的市场走势做出预测，但它们不适于预测转折点。对预测市场的短期行情时，应将失衡现象与其他标志一同考虑。下面是很多顶级投资者关注的几种失衡现象：

1. 板块权重的失衡。正如杰米里·西格尔在《投资者的未来》一书中所指出的那样，当某个行业板块在经历了快速飙升后，在股票市场中的比重明显高于历史平均水平，那么，该板块注定会走上崩溃之路。更严重的是，如果它已成为股市中的一个重要部分，那么，它甚至有可能拖累整个大盘。出现后一种可能性的理由不难理解，当某个板块大幅下跌时，会引发机构投资者遭遇大规模赎回，在这种情况下，它们通常会选择卖出更坚挺的股票（因为相对于遭遇暴跌的股票，这些股票的价格处于相对高位）。20世纪90年代末的技术股泡沫就是一个例子，当时，整个高科技板块的股价达到历史新高，整体市值在标普500指数占有的权重超过30%。但是在进入2000年后，随着高科技泡沫的破裂，整个板块趋于崩溃，很多与高科技无关的板块也随之暴跌，导致标普500指数全线下挫。

2. 利润率的失衡。无论是对于某个板块，还是整个经济体，利润率都不可能永远维持在最高位上，因为随着竞争的加剧，利润率必然要回归中值。实际上，当利润率非常高的时候，就会引来更多新的竞争对手（受超高投资回报率的诱惑），与此同时，现有参与者也会为夺取市场份额而展开厮杀（以期获得更大的价格控制权）。竞争的加剧必然会导致利润率的下降，这是早晚都要发生的事情。反之，当利润率非常低的时候，则会导致随后年度的利润增长水平超过大盘平均增幅，因为这样的环境必然弱化竞争。如果股价不能反映这种必然性，那么，市场就有可能遭受重创。例如，著名的共同基金管理人斯蒂芬·亚克特曼（Stephen Yacktman）就曾声称，早在2008年，他就已经基本清空了金融股仓位，因为这个板块的利润率在2007年就已达到最高峰。

3. 经济失衡。尽管微观型投资者很少考虑经济形势，但是，了解一下GDP和通货膨胀率的回归中值理论等某些基础知识，对投资者还是有益无害的：

- 超强的经济增长可能是值得警惕的信号，因为股票市场会将这种持续性的成长解读为永久性成长。
- 反之，经济周期中的低谷（即经济衰退期间，此时，整个经济形势呈现增长乏力）或许是投资者回报丰厚的时期，但这种回报只属于那些在逆境中敢于“满载而归”的投资者。拉塞尔·纳皮尔（Russell Napier）在《解剖熊市》（Anatomy of the Bear）一书中指出，在盘整阶段或长期熊市的底部阶段，这种情况可能性更大。此时，投资者对经济中的复苏迹象反应迟缓，如大宗商品的价格趋于稳定（尤其是包括铜在内的金属价格）、卖出产品期货的意愿降低、对耐用品（如汽车）的需求出现增长以及存货达到历史新低等。

（四）标志之四：内部人交易和公司交易

掌握市场价格水平的另一种方法，是观察企业领导者的动向。虽然说公司领导者也会犯这样那样的错误，但谈到企业状况以及企业的公允价值，他们当然比普通投资者更有发言权（见第二章）。通过对两种类型交易进行监督，可以帮助投资者评价公司领导者对股票市场的看法并做出评价：

1. 内部人交易（insider transactions）。当内部人的买入远远超过其卖出时，投资者就完全有理由认为，内部人持看涨观点，否则既是看跌公司的股票。对于股市的总体内部人交易状况，可采用内部人卖出占内部人总交易量（卖出+买入）之比进行衡量。［这种方法的一个例子就是“布鲁克林比率”

（Brooks ratio），它是以2500家公司为基础得出的比率。当布鲁克林比率低于40%时，说明内部人的买入超过卖出，股市呈现牛市行情。而高于60%的布鲁克林比率则是熊市即将到来的信号。］另外，约瑟夫·拉克尼肖克（Josef LaKonishok）和李寅懋（Inmoo Lee）通过研究发现，在分析股价行情时，净买入比（net purchase ratio，NPR）最能说明内部人交易的状态：

$$净买入比（NPR）=\frac{IP_{-6M}-IS_{-6M}}{IP_{-6M}+IS_{-6M}}$$

在上述公式中，IP_{-6M}和IS_{-6M}分别代表内部人在此前六个月内的买入量和卖出量。超低的NPR是行情下跌的信号，而超高的NPR则预示着行情即将上涨。此外需要注意的是，这个内部人交易指标更适用于小公司，而且只应考虑由管理层实施的内部交易（即不包括不属于内幕人员的其他内部人）。

2. 公司交易（corporate transaction）。为了对股票市场的未来走势做出判断，约翰·邓普顿关注到发生公司接管的数量、收购方针对这些接管支付的溢价以及回购其股票的公司数量。如果很多公司的接管均以溢价完成，且支付的对价远远超过当时的股票价格（如超过50%），回购数量非常多，甚至是通过回购全部股票实施退市，那么这些信号就意味着，公司领导者相信，它们的股票尚有未被市场发现的价值。

但投资者还是谨慎为妙，因为公司交易总不及内部人交易那么可靠，原因很简单，内部人交易涉及的是个人资金（它会直接影响到内部人的个人财务状况），而公司交易动用的则是公司的现金（只影响到公司的财务状况）。此外，在过去的10～20年间，回购已成为时尚大潮，很多回购似乎与改善股东价值毫无关系。在2008年的股市崩盘过程中，回购信号的局限性体现得一览无遗。就在2008年股市大跌之前，还有很多在高位价格上进行的回购，但是在2000年市场处于谷底的时候，回购的金额已大幅减少。

（五）标志之五：潜在的催化因素

最后一点，某些顶级投资者会寻找可能引发市场行情发生逆转的催化剂。尽管一种强大的催化因素可能有助于精确判断市场的潜在转折点，但是要找到可靠的催化因素绝非易事。此外，如果没有其他标志作为佐证，即便是最有效的催化剂也难以令人信服。需要指出的是，顶级投资者通常不会看重催化剂。而强调催化剂的投资者，主要依赖于以下信号：

1. 出现抛售的可能性。约翰·邓普顿曾准确地预测到2000年技术股泡沫的破裂。很多最热门的高科技公司在IPO之后，都会设定内部人不得出售股票的禁售期（通常为六个月），邓普顿计算出这些股票的禁售期到期日。邓普顿很清楚，这些技术股已经被严重高估，因此，他认为一旦禁售期结束，内部人就会大举抛售手里的股票。他预测到，这一轮抛售大潮就有可能引发技术股热潮的破灭。

2. 持续期。安东尼·波顿和吉姆·罗杰斯对牛市和熊市的持续期和强度进行密切跟踪，以判断市场转折点的出现。必须说明的是，这种做法非常不稳定，因为不同周期的持续时间和强度可能相去甚远。

3. 现金持有量。约翰·邓普顿非常强调现金持有量。他认为，如果现金账户挤压了过多的现金持有量，那么，就说明有足够火力将市场推出低迷期。

除了顶级投资者推荐的少数标志之外，投资专业人士也提出了很多指标，用于预测股票市场的行情。比如，石油价格的变动、短期利率、汇率、联邦预算赤字、反向收益率曲线、经济大势以及债券市场行情等。

我们建议投资者将监控股市的标志数量限制合理范围内（比如，仅采用上述标志），不要轻易染指某些未经检验的新奇指标。例如，相关研究发现，石油价格、汇率和一个国家的预算赤字与股票市场的变动几乎没有任何关系（Fisher, 2007）。除此之外，有必要再次重申的一点是，市场情绪、估值、失衡现象以及内部人/公司交易均不适于预测市场的转折点，甚至对中短期市场行情的预测作用也是有限的。它们的作用体现在相互验证的基础之上，因而必须综合运用，任何单个标志都是不可靠的，而且只有各个标志在处于极端状况时才能说明问题。

即便如此，我们依旧无法保证，这些标志会帮助我们准确判断股市的转折点。实际上，20世纪70年代末和90年代末的经历已经告诉我们，估值、市场情绪和失衡可以在危险或是有利的水平上维持多年。

总之，我们只能将上述标志作为判读股票市场长期走势的指导性标准。尽管顶级投资者在建仓也要依据这些标准，但他们很清楚，如果将这些标志用于中短期市场，错误往往在所难免。在下一节里，我们将讨论他们在现实中是如何应对市场周期的。

二、应对股市周期的现实策略

（一）战略层面

顶级投资者紧紧依托于他们的投资理念，始终关注价值与价格在整个市场周期内的偏离。他们无不谦逊地承认，在公允价值的判断上，他们也会经常犯错误，而且他们深深地认识到，市场趋势可以在很长时间内保持非理性。正是出于这个原因，顶级投资者在解读市场信号时总是谨言慎行。此外，他们从不尝试去把握市场时点，进行短线交易，这些顶级投资者甚至公开承认，他们把握市场时点的能力非常差。

在根据上节所述标志对市场吸引力做出判断的基础上，顶级投资者采取渐进式的策略买卖股票。他们的战略在很大程度上取决于投资风格以及对现实解读的接受程度。以下总结了他们采取的某些策略：

1. 在熊市中，当估值降至足够低的水平时，他们开始买入（有时甚至是大举买入）。因为他们意识到，要在熊市中精确抄底实际上是不可能的，因此，他们会在熊市的下行过程中渐进买入。这就像塞斯·克拉曼指出的那样，聪明的投资者在行情貌似不利时买进，因为他们接受一个毋庸置疑的事实——尽管他们买入的“便宜货”或许还会继续下跌，但迟早都会反弹的。

2. 在市场处于高点或是过热状态时，他们会采取与众不同的逆向行动。从价值角度看，投资者应远离被高估的市场。在这个的市场环境下，顶级投资者宁愿静观其变，尽管这或许会让他们的业绩在很长一段时间内难有起色。实际上，市场可能会长期陷入非理性状态，因此，远离被高估的股市可能需要付出代价。但最终，不变初衷而不乏耐心的投资者，必然会有所收获。

另一方面，在牛市的最后阶段推出市场，未必总是必经之路。在更多的情况下，在大盘估值失控的情况下，还是会有某些市场被忽略或是被低估。而在牛市中，顶级投资者的对策往往取决于他们的个性秉性以及对市场的感受。如下是他们有可能采取的四种策略：

- 防御策略：本杰明·格林厄姆、约翰·邓普顿和菲利普·卡莱特等某些投资大师建议，在市场过热期间，应逐渐卖出部分股票，转而增加现金持有量；在没有找到合适机会之前，至少不应继续买进，而是守住现金。将股票转为现金不仅是抵御市场下跌最有效的缓冲器，还可以让投资者在随后的大熊市里，有足够的势力买进真正的“便宜货”。（譬如，沃伦·巴菲特认为，现金可以被看作是针对所有资产的没有执行价格和到期日的看涨期权。）正如安东尼·波顿在《逆市出击》（Investing Against the Tide）一书中所言，卖出还是应循序渐进为好（切记避免短线交易），而且应从价格严重偏高或风险最高的股票开始。至于如何调整现金在投资组合中的权衡，顶级投资者提到了两种方法：

  （i）本杰明·格林厄姆建议，以机械式方法调整每一种股票在组合中的比例。比如说，在任何市场行情下，投资者都可以按组合的固定比例买入股票。通过这种方式，他们在牛市中卖出股票（当股票价格不再有吸引力时），在熊市中买入股票（买入成本更有吸引力），但股票在组合中的比例保持不变。

  （ii）很多顶级投资者根据找到能提供预期回报率的股票的难度，调整现金在组合中的权重。如果认为股票的预期收益率达不到他们的标准，他们宁愿守住现金，等着市场进一步下跌。例如，在2000年的科技股泡沫最高点时，普莱姆·沃萨仅把法尔法克斯金融控股公司（Fairfax Financial Holdings）投资组合的5%配置给股票。同样的，在2007年的市场最高点左右，亚克特曼和罗伯特·罗德里格斯（Robert Rodriguez）的组合中，现金所占据的比例几乎令人难以置信。

- 进攻策略。如保值和做空，这些策略既有困难，又有风险，就需要投资者有足够的勇气和信念。此外，必须对这些策略采取对应的均衡手段，因为我们都知道，顶级投资者从不去选择市场时间。基于此，很多顶级投资者均规避进攻性策略，在任何市场环境下均采取做多投资（包括持有现金）。在这种情况下，他们当然更愿意做顺势交易。尽管有些投资者在保住收益时会信心大增，但他们还是会将进攻策略限制在特殊情况下。最后，进攻策略还是对冲基金经理的必备之道，因为不管在何种环境下，他们的目标都是为客户创造收益。以下是两种最重要的进攻策略：

（i）对冲（hedging）。它是普莱姆·沃萨、大卫·艾恩霍恩和塞斯·克拉曼等顶级投资者采用的策略。这就需要他们买入针对大盘的对冲工具（如针对某个指数的看跌期权）或是针对特定一篮子股票的对冲产品（如在高科技泡沫时期的科技股看跌期权）。如果市场发生逆转，它们可以帮助投资者低于亏损，或是保住利润。但对冲的缺陷是它需要花费现金。因此，它会拖累投资者的整体收益率。

例如，在1996—2000年期间，塞斯·克拉曼就对他的组合建立了对冲机制。这些对冲工具连续四年拖累了他的投资收益率，但最终还是让他投有所报。在2002—2007年的牛市期间，普莱姆·沃萨也曾有过同样的经历，不过，他的耐心终于在2008年得到慷慨回报。另一个例子来自彼得·坎蒂尔（Peter Cundill），他在1987—1990年期间，坎蒂尔因看空日经指数而损失惨重，但他很快就补回了亏损，到1990年时，他已经赚得盆满钵满（Risso-Gill, 2011）。在市场最有吸引力的时候，对冲的成本反倒最低。实际上，在市场处于狂热的时候，很少有人会想到市场会遭遇暴跌，这就降低了对冲的成本（因此，还可以用期权价格作为判断市场情绪的信号。高成本的看跌期权对应着恐慌，因而可以视为牛市信号，而廉价的看跌期权则对应自负和乐观情绪，因而是熊市信号）。

（ii）做空。投资者卖出借来的股票，寄希望于随后在更低的价位上买回股票，还给股票的融出方。如前所述（见第七章），卖空是一种高风险交易，如果没有适当的风险管理措施，其损失在理论上没有下限。尽管某些知名投资者，如朱丽叶·罗伯特森、乔治·索罗斯、大卫·艾恩霍恩和约翰·邓普顿，都曾在做空交易上大获成功，但顶级投资者确实很少染指做空。本杰明·格林厄姆曾因做空而引火烧身，还有很多投资者（如塞斯·克拉曼）从不涉足做空交易，因为他们不愿接受这种风险——收益模式。对于做空，沃伦·巴菲特的交易是尽量敬而远之，因为股票市场处于非理性状态的时间可能远长于做空者维持流动性的时间。

不过，巴菲特也指出，对那些确实想在泡沫时期尝试一下做空的投资者，应将做空对象选定为整个市场，或是一篮子给高估的多样化股票组合（即便如此，选择做空时机仍然非常重要。朱丽叶·罗伯特森和乔治·索罗斯曾在20世纪90年代末做空“新经济”股票。但是泡沫足足持续了近 5年，这让他们损失惨重。另一方面，约翰·邓普顿则在做空上成果显赫，因为他仰仗的是股价催化剂。2000年，邓普顿做空一篮子技术股，在禁售期结束前这段短短的时间里，股价便已超过IPO价格的三倍。因此，他判断，这些股票已非常脆弱，因为按照他的预期，一旦禁售期结束，内部人就会迫不及待地在高位上抛出这些股票，因而形成大规模的面部人抛售），而非做空个股（因为持续的市场非理性发生在个股身上的概率远大于一篮子股票）。

· 转换为市场上被低估的股票。标普500等市场指数只能代表总市值中的绝大多数股票，但并非全部。在现实中，股票市场可能是高度异质的，股票指数或许无法解释市场中某种类型股票的特殊状况。此外，一种指数的市场表现可能会因某些特定板块、特殊类型股票（如超级大盘股或20世纪90年代末的技术股）而遭到扭曲。这就是说，在市场指数的总体估值明显偏高时，股市中的某个局部依旧有可能被低估，这种情况并不罕见。

另外，在大牛市乃至市场疯癫时期，被低估的股票甚至会变得更便宜，因为持有这些股票的股东已不再抱有幻想，因此，他们会选择抛售，在套取现金后，再一窝蜂地去追逐眼下最时尚的热门股。毫无疑问，在市场炙手可热的时候卖出股票，然后将收入再投资于被低估的股票，这恐怕是再容易不过的事情，也是最合乎情理的事情。实际上，这种做法的目的就是“追逐价值”。但是在防范熊市方面，这种方法却未必万无一失，因为 80%的股票行情还是与大盘如影随形的。也就是说，在大熊市（或是泡沫破裂）期间，被低估的股票反而有可能被进一步低估，因为大盘下跌可能会进一步拖累它们。因此，建议投资者将这种策略与上一节提到的防御和进攻策略融合起来。举例如下：

（i）在20世纪90年代末的技术股疯狂时期，塞斯·克拉曼将中小盘股票作为投资的重点。这显然是个明智之举，因为科技股泡沫在进入新千年破裂时，小盘股的业绩将标普500指数远远地抛到了后面。

（ii）彼得·林奇推荐采用准机械的方法，充分利用市场不同局部的周期性特征。他建议，在小盘股（如拉塞尔2000指数或拉塞尔3000指数为代表）的市盈率达到标普500指数市盈率的两倍左右时，卖出小盘股，买入大盘股；当小盘股市盈率低于标普500指数市盈率的1.2倍时，他建议买入小盘股。

在《积极的价值投资》（Active Value Investing）一书中，作者维塔利·凯茨尼尔森（Vitaliy Katsenelson）指出，在20世纪60年代末到1982年这段充满艰辛的盘整市场行情中，深度价值股则实现了强势反弹，创造了近15%的年均回报率。有一项研究甚至发现，在1970—1983年期间，以根据本杰明·格林厄姆"净流动资产价值"概念（NCAV，见第四章）选择的深度价值股为对象的投资，居然实现了近30%的年均收益率。最近的一项研究也发现，在2000—2009年的盘整震荡时期，在市值不低于5亿美元且权益大于负债的全部股票中，市盈率排名最低的10只股票表现优异，实现了近17%的年均回报率。显而易见，对以价值为导向的投资者来说，即便是长期牛市的顶部附近，机会依旧存在。

菲利普·费雪和理查德·伯恩斯坦（Richard Bernstein）认为，价值股（低市盈率股票）和成长股（高市盈率股票）之间似乎存在着另一种周期性特征。在本质上，价值股和成长股之间往往此消彼长，到底谁占优势，还取决于如下三个因素：

（1）利润增长的动力。当公司盈利增速放缓时，成长股开始变得稀少。因此，收益超过大盘的成长股成为市场的宠儿。在这种情况下，成长股往往要优于价值股。反之，当公司盈利加速增长时，价值股往往优于成长股，因为成长股已随处可见。

（2）长期利率的走势。成长股很少支付股利，投资者的回报来自于股价在长期内的升值。因此，投资者习惯于将它们与长期债券相提并论。另一方面，很多价值股则支付高股利，并且被投资者短期持有。这意味着，在利率下调时，长期债券的收益率超过短期债券，因此，在这种情况下，成长股的回报率要好于价值股；而利率上调时，价值股自然强于成长股。

（3）全球收益曲线的形态。当全球收益曲线变得陡峭时，贷款利润率的改善促使银行扩大信贷规模，为价值型公司（负债通常高于成长型公司）的融资提供了便利。这就加速了价值型公司的发展，因此，其股票的收益率往往会超过成长股。当收益曲线变得平缓时，价值型公司会发现，它们的融资难度要超过成长型公司，因而，使得后者的股票收益情况占得上风。

转向更具价值潜力的资产。随着行情的变化，投资者可将股票转换为现金或是股市中被深度低估的其他股票，与此相似，投资者也可考虑将股票转换为更具价值潜力的其他类型资产。显然，只有投资者熟悉的资产类型，才是他们可以接受的投资对象。乔治·索罗斯等宏观型投资者通常擅长于多种类型的资产（如大宗商品、衍生品、利率工具、货币、股票以及不动产等），因而在所持股票丧失升值潜力时，可以有更多的可选择空间。而对以股票为主的投资者而言，债券自然就成了他们不二的备选对象。

例如，2000年3月（恰值科技股泡沫即将破裂之时），约翰·邓普顿曾投资收益率为6.3%的零息债券，他的理由是，股票在未来10年只能带来微薄的回报，此外，一旦泡沫破裂，美联储就不得不着手防范经济衰退，因此，他预期基准利率将进一步走低。同样，沃伦·巴菲特也曾在2002年大量投资垃圾债券，因为他认为，股票市场将继续暗淡无光（尽管2000—2002年的熊市刚刚结束），而且他坚信，低迷的商业形势必将在债券价格上有所体现（从而提高了债券的收益率）。同样，斯蒂芬·罗米克（Steven Romick）认为，在2008—2009年的信贷危机过程中，高收益债券的价值潜力必将远胜过股票，因为债券不同于股票，经济萧条必然会体现在它的价格上。

（二）心理素质与态度

“股价不振最常见原因就是悲观的情绪——这种情绪有时弥漫于整个市场，有时则仅限于某些产业或公司。我们很期望能在这种环境下做生意，这倒不是因为我们天生喜欢悲观，而是因为悲观可以带来更好、更便宜的公司。乐观是理性投资人最大的敌人。”

——沃伦·巴菲特，1990年致伯克希尔·哈撒韦公司股东的信

“悲观情绪的尽头，就是买入的最佳时机，而乐观情绪的极点，则是卖出的最佳时机。”

——约翰·邓普顿（Krass, 1999）

“在看到市场歇斯底里的疯癫时，我往往会认真思考一下，是否该另寻出路。每次你顶住恐慌畏惧的情绪时，只要能坚持下去，你就成功了一半。”

——吉姆·罗杰斯（Schwager, 2006）

我们在第一章就曾提到过，在市场周期中，人类的大脑总是在诱惑投资者远离成功的道路。因此，几乎每个顶级投资者都是情绪控制的大师，保持行为的理性，在逆势中集聚勇气，做旁人不敢做的事情。他们指出，面对市场的周期性，投资者需要具备以下重要的心理禀赋：

1. 抵御羊群效应的心理素质。乐观情绪占据市场顶部，悲观情绪占据市场底部，这个不争的事实说明，市场情绪根本就不支持低买高卖的基本交易原则。要做到逆势而为绝非易事，因为脱离羊群会让大多数人感到不自在。以下是顶级投资者针对如何摆脱羊群现象提出的若干建议：

- 本杰明·格林厄姆用比喻的手法将股票市场称作“市场先生”（Graham, 2003）。他认为，这个市场先生是一个患有狂躁抑郁症的人，要么心花怒放（对应于市场上的乐观情绪，整个市场看到都是玫瑰一般的曼妙未来），要么极度压抑（对应于市场的悲观情绪，人们看到的都是危险和困难，没有任何未来）。当市场先生抑郁不堪时，他更倾向于卖出股票，而且从不考虑价格多么低廉。当他欢喜疯癫时，则会不遗余力地掏钱买进。格林厄姆指出，聪明的投资者从不被市场先生的极端情绪所感染。实际上，聪明的投资者首先是现实主义者，在市场先生高兴得无法自理时，他们做的事情就是卖出，当市场先生在痛苦中无法自拔时，他们要做的事情就是从他手里买入。
- 沃伦·巴菲特认为，当其他人担心、恐惧时，聪明的投资者应该贪婪；当其他人兴高采烈、来者不拒时，他们应该卖出。他坚信，投资者必须将市场的波动性当作朋友（只有波动才能让他们有机会买到廉价股票），但一定要远离充满欢笑的市场。

2. 耐心和原则性。顶级投资者必须有耐心，永远不放弃原则，坚守自己的基本战略，即便这也可能导致他们的短期业绩落后大盘。耐心和坚持原则是顶级投资者在长期非理性疯癫中抵御诱惑的根本，但是，信念与信心同样不可或缺。在市场处于非理性繁荣时期，聪明的投资者乐于等待，直到市场回归理性。（入前文所述，在20世纪90年代末，塞斯·克拉曼始终拒绝涉足泡沫投资，这让他不得不多年忍受业绩低下的压力，这种坚韧终于让他在进入新千年后得到了回报，随着而泡沫的破裂，他的投资原则得到了补偿。）一旦丧失了这种心理素质，投资者就极易被从众心理所俘获，在市场疯癫中疯狂出击，在市场低迷时缩手缩脚。

3. 独立性与批判精神。顶级投资者很少受经济和金融的新时尚所干扰。他们从不接受新时代或是新基本面之类的言论，而这种理论往往是市场疯狂期和大牛市谢幕阶段的主流。此外，他们从不相信市场将亡或是将长留于谷底的末日论。此外，恐怖袭击（如“9·11”或1993年的世贸中心爆炸）或政治暗杀（如1963年约翰·肯尼迪遇刺身亡）造成的股市突发性恐慌，绝不会让他们惊慌失措。正如约翰·邓普顿所指出的那样，这些事件很少会给经济带来重大影响。简而言之，顶级投资者并不看重媒体当下炒作的热门话题，他们将自己的观点和意见建立在事实、历史、基本面以及价格与价值偏离度的基础上。

4. 谦逊宽容。顶级投资者都虚怀若谷，因为他们深知，面对股市的周期，贪婪和自恃是致命的缺陷。具体而言：

- 他们很少去尝试预测中短期的市场行情，他们从不依赖经济预测（至少是在一定程度上，如上文所述）。比如说，吉姆·罗杰斯就曾在财经媒体上公开承认，他还没有聪明到可以预见近期市场将何去何从的地步。
- 他们对自己在股票市场上的盈利能力始终保持谦虚态度。相比之下，那些喜欢从历史出发，妄自推断出超常盈利或超级亏损的人，更有可能丧失原则性和独立性，而且他们很少拥有敢于与多数人相抗衡的勇气。
- 他们深谙运气的重要性。这也意味着，他们从不认为赚钱就是对，赔钱就是错。毕竟，每一笔投资就是一场有“预谋”的赌注，只不过幸运的天平恰好偏向于成功的投资者。显而易见，并非所有赌注都能如愿以偿。（这有点类似于打扑克。优秀的牌手可以利用概率论计算出如何选择及何种打法最有可能赚钱。尽管他们技艺精湛，但他们不可能指望拿下每一次。但只要坚持正确的打法，他们注定会取得不凡的业绩。）

5. 淡然面对亏损。如果一个人不能以平和淡定的心态，接受股票组合中个股的偶发性损失，那么，他就不适合踏入股票市场。不能容忍亏损的人，永远都不可能展现出成功所需要的上述心理素质（即摆脱从众心理、耐心并保持独立性）。股票投资并不适合所有人，沃伦·巴菲特就曾告诫，如果一个人不能接受50%的亏损，那么，他就应该远离股票市场。

“当所有人都在贪得无厌时，我们必须要让自己学着担心恐惧；当所有人都在焦虑恐惧时，我们要学着让自己更贪婪。”

——沃伦·巴菲特（Cunningham, 2001-A）

“在2007年，一家大型美国银行还曾大言不惭地宣称：‘只要音乐还在响着，你就得站起身来跳舞。’当莱曼兄弟在2008年破产之后，这家银行需要从美国政府手里拿到450亿美元的救助资金才能免遭相同的厄运。这个舞会代价太高了！为了企业的生存，我们宁愿等待音乐停下来，而不是依赖陌生人的施舍。这样的警示并不遥远，我们的导师本·格林厄姆就曾说过：‘熬过1929—1932年大萧条的公司仅有百分之一，如果它们在1925年不那么张狂的话，恐怕还不至于此。’实际上，我以前也曾也引用过这句话。”

——普莱姆·沃萨，2012年致法克斯金融控股公司股东的信

三、本章小结及评述

图25总结了本章的主要观点。首先，投资者必须认识，股票市场总是在历经几年的兴衰周期中起伏震荡，并形成长达一二十年的超级长周期。为了实现收益的最大化，顶级投资者就必须充分利用出现在周期中的非理性定价阶段。

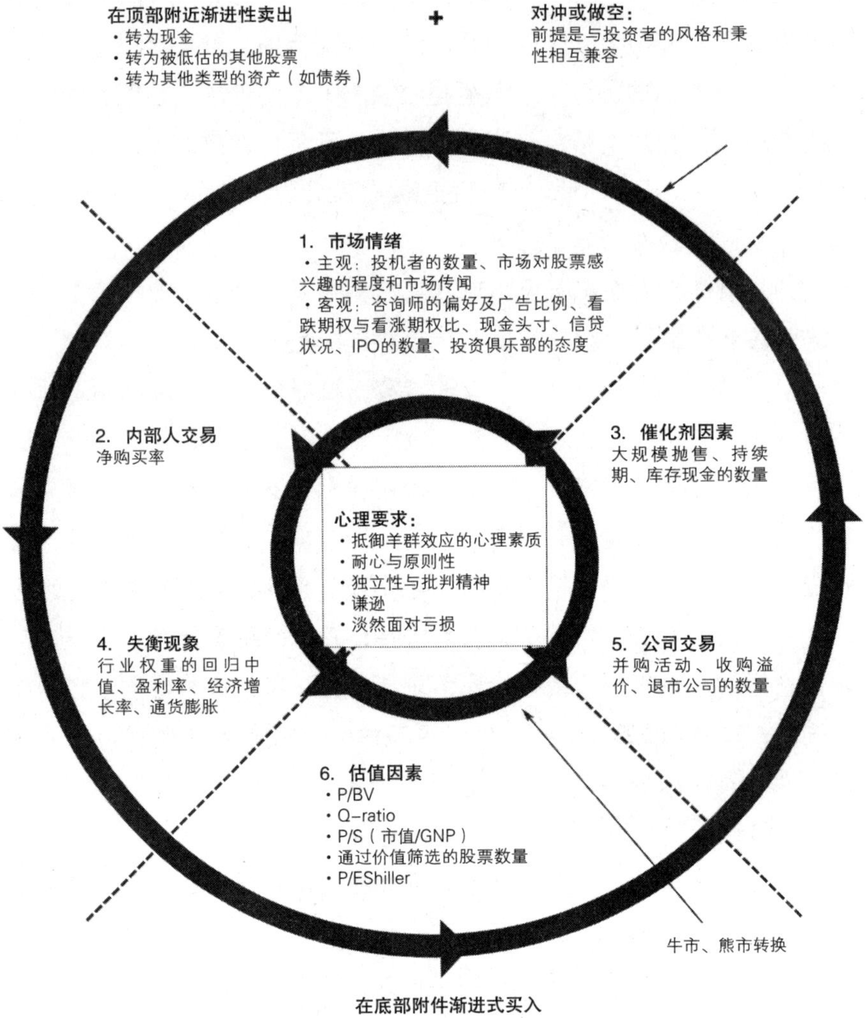

图25　顶级投资者如何应对股市周期

投资者可以利用多个标准作为信号。尽管这些标准算不上值得信赖的定时工具，但如果将它们综合起来，一旦发现达到极端状态，就可以将这些标准视作牛市或熊市周期接近转折点的粗略信号。还可以将这些标志作为调整组合的信号，在预见长期周期的转折点即将到来时，通过渐进性的买入或卖出，实现长期性资产配置。

对投资者来说，第一个也是最重要的标准，就是采用市净率（P/BV）托宾Q值（Tobin’s Q）、市值/GNP或Shiller P/E等形式的估值，以及在市场上可以找到的“便宜货”数量。与估值密切相关的另一个标准就是注定要回归均值的失衡，譬如某个板块在总市值中的超高权重、不可持续的高盈利率或低盈利率以及经济失衡等。另一个重要标准就是市场情绪。无论是主观印象（投机者的数量、普通民众对股票市场感兴趣的程度）还是客观印象（咨询师偏好、看跌期权/看涨期权比、共同基金持有的现金头寸、广告比重、信贷状况、IPO的数量、咨询服务受欢迎的程度以及投资俱乐部的意见）都可以说明绝大多数市场参与者到底是自负而乐观，还是自卑而悲观。另一个以后参考价值的标准是内部人交易量（包括内部人的买入和卖出）和公司交易量（并购和股票回购，尤其是通过回购完成的退市）。最后，现金持有量、牛市和熊市的持续时间以及其他主观评价都可能是影响行情的潜在催化剂因素。

在市场周期中，顶级投资者采取的战略表明，他们极力规避将赌注压在市场时机的把握上，他们对自身能力有着清醒而现实的认识，即不穿越自身的能力范围。在股票明显高估的市场中，他们会将股票（部分）转为现金持有，或是转为更稳健的资产类型并采取对冲，或是将目光转向被低估的局部市场，具体取决于他们的投资风格与个性、秉性。

此外，要借助于把握市场周期来实现盈利，需要投资者在心理和禀赋上满足极为苛刻的要求。如果一个人不能摆脱从众心理的人，习惯于寻求第三方建议，缺乏耐心和不改初衷的原则性，不能容忍损失，或是喜欢狂妄自负，那么，等待他们的很可能不是收益。聪明的投资首先要逆势而为，甘于静心准备，不管输赢均能坚守原则，以平常之心看待一时的亏损，并时刻牢记在心：跑赢大盘绝非易事。

第九章
常见的交易误区

“最让我们感到不可思议的是，无所作为竟然是明智之举。不过，只要基础业务的净资产收益率前景还令人满意，管理人员不仅有能力，而且又诚实守信，而且市场也没有高估企业的价值，那我们就甘愿无限期地持有它的任何证券。”

——沃伦·巴菲特（Cunningham, 2001-A）

在前几章里，我们探讨了顶级投资者在交易层面提出的投资建议。首先，我们分析了个股的不同类型；随后，介绍了如何买入、持有和卖出个股的基本思想，最后，我们就针对市场周期的交易策略进行了解析。这些交易规则简单明了，注定会吸引很多人。

遗憾的是，绝大多数投资者会发现，要把前几章介绍的这些交易规则诉诸实践却绝非易事。与此同时，这也是这些交易规则难以发挥威力的原因之一。最主要的障碍在于，建立在投资理念基础上的买入、持有和卖出策略，往往与投资者个人的胆量、直觉、本能（见第一章）以及对投资的理解不相符合。

有些不太成功的投资者完全凭感觉交易，而他们依赖的感觉与公允价值概念没有丝毫关系。此外，他们还会尝试某些被顶级投资者视为不可能或是不理智的事情。我们将在本章里谈及，普通投资者在交易中经常犯下的错误，大多源自他们对股票市场缺乏了解，对投资策略与投资理念缺乏深入的思考，当然，还有某些心理偏见的影响。

一、误区一：定位谷底和顶峰

很多投资者误以为，他们可以在价格的最低点买入股票，然后在价格的最高点卖出。所谓的“抄底”（bottom fishing），就是指投资者按兵不动，直到股价触底时才出手买进。而“挑顶”则是指投资者希望能赚到每一分钱，因此，直到股价达到最高点时才抛出。

“抄底”和“挑顶”的做法之所以备受欢迎，第一个原因就在于人的过度自信。现代行为金融学发现，普通投资者对自己确定买卖时机的能力信心爆棚。造成这个误区的主要原因，就是因为他们对这种做法似乎非常熟悉，而且这种做法也非常简单，但他们恰恰忘记了，投资不仅非常困难，而且极为复杂。毕竟，人们只需要一台计算机和一个交易账户即可交易。因此，人们都愿意相信，找到市场的底部和顶部是现实可行的，唯一需要的就是一点点技术分析，再阅读一下，观察一下市场的行情，一切便唾手可得。

造成市场上流行“抄底”和“挑顶”的第二个原因，则是人都有“模式搜寻”的心理趋向。人们会认为，任何事物都可以找到可预测、可理解的规律式，即便是噪声也不例外。因此，出于股票价格波动是有章可循的信念，很多投资者认为，只要“阅读”市场的规律，就可以找到它的底部和顶部。

但顶级投资者无一例外地都拒绝采取“抄底”和“挑顶”做法。他们根本就不相信，有人总能令人信服地找到一只股票的底部或顶部，因为股票价格的运动更多地服从于随机性法则。（令很多读者感到不可思议的是，世界上最伟大的技术交易师居然也这么说。）在他们看来，“抄底”和“挑顶”的做法是鲁莽而不理性的，是过度自信带来的投机。更有甚者，他们甚至警告投资者，这种做法是危险的。“抄底”可能会让他们错失真正有吸引力的股票，因为在出售买入之前，他们等待的时间太长了。如果他们错过了一只股票，在股票从谷底反弹之后，他们更不愿意在上涨过程买入股票，因为这无异于让他们承认“抄底”失败，股价已进入上行通道，抑或是因为他们不在高于谷底的价位买入。最终的结果，就是一而再再而三地错失良机。同样，“挑顶”的投资者喜欢将股票紧紧地攥在手里，他们相信，一定在最高点卖出，不错过每一分利润。但是，他们往往与那个最高点擦肩而过，可是，他们又不情愿在低于最高点的价位卖出，在更多的情况下，当股价进入下行通道后，他们被深度套牢。

对投资者来说，最重要的教训，就是不应该只想着以最有利的价位买卖股票。约翰·邓普顿认为，投资者不应指望在底部或顶部10%的范围内买卖股票，而且大部分利润是在剩余的80%空间内实现的。聪明的投资者将他们的决策建立在公允价值和常识基础上，他们认为，价格的随机游走才是真正的规律。他们接受股票在买入会继续下跌或是在卖出后继续上涨这样一个简单事实。因此，他们会在有吸引力的估值水平上渐进式买进。随后，当股价实现其全部潜在价值式，再循序渐进地卖出。他们用仓位的渐进积累和有序减少，印证了股票价格的随机游走模式。

> “由于担心大盘后市行情而推迟买进有吸引力的股票，就长期而言，必然要付出惨重代价。因为投资人忽视了他本已非常了解的强大影响力，反而担心那些无关紧要的力量。毕竟后盘的走向，就目前人类的知识水平，所有人基本上都只能依赖猜测。”
>
> ——菲利普·费雪（Fisher, 1996）

二、误区二：卖出正在赚钱的股票，而后在低价位买回

无数投资者都尝试过这样的做法：卖出走势强劲的股票，以期在更低价位上买回，挤出隐藏在股价中的每一分潜在利润。但是很少有人意识到，要成功兑现这样的交易，几乎是难于上青天的事情。卖出一只刚刚经历强势反弹而表现优异的股票，而后等到股价走下高点时再行买回，这听起来似乎很简单、很可行、很容易，但是在现实中，更有可能的结果是，在股票被高价卖出后，原本准备低价买进的投资者在下跌行情中惨遭损失，或许，他们不得不永远告别这只股票。这只交易策略的缺陷在于，它的成功完全依赖于两个投机性条件的成立：

1. 首先，投资者必须将卖出时机准确设定于股票的暂时性高点上。换句话说，他们必须正确地找到这个高点。如果投资者在这个问题上出错，并在股价达到高点之前卖出，那么，由于大多数投资者可能不情愿按更高的价格买回，因此，他们可能会（永久性）失去这只股票。

2. 其次，即便在最高点附近卖出股票，投资者依旧不得不将买回时间设定于股价的暂时性谷底。换句话说，他们必须善于判断抄底，但最大的问题在于，投资者往往会过高估计一只强势股票的跌幅。他们会等得太久，因而错过买回股票的机会（Fisher, 1996）。一旦股票摆脱暂时性下跌行情强力反弹，并迅速超过卖出时的价位，那么，投资者就不愿意再次买入了。

三、误区三：卖出好股票，厮守烂股票

可以理解，人们往往会过早卖出赚钱的股票，但对已经给他们带来严重亏损的股票，他们却迟迟不愿清理这只股票（甚至会继续买入），造成这种行为的原因是多方面的。首先，投资者倾向于以大幅波动前的股票价格为标准。对缺少财务经验的投资者而言，他们很难设想，一只已在短期内大幅上涨的股票，还有可能进一步上涨，或是一只已大幅暴跌的股票还会继续下跌。很多人认为，暴涨的股票必定已穷尽了它们的升值潜力，应该用尚未暴涨的股票取而代之。按照同样的逻辑，既然一只股票已经下跌了，那就应该轮到反弹了。因此，在人们的意识中，放弃这只股票是不理智的。

第二个原因来自后悔的压力和规避。当股票上涨时，股东会担心是否会失去这部分收益，而周围的人又不遗余力地强化了这顾虑。财务顾问鼓励他们卖掉赚钱的股票，传统理论也告诉他们，“只要有钱赚就不会破产”“只要有利润，就应该照收不误”，或是“摆在眼前的收益永远好于尚未遭遇的亏损”。而对于表现不佳的股票，投资者宁愿等着看风景，也不愿意当机立断，采取可能会导致后悔的行动（即卖出）。

导致投资者不愿清理赔钱股票的第三个原因，源自于非对称性损失厌恶倾向和心理账户（见第一章）。财务亏损带来的痛苦感是等量收益带来的愉悦感的两倍，因此，人们确实不愿意接受真真切切的现金损失。只要股票还没有卖

出去，他们看到的就只是账面亏损（这种亏损带来的感觉完全不同于现金损失），而且他们还奢望着，股价迟早有一天会触底反弹，让他们最终得以弥补损失，甚至尚有盈余。

无论是卖出盈利股票，还是厮守亏损股票，如果它们只是依据价格走势做出的决定，那么，这种决定就是误导性的。对于一家公司的股票价格，强势反弹或者直线暴跌毕竟是内在价值发生变化的外在表现。因此，很多顶级投资者对某些传统观点提出质疑：股票增值一倍，就应该卖出；股票贬值一半，则应该继续持有。实际上，彼得·林奇曾将这种做法比作“拔掉花，浇杂草”（Lynch, 1993）。这些做法的主要问题在于：

1. 迅速兑现明星股票的利润的做法往往是错误的，因为投资者经常会低估优秀企业的潜能（公允价值）。它们的股票价格理应拥有如此强劲的表现。这些公司配得上高水平的估值倍数。此外，很多杰出企业总能不断给市场带来惊喜，让它们的股票价格持续涨高，创造出大多数人难以想象的辉煌。因此，聪明的投资者不会在明星股上涨时急着收获，在这些优秀企业的股价翻番之前，他们绝不会自动清仓，对于“只要有钱赚就不会破产”的说法，他们嗤之以鼻。（沃伦·巴菲特曾质疑：“你会想到，居然有一位CEO就是用这句话催促董事会卖掉一家明星级的子公司吗？”Cunningham, 2001-A）话说回来，很多杠杆型交易商和投资者确实在好股票上赚了钱，但最终还是破了产。在每个交易商和投资者的组合中，都会有赚钱的，有赔钱的。实际上，对于最成功的交易商和投资者来说，他们的超凡业绩在很大程度上仅仅依赖于少数长期持有的好股票。通过不断卖出赚钱的股票，投资者只会限制可能赚到的最大利润，而且让组合的整体收益率倾向于赔钱股票。如果存在杠杆的话，这种做法或将招致灾难性后果。他们更接受这样的口号，“让胜利者尽情驰骋吧！”“慢点，别急着兑现利润”，或是“宁可晚点卖掉一只赚钱股票，也比过早卖出好得多”。

2. 顶级投资者认为，坚守已经赔钱的股票，寄希望于全身而退，或是投资者领域代价最惨重的错误。如果一家公司经营惨淡，根本无法创造出正现金流，且管理者又无德无能，那么在有效市场中，它的股票必将遭到痛击，根本就配不得高估值倍数。因此，一旦对公司失去信心，聪明的投资者会毫不迟疑地清空它们的股票，这意味投资者不得不面对严重损失，但他们也在所不惜。

四、误区四：过度交易（overtrading）

很多投资者频繁交易，无休无止地让自己的组合进进出出，希望借此博取更多的利润。这种高频交易的一个主要原因，就是人们过于相信自己判断市场及个股转折点的能力；第二个原因在于，很多人以为，“勤奋工作”是赚大钱的必要条件。此外，也有因投资者缺乏耐心和渴望交易的因素。很少有人会对当下的热门股置若罔闻，因而，他们必然会迫不及待地将组合中“老掉牙”的股票替换为这些时尚宠儿。最后，没有几个人会意识到频繁交易背后的成本，因为相对于买卖的交易额，单笔交易的交易费几乎可以忽略不计（包括买卖价差、经纪商的佣金、手续费以及税款等）。因此，他们根本就感觉不到限制交易数量的必要性。

遗憾的是，积极型市场参与者的业绩很难经得起考验。大量研究均已显示，就总体而言，短线投资者的长期业绩远比消极型投资者的业绩拙劣（Mauboussin, 2006）。顶级选股大师很清楚，高换手率不会带来好结果。他们的平均持有期通常在2～5年之间。在他们的组合中，有些股票的持有期甚至超过10年。因此，他们公开推崇低换手率的交易策略。

顶级投资者采取的低换手交易方法才是正确的交易之道。实际上，短线交易恰恰有悖于投资理念。聪明的投资者从不依赖直觉或是最新热门消息买卖股票。只有在满足既定的买入和卖出标准时，他们才会发起交易。而且无论是公司的内在价值，还是被高估的股票或者被低估的股票，它们都不是经常变化的，因而也只适用于有限、适中的换手率。

此外，理智的投资者深知，频繁交易的人必定要面对一个问题，这就是摩擦成本（交易成本）和税收。尽管单笔交易的交易成本看似不屑一顾，但当投资者疯狂买卖时，这些成本汇到一起，就将是一笔不容忽视的开支，而税收甚至更为可观。

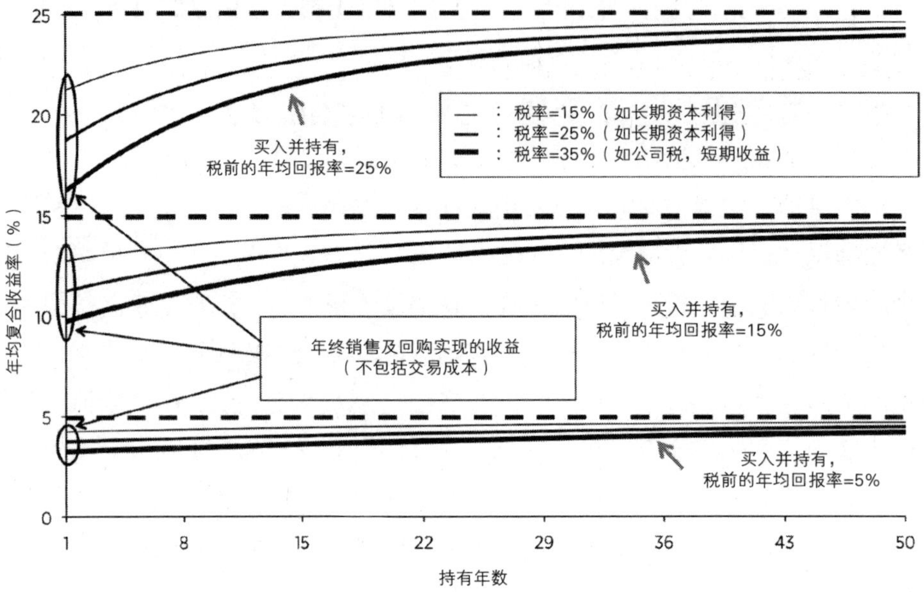

图26　税收收益对买入持有时间的依赖性

这一点在图26中即可见一斑，它表明，买入并持有型投资者实现的税后年均收益率取决于9种可能情境下的持有时间。上面三条曲线为投资者在税前年均收益率为25%情况下的税后年均收益率。在这三条曲线中，最上面和最下面的曲线分别代表税率为15%和35%情况下的收益率。图26中的其他曲线代表税前年均收益率为15%和5%时的税后年均收益率。

图中清楚地表明，相对于持有期只有一年的情况，如果组合的持有期（无任何卖出）为10~20年，其税后年均收益率将出现大幅增加。如果投资者的组合每年完成一次转手，那么，税收将对收益率（此时的收益相对于在横轴“持有年数”=1位置对应的数值）产生严重影响。更糟糕的是，在很多国家，对短线交易征收的税率要远远高于长期交易。

“如果你不愿意将一只股票持有10年，那就不要想着把它买进来，持有10分钟之后就卖出。”

——沃伦·巴菲特，1990年致伯克希尔·哈撒韦公司股东的信

五、误区五：买入即忘记

有些投资者只是机械地照搬沃伦·巴菲特针对“买入并持有”的告诫。他们不加思考地套用这一策略，然后便守住几只股票紧紧不放。他们的策略实际应该被称作“买入即忘记”。

“买入即忘记”也不是没有好处，它的最大优点就是投资者不必劳神去算计手里到底持有哪些股票。但问题是，从长期看，采用“买入即忘记”策略几乎不可能战胜大盘。实际上，要在几十年时间里实现12%~15%的年均每股内在价值增长率，几乎是不可能的事情，即便有可能，这样的公司也寥寥无几（Siegel, 2005）。

因此，即便是在最乐观的情况下，投资者找到未来几十年最具增长潜力的股票，对于坚持“买入即忘记”的投资者，12%~15%的年均收益率也是他们可以期待的最上限。而在更为现实的环境下，也就是说，组合中的股票既有赔钱的，也有赚钱的，投资者可以期待的年均收益率不应超过10%。

那么，那些采用“买入并持有”战略的顶级投资者是如何将大盘远远地抛在身后的呢？在研究顶级投资者的操作时，我们发现了一个极为惊人的秘密，那就是他们运用买入并持有战略的方式各不相同。比如说，约翰·邓普顿的平均持有期为4年（Templeton, 2008）。而沃伦·巴菲特对自己的私人组合（独立于伯克希尔·哈撒韦旗下的投资组合）采取了极为频繁的转手。另一方面，彼得·林奇则坚信，尽管他目前的组合转手率相对较高，但考虑到以前尚缺少经验，否则，其转手率还会更高（Train, 2000）。

顶级投资者（如谢尔比·戴维斯、彼得·林奇、沃伦·巴菲特、菲利普·费雪和约翰·奈夫）都凭借长期持有少数股票而实现了高收益，比如说，持有期长达若干年甚至是几十年。查理·芒格和沃伦·巴菲特甚至声称，给伯克希尔·哈撒韦带来如此超凡业绩的功臣，几乎全部来自持有时间超长的15只股票。

显而易见，与“买入即忘记”策略相比，顶级投资者采取的“买入并持有”策略更为具体，更为细致，也更为巧妙。如果认真揣摩这些顶级投资者的建议，我们就会发现其中的奥秘。沃伦·巴菲特所说的“最有利的持有期就是永远持有”，实际上是有前提的，也就是说，这些被持有的股票必须来自“拥有优秀管理者的优秀企业”（Cunningham, 2001-A）。遗憾的是，大多数投资对象在管理和企业两个方面上都不够优秀。换句话说，“买入并持有”的确是一种强大的投资策略，但它只适用于真正出类拔萃的公司。

我们在第二章里曾提到，适合于买入并持有策略的优质投资对象包括快速成长型和真正卓越的稳健成长型股票。另一方面，周期股和转折股等某些股票类型则适合于短线交易。此外，买入并持有永远不能成为违背基本卖出规则的理由，譬如基本面恶化或估值非理性等。

六、误区六：情绪化交易

> “尽管激情或许是成就很多伟大事业的必备要素，但是在华尔街上，它只会带来灾难。”
>
> ——本杰明·格林厄姆（Graham, 2003）

投资者可能会变得高度情绪化。人们往往会对意料之外的时间反应过度，尤其是这些意外带来的又是负面影响时，会进一步强化他们的这种过激反应。他们会在心理上与某一只股票建立情感关联，或是认为耐心等待根本是无法忍受的。当情绪超越理智的时候，聪明的投资者会推迟交易，以便于消除情感因素对决策过程的干扰，而普通投资者则会经常把自己带入情绪化交易的困境中，比如：

1. 缺乏耐心的交易。有的时候，人们会认为，他们必须马上买进一只股票，否则，机会就会瞬间消逝。或是在牛市即将达到最低点之前，他们却开始买入股票（尽管他们此前一直对这些股票避之不及）。而彼得·林奇的经验却告诉我们，很多人在结果还远未明朗之前，便匆匆忙忙地卖出股票。彼得·林奇认为，因为缺乏耐心实施的交易，通常都会招致后悔。实际上，即便是面对真正的机会，投资者也不能不加思考地诉诸行动，有时在经过漫长等待之后，仅仅还有一步之遥时，却因为不堪眼下的折磨而举手投降，同样是不可原谅的。在投资中，投资者永远应该牢记一个道理：耐心就是一种美德。

2. 听风就是雨——听到好消息或新消息随即便买入，听到坏消息当即就卖出：很多人在听到好消息时，便经不起诱惑而买入股票。而公司宣布利空消息后，他们便迫不及待地卖出。然而，仅仅凭借消息便立刻采取行动是不明智的。首先，彼得·林奇和本杰明·格林厄姆都认为，这种交易行为过于情绪化和冲动性。情绪的爆发会压制人的判断力，并导致投资者不能以不偏不倚的方式应对消息（不管是好消息还是坏消息）。

其次，大卫·艾恩霍恩还指出了这种交易的另一个弊端。在消息传出后，其他很多人也会产生相同的感受和理解。于是，整个市场往往会在消息发布后的几小时或是几天里做出过度反应，从而给交易带来不利影响。例如，如果管理层的举措让你愤怒，那么，其他很多人也有可能因此而发怒。于是，很多人会出于愤怒而抛售股票，这就有可能（在短时间内）加速价格的下跌。而明智的投资者则会静观其变，等着坏消息慢慢沉淀，并在采取行动之前对整个形势进行全面评估。此外，他们很清楚，在大部分时间里，买卖股票的最佳时机，莫过于市场被不理智情绪控制的时候。

3. 恐慌性抛售。在突发性的恐慌中大举抛售，是股票市场上常有的事情。恐慌性抛售可能出现在市场崩盘过程之中或之后，或是在熊市即将收尾的时候。此外，恐慌性抛售也是一系列失望事件后的惯性结果。推动这种抛售的心理力量是从众行为及非对称风险厌恶倾向。在面对不明朗和复杂的问题（如投资）时，人云亦云、随波逐流会让人们感到轻松舒适，尤其是在这些问题已经让他们筋疲力尽的时候，他们更难以做出独立判断。因此，当其他人都在卖出一只股票时（或退出股市），跟随卖出会让他们感到安全。

此外，人们经常会在股市接近触底时选择清仓，因为他们想与损失带来的痛苦一刀两断，一了百了。而理智的投资者则会随时提醒自己，恐慌是最可怕的老师。是否决定卖出，应该着眼于对价值与价格的考量，而不是别人在做什么或者市场对一只股票或整个市场公允价值做出的所谓最终宣判。

4. 徒劳地寄希望于挽回损失。如果投资者不能接受损失，那么，投资损失就会带来无穷的心理压力。比如说，当投资者为自己设定了财务目标（如用投资的盈利购买一辆汽车或是为孩子交纳学费），或者投资资金来自高利贷时，就会出现这种情况，而面对巨大的压力，他们会不择手段地挽回损失。但他们很清楚，要以常规手段挽回损失并不容易，于是，他们会铤而走险（如买入投机性股票），或是孤注一掷（如涉足衍生品），而最终结果大多会是一场大灾难。因此，投资者永远都不应忘记、放弃基本原则，远离健康投资战略的投资，很少会如愿以偿。

5. 对一只股票情有独钟。人们可能会与某些股票建立情感联系。比如说，对表现始终优异并一直给投资者带来收益的股票，就有可能让投资者难舍难分。另一方面，投资者也可能与一家公司存在某种特殊的纽带，比如说，他们喜欢这家公司的产品，是因为公司总部恰好位于他们的家乡，或者公司是媒体新闻上的常客。

钟情于某一只股票的问题在于，这可能会导致投资者产生自满情绪，并丧失客观性。一旦和一只股票产生情感上的互动，投资者就不可能再以批判性的眼光认识这家公司。此时，他们往往会人为过滤掉负面信息，并不自觉地在媒体或分析报告中筛选有利信息，以验证他们自己的观点。为防止这种情感偏见，对于让他们感到“情意绵绵”或是让他们引以为荣的股票，约翰·奈夫和罗伯特·威尔森（Robert Wilson）等部分顶级投资者采取的措施很简单，就是强制性全部卖出。为克服自负情绪，还有的人以“严厉的爱”对待这些曾一直善待他们的股票。

> “显然，去年拥有一只赢家股票会让你的内心无比温馨，但是在决定这只股票是否还是今年最优组合的成分股时，去年的感觉没有任何意义。”
>
> ——沃伦·巴菲特，1965年致伯克希尔·哈撒韦公司股东的信

七、误区七：仅仅为证明自己的正确而持有一只股票

在投资世界，自我主义问题无处不在。很多投资者的唯一目标就是不做错事。他们固执己见，从不接受别人的意见，因为在他们看来，承认错误就是失败。另一方面，聪明的投资者知道，他们所从事的行当不是为了做对的事，而

是赚钱。他们彻底放弃了心中那个目空一切的自我。在市场面前，他们始终谦逊虚心。作为过去40年中最成功的宏观型交易大师之一，乔治·索罗斯承认，尽管也曾有过不计其数的失误，但他还是很富有，因为他随时会承认错误。

> “有的时候，在金融市场中求得生存，往往就意味着不要匆忙逃命。”
>
> ——乔治·索罗斯（Tier, 2005）

八、误区八：将催化剂要素作为买入股票的先决条件

鉴于投资专业机构的短期逐利性特征，因此，寻找能在短期内推高股价的催化剂因素（如并购活动或公司事件等），自然也成为他们的惯用手法。即便股票在价格上已极具吸引力，但只要没有找到催化剂要素，就不推荐这只股票，这种做法在分析师当中甚至已司空见惯。为此，安东尼·波顿提醒投资者，过分强调催化剂因素会造成误导性。它的问题在于，当一个催化剂因素逐渐被整个市场认知的时候，它实际上已反映在股价当中，因此，利用这种催化剂因素谋求优势的机会已不存在。同样，投资者应在基本面分析的基础上买入股票，并保持耐心，同时将所谓的短期性催化剂抛之脑后。

九、误区九：基于税收考虑的交易

有些投资者的交易策略受到税收因素的过度干扰。他们试图追求税收负担的最小化，于是，他们设法推迟确认收入（以享受长期资本利得的低税率），迅速清空赔钱的股票（以享受短期损失带来的税前扣减项），或是通过卖掉赔钱股票抵消赚钱股票的收益。

沃伦·巴菲特和查理·芒格对此提出警告，这种做法是危险的。他们强调，对投资者来说，最关键的是税后收益，而不是已纳税金。最重要、最根本的目标不是税负成本最小化，而是税后收益最大化。明星级投资人凯文·达利（Kevin Daly）也承认，因为对税收问题考虑得太多，曾让他错失了大好机会

（Schwager，2012）。他现在的观点是，投资者必须忠实于自己的投资过程，必须将投资决策建立在公允价值的基础上，而将税收问题放在次要的位置上。

十、误区十：买入迟缓，以至于错失良机

当错过一只真正的好股票时（当时的价位可能看起来有点高），投资者往往会选择逊色于这家公司的二流对手。他们的逻辑不难理解：即便这些二流公司现在落后于明显级公司，但他们还有赶超和提升的空间，而且他们迟早会与一流公司齐头并进。

彼得·林奇认为，这样的想法有点天真。在更多的情况下，很多理由会让二流公司继续落后于一流公司，比如说，市场份额的丧失，负债率过高，管理薄弱等。归根到底，错过赚钱股票的投资者，总会试图以更便宜的低质量股票来弥补自己的遗憾，但这只会让他们错上加错。

十一、误区十一：锱铢必较，吹毛求疵

为了追求买入时机的精确化，投资者往往会锁定一个确切的买入价。只要股价还高于他们设定的门槛价，他们就不愿意买进。即便股票价格已非常接近他们的目标价，但这些投资者还是会斤斤计较，以求得分文不差。在这个过程中，尽管最终的买入价可能与目标价仅仅差之毫厘，但他们实际上是在冒着错失良机的风险（Fisher, 1996）。但明智的投资者却知道，公允价值本身只是一个近似性的估计值。他们只是尽可能地低价买入，在保证大体价位合理的前提下，对“分毫”则忽略不计，因为与股票的长期升值潜力相比，没有必要为了这“分毫”而冒着错失机会的风险。

十二、误区十二：在接管消息宣布后便迫不及待地卖出

当一家公司对另一家公司启动收购时，目标公司的很多股东会有抛出股票的愿望，他们的反应是可以理解的。在披露收购计划时，股票价格通常会接近

收购报价。既然现在就可以把股票变成现金，再去购买其他更有潜力的股票，为什么还要等着收购成交，让自己的钱牢牢地被套住呢？

著名的对冲基金经理安东尼·波顿对此有不同看法。除非有足够的理由判断此笔收购无法完成，否则，最可取的策略还是等待收购交易顺利完成，这样做有两方面的理由：首先，如果另有第三家公司对目标感兴趣，并参与报价，那么，最终的收购价格极有可能会被抬高；其次，即使没有其他对手参与报价，收购价格与当前交易价格之间通常会也存在差异，不管这个差异有多么危险，但终归是一笔收益，因为完成交易的时间可能不会很长。

十三、误区十三：依赖众人皆知的事情

要利用大多数投资者已尽人皆知的信息赚钱，可能是一件比登天还难的事情。投资者应随时牢记，市场是非常有效的，因为市场的参与者会让每一条新的信息体现在股价当中。这也说明了市场为什么不会像很多外行预期的那样。比如，当大多数投资者已预见经济衰退时，股票市场就会自动屏蔽有关经济的坏消息；当大多数人已经看到战争不可避免时，股票市场就有可能在战争即将爆发时开始反弹。

聪明的投资者对过时的消息置之不理。他们看重的是能给市场带来意外的信息。这种意外可能来自某些完全被市场忽视的事件（如当股市对经济形势看好时，经济开始萎缩），也可能是市场对预期事件的强度出现了误判（如低估了经济危机的深度）。因此，理性投资者会竭力判断当前尚未被市场全部接受的情景（可以观看和收听新闻，或是了解分析师的预期等），并将这一情况与自己的期望值和担心进行比较。

十四、误区十四：坚信“这一次会不同”

约翰·邓普顿强调，在投资领域，最危险的一句话就是“这一次会不同”。对投资者来说，按照所谓的新时代理论买卖股票，绝对是不可原谅的大错，因为这些理论不可避免地伴随着资产泡沫或经济衰退。聪明的投资者绝不

会轻信这个认为以往经济规律不再适用的新时代。他们的批评性立场似乎得到了哈佛大学经济学教授卡门·雷恩哈特（Carmen Reinhart）的验证，在《这次不一样？800年金融荒唐史》（*This Time is Different: Eight Centuries of Financial Folly that this time is different*）一书中，雷恩哈特指出，在过去的8个世纪里，每次资产泡沫即将破灭之前，这个言论就会跳出来横行霸道（Reinhart, 2009）。

十五、误区十五：过分关注宏观经济

很多人认为，投资者应对经济形势有自己的看法，只有这样，他们才能取得成功。他们坚信，强大的经济思维是正确把握买入和卖出时机必不可少的条件。或者说，他们只选择符合自己经济观点的股票（如在预测到经济衰退时，他们会买入具有防御性的食品公司股票）。但顶级投资者并不认同这种看法。例如，彼得·林奇就指出，在他做共同基金经理的时候，他每年只用15分钟的时间思考经济问题。他的理由是，宏观经济太复杂，太难以预测，以至于预测经济无异于浪费时间。即使投资者对经济做出了正确解读，他们也很难把这些认识运用于投资实务，因为经济现实与股票市场的行为之间没有什么关联。雷·达里奥（Ray Dalio）的观点让这个问题变得更复杂，他提出警告，中央银行的干预甚至有可能得不偿失，也就是说，让股票市场与中央银行的预想背道而驰。此外，沃伦·巴菲特也认为，过分强调宏观经济会加剧组合的换手率，而这会让投资者付出代价（相关原理也可参考“过度交易”的讲解）。

在制定投资战略时，投资者应减少对宏观经济的关注，而首先提出这个观点的当属纯粹的微观投资者。但有必要说明的是，这个观点注定不会被宏观投资者所接受，实际上，他们的投资依据就是对资产泡沫和经济错配的预测。即便是像普莱姆·沃萨这样杰出的投资大师，也会依据经济观点拟定投资战略——至少重大的经济错配预期，应该在他们的投资决策中得到体现。

即便是名气更大的投资家，包括大卫·艾恩霍恩和沃伦·巴菲特，也不得不承认，在2008—2009年的股市崩盘后，不关心房地产泡沫给经济带来的影响是匪夷所思的。由此可见，尽管微观型投资者可以不必高度关注正常的经济周期，但他们绝不应对重要资产泡沫对经济的影响置若罔闻。

“你之所以会在股票市场上赔钱，就是源于你对经济形势的不了解。所有这些意义重大的交易，都有可能让你血本无归。”

——彼得·林奇（Train, 2000）

“我们还会继续忽略政治和经济预测的重要性，因为对于很多投资者和生意人来说，这是件需要他们付出高昂代价的分心事。”

——沃伦·巴菲特，1994年致伯克希尔·哈撒韦公司股东的信

第三部分

风险和收益

第十章
风险管理

“要在投资中取得成功，你根本不需要研究什么是贝塔值、效率市场、现代投资组合理论、期权定价或是新兴市场。事实上，大家完全可以对这些理论一无所知”

——沃伦·巴菲特，1994年致伯克希尔·哈撒韦公司股东的信

要在股票市场中求得生存，所有投资者都必须要管理好他们的风险敞口。按照传统投资思维，风险管理的含义就是把握好风险与收益的权衡。基于这个道理，高收益应该以承担高风险为代价，如果每天都想舒舒服服地睡好觉，那么就必须接受低收益。关于投资风险的学术观点大同小异。此外，有效市场假说的支持者实际上都认为，只需几个简单的数学公式和数字，就足以把握风险理论的全部精髓。

我们将在下文里看到，顶级投资者断然否认这种说法。他们绝不认为，风险和收益之间存在清晰可见的反比关系。他们对组合风险的管理方法，几乎与成功的风险理论完全无关。

一、关于风险的学术观点

（一）资本资产定价模型

在现代组合管理中，针对风险和收益存在一个优雅而简洁的理论：从股票市场在任何时刻均为完美有效这一假设出发，可以采用简单明了的资本资产定价模型（Capital Asset Pricing Model，CAPM）对风险建模。更具体地说，CAPM认为，投资个股可实现的收益（R）可分解为三个部分。

$$R = R_f + R_s + e，且R_s = \beta \times (R_m - R_f)$$

在上述公式中：

R_f为无风险收益率，即美国国库券或德国政府债券等无风险债券的收益率。

R_s为投资者因承担所谓的系统性风险而获得的超额收益。系统性风险为股票因与市场总体存在相关性而带来的风险。造成这种相关性的因素影响市场上的全部股票，如经济走势的不确定性、利率和通货膨胀率等。由上述公式可见，R_s为贝塔系数（β，衡量个别股票相对于整个市场历史波动率的指标）与风险收益率的乘积，其中，风险收益率为整个市场超额（预期）收益率超过无风险收益率R_f的超额收益率，R_m代表市场的预期收益率。根据现代组合理论，系统性风险是无法消除的。

e为承担非系统性风险所能获得的非正常收益率。非系统性风险是指个别公司所承担的特定风险，它是公司特定的具体因素造成的风险。假设这种非正常收益率是随机性的（中值为零），且可以通过组合的多样化予以消除。鉴于市场的有效性，因此，CAPM模型认为，我们不可能估计任何一家特定公司的价值。

该模型的一系统结论颇为值得思考。

1. 首先，根据CAPM模型，一只股票的系统性风险完全取决于这只股票的历史价格波动情况，即它的贝塔系数。实际上，CAPM模型就是在说，一只股票相对于整个市场的波动性越高，它的风险就越大。

2. 第二个重要结论是，投资者可以因为承担更高的系统性风险而得到补偿，前提是股票市场的收益率高于无风险收益率。实际上，贝塔系数越大，当 $Rm>R_f$ 时，Rs就越大。

3. 同样的道理也适用于由多只股票构成的股票投资组合：该组合的β（等于组合中所有股票贝塔系数的加权平均值）越高，它的风险就越高，因而收益就越大。

4. 最后，如上所述，根据CAPM模型，投资于个股是没有任何意义的，因为它们的非系统风险完全是投资者所不能掌控的，因而，投资者也不会因承担这些非系统风险而得到补偿。因此，我们依照这个逻辑得出这样一个结论：投资者应尽可能地对其组合进行多样化设计，以便于最大限度地消除非正常收益。

毋庸置疑，CAPM模型的意义是多方面的。大多数人认可它背后的逻辑，即要获得更高的收益，投资者就必须承担更大的风险，波动性是衡量股票风险的重要指标，从很多方面看，这些观点是不可动摇的。

首先，如果一只股票的涨跌幅度和频率远远超过大盘，那么，我们就可以认为，在历史上，投资者很难确定这只股票的内在价值。可以认为，一只股票的价格波动性越高，它的可预测性就越低，风险就越高，鉴于市场难以确定股票的公允价值，因此，这样的假设是符合逻辑的。

其次，对于采用大量杠杆的投资者和交易者而言，波动性是他们最担心的一个要素，因为即便是市场发生微小的变化，也有可能让他们血本无归。此外，以短线交易为主的投资者，习惯于将短期的收益和损失看作是恒定的，他们更应该对波动性给予特殊关注。毫无疑问，大幅价格震荡对不打算长期投资者的投资者同样意义重大，毕竟，他们需要在不远的将来将投资转换为现金（如由于购买房产）。

此外，波动性还有助于衡量投资者及交易者遭受巨大损失（即在遭受巨大损失后得到救助，让损失成为永久化）或收获巨大收益（如用于过度乐观而在市场高位大举买入，导致随后遭受严重损失）的风险。此外，波动性也是专业基金经理需要特殊关注的问题，因为对他们来说，一旦波动性太高，他们管理的基金就有可能发生大规模赎回。然而，正如我们将在下文中看到的那样，CAPM模型对现实的处理过于简单化。

（二）对CAPM模型的批判

常言道：“现实中的事物没有完美的，任何完美的事情都是不现实的。”CAPM模型声称，它可以用一个非常简单的数学公式描述极为复杂的资产管理过程。这种完全从学术角度出发对现实的高度简化处理，显然难以令人信服。该模型的一个重大缺陷就在于，它的波动性严重依赖于一个假设：市场总是有效的。但这恰恰是一个笔者不能认同的假设（可参考第一章）。第二个缺陷在于，该模型使用了一个反映历史波动性的数值（β），但它根本就不可能有效体现未来的波动性。

然而，CAPM模型最大的问题则在于，过度简化导致模型的有效性很容易得到验证。遗憾的是，对于CAPM模型的拥趸来说，大量研究显示出，贝塔系数与收益率之间并无关联性。更重要的是，也根本无任何证据可以证明，在长期内，高贝塔值的股票一定会跑赢低贝塔值股票。

此外，将价格波动性作为衡量风险的唯一标准，这种做法也是有待商榷的。我们已经看到，波动性对某些投资者和交易者而言确实是主要的风险，但对于不依赖杠杆的长期投市场参与者来说，它却是毫无意义的，因为后者依赖的是合理而稳健的风险管理政策，即便市场逆转，他们也会一如既往地坚持既定投资原则。

在现实中，我们应该将风险定义为资本发生永久性损失的概率。从这个角度出发，波动性只是风险的一个方面而已。波动性对某些人来说可能很重要，但对其他人而言就未必重要了。我们将在下一节里看到，顶级投资者看到风险的方式，也完全有别于CAPM模型信徒对风险的理解。

> “追随格雷厄姆与多德的投资者根本就不会浪费精力去讨论什么贝塔系数、资本资产定价模型或是不同证券投资报酬率之间的协方差，他们对这些东西根本就不感兴趣。事实上，他们中的大多数人，甚至连这些名词的定义都搞不清楚，他们只关心两个变量：价值和价格。”
>
> ——沃伦·巴菲特，摘自在哥伦比亚商学院的演说“格雷厄姆和多德部落的超级投资者”（Graham, 2003）

二、投资理念中的风险管理

（一）投资者如何看待风险

如果说投资理念（或者说投资哲学）与CAPM模型并不兼容，这应该算不上意外，实际上，任何数学形式的风险模型都不可能准确地反映现实中的风险。（顶级投资者始终认为，即便是再复杂精密的风险模型，也不可能真正反映现实中的风险。因为决定市场行为的主体是人类的行为，因此，他们相信，只有人才能对风险做出实时评估，而不是计算机。）CAPM模型远未接近内在价值概念的精髓，因为它既没有考虑到企业的基本面，又没有纳入公司新发展的影响。更重要的是，对聪明的投资者来说，波动性并不只是风险，它也是机遇。实际上，真正的投资者会在价格低于内在价值的时候买入，并在价格高于内在价值时卖出。

现在，波动性恰恰给投资者提供了机会，让他们得以在非理性价格中发现买卖股票（不管是高估还是低估）的机会。沃伦·巴菲特早就注意到，在企业内在价值保持不变的前提下，如果投资者认为，在低价位上贬值一半的股票（因前期价格下跌造成较大的波动性）一定比增值一倍的股票（因前期下跌而导致股价很低）更危险，那他们大错特错了。

> “从根本上讲，对真正的投资者来说，价格波动只有一个重要意义：当价格大幅下跌后，会给投资者带来更多逢低买入的机会；当价格大幅上涨后，会给投资者创造出逢高卖出的机会。而在其他时候，如果投资者能忘记股票市场，而把注意力集中到股息收入或是公司运营上，那么，他们的收益或许会更好。”
>
> ——本杰明·格雷厄姆（Graham, 2003）

实际上，在投资理念的内涵中，风险（被定义为发生永久性损失的概率）不是来自于波动性，而是对价格与内在价值脱离程度做出了不正确的估计。更具体地说，投资者必须要处理好以下两种类型的风险：

1. 误判企业真实价值的风险。如果投资者对公司管理层和企业特征的评估不正确，或是不了解公司的财务状况，那么，他们就有可能为公司的股票支付过高的价格。顶级投资者认为，可以通过以下方式降低这种风险：

- 深入全面的尽职调查。通过深入了解企业、投资者可以减小高估公司价值的风险。此外，如果投资者掌握了更多有关企业的知识，那么，出于对仓位缺乏安全感而错误清盘并最终锁定亏损的可能性就会大大降低。
- 确定个人的能力范围。投资者应将投资对象限制在自己的能力范围内，因为相对于其他投资者，他们对这些公司更熟悉，更有发言权，因而也更具优势。
- 安全边际。如第三章和第四章所述，只买入交易价格远远低于预期内在价值的股票，必然会降低估值错误的风险。

2. 偶发性外部因素带来的风险，包括政府干预、股票市场整体低迷（在投资者打算抛出时）、经济衰退、通货膨胀和恐怖主义事件等。我们在第二章和第三章曾解释过，为规避这类风险，顶级投资者通常会坚决避开某些特殊类型的公司，如依赖天气条件的公司，过度依赖单一客户的公司，或是没有定价权的公司。

> “风险源于你对自身行为的不了解。”
>
> ——沃伦·巴菲特（Tier, 2005）

与其他市场参与者不同的是，投资者必须在控制外部风险和估值风险的前提下，追求最大化收益。他们最大的顾虑就是如何规避灾难性结果。而这种灾难性交易的最大问题在于，损失是难以弥补的（比如说，补偿50%的损失需要用100%的收益，90%的损失则需要1000%的收益才能实现保本），而且有可能会殃及整个组合，甚至造成组合的永久性受损。正如下文解释的那样，为处理好的风险与收益的权衡，规避灾难性结果，顶级投资者通常会采用特殊的风险管理技术，这些有悖常规的技术，完全是他们针对风险的判断而量身定做的。

"在投资中，第一个原则就是不能赔钱，第二个原则就是永远不要忘记第一个原则。"

——沃伦·巴菲特（Clark, 2006）

（二）顶级投资者的风险管理技术

1. 原则性

既然资本保值是顶级投资者的第一要旨，那么，他们自然会把原则设定为投资成功的关键要素。聪明的投资者绝不会一味地逐利。他们会规避当前最流行的热门股和热门行业。他们始终对每一笔交易执行严格的安全边际设置。他们有选择性，只买入自己真正了解并信任的股票。他们绝不随波逐流，不会被市场的一时热潮冲昏头脑。只要存在出错的可能，即便这种可能性很小，他们也不会贸然出手。他们不会因为暂时性的损失或是内、外部的压力而轻易改变战略。他们的目标，就是以稳健的业绩在长期内跑赢大盘。

2. 组合的集中度

顶级投资者始终不认为，高度分散性投资是限制组合风险的必要手段。他们的宗旨是，"多样化投资只能会带来平庸的业绩，而集中投资才是创造卓越的手段"。很多大师级投资者重仓持有非常有限的几只股票。在菲利普·费雪的投资组合中，75%左右的份额在大部分时间仅属于三四家公司。乔尔·格林布拉特通常将组合的80%配置在8只以下的股票上。艾迪·兰珀特曾一度仅持有7家公司的仓位。而格兰·格林伯格则为自己制定了一个规则，即如果不愿意将不低于5%的资产投资给一只股票，那就不要买入这只股票。

即便是以谨慎和保守而著称的明星级投资者沃伦·巴菲特，也高度推崇集中投资思想。他曾声称，对规模相对较小的组合（低于2亿美元），他会将80%的比例配置于5只股票上。此外，对于他非常信任的股票，他从不担心赌注太大。在他为投资者管理的组合中，一个股票的仓位比例就有可能达到40%，但显而易见，这种情况毕竟非常罕见。（他认为，对这种情况，必须提前告知客户。比如，在1964年，他曾将组合的40%投资于美国运通，但在执行投资之前，他允许参与投资的合伙人撤出资金。）在他的私人投资组合中，他甚至用

75%的资金投入到一只股票上。2009年，他甚至称，如果监管机构允许全部投资于富国银行的话，他肯定会赚得更多。

组合集中的好处不难解释。首先，真正好的机会是百年不遇的。通过将资金集中于最好的机会，投资者可以充分挖掘最大获利潜力，避免有限资金被次好，甚至是不好的股票所挤占。其次，投资者谈得上真正了解的股票数量是有限的，因此，集中投资带来的是知识，而分散投资带来的只能是无知。从这个角度看，理性的集中性组合远比毫无依赖的多样化投资更安全。沃伦·巴菲特认为投资分散只是对无知者的保护，而马蒂·惠特曼则认为，分散投资是对知识的一种拙劣替代。如果投资者很清楚自己正干什么，那么，多样化对他来说没有任何意义，因为它只会稀释收益，稀释投资者对组合的认识，减少组合中每一只股票的投资潜力。

> “一个人无所不知的事情少之又少，而对于大多数事情来说，我们根本不可能知道我们应该知道的一切。”
>
> ——伯纳德·巴鲁克（Tier, 2005）

然而，投资者必须认识到，到底什么样的集中度才能算得上理智的集中度。伟大的投资者绝不会在某一笔投资上孤注一掷。他们很清楚，就平均水平而言，他们在一只股票上做出正确判断的概率不超过60%。因此，除非他们对投资对象有极为深入的了解，而且还有强烈的信念——他们的判断极有可能成为现实，他们才会掷下大赌注，也就是说，一只股票在组合中的比例超过20%。他们知道，通过一定程度的分散性投资，投资于多只股票、多个板块和多个行业，可以帮助防止出现最糟糕的结果。（一种例外是行业内的分散化投资，前提是投资者对某个行业非常熟悉，有着深厚的专业认识。比如，谢尔比·戴维斯就曾以保险业为投资对象，因为他的确深谙保险业。）

有些投资者将组合的一定比例（如20%～40%）买入大量股票，使得每只股票的仓位在整个组合中的比例非常小，这也是常见的事情。比如，在彼得·林奇的组合中，有的时候甚至会包括1000多只股票（这就对某些高风险股票提供了一种风险分担机制），但最看好的股票毕竟还是会占大头。此外，在为客户管理资金时，还是建议采用高度的分散化投资策略，因为集中往往会给组合价值带来高的波动性（这显然是客户不愿看到的）。比如说，约翰·邓普顿在位管理资金时，从不会建立高度集中的组合，但是在他的私人账户里，投资往往仅限于几只他认为最赚钱的股票。

最后，组合的集中度显然只对真正的选股型投资者有意义。例如，对于采用量化投资策略的投资者来说（即完全以财务报表的数据为基础设计调整策略），集中显然是没有任何意义的，因为他们往往只关注具有某些量化特殊的几类股票（如拥有低市净率的股票）。

3. 基于股票类型的仓位规模

借助于对公司现状的了解以及对企业发展的密切跟踪，会大大降低企业被不当估值的风险，但并不能完全消除这种风险。显然，某个股票在组合中的权重取决于投资者对这个投资理念的信赖程度。不过，对于难以评估的公司，缺乏稳定性的企业，以及还有很多有待澄清问题的企业，或是面对更多外部风险的企业，必须对它们给予较低的权重，这一点不难理解。换句话说，对于透明度较高的公司，它们在组合中的权重就应该超过透明度低的公司。因此，假定在信息量和知识量相同的情况下，理性投资者应根据以下要素确定股票的仓位大小：

（1）股票的类型（见第六章）：

· 新兴企业属于典型的高风险企业，因而也是大多数人规避的投资对象。如果投资者买入这类股票，那么，其仓位就应限制在很小的百分比范围内。菲利普·费雪认为，将基金5%以上的资金投入到举步维艰的小公司是不明智的，因为这些公司通常风险较高，而且前景不够明朗。

· 如果公司面对非常严重问题或者高度依赖商业周期，而且又隐含着极高的风险，那么，投资于这些公司或许会带来丰厚的回报。考虑到这种风险，建议对转折股或周期股提供较低的权重。

· 尽管与新兴股、转折股或周期股相比，快速成长股确实有可能带来更优异的风险-回报组合，但它们的风险依旧高于多数稳定型公司。按照彼得·林奇的经验，在每5只快速成长股中，只能有一只表现出众。这意味着，为了获得一只异常强大的快速成长股，投资者就不得不忍受四只业绩平平，甚至是回报低下的股票。这足以说明，分散化投资在这个领域也是不可或缺的。对于规模较小的快速成长型企业，由于它们可供参考的历史业绩很短暂，因此，在组合中占据的比例应限制在几个百分点左右（按买入价计算）。而对大型的快速成长型企业，考虑到它们的业绩已经得到了验证，因而可以获得更高的权重。例如，菲利普·费雪建议，对历史业绩非常突出的中等规模快速成长公司，可以在组合中提供8%~10%的权重。

· 高品质的稳健成长股和慢速成长股：它们通常属于最安全的股票类型。菲利普·费雪建议，对于合理选择的大中型稳健成长股或慢速成长股，可以在组合中建立不超过20%的权重。他认为，只要这些股票还能创造收益，就不必调整它们的权重，即便它们的权重通过自身升值而提高到40%左右，投资者也可任其自然。

（2）公司规模。总体上，尽管小公司的成长空间超过大公司，但它们的风险也更高。小公司根据发展的要求必须调整业务模式，而且会经历严重的成长阵痛：它们往往对商业环境的改变更为敏感；它们对少数人才资源的依赖性较强；管理层往往缺乏实战经验；组织结构（包括业务单元和管理层级设计等）不够完整健全，而且他们还缺少其他合作伙伴的信任（如出资人等）。因此，就经验而言，小公司在组合中占据的仓位比例应低于大公司。

由此，我们可以得出另一个合乎逻辑的推论，即以小盘股为主要目标的投资者更有可能持有大量股票。但是与大盘股相比，投资者对小盘股的分析往往更直接，更清晰（业务单元数量较少，而且业务相对简单），因此，跟同样成分股较少（如20只股票）的大盘股相比，跟踪拥有大量成分股（如100只股票）的小盘股组合还是要省力得多。

（3）财务状况。很多顶级投资者都承认，在他们的职业生涯中，最大的错误就是投资于高杠杆公司。对于资产负债表难堪的公司来说，最大的问题就是他们难以把握自身的命运。考虑到沉重的债务负担，它们对经济衰退、战略方案、利率调整和信贷资源稀缺等因素极为敏感，而且一旦面对这些外部环境，它们极有可能被彻底击垮。

（4）公司内部的业务多样性。高度多元化公司的风险必然低于单一业务公司。如果各种业务活动之间相关性较低，那么，一个业务领域的衰退可以由其他业务的成长而得到弥补。因此，对运行顺畅、实力雄厚的大型企业集团（如通用电气）或投资控股公司（如伯克希尔·哈撒韦），应给予超过单一业务公司的权重。

4. 采用具有相关性较低的子组合

没有人会否认，投资组合应在不同行业及股票类型之间建立一种均衡。集中于某个特定行业或某一特定类的股票，可能会带来更高的波动性，因为组合中的所有股票是高度相关的，容易出现一动皆动的问题。更重要的是，这种策略的风险也更大，因为在这样的组合里，绝大多数股票都要受到少数几个要素的影响，一旦投资者对这些要素的判断有误，后果将不堪设想。

例如，假设在一个组合中，银行股的权重达到80%左右，那么，该组合的投资者就要面对较高风险，因为一旦出现针对银行板块的重大事件（如2008—2009年的金融危机），就有可能造成不可逆转的灾难性亏损。同样，如果一个重仓持有周期股，那么，它的成败就要高度依赖于投资者对经济周期的正确预测。总之，重仓持有某个板块或是某个特定类型的股票都是危险的。因此，本杰明·格林厄姆和菲利普·费雪都告诫投资者，应该将组合的绝大部分分散到五个以上不同的行业。

为了降低波动性，并以更大的灵活性把握当前的机会，很多伟大的投资者（尤其是对冲基金经理）进一步升华了多元化原则。他们同时交易彼此之间相关性很低的多种有价证券。我们已经在第六章里提到，特殊情况股、转折股以及不良债权，都可以为投资者实施多元化提供机会。此外，头寸套利（arbitrage position）也可以带来规避整体市场变动影响的稳定收益。不动产投资信托（Real Estate Investment Trusts，REIT）则有助于跟踪不动产价格走势，其努力在某种程度上独立于股票市场，因而成为多元化投资的可选对象之一。（REIT是由不动产经营机构管理的房产、公寓地产、商业房产及大卖场构成的组合）

管理大型组合的投资者，甚至借助另一类投资品来提高收益的稳定性。20世纪五六十年代，沃伦·巴菲特则负责管理一家合伙投资机构，他将投资组合划分为公众公司的股票、头寸套利和所谓的“控制形势”（control situations）。利用最后一类投资，巴菲特试图以影响公司政策为目标而对公司实施控制。假如投资者可以迫使公司采取重大政策调整，那么，这些“控制形势”类型的投资可以在熊市中提供超强回报。

但采取这种具有退耦性的子组合的策略，也并非毫无风险。首先，投资者必须意识到，即便是两类完全不同的有价证券也可能高度相关。比如，尽管私募股权投资完全不同于公开交易的股票，但它们均与股票市场是正相关的。实际上，在市场上买卖风险投资股权的价格，就取决于当前的市场形势。

其次，在短期时间窗口（从几个月到几年）内进行相关性检验，这本身就是错误的。一项认真而严肃的相关性研究必须采取非常长的时间窗口，只有这样，才有可能对变量之间的关系做出正确的检验结论，最好是跨越几十年。为排除巧合因素的干扰，还需要研究这种关系的内在逻辑性。

再次，即便某些有价证券以前存在明显的相关性，但必须意识到的是，相关性本身就是不稳定的。在现实中，它们可能会发生显著变化，比如说，在市场危机期间，两种证券之间可能会显示出强烈的相关性（或是明显缺乏相关性），这也是考虑相关性的一个方面。

造成这种现象的一个原因是，在市场出现恐慌时，人们更需要现金，于是，他们会卖掉所有可以卖掉的东西，根本就不会考虑价格和投资的具体特征。比如，在股市崩盘时，头寸套利会与股票市场同步下跌。此外，如果股市的危机与某种经济要素有关，那么，不良债权的价格也会因股市暴跌而受到牵连，因为恶化的经济形势很可能会进一步打压不良债权市场。

雷·达里奥也指出，在经济下滑的大环境下，股票和债券之间有可能呈现负相关，因为股票价格和利率都会下降（Schwager, 2012）。相比之下，在通胀率上涨时，股票和债券倾向于正相关，因为此时，利率将被上调，股价通常会下跌。另一个正相关的例子是经济在均衡时期的量化宽松政策，它似乎让股票和债券都成为受益者。

5. 现金余额的战略性运用

“明智的人会在世界给他机会时下足赌注。只要有机会，他们绝不会错失。但是在其他时候，他们绝不会孤注一掷。事情就这么简单。”

——查尔斯·芒格（Munger, 1994）

“永远都不要投入你的全部资金。因为很多机会在当时是看不见的，因此，随时在手头上留住一大笔现金做储备，我就可以抓住出现在眼前的每一个机会。”

——伯纳德·巴鲁克（Baruch, 1957）

当灾难袭来时，人们会说，现金为王。在市场危机时，手握大把现金的人可以有效限制损失的上限。此外，在市场大乱时，有了现金，投资者就可以低价买入股票。换句话说，当市场处于混乱状态且其他人缺少现金时，现金就成为最有价值的资产。

但现金的最大问题是它的成本太高。在牛市中，现金会拖累整个组合的收益率，因而会导致投资者的业务落后于大盘。正是出于这个原因，投资者通常不会把现金划入战略性资产类型，也不会对现金余额实施主动管理。另一方面，顶级投资者则对现金给予了足够的重视。他们将现金保留在最安全的现金账户，或是投入到安全性最高和流动性最强的债券上。塞斯·克拉曼认为，对于现金，投资者绝不应接受本金风险（现金名义价值出现贬值的风险）或流动性风险（不能随时获得所需现金的风险，应将现金储存在全世界最安全银行的最安全账户中）。或者，将现金投资于流动性最强、信用等级最高，但收益率当然也是最低的债券。在市场处于压力时，收益率相对较高的固定收益产品或许不是保存现金的最好选择）。无论在什么市场环境下，他们都会精心管理账户中的现金：

（1）只有发现上佳的机会时，他们才会出手投资。在没有机会的时候，他们宁愿将（部分）资产兑换为现金。这也意味着，在牛市逐渐趋于饱和时，他们持有的现金余额会持续增加。

（2）无论在什么时候，某些顶级投资者都会持有相当数量的现金，以较低组合的波动性，并在市场出现危机时，手中握有足够的“弹药”。本杰明·格林厄姆建议，现金比例应达到资产总额的25%～50%，具体比例取决于市场行情。

（3）在对市场失去信心时，他们敢于将组合中的很大一部分资产转化为现金。即便现金可能导致他们的业绩常年低位徘徊，也不会让他们有丝毫的动摇。

6. 明智的外国投资

很多投资者刻意规避外国股票，因为在他们看来，这些股票的风险远高于国内股票。诚然，投资外国股票确实需要他们投入更多的精力，即便是发达国家的股票也不例外。它要求投资者熟悉外国的会计制度、惯例（如公司治理）和监管制度，并及时跟踪它们的变化，合理评估外国公司的经营环境，深入了解这些公司企业文化中的特殊元素（比如在日本，公司的运营往往不以股东的意志为转移），以及其他各种各样的特殊问题。

尽职调查及后续跟踪的高标准和严要求，是某些著名投资者（如沃伦·巴菲特）不愿涉足海外股票的主要原因。然而，也有很多顶级投资者用他们的业绩说明，只要正确把握，投资外国股票也可以让投资者赚得盆满钵满。比如说，传奇投资大师约翰·邓普顿和马克·莱特鲍恩（Mark Lightbown），便利用全球市场的低效创造出辉煌的业绩。在投资外国股票这个问题上，聪明的投资者会严守以下规则：

（1）只投资于他们已掌握了可靠信息并充分了解的股票。对于外国股票，这就意味着，他们必须熟知当地的会计制度，克服语言障碍，找到获取相关、可靠信息的渠道。

（2）在新兴市场国家，投资者必须清楚，这个风险远高于发达国家。政府征用、政府干预、不友好的股东行为以及欺诈等负面因素，出现在发展中国家的概率远远高于发达国家。有关这个话题可参考本书第二章。

（3）对于以外币标明面值的外国股票，投资者必须考虑汇率风险的影响。但还是要以正确的视角认识这种风险：

如果长期投资者打算持有外币股票的时间至少不低于10年，那么，他们就必须不过度在意汇率风险。有足够证据表明，币值的变动将被股价的变动所抵消（Siegel, 2005；Fisher, 2007；Browne, 2007）。这可以由以下这一事实得到解释：长期内，两个国家的相对通胀率会抵消两国汇率之间的相对变动。由于股票的长期收益率包含通货膨胀率，因此，股票的收益将抵消补偿币值的变动。

至于强调短线交易的投资者，建议他们尽量规避不利的币值变动。他们可以采用保值手段抵御不利的币值变动，如采取对冲保值策略，或者只投资出口远超过进口国的大型骨干公司（这些国家会采取外币币值的政策）。

7. 对冲工具的使用

某些顶级投资者采用对冲工具来规避市场波动。与现金相似，在牛市中使用对冲工具需要付出较高的成本，因为它们会直接减少收益。不过，在大潮退却时，对冲工具则会使投资者受益匪浅。由于选择市场时几乎是不可能做到的，因此，聪明的投资者知道，要在逆境中有坚持下去的勇气，要接受长期业绩低于大盘的窘境，他们唯有依赖于对冲工具。比如，在20世纪90年代，塞斯·克拉曼长期对冲大盘导致多年业绩不佳，从未跑赢过大盘，但进入新世纪的前几年，这些对冲仓位便让他赚得盆满钵满，盈利已远不止以前遭受的损失。

8. 基于交易类型的仓位规模

显而易见，按照明智的风险管理政策，对于风险最高的头寸，投资者应严格限制它们在整个股票组合中的权重。这就是说，从平均水平来看，杠杆头寸的权重应低于非杠杆头寸。同样，做空头寸的平均权重应始终低于做多头寸的规模。例如，大卫·艾恩霍恩将他的做空头寸设定为做多头寸的一半。

9. 在估值中坚持保守原则

如第四章所述，为避免遭遇不利于自己的意外，顶级投资者始终坚持只买“便宜货”。他们中的很多人极为审慎，在预测未来收入和回报之前，他们首先要看看公司的资产负债表（规避财务状况有问题的公司）。他们通常以高比例折价的内在价值为基础来确定买入价。实际上，他们强调一定要在股票实现全部潜在价值之前抛出股票，这本身就是一种保守的做法，其目的就是为了确保投资者手中的股票永远不会给市场高估。

三、风险管理中的常见误区

在现实的风险管理中，投资者总会一而再再而三地犯同样的错误。在大牛市或是大熊市中丧失基本原则（如在市场顶部拼命逐利，在市场底部盲目抛售），把全部鸡蛋都放在一个篮子里（比如说，将全部资金几乎都投资到自己所在的公司股票），对某些类型股票或交易设定的仓位规模不当，盲目投资，这些都是显而易见，而且也是常见不过的错误。下面，我们逐一讨论几个对投资有弊无益的常见错误。

（一）误区之一：因为风险承受度的改变而扭曲风险的内涵

众所周知，一个人对风险的容忍度取决于他的性格、财务状况、目标、性别（女性对风险的承受力通常低于男性）以及年龄（随着年龄的增长，对风险的承受能力会下降）等因素。但不为多数人所知的是，风险容忍度绝对不是静态的，它依赖于一个人对风险的认识和理解。而下列因素会对这种认识产生不自觉的影响：

1. 首先，一个人对风险的认识在很大程度会受到以往经历的影响，尤其是当这些经历还历历在目时，影响就会体现得更为强烈。例如，人们习惯于认为，只要能赚到大钱，投资就是低风险的。或者，在市场暴跌后，他们会夸大股票的风险。

2. 其次，潜在回报会影响一个人对风险的看法。如果潜在收益的绝对值很大，那么，不管实现这种收益的概率有多小，人们都愿意承担风险。这也可以理解，就像尽管大家都知道中奖的概率几乎等于零，人们为什么还是乐此不疲地买彩票。

3. 其次是赚钱的压力。急需用钱的人，往往比没有财务压力的人更愿意承担高风险。

4. 最后，对风险的认识还要受到认知偏差的影响，如羊群效应（只要是大家都接受的事情，自然就是低风险的事情）、非对称损失厌恶情绪（在经历惨重损失后，人们会惊慌失措，变得对风险极为厌恶）、过度自信（过分相信自己的判断，再加上幻想，会诱使人们承担超出能力范围的风险）以及熟悉性和同情心（觉得熟悉的股票，或是打算委以信任的股票，会让人们放松警惕）等心理偏差。

风险概念的不断变化，让很多人不知所措，因为它让人们在以下三种状态之间辗转徘徊：担心（适度的风险承受度）、自负（高风险承受度）和慌乱（极低的风险承受度）。因此，如果不能以批判的眼光看待风险概念的变换，必然会遭遇一系列的错误，譬如：

（1）形势恶化便惊慌而逃，市场向好便蜂拥而入。

在市场形势恶化时，出于近期经历或是因为非对称损失厌恶情绪，以前习惯于一往无前的投资者，会突然变得谨小慎微。反之，当市场形势一片大好时，所有一贯保守的投资者都会蜂拥而入，实际上，他们对此应早有感知。这种现象可以解释为羊群现象（因为大家都在买）、对近期积极经历的推理以及投资很容易的错误认识。当然，随波逐流完全有悖于合理的风险管理原则，因为这种做法的结果往往是高买低卖。

（2）在连续成功后开始冒险。在近期市场操作中赚了大钱的人，可能会对风险不以为然，因为他们开始从以往经历中进行推理，或是因为他们的信心已经爆棚。

（3）在一系列失败后开始冒险。遭受严重损失的人，往往愿意冒更大的风险，因为他们急于赚回本钱。

（4）投机性炒股：在潜在巨大回报的诱惑下，或是出于过度自信，很多投资者忘记了投机性的股票投资是非常危险的。

（5）不恰当的分散化投资。出于熟悉性和同情心，人们可能将组合过分地集中于大公司、自己所在的公司或是地理位置特殊的公司。如果过度自信与信息不完整夹在一起，投资者就是在无知地冒险。

（6）不关心价格。人们往往会觉得自己熟悉的股票一定会有高回报，因此，有些人经常会在高价位上买进蓝筹股或其他熟悉公司的股票。

（二）误区之二：不了解自己的风险偏好

每个人对风险的承受能力都是不同的——在从防御延续到创新的这个坐标轴上，每个投资者都能找到自己的位置。只要能保本，防御型投资者就会选择规避风险，满足于低回报。创新型投资者则恰恰相反，他们始终追逐高的汇率，与此同时也承担着更大的风险。但问题在于，由于每个人对风险的认识不尽相同（如上所述），只有极少数人才知道他们到底属于哪一类投资者。风险承受度的起伏（起源认知偏差和既往经验等）掩盖了他们真正的风险忍耐力（即风险承受能力波动所围绕的均衡点），进而导致他们采取了不恰当的风险管理策略。

为避免采取与个人风险承受度不兼容的投资策略，聪明的投资者在踏入股市之前，会想尽办法认清自己的风险偏好。了解一个人的风险偏好是确定分散化投资及投资股票类型等重大决策的关键点。投资者务必要认识到，股票投资并不适合于每个人，原因是它不可避免地会带来风险。一个不能承受暂时性损失的人，只能远离股票市场。顶级投资者（如伯纳德·巴鲁克）在实践中倡导的另一个规则是关于股票在组合中的权重，他们提出了"睡眠点"概率，即投资者不会因为组合中的股票权重太高，而坐卧不安、夜不能寐。

（三）误区之三：对价格震荡和黑天鹅事件的低估

缺少对金融市场历史的了解，在投资者当中是极为常见的现象。在经历了几十年的漫漫熊市之后，股市又先后经历了几次大规模市场危机或投机性价格震荡，在投资行业里，能够熬过这些大事件的人微乎其微，很多新手根本就想象不到，这种起伏跌宕对他们来说到底意味着什么。

一个最直接的结果，就是在经过这些严重的股市危机后，大多数人（包括专业人士）低估了价格震荡（如严重的股价暴跌）或突发事件（如全球性危机）的频率和幅度。著名对冲基金经理纳西姆·尼可拉斯·塔勒布（Nassim Nicholas Taleb）积极主动，通过购买防范极小概率事件的有价证券和投资金，实现巨大的投资回报。实际上，由于大多数人不认为这些小概率事件会发生，比如新兴市场国家的债务违约（如1998年的俄罗斯）或全面爆发的信贷危机（如2008年的前期全球金融危机），因此，这些投资品的价值往往被严重低估（Taleb, 2007）。此外，他们也没有意识到，在出现这种特殊情况时，资产类别之间往往会表现极强的相关性。因此，几乎没有人会预测这些事件，更不用说为这些事件做准备了。

（四）误区之四：杠杆率太高

杠杆（leverage）是指债务工具（如保证金账户）、衍生品及其他可在触发后放大价格波动的金融工具。如果运用得当，杠杆可产生奇效，这也是它的诱惑力所在。一旦体验过杠杆的神奇之处，极少有人能放得下。

杠杆的问题在于它是一把双刃剑。它既可以放大成功，也可以放大失败。但太多的投资者痴迷于杠杆，只是出于对前者的期待，极少有人意识到后者的客观存在性。在价格发生剧烈震荡时，一旦使用不当，杠杆可以使投资者血本无归。此外，投资者应对加杠杆的仓位（leveraged position）加以限制，不应任其肆意增加（有时增加可能极为迅速）。杠杆带来的另一个风险是，即便投资者做出了正确选择，但杠杆依旧会让他们处于不利境地。在市场暂时不利于投资者时，不借助杠杆的投资者可以等待自己的选择被市场验证，但加杠杆的投资者却别无选择。基于这种内在的风险，因此，顶级投资者极少使用杠杆。即便不得已而为之，他们也要确保，加杠杆的仓位必须保持足够低的权重，具体可以采用止损技术，或是在市场行情出现意外波动时，及时拆除杠杆。对此，他们提出的忠告是，大多数投资者最好还是规避杠杆。沃伦·巴菲特建议投资者尽量不使用杠杆。比如说，巴菲特就曾提到里克·古里恩（Rick Guerin）的故事，后者曾在20世纪70年代与巴菲特及查理·芒格共同管理伯克希尔·哈撒韦。里克急于一夜暴富，因而疯狂地进行加杠杆投资。在1973—1974年的股灾中，对方要求他对杠杆仓位追加保证金，于是，他被迫将伯克希尔的股份卖给巴菲特。

> “如果你的行动本身是合理的，那你注定会得到理想的结果；在大多数情况下，杠杆只是让事情变得更快。”
>
> ——沃伦·巴菲特，1994年致伯克希尔·哈撒韦公司股东的信

（五）误区之五：低质量的现金

如本章第二部分所述，现金账户绝对应在股票组合中保留一席之地，因为它不仅是抵御市场动荡的保护手段，也为投资者市场甩卖时收购“便宜货”提供了“弹药”。不过，指望通过现金账户挣大钱的想法，显然是错误的。

有些投资者将现金保存在低流动性的次级债券上，还有投资者为获得更高的利息收入而将现金存入信誉欠佳的金融机构。有些投资者甚至购买他们不够了解的“类现金”有毒金融品。（一个最典型的例子就是抵押债务凭证；Collateralised Debt Obligations，CDO），这种金融工具在2008—2009年金融危机之间的几年里非常受欢迎。CDO被宣传为现金金融工具（而且通常被尽可能地赋予了最高信用等级），其收益率远远超过传统的货币市场工具。但是在

2008—2009年金融危机，美国房地产泡沫的破裂，却让它们的价值大损。这当然不正确的。一旦灾难爆发，除了少数最安全的债券之外，市场上流动性枯竭，次级债券彻底崩盘，信用有问题的金融机构可能就此破产（当然，顾客的存货也一同灰飞烟灭）。

有必要重申的是，作为防范市场灾难的现金储备，必须采取最安全的债券、货币市场工具或银行账户形式。但评价安全性的标准，绝不是信用等级（如CDO的信用等级就是完全错误的），而是常识。所有形式简单平常但收益却不是非常低的金融工具或是银行账户，都是值得怀疑的。

四、本章小结

图27对本章的主要观点进行了汇总。首先，按照传统的CAPM经典学术理论，风险可以简单地归结为一个要素：波动性。此外，CAPM模型还认为，对依赖个股的投资者来说，他们所承担的风险是不可补偿的。

但顶级投资者显然不认可这个理论。他们不仅没有把波动性看作风险，还认为风险为投资者以具有吸引力的价格买卖股票提供了机会。此外，他们始终不接受这样的观点：高度的分散化投资是限制风险水平的必要条件。相反，在他们看来，多元化投资者只能防范无知。

他们认为，为控制风险，了解被投资者对象并坚持投资初衷是最关键的。有了这样的知识和原则，就应该集中于最有价值潜力的投资，而不是分散化投资。此外，他们还指出，仓位的大小与合理的海外投资策略对控制风险意义重大。另外，很多人还利用对冲技术、现金账户以及非相关性的子组合来减少波动性，规避投资在市场危机时期被深度套牢。

最后，他们还为投资者提出了一系列警告。理智的投资者首先要了解自己对风险的真实承受能力，在此基础上对组合实施管理，并极力规避这种对风险的认识遭到（暂时性）扭曲。他们随即牢记，在股票市场上，剧烈震荡的价格、漫长而煎熬的熊市以及近乎绝望的市场崩盘，是司空见惯的事情，其频率和幅度可能远远超过大多数人的想象。他们很少借助于债务，并把现金放到进可攻退可守的最安全的地方。他们无一例外地承认，投资者对自己的投资越不了解，接受价格的波动性和加大投资的分散化程度就越重要。

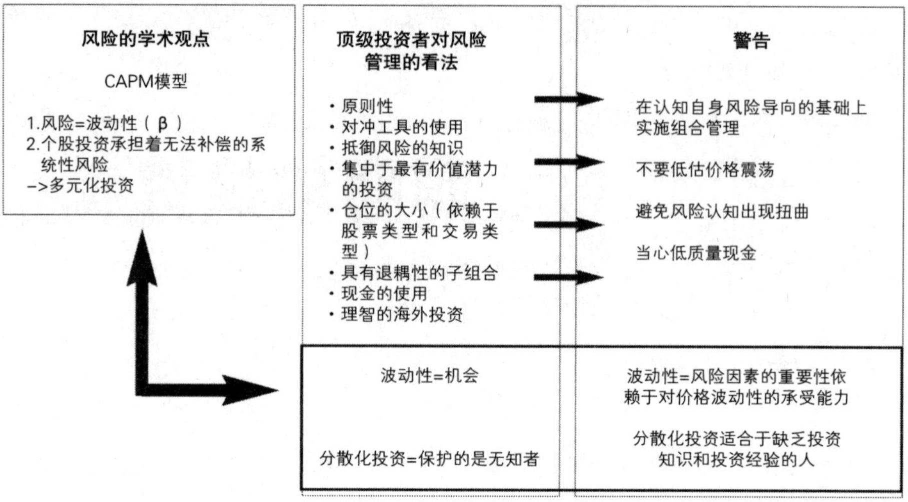

图27　风险管理的不同观点

第四部分
聪明的投资者

第十一章
聪明的投资者

"在股票市场上，所有股票都始终存在一种内在趋势，即，逐渐从多数人手里向少数人集中。而且在长期内，赔钱的人占绝大多数。对交易者来说，这一规律意味着，要在股票市场上成为胜利者，你就采取只有少数人才会采取的行动。如果你以正常人的习惯和思维情绪进行交易，那么，你就会加入绝大多数人的行列，并不可避免地成为失败者。"

——威廉·艾克哈特（William Eckhardt）（Schwager，1992）

贯穿本书，都是在强调投资者将面对诸多巨大挑战的几种情况。打败市场绝非易事，因为股票市场上的定价往往是极为有效的。为成为赢家，投资者必须有自己的制胜法宝。在前面的几章里，我们探讨了顶级投资者认为建立这种优势所必需的一些软能力。

我们完全可以认为，把这些元素结合到一起，即形成了所谓的"投资者智慧"（investor intelligence）。换句话说，只有在这些行为和处事方面具有极高能力的人，才有可能被视为聪明的投资者。而且只有聪明的投资者才有机会跑赢大盘。

从禀赋上看，在顶级投资者乃至所有顶级交易者（需要注意的是，无论是顶级交易者还是顶级投资者，在股票市场上取得成功所需要的软能力这个问题上，他们的看法是相同的。为进一步了解有关顶级交易者的介绍以及他们的观点，读者可参考如下论著：Boik, 2004；Boik, 2006；Schwager, 2006；Schwager, 1992；Covel, 2007；Darvas, 2007；Faith, 2007；Lefevere,2006；Livermore, 2001；Loeb, 2007；O’neil, 2002；Ross, 2000；Sperandeo, 1997；Morales, 2010。投资者拥有的超常能力可以划分为三大类（见图28）。

首先，投资者需要建立一种考虑周到且唯我独有的投资战略，并能始终如一、毫不动摇地执行这一战略。投资战略不仅需要体现为一种可帮助投资者识别市场无效性的投资理念，还应提供一种让他们利用这些无效性的方法，而且这种方法最好为他们所专有，并具有足够的灵活性。此外，这个战略应该让投资者在自己的能力范围内形成独有的优势。

其次，在他们执行投资战略的过程中，聪明的投资者始终坚持独立性、勤奋钻研、内部学习、自我判断及知识原则。

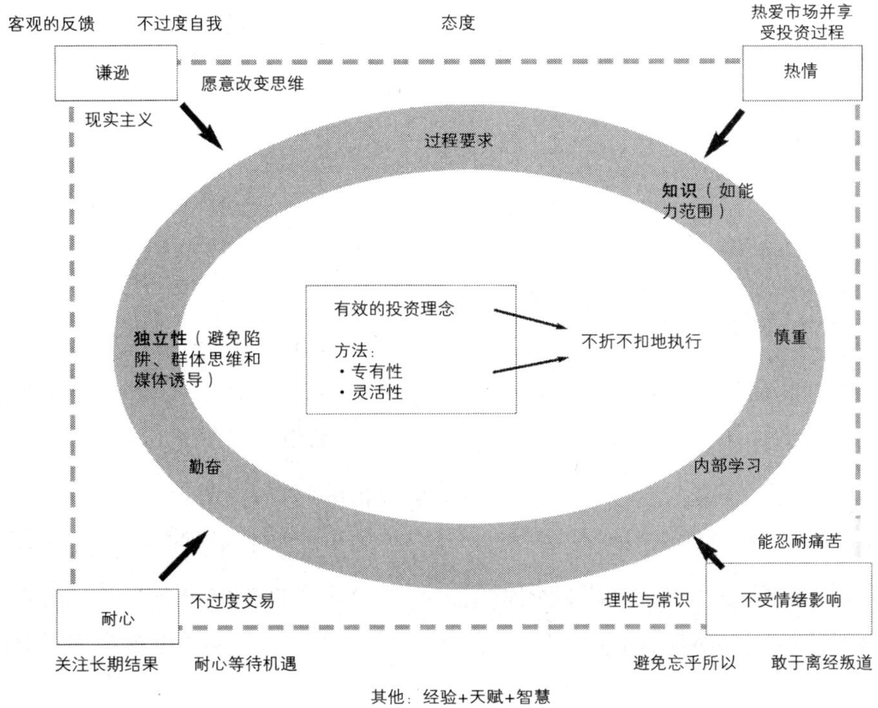

图28　聪明的投资者战略、过程及态度上的必要条件

最后，要在整个过程中达到最高境界，聪明的投资者需要具备一整套不可或缺的心理和态度，即谦虚、对工作充满激情、耐心、摆脱情绪干扰以及不随波逐流的勇气。

本章的主题就是对投资者智慧所依赖的三个基础及其基本要素进行全面汇总。在本章的最后，我们将探讨经验、天赋及传统思维的角色，并加以总结。

一、有效的投资战略

考虑到股票市场的激烈竞争和认知偏差的强大影响力，投资者必须有自己的投资战略。我们可以把一种投资战略描述成投资者参与市场的方法，它应由以下两个要素构成：

· 市场理念（market philosophy）

· 执行方法（execution method）

如果没有一个清晰明确的投资战略，投资者就不可能拥有超越竞争对手的优势，他们注定会试图寻找捷径，然后热衷于形形色色的谣言和小道消息，而且极有可能屈服于思想深处暗中藏害的诱惑（见第一章）。在下面的几节里，我们将阐释如何通过有效的投资战略规避这些陷阱，以及聪明的投资者如何选择合理有效的战略。

（一）市场理念

在投资战略中，第一个不可缺少的要素就是投资理念，它描述了推动股票市场运行的原动力，并解释这些动力如何创造无效的定价。换句话说，投资理念的目的就在于引领投资者找到被暂时错误定价的股票。毋庸置疑，有效的投资理念必须符合常理（即有关股市动力的理论正确合理）并经过时间的检验（如有很多实践者）。很多理念的价值已在股票市场得到验证，并在投资和交易领域诞生出很多杰出的实践者。有关投资理念的深入讨论，可参见第一章讲述的投资理念。

"在不清楚终极目标的前提下选择个股，无异于拿着一根火柴在火药库奔跑。即便你能活着跑出来，但你依旧还是一个傻瓜。"

——乔尔·格林布拉特（Greenblatt, 2006）

（二）执行方法

市场理念只是这个等式的一个组成部分。调整战略还需要一种让投资者发现机会、正确完成买卖操作的执行方法。需要强调的是，不同的顶级投资者可能会采用相同的投资理念，但他们所采取的方法却有可能截然不同。

正如这些低级的投资者所指出的那样，执行方法必须和他们的性格与经验相互吻合。换句话说，成功的投资者采用的方法不仅稳妥，而且让他们感到舒适和得心应手。这一点很重要，因为如果缺乏舒适感，投资者在承受心理压力时，必然会放弃原则，甚至会凌驾于自己的能力范围。执行方法包含有维度，比如：

1. 股票的类型。不同投资者会偏好于不同类型的股票。我曾在多个场合经屡次提及，有些投资者关注（低估值倍数的）价值股，有些投资者则喜欢成长股。有些投资者投资者关注不良债权，还有些投资者的目标是积极交易，如卡尔·伊卡恩（Carl Icahn）。当然，还有些投资者专门从事套利交易。

2. 做多还是做空。有些投资者只习惯于买入有吸引力的股票，有些投资者既能接受做多，也能接受做空。还有的投资者对做空的偏爱明显高于做多，如吉姆·查诺斯。正如前几章所说的那样，做多的盈利模式与做空恰恰背道而驰。做空并不适合于每个人，因为做空需要投资者承担巨大的心理压力，而且它们所需要的也是另一种类型的风险管理。

3. 加杠杆投资与无杠杆投资。杠杆（如承担债务或买入杠杆型衍生品）可以放大投资者在市场上可能取得的成功，但杠杆是一把双刃剑，它的弊端就是也能放大投资者遭遇的失败。鉴于这种内在的风险，很多顶级投资者（如沃伦·巴菲特）尽量规避杠杆。有些投资者则借助于杠杆大获成功。无论是哪一种方式，它们都强调同一个关键点：要让加杠杆组合生存下去，严格、适当的风险管理是必不可少的。

4. 短期投资与长期投资。短期投资者会竭力控制买入和卖出之间的时间，而长期投资者更喜欢在长时间内守住仓位（当然，前提是股票始终不乏吸引力）。绝大多数顶级投资者都主张长期持有，他们认为长期投资最具投资特性，因为超常的机会毕竟少之又少，而且短期视角本身就有损于投资的收益（交易成本和税收会直接减少投资收益）。比如，沃伦·巴菲特始终以超长期投资而著称，他的仓位持有时间从几年到几十年不等。然而，也有一些杰出的投资大师凭借频繁交易创造出非凡的投资业绩，如彼得·林奇，在他的组合中，某些仓位的持有时间甚至不超过几个月。

（三）投资战略与聪明投资者

我还没听说过，有哪个成功的投资者在市场中不严格遵循有效而明确的投资战略。其实，这是一个不言自明的道理：市场上你死我活的激烈竞争，只有凭借稳妥有效的市场战略，投资者才有可能生存下来。

遗憾的是，世界上不存在一种放之四海而皆准的战略，让所有投资者都能如愿以偿。每个投资者都需要找到一种最适合自己的成功战略。此外，投资者必须对自己的战略信心十足，只有这样，他们才能在逆境中一如既往，不改初衷。

1. 战略的选择

要找到合理的投资理念和执行方法，首先需要投资者正确认识自己。只有了解自己，投资者才能理解到底什么战略最适合自己的性格特征及兴趣取向。因此，聪明的投资者会在几个市场周期里，密切跟踪和认真剖析自己的感受和行动。此外，他们还要研究有效的市场战略，在学习过程中反复进行试错实践。具体而言，根据当今世界最优秀投资者的经验，良好的投资战略应具有以下特征：

（1）有效。有价值的战略必然拥有很多成功的实践者，而且它们必定依赖于既有理论支持，又适应市场实践的投资理念。在顶级投资者当中，一个始终他们所信奉的观点是，最简单、最有针对性的战略才是最有效的。原因在于，投资于未来本身就有着高度的不确定性。因此，变量太多、形式太复杂的金融模型（如评估股票内在价值的模型）恐怕弊大于利，因为它们具有错误传递效应（即对一个参数的错误估计就有可能给最终结果铸成大错），并分散了对核心问题的关注度。

（2）全面性、灵活性及动态化。战略必须具有充分的动态性和灵活性，只有这样，才能应对无效性时隐时现的股票市场。比如，一个建立在对某个板块高度专业化基础上的战略，注定是无效的，因为它严重限制了投资者的视野和投资的空间，让投资者痴迷于这个特定市场的种种幻想和诱惑。

（3）与投资者兼容。战略必须与投资者的个性、技能、偏好和兴趣相互匹配。这也就是说，尽管我们可以从成功投资者身上获得灵感，但这很可能只是对他们盲目地照搬式模仿，因此，这样的战略显然算不上好战略（除非这种战略与投资者如鱼得水）。如果两个方面的原因，体现了战略与投资者个人特质之间相互兼容的重要性：

- 兼容性会促使投资者对战略产生强大的附着力。当一种战略与投资者个人的性格、能力和偏好不相匹配时，每当遭遇挫折和困难，投资者就有可能抛弃这个战略对自己的约束性。
- 兼容性能给投资者带来更大的动力。通过战略与投资者的兴趣、能力和爱好相互不匹配，那么，投资者就会缺少激励他们调动一切力量打败市场的动力。

2. 原则性

选择一种适当的投资战略固然重要，但同样重要的是无论面对何种困境都能坚持这一原则。假如投资者选择的策略有效、灵活且与投资者相互匹配，那么，以下三方面的原因使得坚持原则性成为再简单不过的事情。第一，有效的策略不会让投资者损失太多。第二，如果略具有的广泛性和动态性，那么，它更容易适应环境变化，投资者也无须改变投资者风格去迎合市场变化。第三，适合投资者的策略，自然不太可能受到投资者的质疑和挑战。不过，即便投资者拥有了这样的策略，在遭遇危机或是形势发生巨变时，他们还是要面对改变策略的压力。一个常见的例子是，在出现有利于交易或投机的市场暴涨或是泡沫时，价值投资者或许会放弃他们的保守策略（见：Chancellor, 2000；Kindleberger, 2005；MacKay, 2008；Reinhart, 2009）。在遭遇巨亏后放弃贪婪和自负后的投资者，同样是很有说服力的例子。一旦市场发生逆转，对于不遵守原则的投资者来说，伴随他们的只能是遗憾和后悔。

最优秀的投资者不会因为环境的改变而改变原则。他们凭借有效的投资体系，并以足够的灵活性去应对形势与市场环境的变化。这种对战略的信心，让他们有足够的勇气不去人云亦云，同时有足够的勇气去质疑传统观念，从新的视角看待问题。然而，无论多么有经验的投资者，他们毕竟还是人，因此，他们有时也会发现，在遭遇困境时，为了坚持原则，需要重新审视自己的投资战略。比如说，伯纳德·巴鲁克经常提醒自己，随时关注自己的投资战略和一切坚持原则所需要的东西，尤其是在最艰难、最有挑战的时期，这种自我反思尤为重要。

> "市场先生情绪的不可预测和其他货币资金经理带来的压力，会导致投资者很难坚持一种多年未见成果的战略。"
>
> ——乔尔·格林布拉特（Greenblatt, 2006）

二、过程要求

（一）知识

> "没有哪个领域比投资更愿意接受传统智慧——一知半解是很危险的时期。"
>
> ——伯纳德·巴鲁克（Baruch, 1957）

伟大的投资者都认同，深入了解自己的投资策略（投资理念+执行方法）以及组合中的每一个仓位，是他们在股票市场中获得成功不可或缺的要素。比如说，在老虎俱乐部（Tiger Cub）李·艾恩斯利（Lee Ainslie）管理的对冲基金中，每个投资专业人士只负责不超过三个投资仓位，而建立每个新仓位之前的研究往往需要几个月的时间（Weiss, 2012）。

这样的关注自然可以为每个投资建议提供大量的知识。知识的重要性很容易理解。首先，知识可以为信息不完整的投资者提供一种竞争优势。和一个懒于研究、只相信最新小道消息或分析师建议的投资者相比，精于思考、勤于学习并习惯于做足功课的投资者必然会领先一步。其次，在陷入危机的市场环境里，知识显然是一种强大的武器。知识可以帮助投资者坚持原则，因为它为投资者防范认知偏差提供了坚强的后盾。最后，知识降低了投资者承担的风险。凭借深入、全面的知识，聪明的投资者可以识别高收益性的事件，规避不值得承担风险的仓位。将以下要素结合为一体，是顶级投资者建立知识优势的撒手锏：

1. 勤奋钻研。聪明的投资者为了解和熟悉自己的投资对象而勤奋钻研。他们会不断提出“为什么”这个问题。他们孜孜不倦地研究每笔交易的两个方面；他们善于借助于非常规信息，当然，这也需要他们付出更大的时间和精力；当然，他们也希望自己的团队成员也能付出同样的努力，他们绝不容忍喜欢走捷径、好吃懒做的伙伴。

2. 深入了解投资工具。聪明的投资者会努力获得为实施投资战略所需要的理解。比如说，为了确定被投资公司的内在价值，他们会深入研究会计和商业知识。

3. 强调自己的能力范围。在伟大的投资者当中，一个反复强调的主题是，要获得超人一等的知识，就必须将有限的资源和精力控制在自己的能力范围内。他们建议投资者在自己最专业的领域里，从自己了解的行业及公司出发，寻找名副其实的“便宜货”。（让人不可理解的是，大多数投资者居然不太理解这个概念。例如，在医院中存在一种常见现象，医生喜欢买卖那些花里胡哨的技术股，但对健康事业板块的股票几乎不闻不问）。通过这种方式，与很多不熟悉这个行业的市场参与者相比，投资者自然占据了优势。例如，沃伦·巴菲特曾说过，他始终强调规避技术股，因为他承认，自己没有能力把握技术股。

4. 经验。随着经验的积累，顶级投资者也会变得更优秀。丰富的经验甚至能带来连他们自己都意想不到的能力（这是一种基于潜意识层面的知识），它帮助投资者更快地认清形势，培养某种直觉能力，即医学上所说的“自动识别”（automatic recognition），让发现“便宜货”成为他们的第二本能。比如说，乔治·索罗斯时常会感到头疼，因为潜意识经常会告诉他，他的做法是错误的。

> “在任何一个领域，技艺熟练的人都会拥有一种近乎本能的‘感觉’，让他们能预感到某些自己还无法解释的事情。”
>
> ——伯纳德·巴鲁克（Baruch, 1957）

> “我的观点是，要在这个行当里取得成功，不需要你比每个人都出色，你只要比超过你身边的人就足矣。”
>
> ——朱利安·罗伯特森（Heins, 2013）

（二）独立性

对很多投资者而言，尽职调查的内容仅限于阅读证券公司的研究报告、跟踪分析师的投资建议、收听近期热门IPO的路演推介或是来自内幕人、邻居乃至鸡尾酒会上熟人的小道消息，甚至是道听途说。此外，财经媒体也颇受人们的欢迎，他们对时下的市场预测情有独钟，因为媒体总能发掘出让投资者兴奋的素材，金融市场让他们感到不知所措。他们很少将错误归结为自己的过失。对所有没有时间和资源或是专业知识去分析股票的投资者来说，接受貌似行家们的建议，显然是他们最简单、最容易的选择。除此之外，如果接受他人建议，一旦投资未能如愿以偿，就为操作者将过错推卸给他人提供了便利。

> “每当有些人向我打听某一家公司的内幕信息时，我就会感到不寒而栗。我喜欢从零开始：我的分析报告首先应该是一张白纸，没有其他人的只字片语，更没有人告诉我该如何做。我宁愿对分析师的观点或是所谓的内幕信息一无所知。这些东西只会干扰我的判断——我喜欢能做到不偏不倚，客观公正。我真正需要的所有素材，就是公司公开披露的报告和记录，还有一只尖锐的铅笔，一部便携式计算器。当然，最重要的是耐心。”
>
> ——彼得·坎迪尔（Risso-Gill, 2011）

遗憾的是，正如我们在前面几章里经常看到的那样，当一个市场的吸引力已经被大多数人发现的时候，几乎找不到真正的好机会。更糟糕的是，对其他人的依赖让操盘者们很难抵御各种外部刺激的诱惑，这最终让他们偏离常规。因此，在投资领域，对他人观点、感觉和建议的依赖，带来的更有可能是遗憾和痛苦。在股票市场上，独立性是无法替代的。更具体地说，聪明的投资者会通过以下手段体现他们的“离经叛道”：

1. 全面深入的专有知识和勤奋钻研。依赖他人当然很容易，相比之下，独立性需要精力和时间，而且没有适当的知识是无法实现的。

2. 避免受任何形式的小道消息。因为他们深知，任何人（包括他们自己）都难以拒绝貌似真实的小道消息，很多顶级投资者都会极力规避小道消息的影响。譬如：

- 聪明的投资者绝不刻意寻求小道消息。虽然他们也会与其他投资者（尤其是他们尊重的人）进行沟通，但他们会努力避免受到他们的过度影响。
- 几位顶级投资者甚至将自己的生活工作场所搬离远离充斥家长里短和噪声频发的（物理）环境。比如说，约翰·邓普顿和沃伦·巴菲特将公司总部刻意设在远离华尔街的地方。
- 很多伟大的投资者可以让自己摆脱闲言碎语的干扰。聪明的投资者善于对信息源进行整理归类，从而获得他们所需要的最有价值的（客观公正的）信息。他们刻意限制对媒体信息和聊天平台等的接受量，因为这些信息源会分散他们的关注力，（在无意识之间）让他们的想法和意见发生扭曲。比如，塞斯·克拉曼、沃伦·巴菲特和莫尼斯·帕波莱不在他们的电脑上安装彭博终端，因为他们认为这种软件无助于他们形成正确的投资思路。

3. 对普遍接受众人皆知的观念和思维持怀疑态度。聪明的投资者始终会质疑传统理论和当下共识。他们很清楚，任何公开信息均已在股票市场中得到（过度）体现。因此，他们努力寻找意义重大的特殊信息。

（三）勤奋钻研

> “好奇心是推动人类进步的发动机。如果让我描述什么是好奇，我会说，不管是什么话题，都要阅读、阅读再阅读，而且不要忘了多和人交流，真正地谈话，用心倾听，多沟通，这就是思想的交换。”
>
> ——彼得·坎迪尔（Risso-Gill, 2011）

大多数业余投资者当然不会这样，不过，如果每月只花几个小时用来研究投资的人，绝对算不上成熟老练的专业投资者。股票市场竞争激烈，因此，只有将大量时间投入到投资中的少数人，才有可能打败市场。

吃苦耐劳绝对是投资者不可缺少的要求，因为只有勤奋才能获得深入的知识，也只有勤奋，才能对自己的观点树立信心。此外，勤奋者更有可能“幸运”地找到隐藏在市场深处的宝藏。简而言之，勤奋体现为以下几个方面：

1. 对市场充满激情。对投资活动缺乏热情的人，当然不可能保持吃苦耐劳的作风。此外，缺少热情的人，往往会在投资决策中寻求捷径。

2. 理性的好奇心。最优秀的投资者总是对新产品、新公司、新的投资风格和新的市场研究等充满了好奇心。他们从不担心提问题。对任何尚未完全理解的事物，他们都会不遗余力地去挖掘，去理解。

3. 将投资作为自己的全职职业。只有将投资作为全部的职业，投资者才有可能获得其他专业投资者所不具有的优势。当然，以投入时间数量来衡量的勤奋，还不足以成为投资者成功的先决条件。最优秀的投资者也是最善于有效利用其时间的投资者。他们始终在学习，只关注与投资最有相关性的信息，善于高效整理和吸收信息并进行有效的反馈，孜孜不倦地研究不同的投资场景，忽略外部噪声，习惯于从大多数投资者忽略的细微之处找到有价值的线索。例如，沃伦·巴菲特每天都要用几个小时的时间阅读报纸及公司年报，但对于价格曲线，他却一带而过。

（四）学无止境

要建立和完善有效的市场战略，应对不断变化的市场，积累经验，培养技能，投资者就必须让学习成为终生的事业。在瞬息万变的世界里，不断学习是赢得和巩固优势的关键。沃伦·巴菲特的合作伙伴查理·芒格一直强调，巴菲特的成功在很大程度上就是因为他是一台神奇的“学习机器”。

尽管学习的重要性在所有领域都是显而易见的，但是在投资中，大多数人依旧对它的重要性视而不见，这背后的原因是多方面的。首先，人们很少会反思自己的投资失误——更不要说在错误中汲取经验了，因为他们更喜欢将责任推卸给其他人或是其他事物。其次，过度自信（认为自己不同寻常，超人一等）、后见之明和模式寻求等心理偏见，会导致人们抵触反馈，进而阻碍人们无法正确地理解和接受反馈。最后，投资本身是一种高度依赖概率的过程。比如说，要找到始终亏损的股票和找到始终盈利的股票一样困难。体系活动的概率特征，让大多数人根本就无法判断他们的投资过程是否正确，或者他们的成败是否确实归结于运气。

在从个人经历汲取经验的过程中，人们会遭遇各种各样的障碍，因此，在股票市场上，善于从历史中获得学习，这本身就是一种非常有价值的资产。实现有效恒久学习的一个前提条件，就是拥有稳健、谦逊和责任感等某些品质。这些品质非常重要，因为一个习惯推卸责任或是认为自己无所不知的人，不可能实现真正的学习。除此之外，还要从既往经验中实现最有效的学习，聪明的投资者还要在以下几个方面做到超人一等：

1. 有效的反馈。聪明的投资者会不断审视他们实现目标的方式，以不断改进未来的投资业绩——他们会努力认清自己的优势和缺陷，从而找到最适合他们的投资方法。总之，有效的回应包括如下要素：

（1）关注长期投资绩效。聪明的投资者不关心短期的价格波动，因为这种波动具有随机性。他们几乎只在乎长期业绩，也就是说，持续多年的投资业绩。这种坚持长期视角的重要性体现在以下表格：

表6显示了某些杰出投资者在1965—2004年期间的年均收益率（标志的数据来源为伯克希尔·哈撒韦最近几年致股东的信，见：Graham, 2003；Greenblatt, 1997。标普500指数的数据为股利再投资后的年均收益率）。表中的黑体字为投资者的收益率低于标普500指数的年份；灰色为投资者的收益率至少高于标普500指数10%的年份。

表6　部分超级成功投资者的年均收益率

年份	S&P500（含股利）	沃尔特·斯科劳斯	沃伦·巴菲特	查尔斯·芒格	里克·古瑞恩	汤姆·纳普	比尔·鲁安	乔尔·格林布拉特	卢·辛普森
1956	7.50%	6.80%							
1957	−10.50%	−4.70%	10.40%						
1958	42.10%	54.60%	40.90%						
1959	12.70%	23.30%	25.90%						
1960	−1.60%	9.30%	22.80%						
1961	26.40%	28.80%	45.90%						
1962	−10.20%	11.10%	13.90%	30.10%					
1963	23.30%	20.10%	38.70%	71.70%					
1964	16.50%	22.80%	27.80%	49.70%					

续表

年份	S&P500（含股利）	沃尔特·斯科劳斯	沃伦·巴菲特	查尔斯·芒格	里克·古瑞恩	汤姆·纳普	比尔·鲁安	乔尔·格林布拉特	卢·辛普森
1965	13.10%	35.70%	47.20%	8.40%	32.00%				
1966	−10.40%	0.70%	20.40%	12.40%	36.70%				
1967	26.80%	34.40%	35.90%	56.20%	180.10%				
1968	10.60%	35.50%	58.80%	40.40%	171.90%	27.60%			
1969	−7.50%	−9.00%	16.20%	28.30%	97.10%	12.70%			
1970	2.40%	−8.20%	12.00%	−0.10%	−7.20%	−1.30%	12.10%		
1971	14.90%	28.30%	16.40%	25.40%	16.40%	20.90%	13.50%		
1972	19.80%	15.50%	21.70%	8.30%	17.10%	14.60%	3.70%		
1973	−14.80%	−8.00%	4.70%	−31.90%	−42.10%	8.30%	−24.00%		
1974	−26.60%	−6.20%	5.50%	−31.50%	−34.40%	1.50%	−15.70%		
1975	36.90%	52.20%	21.90%	73.20%	31.20%	28.80%	60.50%		
1976	22.40%	39.20%	59.30%		127.80%	40.20%	72.30%		
1977	−8.60%	34.40%	31.90%		27.10%	23.40%	19.90%		
1978	7.00%	48.80%	24.00%		37.90%	41.00%	23.90%		
1979	17.60%	39.70%	35.70%		48.20%	25.50%	12.10%		
1980	32.10%	31.10%	19.30%		24.10%	21.40%	12.60%		23.70%
1981	6.70%	24.50%	31.40%		8.00%	14.40%	21.50%		5.40%
1982	20.20%	32.10%	40.00%		32.00%	10.20%	31.20%		45.80%
1983	22.80%	51.20%	32.20%		24.80%	35.00%	27.30%		36.00%
1984	6.10%		13.60%	21.80%					21.8%
1985	31.60%		48.20%					70.40%	45.80%
1986	18.60%		26.10%					53.60%	38.70%
1987	5.10%		19.50%					29.40%	−10.00%
1988	16.60%		20.10%					64.40%	30.00%
1989	31.70%		44.40%					31.90%	36.10%
1990	−3.10%		7.40%					31.60%	−9.90%
1991	30.50%		39.60%					28.50%	56.50%
1992	7.60%		20.30%					30.60%	10.80%
1993	10.10%		14.30%					115.20%	4.60%
1994	1.30%		13.90%					48.90%	13.40%
1995	37.60%		43.10%						39.80%
1996	23.00%		31.80%						29.20%
1997	33.40%		34.10%						24.60%
1998	28.60%		48.30%						18.60%
1999	21.00%		0.50%						7.20%
2000	−9.10%		6.50%						20.90%
2001	−11.90%		−6.20%						5.20%
2002	−22.10%		10.00%						−8.10%
2003	28.70%		21.00%						38.30%
2004	10.90%		10.50%						16

（续上表）

表中最令人诧异的是，所有这些杰出的投资者在一两年内的投资收益率均低于大盘。在这8位投资者当中，甚至有5个人在三四年的收益率连续低于标普500指数。在这28年分析期中，沃尔特·斯科劳斯的收益率有6年低于标普500指数，卢·辛普森在24年内有8年输给大盘。沃伦·巴菲特则有6年输给大盘，而且在这6年里，还有2年低于大盘10%以上。

乔尔·格林布拉特的业绩无疑令人难忘，他在10年时间里有8年战胜大盘，有一年落后于标普500指数，还有一年余标普500指数持平。这足以说明，即便是最聪明的投资者，也会经常输给大盘，而且有时甚至会连续多年。

图29为表6所述投资者在过去10年里实现的年均历史收益率。如图可见，尽管他们的业绩也会偶尔落后大盘，但是在长期内，他们的业绩均大幅超过标普500指数。

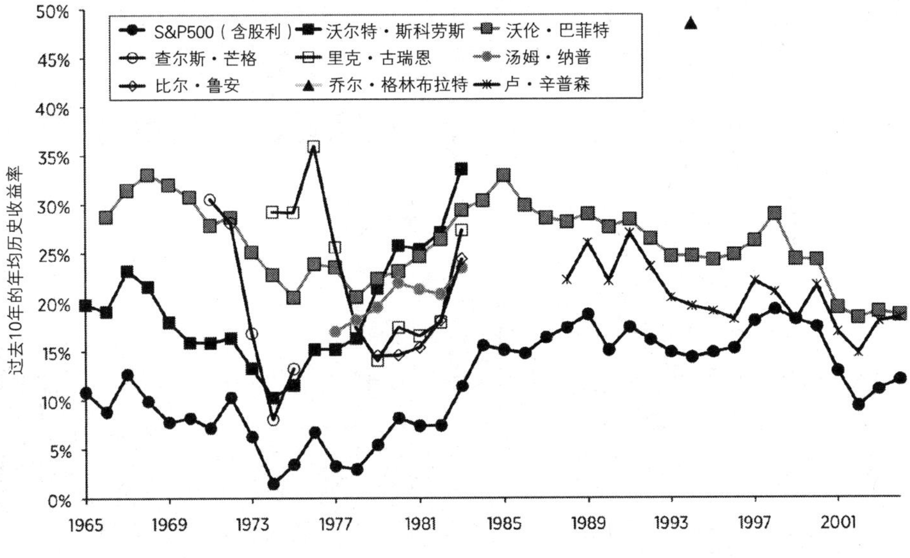

图29　顶级投资者在过去10年的年均历史收益率

（2）关注过程。聪明的投资者关注他们的投资过程，并对过程实施密切监督。在他们看来，不管结果如何，只要交易与投资战略不匹配，就是一次失误。比如说，一笔过程拙劣但结果完美的交易（如在没有任何适当理由的情况下，在股价下跌之前抛出持续盈利的股票），那么，这笔交易就是一个错误——尽管投资者通过这笔交易实现了盈利。

（3）对其他方案的检验。聪明的投资者不仅要跟踪组合的业绩表现，还要检验采用其他方案可能带来的结果。比如，在成功的投资者当中，持续跟踪已卖出或未买入股票价格变动是一种很常见的做法。跟踪这些类型股票可以教会他们如何完善自己的投资方法。

（4）养成做文字笔记的习惯。顶级投资者随时记录每一笔正确和错误的投资。此外，像对冲基金经理雷·达里奥那样，在实施每个交易操作和每个投资观点时，形成文字记载都是有益的，因为这可以帮助投资者防御认知偏见（尤其是后见之明），以实现有效的反馈。

（5）从错误中汲取教训。顶级投资者善于从总结中学习。他们要花费大量时间去分析自己（以及他人）的错误，并将从中获得的知识体现在他们的投资战略和投资过程中。此外，他们接受错误，并将错误当作学习的机会，并由此丧失的财富当作学费。

（6）对市场的研究永无止境：顶级投资者都是市场最有激情的学生。他们研究历史，分析现状，由此形成正确的结论为其未来行为提供依据。

（五）谨慎思考，审慎行事

普通投资者渴望与每个愿意倾听的人分享自己的观点和建议，而顶级投资者习惯于独守自己的交易和建议。他们的谨慎源于多方面的原因。第一，让所有人都知道自己的交易和建议，会让他们为保住面子从而对自己的观点和立场而固执己见。第二，公开立场可能会招致不利的行情变动，进而阻碍投资者的操作。比如说，以前，只要市场上传出沃伦·巴菲特冲仓买入某个股票的消息，这只股票就会强势反弹。而这就会加大巴菲特进一步加仓的成本。第三，聪明的投资者虚怀若谷（如下文所述），因此，他们认为，根本就没有必要去吹嘘自己的成绩和观点。

三、必要的态度

（一）谦逊

诸多原因导致自我和自负对基金经理有百害而无一利。第一，对于初入门者来说，自负会带来过度自信和贪婪，而这必然会招致致命性的错误（如不接受亏损，挑选行情的最高点，不善于从错误中学习等）。第二，缺少谦虚态度的投资者往往会有不切实际的预期。因此，他们喜欢追逐成绩和浮华——这恰恰是业绩不佳的标准要素。第三，自负会让投资者对市场认识不清，例如，一个自以为对市场无所不知的投资者，往往会在乐观的市场环境下过度冒险，而在悲观的市场下则过分谨慎。

基于上述原因，所有伟大的投资者都坚信一句古话："骄傲使人落后。"在分析这些低级投资者时，我们会发现，他们无一例外地对自身能力与专长保持高度谦逊的精神。这一点还体现于另一个事实：与当下市场弄潮者不同的是，最优秀的投资者尽量保持低调行事。（但坊间普遍认为，顶级投资者的成功在一定程度上归功于他们的选择性披露，通过公开特定信息引导市场形成有利于他们的行情。聪明的投资者普遍会选择规避媒体的关注，这一点人尽皆知。在这方面，最经典的例子无疑就是做空者。大多数人不喜欢做空者，因为他们认为做空诱导人们看空市场而拖累了大盘。但是在现实中，聪明的做空者会尽量减少披露的信息，以避开外界关注，因为这有可能影响到他们的交易，比如说，因逼空而迫使他们补仓。）他们的名气很有限，不为大多数人所知，甚至在投资领域内也如此，或许把他们称作"你可能从未听说过的伟大投资者"更为准确性。

从本质上说，聪明的投资者的清心寡欲体现在以下几个方面：

1. 预期的现实性。聪明的投资者拥有最谦逊、最现实的预期。这让他们永远不会去疯狂追逐不显示的收益。具体地说，伟大的投资者在以下方面采取现实主义的态度：

（1）可实现的长期年均收益率。聪明的投资者很清楚，股票的长期年均收益率通常维持在7%~10%，因此，对任何人来说，要实现15%~20%甚至更高年均收益率都是非常困难的。很多杰出投资者的目标也只是在几十年里实现

12%~15%的年均收益率（而且也确实有很多人实现了这个目标）。

（2）投资组合的收益（亏损）率：即便是对于最优秀的投资者，未能实现盈利目标的头寸比例也居然高得令人不可思议（有时甚至高达百分之五六十。经验表明，在伟大投资者的全部投资中，最终战胜大盘的仅仅是一小部分（有时甚至只有10%～20%）。因此，聪明的投资者都要接受这样一个现实，即，他们的绝大部分投资只会带来失望。

（3）收益的稳定性。在任何一个年份，聪明的投资者都不会将跑赢大盘作为他们的目标。只要看看顶级投资者的历史业绩（见表6），我们就会发现，每个伟大的投资者都不可避免地遭遇失败，而且输给大盘也是常见的事情。

2. 自我批判和自我挑战。顶级投资者始终承认自身的局限性，因为他们深知，他们必须面对很多同样聪明的投资者和高效的市场参与者。聪明的投资者从不认为他们是股市天才。他们从不执拗地固守某个投资观点，甚至根本就不关心他们的投资对错与否。实际上，只要有迹象表明他们的做法是错误的，他们就会毫不犹豫地改变策略，调整方向。从务实角度说，聪明的投资者会这样做：

（1）愿意承认错误。只要发现自己是错误的，聪明的投资者就会坦然承认。

（2）承认自己的知识是有限的。聪明的投资者始终将投资活动限制在自己的能力范围内，并对市场走向保持极为谨慎的态度。在被问及短期市场业绩时，他们始终认为，他们还没有能力去预见市场。

（3）始终坚持从多角度认识自己的投资观点。聪明的投资者从不满足于自己的观点，以批判的精神对待一切事物。即便在一切顺利的时候，他们也不放弃谨慎和怀疑，因为这恰恰是自我和自负最容易泛滥的时候。以下是某些伟大投资者经常采用的两种基本方法：

- 对他们将要进行的每一笔投资或交易，都要分析最悲观的情况。沃伦·巴菲特的左膀右臂查理·芒格曾指出，投资者必须要想方设法否定他们自以为最好的投资想法。为了更好地勾勒悲观情境，某些伟大的投资者与反对者（尤其是那些做空他们准备买入的股票的人）进行深入的讨论。总之，他们会极力寻找反方证据。关注投资悲观面的另一个好处是，在接受悲观结果的情况下，即便投资最终未能如愿以偿，他们也不会为清盘并接受损失而犹豫不决。

· 对他们准备实施的每一笔交易，成功的投资者都要考虑他们拥有哪些优势。如果没有任何超越大盘的优势，他们就不会出手投资。

（4）以开放的思维对待异己观点。当新的事实不再支持他们以前的观点时，聪明的投资者会心甘情愿地接受新的现实和新的观点。接受挑战和新事物是顶级投资者的天然品质，因为他们不同于大多数市场参与者，在投资之前，他们就已经考虑到可能发生的各种各样的结果。开放性思维与所谓的“死多头”和“死空头”形成了鲜明对比。因为这些人置现实于不顾，因而只是一些脱离实际、固守做多或做空的固执己见者。（这些所谓的投资战略家或经济学家极少亲身参与投资管理，即便有机会管理投资，他们也很少能取得成功。当他们的理论貌似正确时，他们便迫不及待地在媒体上频繁曝光，到处演说，吹嘘自己的独到之处）

（5）对自己的行为负责。当某一笔交易未能如愿时，聪明的投资者绝不推卸责任，将失败归罪于其他人或是外部因素。他们深知，他们必须对自己的每一笔交易负责，而且要全权负责。

3. 客观而有节制的信心。谦逊和节制并不排斥自信。实际上，聪明的投资者总能表现出有节制的信心（即自信但不自满，适当但不过度）。信心是实现思维独立性、敢于对抗传统思维、不随波逐流的基本前提。在股票市场被某种情绪主宰时，这种有节制的自信便成为投资者不可或缺的品质。

“我的不安全感始终让我对市场保持警惕，让我随时准备着纠正错误。对其他人来说，犯错会让他们感到耻辱；但对于我来说，承认错误则让我感到骄傲。”

——乔治·索罗斯（Soros, 1995）

“我们认为投资是一种傲慢的行为；正在建仓的投资者实际上就是在宣布，他们知道的东西远多于卖空者，而且至少不逊于其他做多者。但是，在我们展现这种不可缺少的自负时（实际上，以自信的态度完成每一笔交易，是优秀投资者的基本品质），还要以一定的谦逊精神防止这种自负肆意膨胀，面对任何一笔潜在投资，我们都要拷问自己，与其他市场参与者相比，我们是否也有明显的优势。”

——塞斯·克拉曼，1996年致股东的信

“如果你对投资缺乏一种天生的怀疑精神，那么，最明智的办法就是指定一名团队成员，他的工作就是吹毛求疵唱反调。”

——彼得·坎迪尔（Risso-Gill, 2011）

（二）激情

伟大的投资者对投资过程始终充满激情。他们的动力不仅来自于赚钱，还有股票市场固有的挑战性和刺激性。激情四射的投资者不仅动力十足，而且会全身心地投入。他们工作勤奋，永不满足（如为了获得更多、更详尽的信息，他们会不断阅读，不断寻觅，不断研究）。此外，他们在投资方法上富于创造性，他们喜欢不断寻找更好、更有效的投资方法。

相比之下，那些只求结果而不求过程的人，就不太可能这么专注和投入。他们更喜欢寻找致富的捷径，他们不想投入太多的时间和精力，为了达到目的，他们便阅读年报或是了解他人的想法。总之，有激情的投资者更有可能借助于更优秀的投资过程，因而，和那些缺乏热情的同行相比，他们往往更具竞争优势。

（三）情结

股票投资是一项对心理和情绪都要求极高的活动，因为它涉及财务盈亏以及在两难中做出抉择（如买入和卖出）等对心境影响极大的事项。大多数人不具备正确应对和处理这些问题的心理素质。恐惧、贪婪、悲观或乐观情绪会让人们难以自制。因此，他们必定会诉诸各种形式的错误，并为此付出惨重的代价。聪明的投资者当然不会受制于股价波动带来的情绪波动。然而，他们与普通投资者的根本性区别在于，他们会有意识地主动克制情绪干扰，让他们的投资摆脱情绪克制。归根到底，他们不会对投资失控。实际上，要从他们的表情判断当日的盈亏几乎是不可能的。典型的大师级投资者通过以下方式，避免被投资受情绪左右：

1. 不为追求心理满足而投资。如果投资者只是为了追求心理满足而投资，那么，他们在股市中取得成功的概率微乎其微。毕竟，感觉好的事情很少是正确的事情。沃伦·巴菲特认为，不为心理满足而投资还意味着，你不会因为自己的投资是否附和大众而感到丝毫的异样。

> “在其他人绝望地抛售时买入，在其他人贪婪地买入时卖出，才有可能得到最大的回报。”
>
> ——约翰·邓普顿（Krass, 1999）

2. 高度警惕各种形式的情绪干扰。聪明的投资者会自动抵御过度乐观或过度悲观的情绪，因为他们深知，这些感受只会带来麻烦。他们不会因为某一笔盈利或损失而失去自我，他们看重的是下一笔交易。换句话说，他们每天都会让自己保持冷静、平和的心境。

3. 避免让情绪左右投资。聪明的投资者都承认，和所有普通人一样，他们也会以情感化方式对待某些股票。他们知道，这个事实是不依人而存在的，是他们无法回避的，因此，他们会尽量以不偏不倚的视角接受这个事实。为此，某些顶级投资者是这样做的：一旦发现自己已经对某个股票产生感情（比如，某只股票给投资者带来可观的收益后），并影响到他们看待这只股票的立场时，他们就会毫不犹豫地清空该股票的仓位，以此隔断情绪的干扰。

4. 投资不只为钱。聪明的投资者都强调，投资不应完全着眼于金钱，因为只为钱而进行的投资，没必然会导致投资被心情而左右。正因为这样，顶级投资者强烈建议，没必要做没有退路、孤注一掷的投资（如为赢回以前的损失或是支付学费而投资）。

5. 不要过分关注股价的短期性波动。聪明的投资者绝不会时时刻刻都在盯着股价波动。他们知道，大多数的股价波动都是随机的。紧盯着价格波动，必然会导致投资者无时无刻不在为了暂时性盈亏而手忙脚乱，最终让他们筋疲力尽，情绪失控。另一方面，通过定期性的股价监测，则有助于投资者规避因过度反应或非对称损失厌恶情绪而做出鲁莽决定的风险。

（四）耐心

“在投资这个问题上，一条最有价值的规则就是学会等待，只要没有值得做的事情，就什么都不做。”

——吉姆·罗杰斯（Schwager, 2006）

在一个被短期思维左右、追求一夜暴富的世界里，作为一种最宝贵的品质，耐心蕴含了最强大的竞争优势。实际上，股票市场就是一个财务从活跃者转移给耐心者的场所。当着眼短期收益的市场参与者在市场上翻云吐雾时，耐心的人就可以充分利用他们带来的市场错配，如股市崩盘、市场泡沫以及某些被忽视的冷门廉价股。除此之外，与那些心急似火的投资者相比，耐心的投资者承担的交易成本和税收负担自然相对较少。对每一个投资想法和每一笔交易，他们都会给自己留出更多做预习的时间。

因此，我们可以顺乎情理地认为，所有顶级投资者都有令人惊叹的耐心和韧性。即使追求短期结果（如投资遭遇短期亏损）的客户、股东或媒体给他们施加了巨大压力，他们也不会放弃这种耐心。备受业界尊崇的投资大师菲利普·卡莱特在临终前指出，耐心是他在75年投资生涯中得到的最宝贵、最重要的收获与体验。只有满足以下要求，投资者才有可能长期保持耐心：

1. 将等待机会上升为不可动摇的原则。聪明的投资者会耐心等待（好）机会的出现。譬如，只要没有看到好的赚钱机会，沃伦·巴菲特和普莱姆·沃萨等投资者往往会连续几年按兵不动。在没有发现“便宜货”时不出手买入，不仅可以避免因鲁莽投资而带来的失望，还可以让投资者在机会到来时有充裕的资金及时买入。

2. 在市场波动时拥有强大的心理素质和勇气，保持冷静。不管市场如何动作，聪明的投资者总能保持高度的原则性和耐心。查尔斯·芒格曾说过，如果投资者能在持有的仓位贬值50%时继续保持冷静，不会惊慌失措，那么，他们必然会得到应有的回报。

> "对于成熟老练的投资者来说，他们绝不会让股票价格的暂时性波动左右他们的投资决策。通常，他们会等待股票价格调整到他们所期待的买卖价位。他们从不会失去耐心，从不惊慌失措或是迫不及待，因为他们是投资者，而不是赌徒或是投机者。"
>
> ——保罗·盖蒂（J. Paul Getty）（Krass, 1999）

3. 避免实施不必要的交易（过度交易）。聪明的投资者只关注每个仓位的长期潜在价值。因此，任何理由都不会让他们诉诸频繁交易。

4. 认识复利的强大威力。聪明的投资者都知道，超常的年收益率绝非创造长期卓越业绩的必要条件。艾尔伯特·爱因斯坦曾说过，复合利率是宇宙中最强大的力量，这一点是毋庸置疑的。实际上，仅仅是12%的年均收益率，就可以让投资组合每6～7年增值一倍，而在30年即可达到最初投资的30倍。如果能实现15%、20%和25%的年均收益率，一笔投资在30年便可分别达到最初投资的66倍、237倍和808倍。[1]

"如果形势的变换过于剧烈快速，以至于几个小时或是几天就会变得异常重要，那么，这或许不是你出手投资的机会。"

——乔尔·格林布拉特（Greenblatt, 2006）

---

1 作为一个非常简单、实用的经验法则，"70倍规则"可以帮助我们更好地认识复利的威力。该规则是指在当前通货膨胀率水平下，一笔资金按既定的年均收益率r%（以百分比表示）需用多少年（L）才能增长一倍。计算L的方法可表述为以下等式：（1+0.01×r%）L = 2，且In（1+0.01×r%）≈ r%/100。由此得到：L=100×In（2）/r% ≈70/r%。"70倍规则"表明，按照5%、10%、15%、20%、25%和30%的年均收益率，一笔投资实现翻番的年数分别为14年、7年、4.5年、3.5年、3年和2.5年。

“通过价值投资取得成功的最宝贵的品质，首先就是耐心，其次也是耐心，最后还是耐心。但绝大多数投资者并不具备这种素质。”

——保罗·盖蒂（Krass, 1999）

四、经验、天赋和智商的角色

归根到底，在我们探讨顶级投资者的成功时，了解经验、天赋和智商的角色绝对是有意义的。

（一）经验

和我们生活中的其他活动一样，经验是投资者最宝贵的财富。但有必要提醒的是，只有投资者学会从经验中汲取教训，经验才能给投资者带来回报。也只有积累了丰富经验并将这些经验融入投资战略的投资者，才能形成自己的投资风格，并形成自己的市场直觉。

（二）天赋

每个人都能在股票市场上取得成功的观点显然是不成立的，这无异于认为所有人都能成为医生、NBA篮球明星或是火箭科学家，这绝对是荒唐而不可接受的。尽管我们可以通过学习获得有效的投资战略，但是要指望所有学生都能真正掌握这种战略，或是成功地实施这些战略，显然是天真而不现实的想法。因此，要在长期内跑赢大盘，还需要投资者拥有适当的天分。

（三）智商

既然我们承认投资更多的是艺术而非学问，那么，我们就应该接受，天赋本身还算不上成功的基本前提，这也是伟大投资者的共识。他们都认为，尽管投资需要超过一般人的天赋，但高人一等的天赋未必是成为投资者的优势。在股票市场上，天才遭遇悲剧的案例数不胜数，这说明，在股市上取得成功和智商之间的相关性很有效。

对此，最有说服力的案例来自伊萨克·牛顿。他是人类历史上最有成就的数学家和物理学家，这一点绝对是毋庸置疑的，但是在臭名昭著的英格兰“南海泡沫”时期，牛顿因为盲目跟风赔掉了300万美元（见MacKay, 2008）。

“在投资中，只要你的智商高于25，你的投资是否会成功便和自己的智商无关；只要你拥有一般人的智力，取得成功所需要的就是控制冲动的能力，以避免陷入其他投资者在投资中经常遭遇的麻烦。”

——沃伦·巴菲特（www.businessweek.com/1999/99_27/b3636006.htm）

至于超人的智商为什么不会让你在市场上高人一等，要理解这背后的玄机，我们必须认识到，智商反而会成为束缚投资者的桎梏。高智商会导致投资者沉迷于毫无意义的复杂性，给他们带来没有理由的自负（认为自己无所不知），拒绝从过去的错误中汲取教训（因为他们自以为无所不知）。

不过，如果一个聪明的人同时兼具较高的投资智商（如谦逊、善于积累经验、情绪自制力、原则性和简单的战略等），那么在相同条件下，在智商相对较低的人面前，他们的优势自然是不言而喻的。而拥有超常智力的人，自然更有能力分析其他人难以驾驭的复杂局面，而且通常能以更快的速度和更高的效率处理信息，积累经验。沃伦·巴菲特或许就是最有说服力的例子。毫无疑问，他在投资方面的超凡能力，是超常投资智商与超常智慧的完美结合。总而言之，尽管大多数成功的投资者均拥有超常的智商（本书前文曾引用巴菲特的观点，投资者只需具有125的智商就已经足够了。但需要指出的是，这个智商水平已远远超过普通人应达到的100智商要求。因此，通过这句话，巴菲特实际上也间接地承认，投资成功还需拥有超过普通人的智商水平。），但如果缺乏适当的投资智慧，智商太高会适得其反，变成他们实现成功的羁绊。

“我必须强调的是，要成为一名合格的价值投资分析师，并不需要什么特殊的天赋，更不需要什么超人的天才。第一个条件不过是适当的智商；其次，是合理的投资原则；第三是坚强的性格。而最后一点也最为重要。”

——本杰明·格林厄姆（Heins, 2013）

五、本章小结

最终，作为对本章的总结，图30归纳了聪明投资者所需具备的基本要求。该图体现出各种过程要求、态度和战略之间的相互依赖性。

最重要的关联性体现为：

1. 首先，杰出的投资者必须拥有借助特定战略战胜市场的天赋。

2. 其次，聪明的投资者始终以高度的原则性执行投资战略。但这种一贯性还要依赖于以下要素：

- 充分的知识和经验
- 独立性
- 心理自制
- 耐心

此外，如果战略有足够的灵活性、有效性并与投资者属性相匹配，这种原则性就越容易得到体现。

3. 知识是投资成功的核心要素，因为它是投资者建立自信并保持独立性和高度原则性的基石。知识源于经验的积累以及对经验的思考与总结，永无止境的学习和勤奋钻研是积累和总结经验最有效的手段。此外，投资者的智商越高，他们就能以更有效、更简洁、更容易的方式获取知识。

4. 知识和独立性源自永无止境的勤奋和学习。而勤奋和学习又依赖于投资者的谦逊以及对股票市场和投资过程的激情和兴趣。热情为投资者保持勤奋和学习提供了强大的能量和动力。只要保持谦虚的态度，投资者才能认识到勤奋钻研和无止境的学习是投资成功不可或缺的前提。

5. 最后，只有保持谦虚，投资者才会认识到勤奋的重要性，也只有谦虚，才能帮助投资者保持足够的谨慎性（因为谨慎性会让他们失去吹嘘和公开谈论自己仓位的勇气），进而让他们专注于自身能力范围（其知识和能力超过大多数人的领域）内的事情。

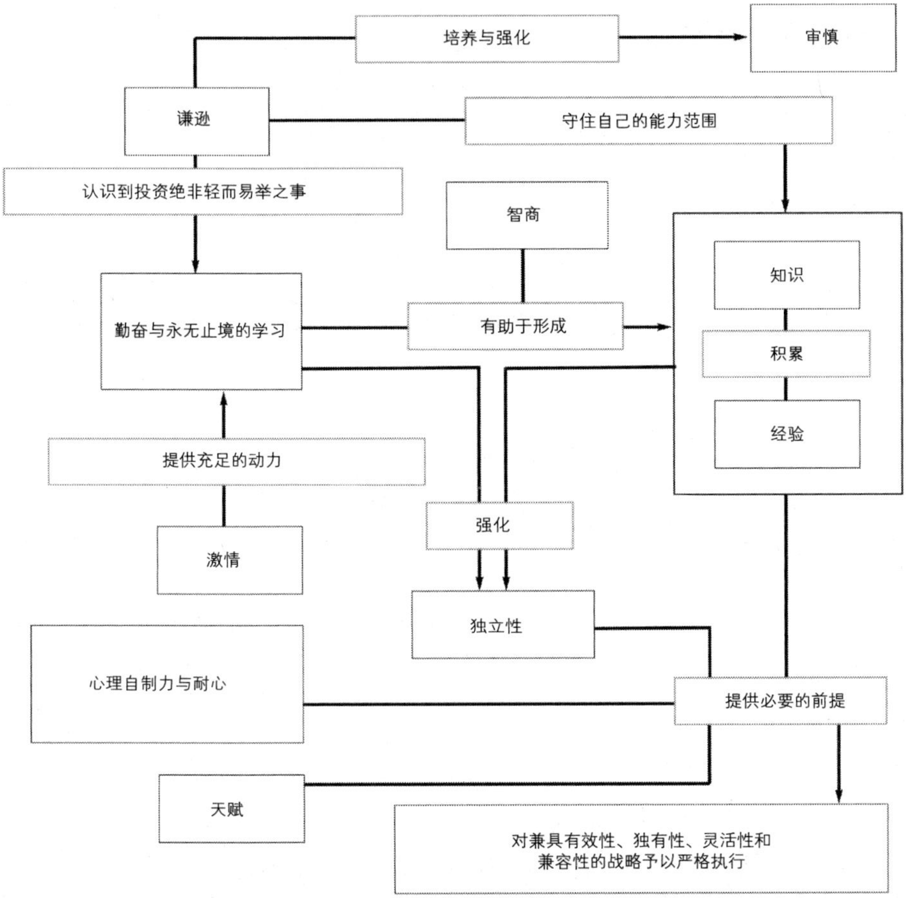

图30　过程要求、态度、战略与经验、天分和智商之间的相互关系

术语解释

术语解释

积极型投资（active investing）：所有以超过大盘为目标而进行的投资。它与消极型投资恰恰相反，后者的目标定位于扣除成本费用前的收益率超过某个指数。

年均符合收益率（annual compound return）：一笔投资的年均符合收益率X是指投资期间内各年度收益率的加权平均值，即，

$X=\sqrt[N]{(1+r_1)\times(1+r_2)\times(1+r_3)\times\ldots\times(1+r_N)}-1$，其中，N为计算年均收益率的投资年数，$r_i$为第i年的收益率。

降低买入平均成本（averaging down）：在已买入股票的价格下跌时，投资者继续买入更多股票，已达到降低该股票平均持有成本的目的。

熊市（bear market）：指股票市场较前一个最高点已至少下跌20%的期间。

博傻原理（bigger Fool mentality/theory）：因为投资者总能找到愿意支付更高价格的更大的“傻瓜”，这种“愚蠢”是有价格的（即远高于股票内在价值的成交价格）。信奉“博傻”原理的赌注是，不管股票的内在价值如何，他们总能借助于行情变动及群体行为实现盈利。

蓝筹股（blue chips）：指股票市场上市值最高的股票。

抄底（bottom fishing）：指投资者试图在股票价格达到绝对最低位时买入股票的行为。

自下而上式投资（bottom-up investing）：这是一种主要依靠对分析公司基本面而较少关注宏观经济形势和大盘走势的投资风格。

牛市（bull market）：指股票市场较前一个最低点至少上涨20%的期间。

资本资产定价模型（Capital Asset Pricing Model，CAPM）：描述股票收益与风险之间关系的经典理论模型，该模型以股票市场有效为基础，并表述为一个简单的数学模型。

投降式抛售（capitulation）：是指导致投资者不加选择地抛出股票，以消除因这些股票亏损而带来的痛苦。

能力范围（circle of competence）：指某个人因自身工作而拥有超常知识的业务领域、行业或板块，因为他们通过以往的工作在这些方面积累了大量的经验和能力。

竞争壁垒（competitive moat）：指一系列形成公司特许权的防护错误，它可以保护公司抵御来自竞争对手、顾客、供应商以及替代品等的竞争。竞争壁垒包括进入壁垒、产品及服务的差异化以及相对于同行的竞争优势（如规模经济优势）。

逆向投资（contrarian investing）：投资者试图通过与当前市场大势相反的方式而战胜市场的策略。逆向投资者在失宠的股票中寻找便宜货，而将当下的热门股票当作看空目标，因此，他们通常会在熊市期间买入股票，在牛市期间卖出股票。

制度性压迫（corporate imperative）：源自沃伦·巴菲特，指管理者模仿其他企业领导者行为的这种不可抵御的心理倾向。比如说，制度性压迫会导致某些行业掀起并购热潮或是在管理者中形成某种时尚（不加思考地被照搬到其他企业）。

信用等级（credit rating）：是评级机构根据一家公司信用水平而对一家公司做出的评级。目前，世界上最大的三家信用评级机构为标普（S&P）、穆迪（Moody's）和惠誉（Fitch），下表是三家顶级评级机构的评级类别及标准：

标普及惠誉	穆迪	说明
AAA	Aaa	信用状况极端良好（无风险）
AA+/AA/AA−	Aa1/Aa2/Aa3	信用状况非常良好

续表

标普及惠誉	穆迪	说明
A+/A/A-	A1/A2/A3	信用状况良好
BBB+/BBB/BBB-	Baa1/Baa2/Baa3	信用状况较好
BB+/BB/BB-	Ba1/Ba2/Ba3	均属于非投资等级（垃圾）有价证券，按照信用等级从BB (Ba)B、CCC (Caa)、CC (Ca)到C的顺序，信用状况逐渐恶化
B+/B/B-	B1/B2/B3	
CCC+/CCC/CCC-	Caa1/Caa2/Caa3	
CC+/CC/CC-	Ca1/Ca2/Ca3	
C+/C/C-	C1/C2/C3	

折现现金流模型（discounted cash flow，DCF）：根据资产所能所创造的现金流，计算该资产的公允价值。从根本上，公允价值等于资产所有者在持有该资产期间所获现金流现值的总和，即：

$$\text{公允价值}=\sum_{i=1}^{K}\frac{(\text{cash flow})_i}{(1+r_i)^{R(i)}},$$

在上述公式中，“（现金流）i”为资产在第i年创造的现金流，K为该资产创造现金流的持有期，r_i为适用于“（现金流）i”的折现率，R（i）为收到“（现金流）i”之前所经历的年数。

多元恶化（diworseification）：这个词最初由彼得·林奇提出，是指企业为追求成长而进入新型业务的常见做法（通常借助于并购）。尽管“多元化”（diversification）行动看起来似乎合情合理，但由此导致企业减少了对核心业务的关注以及企业对新业务的陌生，往往只会带来令人失望的结果。

盈利管理（earnings management）：公司以调整实际财务状况为目的而对财务报表进行人为操纵的做法，通常是指对财务报表进行的粉饰美化。

经济商誉（economic goodwill）：是指公司资产超过表外资产账面价值的部分，它不同于会计意义上的商誉。经济商誉源于某些公司利用其资产所创造出的超额收益，造成这些资产拥有超额收益能力的原因，可能是品牌优势、竞争地位、出色的成本控制以及超群的执行能力等。

有效市场假说（Efficient Market Hypothesis，EMH）：它认为股票市场是高度有效的，因为投资者都找不到战胜市场的机会，有效市场理论的支持者认为，理性聪明的市场参与者会立即消除暂时出现的错误定价，因而，所有股票在市场上的价格永久都是正确的。

新兴市场（emerging markets）：这些国家的当前人均GDP虽然远远低于发达国家人均水平，但它们的增长速度远远超过发达国家，因而有可能在中长期内发展成为发达国家。

公允价值（fair value）：见“内在价值”。

美联储模型（Fed model）：是一个针对整个股票市场进行估值的模型，它采用的方法是将市场收益与无风险长期利率进行比较。

流通量（float）：是指一家公司在股票交易所自由交易的股票数量。它等于公司流通股总数扣除限制流通股的数量。

股权的自由现金流（free cash flow to equity，FCFE）：是指归属于公司股东的现金流。FCFE是股东可自由分配的现金，它既可以作为股利分配给股东，也可用于对公司进行再投资。计算FCFE最常用的方法是：

FCFE=经营性现金流-资本开支

与此概念相关的另一个概念是所谓的“企业自由现金流”（free cash flow to the firm，FCFF）。它是归属于全部股东和债权人的现金流：

FCFE=FCFF-（1-税率）×已付利息

成长型投资（growth investing）：是指以具有高成长潜质的股票为目标的投资风格。不同于对成长持怀疑态度的深度价值型投资者，成长型投资者愿意为高成长公司支付溢价。

首次公开发行（initial public offering，IPO）：是指公司公开发行股票的操作模式。在实施IPO之前，证券公司和发行公司要根据市场环境及潜在投资者的反馈，确定向公众投资者发行股票的价格。作为公司IPO的一部分，要在股票市场上公开发行股票，公司必须披露某些文件（如招股说明书），包括公司的财务数据以及公司介绍（包括其风险）等信息。

内在价值（intrinsic value，也称为内在价值）：是公司未来为股东创造的现金流现值。尽管内在价值的计算以DCF模型为基础（见“折现现金流”模型），但它需要将很多不确定性和预测融入DCF模型中，这意味着，与采用DCF模型获得的估值结果相比，采用其他估值模型（比如以估值乘数、重置价值和账面价值为基础的估值方法）确定的内在价值往往更可靠。

大盘股（large cap）：是指相对于其他股票拥有较大市值的股票。作为一个经验法，可以将市值超过100亿美元或100亿欧元的股票视为大盘股。

杠杆（leverage）：是指使用负债（如保证金账户）、衍生品或其他金融工具放大投资对象的价格波动的幅度。其目的在于提高投资的潜在收益，但杠杆也会放大投资者的潜在损失。

多头仓位（long position）：指投资者购买某种有价证券而形成的头寸，其目的在于通过价格上涨而获利。

宏观型投资（macro investing）：这是一种典型的自上而下式投资模式，按照这种模式，投资者可以投资于世界各国、任何类型的资产。

安全边际（margin of safety）：是指股票价格超过其公允价值估计值的部分。很多投资者在买进股票时会采用安全边际（如30%），用于缓冲公允价值估值错误带来的损失。

追加保证金通知（margin call）：指证券公司在为投资者提供保证金贷款或是为做空投资者提供融券时，通知要求投资者为其贷款或做空仓位增加用于担保的保证金。如果投资者忽视追加保证金通知，证券公司可以出售基础证券，以消除投资者的违约风险。

微型股（micro cap）：市值非常小的股票。作为一个经验法，可以将市值低于1亿美元或1亿欧元的股票视为微型股。通常，微型股的投资风险远高于市值较大的股票，因为这些公司通常还处于成长初期。此外，这些股票的流动性往往很低，使得他们难以按公允价值在市场上进行交易。

中型股（mid cap）：市值相对于其他股票既非太小，又不是很大的股票。作为一个经验法，可以将市值低于50亿~100亿美元或欧元的股票视为中型股。

动力指标（momentum）：指股票或其他资产的价格倾向于延续其近期的走势。

消极型投资（passive investing）：以扣除费用前收益追踪大盘指数为目标而进行的各类投资。

PEG比率：即市盈率相对盈利增长比率，为股票公允市盈率与未来几年预期年增长率之比。它是成长型投资者常用的估值指标。

渠道堵塞（pipeline fill）：由于所有潜在分销商均在销售公司的产品，导致该裁判的分配渠道达到饱和状态。在出现这种情况后，未来的收入增长会下降到消费者的消费临界点。

私募股权投资（private equity）：通过寿命有限的私募股权机构进行的投资。某些私募基金公司仅投资于具有高成长潜力的初创公司，有些则专门收购具有稳定现金创造能力的公司。

看跌与看涨期权比（put/call ratio）：为市场上全部卖出期权数量与全部买入期权的比率。

金字塔式建仓（pyramiding）：指行情交易者在股价上涨时继续买入的做法，他们的依据是，强大股价变动趋势更有可能得到延续。

盘整市场（range–bound market）：指估值在股票价格震荡的过程中缓慢下降的长期性市场周期（见“长期性市场周期”）。

评级机构（rating agency）：指评估公司违约概率并给予信用等级的信用评级公司。目前，全球最大的三家信用评级机构为标普、穆迪和惠誉（见“信用等级”）。

真实收益（real earnings）：指收益在获得时点所拥有的购买力。

小道消息（scuttlebutt）：指通过第一手体验（如个人的顾客体验）或与公司密切相关的其他渠道所收集到的公司信息，后者包括公司的员工、顾客、供应商、竞争对手和股东等。

长期性市场周期（secular market cycles）：指某些资产在很多年内的价格运动周期。需区分长期牛市、长期熊市及长期盘整市场。在长期周期内，资产的价格涨跌往往表现为只覆盖几年时间的短周期。

空头净额比率（short interest ratio）：指市场上卖空股票的数量与公司全部流通股及其他可交易股票总数的比例。

做空（short selling）：也称为空头，指投资者向其他投资者借入股票，随后在市场上卖出的做法。做空者的赌注就是在融入股票价格下跌，以更低价格买入后还给融出者，从而通过买卖价差实现盈利。

逼空（short squeeze）：也称空头轧平，当股价因市场恐慌而突然上涨时，失望的做空者不得不按更高的价格填平做空仓位。

小盘股（small cap）：指相对市场上其他股票市值较小的股票。作为一个经验法，可以将市值在1亿～50亿美元或欧元的股票视为小盘股。与大盘股、中型股和微型股相区分。

投机（speculation）：依据直觉、传言、希望或幻想而进行的投资。

稳定成长型公司（stalwarts）：指已形成规模的大型公司，凭借强大的竞争地位，他们的收入及利润增长速度有时会超过整体经济的增长速度。

止损指令（stop-loss order）：是股票价格下跌至某个预先确定的目标价格时自动执行的卖出指令。对于交易商和做空投资者来说，止损指令是它们不可缺少的工具。

暴涨股（ten bagger）：在短短几年内就能上涨10倍的股票。

最高点抛出（top picking）：很多投资者试图在股价的最高点卖出股票。

自上而下式投资（top-down investing）：指投资者根据对未来宏观经济走势的判断确定其仓位策略。

年均历史收益率（trailing average annual return）：指过去几年内的年均复合收益率。比如，5年期年均历史收益率就是一只股票在过去5年内实现的年均复合收益率。

“三角”估值法（triangulation）：很多顶级投资者同时采用几种不同的估值方法对股票进行估值，以消除个别估值法固有缺陷带来的误差，从而对股票真实公允价值形成更公正的结论。

价值创造（value creation）：是指公司领导者承担着为企业创造新价值的任务，价值创造的手段就是企业进行更有效的管理，并将留存现金重新投资于有增值潜力的项目上。

价值型投资（value investing）：选择以多个估值乘数均断定为低股价的股票为对象的投资方式。与成长型投资者不同的是，价值型投资者对所谓的成长性持怀疑态度，当然，他们也不会为追求成长型而支付溢价。

价值陷阱（value trap）：是指股票乍看起来似乎很便宜，但由于存在很多被投资者忽略的重要因素，这些股票本来就属于低价格的股票。如果缺乏适当的尽职调查，投资者就有可能落入这种价值陷阱。